CB130469

Descomplicando

Processo Civil

Sabrina Dourado

Descomplicando
Processo Civil

8ª edição
Revista, atualizada e ampliada

2021

EDITORA JusPODIVM
www.editorajuspodivm.com.br

EDITORA
*Jus*PODIVM
www.editorajuspodivm.com.br

Rua Território Rio Branco, 87 – Pituba – CEP: 41830-530 – Salvador – Bahia
Tel: (71) 3045.9051
• Contato: https://www.editorajuspodivm.com.br/sac

Capa: Ana Caquetti

ISBN: 978-65-5680-212-1

8.ª ed., *2.ª tir.:* abr./2021.

"De tanto ver triunfar as nulidades, de tanto ver prosperar a desonra, de tanto ver crescer a injustiça, de tanto ver agigantarem-se os poderes nas mãos dos maus, o homem chega a desanimar da virtude, a rir-se da honra, a ter vergonha de ser honesto."

Rui Barbosa

Caro leitor,

O presente livro tem por objetivo precípuo estudar o CPC/2015. A Lei 13.105/2015 já está em vigor há cinco anos. Ela é uma realidade. Presenciamos uma nova roupagem processual, que ora se descortina. A obra já está atualizada com as mudanças advindas das Leis 13.256/2016, 13.363/2016, 13.465/2017, 13.728/2018, 13.793/2019, 13.894/2019, 13.994/2020, 14.010/2020 e julgados recentes dos tribunais superiores.

Não temos a pretensão de esgotar todas as lições, as quais se podem extrair do sistema processual instalado, recentemente, na sexta edição do nosso texto.

Eis uma obra que se destina a oferecer os mais elementares princípios e regras processuais, de forma leve e simples, bem como preciosas informações do processo civil moderno.

Agradeço a confiança e desejo uma ótima leitura.

Estou à disposição para o que preciso for. Contem comigo!

Com afeto,

Sabrina Dourado

www.sabrinadourado.com.br

www.descomplicajus.com.br

Facebook:

https://www.facebook.com/profsabrinadourado

Instagram:

@sabrinadourado

@descomplicajuscursos_

E-mail:

contato@sabrinadourado.com.br

AGRADECIMENTOS

Agradecer é divino. Fundamental reconhecer que há pessoas que fazem a diferença nas nossas trajetórias.

Agradeço a **DEUS** por TUDO.

Agradeço aos **meus pais** pelo dom da vida e por serem tão especiais.

Agradeço ao **meu esposo**, companheiro inigualável, incansável e único. Sem você não teria conseguido. Eis um fato! Amo você, desde o primeiro instante.

Agradeço aos **meus filhos**, Guilherme e Henrique, razões do meu viver, por me permitirem escrever tais linhas.

Agradeço a **Patrícia Montalvão** por tanto carinho, estima e dedicação. Obrigada por revisar meu texto com tanto profissionalismo e amor.

SUMÁRIO

1 CONSIDERAÇÕES PREAMBULARES

Faz muito tempo que se pensa na necessidade de reformulação no modo de atuação do poder judiciário.

A trajetória desse poder é impressa por constantes crises, consistentes, em regra, no acúmulo de processos em seus variados órgãos. Os fatores que figuram como causa são os mais diversos possíveis, desde a falta de estrutura e de recursos humanos, do aumento do grau de litigiosidade do povo brasileiro até a deficiência do sistema processual como um todo[1].

No intuito de solucionar, ou, ao menos, minorar as problemáticas surgidas no cenário do judiciário brasileiro e da consequente lentidão e inoperabilidade do sistema processual no Brasil, vinha se optando, há muito, por intervenções no Código de Processo Civil. Em verdade, muitas foram as mudanças impressas no dito sistema processual pátrio.

---

1. O Processo transformou-se, ao longo da história da jurisdição, de um simples meio de declarar o direito, em um instrumento de sua concreta realização. A ideia de efetividade concretiza-se na aptidão do processo para alcançar os fins para os quais foi instituído. Destaque, também, que o avanço da sociedade moderna tornou as relações entre os indivíduos mais complexas, e com isso houve aumento maciço das demandas. Contudo, o Judiciário não é dotado de estrutura apta para bem atendê-las, e o caminho buscado pelo legislador, com as recentes reformas processuais, é o de desafogar a máquina estatal, uma vez que as mudanças operadas no ordenamento jurídico pátrio trazem ínsitas o clamor pela efetividade da tutela jurisdicional.

Consoante preleciona o clássico Araken de Assis[2] um dos notórios objetivos das extensas reformas empreendidas nas leis processuais para debelar o que se costuma designar de "crise da justiça[3]" consiste na busca e implementação da celeridade. Assim, muitas reformas atingiram o CPC/73. Há quem diga que ele não mais se harmonizava em razão de tantas modificações.

É cediço que depois das reformas que se operacionalizaram no CPC/73, percebeu-se a imprescindibilidade de edificar um novo sistema processual. Fez-se necessário recomeçar. Essa necessidade se impôs em razão da falta de sintonia do mencionado código, bem como das mudanças cada vez mais velozes e bruscas na vida em sociedade. Os valores da década de 70 já não mais se compatibilizavam com a conectada e enérgica sociedade dos anos 2000.

De saída, o CPC/73 sofreu com um grandioso número de revisões, tão impactantes algumas delas, que o código transformou-se em uma "colcha de retalhos", num "prédio" em ruínas, com grande perda sistemática – que, de resto, é o principal atributo que um código deve ter. Tornou-se insustentável a sua mantença tal qual ele se apresentava. Costuma-se dizer que as reformas foram tantas, que impediram que ele se mantivesse harmônico.

---

2. ASSIS, Araken. Duração Razoável do processo e reformas da lei processual civil. In: NERY JR., Nelson; FUX, Luiz; WAMBIER, Teresa Arruda Alvim (Coordenadores). **Processo e Constituição.** Estudos em homenagem ao professor José Carlos Barbosa Moreira. São Paulo: Revista dos Tribunais, 2006, p. 196.

3. Apesar de vulgar, na lição de Araken de Assis (2006, p.196) a fórmula "crise da justiça" soa excessiva e imprópria. Induz a crença que justiça em si perdeu-se em algum escaninho burocrático. Na verdade, busca-se nela expressar que a prestação jurisdicional prometida pelo Estado, no Brasil e alhures, tarda mais do que o devido, frustrando as expectativas dos interessados. O acesso a uma ordem jurídica justa é a possibilidade da complexa compatibilização do direito substancial como a realidade social judicialmente. Para tanto, é necessário "o perfeito conhecimento da realidade sócio-político--econômica do País, para que em relação a ela se pense na correta estruturação dos Poderes e adequada organização da justiça". (COLNAGO, Lorena de Mello Rezende; ZAGANELLI, Margareth Vetis. Acesso à justiça e o problema da efetividade do processo. **Revista do programa de Pós-graduação em direito da Universidade Federal do Espírito Santo- Cadernos de Direito Processual.** ano 1, n. 1.Vitória: UFES, 2006.p.10).

Ademais, outros motivos também levaram à criação de um novo código.

Nos últimos anos, o país e o mundo, como um todo, passaram por variadas alterações substanciais, que não seria errado dizer que praticamente todos os paradigmas que inspiraram o CPC anterior foram revistos ou superados. As mudanças se deram nos planos diversos. Como exemplo, citamos drásticas transformações nos planos normativo, científico, tecnológico e social.

Por fim, para ilustração e realce, destacamos a chegada de uma nova Constituição Federal (1988), um novo Código Civil (2002) e o Código de Defesa do Consumidor (CDC, 1990) – apenas para citar três exemplos de conjuntos de normas, as quais alteraram profundamente o direito pátrio.

O Código de 1973 não foi redigido para uma realidade jurídica tão diferente. Fez-se necessário construir um Código de Processo Civil adequado a essa nova estrutura jurídica. Um código que atenda às necessidades dos novos e complexos conflitos, os quais surgem no cenário social multifacetado.

1.1. AS REFORMAS DO CÓDIGO DE PROCESSO CIVIL - BREVES ESCLARECIMENTOS

As reiteradas modificações processuais são sempre alvo de muitas discussões no cenário jurídico. De forma marcante, a chegada de um novo Código de Processo Civil, o qual afastou a vigência do CPC/73, trouxe consigo uma série de expectativas, pois inúmeras foram as alterações processuais. Muitos têm sido os debates sobre as inovações. Há também muitas críticas e incertezas.

O intento da nova lei é a semelhante ao das diversas leis que foram publicadas nos derradeiros anos. A grande e imperiosa razão da mudança se dá com intuito de modificar o sistema processual, na tentativa de conferir celeridade e evitar a flagrante lesão ao princípio da razoável duração do processo, bem como de concretizar a garantia fundamental da efetividade e da tutela satisfativa, as quais serão estudadas com mais vagar.

No entanto, registre-se que a união desses objetivos não se dá única e exclusivamente por meio de reiteradas modificações na legislação. Faz-se indispensável uma reestruturação do sistema por completo. Para que se alcance mais celeridade, não adianta modificar o sistema recursal e executivo, uma vez que a demora da prestação jurisdicional conta com uma série de fatores e razões peculiares, inclusive o número diminuto de juízes e de seus auxiliares. A reclamação sobre o número incipiente de servidores toma conta de todo país.

Em outros termos, as reformas mostraram-se enormes e foram feitas na legislação, por mais de 30 anos. Infelizmente, o resultado dessas reformas não foi o esperado por toda população brasileira, a qual, em sua maioria, continua insatisfeita com o custo e a morosidade da prestação jurisdicional.

A temática da morosidade do judiciário é antiga. Há muito que se critica e se discute o tempo de trâmite processual do nosso ordenamento jurídico. A dita morosidade traz consigo diversas consequências, tais como: a descrença no poder judiciário, a angústia interminável nos litigantes, a insatisfação dos procuradores e, até, mesmo, o estímulo ao descumprimento de direitos de toda coletividade.

Diz-se que o judiciário está assoberbado. Nas mais variadas instâncias há grande número de processos, os quais tramitam por longíssimos e intermináveis anos.

Mesmo o STF encontra-se numa situação alarmante.

> "O Supremo Tribunal Federal (STF) levou 24 anos para, ao decidir sobre um processo, dizer que o assunto não era com ele. O caso faz parte do cenário de morosidade que foi constatado na mais alta Corte do país por um levantamento inédito da FGV Direito Rio, obtido com exclusividade pelo GLOBO. Ao analisar a duração de processos e liminares no Supremo de 1988 a 2013, o estudo viu que o STF leva, em média, cinco anos para julgar de forma definitiva Ações Diretas de Inconstitucionalidade (Adins) — mas há Adins que ficaram mais de 20 anos até transitar em julgado, ou seja, terem decisão definitiva da Corte, sem possibilidade de recurso. Entre as liminares concedidas pelo STF e que tiveram mérito analisado, o levantamento mostrou que as de Adins duraram, em média, seis anos, o tempo que a Corte levou para julgar as ações." (DUARTE, ALESSANDRA)

Em 2018, o STJ pautou um processo que já se estendia por 124 anos. Trata-se de um processo ordenado por Princesa Isabel[4]. O dito processo somente chegou ao fim em 2020.

A Emenda Constitucional nº 45/2004 contemplou o princípio da razoável duração do processo dentro das garantias fundamentais asseguradas a cada cidadão, insculpido no inciso LXXVIII do art. 5º da Constituição Federal de 1988, com o seguinte teor: "a todos, no âmbito judicial e administrativo, são assegurados a razoável duração do processo e os meios que garantam a celeridade de sua tramitação".

Deve-se destacar, por oportuno, que o CPC/2015 é o primeiro código que nasce no Estado Democrático de Direito. Percebe-se em suas linhas uma tentativa de harmonização de diversos interesses. Espera-se que ele alcance seu objetivo.[5]

4. Informação extraída do seguinte endereço eletrônico. https://ultimosegundo.ig.com.br/brasil/2018-11-26/processo-mais-antigo-do-brasil-guanabara-stj.html.

5. Informação extraída do seguinte endereço eletrônico. https://veja.abril.com.br/brasil/movido-por-princesa-isabel-processo-mais-antigo-da-republica-chega-ao-fim/.

2

ASPECTOS RELEVANTES DA TEORIA GERAL DO PROCESSO

2.1. NOTAS INTRODUTÓRIAS

O Direito tem como missão prefacial organizar a sociedade a fim de impedir que os conflitos decorrentes da vida em conjunto impossibilitem a própria existência do homem. **Ele serve de modelo e guia.** Costumamos dizer que ele é mecanismo de ordenar a vida na dita sociedade.

Os conflitos, por sua vez, surgem da resistência à satisfação voluntária da pretensão de outrem. São comuns e cada vez mais recorrentes. Nos dias de hoje, são frequentes, complexos e reiterados.

O Estado-juiz, ao ser chamado para solucionar os mais variados desajustes de interesses, cuidará de proferir uma decisão aplicável no caso concreto, que será de obrigatório cumprimento por todos os envolvidos na demanda. Esta função é chamada de jurisdição.

Nessa toada, o Direito Processual pode ser conceituado como sendo o ramo do direito público que estuda as normas que regulam o exercício da jurisdição pelo Estado-juiz, bem como a relação que se formará entre as partes quando submeterem seu conflito de interesses à apreciação daquele Estado-juiz. Tal direito regula também as chamadas formas não jurisdicional de resoluções de conflitos, as quais estão marcadamente estimuladas.

Modernamente, afirma-se ser o ramo do Direito Público o que se propõe a definir contornos aplicáveis à resolução de lides e chancela de interesses relevantes, ainda que não conflituosos[1] e mesmo que não sejam objeto de um processo jurisdicional.

Destarte, o Direito Processual Civil pode, ainda, ser conceituado como o conjunto de princípios e regras que regulam a função jurisdicional do Estado, responsável pela solução de contendas.

Possui natureza de direito público, como dito acima, pois sua função imediata é a aplicação do direito ao caso concreto, a fim de restabelecer a ordem jurídica ditada pelo Estado de Direito.

A sua função mediata é a pacificação social. Eis um anseio da jurisdição, bem como dos chamados equivalentes jurisdicionais, tais como: autocomposição e arbitragem.

Como ciência, **o Direito Processual** é dotado de autonomia em relação aos demais ramos do direito, pois porta um conjunto de princípios e organização peculiares, que lhe sustentam. Integra o grande subgrupo do direito público, tendo previsão constitucional. Subdivide-se em direito processual civil, direito processual penal, direito processual do trabalho etc.

2.2. AUTONOMIA DO DIREITO PROCESSUAL

Há autonomia do Direito Processual Civil, ou direito instrumental, em face do direito civil, ou direito substancial, e perante outros tantos ramos do direito, em razão da evidente diversidade da natureza e de objetivos. **Ele é um ramo autônomo do direito.**

Contudo, esta autonomia não significa isolamento, distanciamento completo, uma vez que o Direito Processual Civil faz parte do sistema maior, a ciência do direito, da qual apenas é um dos seus vários ramos. Destacando-se aqui o forte intercâmbio e influência do processo com a constituição[2].

1. Eis o que ocorre nas casuísticas de Jurisdição voluntária, também chamada de não conflituosa. Para elas não há lide. Os sujeitos dirigir-se-ão ao Judiciário para obter a chancela dos seus interesses.

2. Vivemos a era da Constitucionalização dos Direitos. É imperativa a necessidade de observarmos os ditames estabelecidos na carta Magna. O CPC/15, no seu artigo 1º,

AUTONOMIA NÃO SIGNIFICA ISOLAMENTO

2.3. DIFERENÇA ENTRE O DIREITO MATERIAL E PROCESSUAL

DIREITO MATERIAL ≠ DIREITO PROCESSUAL

O *direito material* estipula regras para distribuir os bens da vida, materiais e imateriais, como os direitos da personalidade, regras para o casamento e a união estável, celebração de contratos etc., as quais servem de parâmetro para o estado, no exercício da jurisdição, solucionar os conflitos, a exemplo do Direito Civil, Direito do Trabalho e outros.

Já **o** ***direito processual*** trata da forma como as situações conflituosas ou não conflituosas serão analisadas pelo Judiciário ou estruturas privadas, dispondo sobre a distribuição do exercício jurisdicional da tutela pleiteada (processo de conhecimento, de execução e cautelar). Com o CPC/15 foi fortalecida a técnica autocompositiva e reforçada a autorização de utilização da arbitragem. Logo, tais mecanismos também são objeto do direito processual civil moderno.

É cediço que o processo é realidade eminentemente formal – conjunto de estruturas preestabelecidas. Não se resume, no entanto, ao cumprimento cego dessas estruturas.

PROCESSO É → MEIO

Processo é marcha avante. A separação entre direito material e direito processual não pode, entretanto, implicar em um distancia-

sinaliza que o texto processual está rendido aos Princípios, regras e valores estabelecidos na Constituição Federal. Entendemos que o mencionado artigo configura-se como importante norma de reforço. Ele possui um caráter educativo. Ele estabelece um prognóstico propedêutico, a saber, a necessidade do processo, respeitar primariamente a Constituição. Há quem o entenda por desnecessário.

mento entre eles, uma vez que o primeiro está sob a proteção do segundo. Há contato direto e indispensável entre eles. Uma relação, a qual chamo de umbilical.

A visão instrumentalista do processo estabelece uma ponte indissociável entre o direito processual e o direito material. **Tal instrumentalidade cresceu muito nos últimos anos. Seu fortalecimento é notável com a chegada do CPC/15.** Fala-se na chamada **INSTRUMENTALIDADE MÁXIMA DAS FORMAS.**

A prevalência das formas, entretanto, não é absoluta, porém o direito processual moderno repudia o apego ao formalismo excessivo. Se o ato processual não ocorre na forma que foi estabelecida, muito embora atinja seu objetivo, é considerado válido se não causar prejuízo aos litigantes, ou ao exercício da jurisdição. **Processo é meio, "fio condutor" e deve estar à serviço.**

Nesse diapasão, o CPC/15 adota o Princípio da primazia do julgamento do mérito, o qual está estabelecido expressamente no seu art. 4º, privilegiando a decisão meritória e impedindo a chamada jurisprudência defensiva.

Direito Processual	Direito material
É meio de exercício da jurisdição ou dos equivalentes jurisdicionais. É ramo do Direito Público que se presta a fornecer elementos de estudo da tutela jurisdicional ou resolução de conflitos por meios adequados, tais como a arbitragem.	Situação jurídica substancial debatida. Ex: Direito Civil.

2.4. PROCESSO E CONSTITUIÇÃO

Todo o direito processual, como ramo do direito público, tem suas linhas fundamentais traçadas pelo Direito Constitucional, como já dito.

Nota-se, inicialmente, que a própria Constituição brasileira se incumbe de configurar o direito processual não mais como mero conjunto de regras acessórias de aplicação de direito material, mas, cientificamente, como instrumento público de concretização e efetivação da justiça[3].

O CPC/15 regula uma série de normas fundamentais, muitas delas foram extraídas do texto constitucional. Eis o que se depreende da leitura do *caput* do artigo 3º do CPC/15.

Nesse dispositivo está a cópia fiel do art. 5º, inciso XXXV, da dita Carta Magna. É o que chamamos de **CONTROLE JURISDICIONAL OBRIGATÓRIO.**

Ademais, Daniel Mitidieiro[4] assinala que as relações entre o processo civil e a Constituição são relações dialógicas, de recíproca implicação. Segundo ele, há na doutrina contemporânea um diálogo constante entre o direito processual civil e o direito constitucional, a ponto de muitos autores falarem, de um lado, em uma teoria processual da Constituição e, de outro, surpreendendo o tema por um ângulo diverso de visão, em

---

3. É importante frisar o fenômeno da *constitucionalização* dos direitos e garantias processuais, porque, além de retirar do Código de Processo a centralidade do ordenamento processual (fenômeno da *descodificação*), ressalta o caráter publicístico do processo.

   Com efeito, o processo distancia-se de uma conotação privatística, deixando de ser um mecanismo de exclusiva utilização individual para se tornar um meio à disposição do Estado para a realização da justiça, que é um valor eminentemente social. O processo está voltado à tutela de uma ordem superior de princípios e de valores que estão acima dos interesses controvertidos das partes (ordem pública) e que, em seu conjunto, estão voltados à realização do bem comum. A preponderância da ordem pública sobre os interesses privados em conflito manifesta-se em vários pontos da dogmática processual, tais como, por exemplo, na garantia constitucional de inafastabilidade da jurisdição, na garantia do juiz natural, no impulso oficial, no conhecimento de ofício (objeções) e na autoridade do juiz, na liberdade de valoração das provas, no dever de fundamentação das decisões judiciais, nas nulidades absolutas, nas indisponibilidades, no contraditório efetivo e equilibrado, na ampla defesa, no dever de veracidade e de lealdade, na repulsa à litigância de má-fé etc.

   Desse modo, os fins públicos buscados pelo processo, como instrumento democrático do poder jurisdicional, transcendem os interesses individuais das partes na solução do litígio. Esta visão publicística, imposta pela constitucionalização dos direitos e garantias processuais (neoprocessualismo), não se esgota na sujeição das partes ao processo. CAMBI, Eduardo. Neoconstitucionalismo e neoprocessualismo. **Panoptíca**. Vitória, ano 1, n.06, fev. 2007, p.1-44, Disponível em: http://panoptica.org. Acesso em: 07 de jan de 2014.
4. MITIDIEIRO, Daniel. **Processo e Constituição:** As possíveis relações entre o processo civil e o direito constitucional no marco teórico do formalismo-valorativo.

uma teoria constitucional do processo, como desdobramento da força normativa da Constituição especificamente canalizada para o campo de atuação do processo civil.

No fundo, **uma processualização da Constituição,** a par de uma concomitante constitucionalização do processo ("materialização do direito processual").

CF/88 → CPC/15

2.5. BREVE HISTÓRICO DA CIÊNCIA PROCESSUAL

Vigoravam no Brasil, por longo período de tempo, as Ordenações Filipinas, as quais datavam de 1603. No ano de 1850, fora editado o regulamento nº. 737, que regulou o procedimento das causas comerciais. Posteriormente, o Regulamento nº 763, de 1890, já na era republicana estendeu o Regulamento nº 737 aos feitos civis. Pouco depois, em 1891, a primeira Constituição Republicana dividiu a Justiça em Federal e Estadual, autorizando os Estados Federados a legislar sobre processo. Eis uma grande conquista para a época.

A iniciativa não deu certo e a Constituição de 1934 atribuiu exclusivamente à União a competência para legislar sobre o processo.

Em 1º de março de 1940, passou a vigorar o Código Nacional de Processo Civil, Decreto-lei nº 1.608/39, que vigorou até 1973, quando entrou em vigor o Código de Processo Civil, ora revogado, lei nº 5.869, de 11 de janeiro de 1973, que reformou o Código de 1939, baseando-se em anteprojeto redigido pelo **célebre** Ministro Alfredo Buzaid.

Desde então, o Código foi alterado muitas vezes, como visto. Foram três as grandes reformas que foram implementadas.

Em 1994, iniciou-se a primeira etapa da reforma do texto. Dentre outras modificações, inseriu-se no texto o instituto da tutela antecipada, hoje tão conhecida e consagrada.

Em 2001, uma segunda etapa reformista deu-se início. Naquele momento, foi aprimorada a fase de cumprimento de sentença e outras tantas mudanças foram contempladas.

Com a Emenda Constitucional 45/04, a qual inseriu o Princípio da Duração Razoável do Processo, foram feitas inúmeras modificações no texto processual. Dentre elas, destacamos as inovações no recurso de agravo, que está estudado mais adiante, no conceito de sentença, novas mudanças no cumprimento de sentença, especialmente no que tange às obrigações de pagamento de quantia.

Em 2010, foi criada a comissão para a elaboração do CPC/15. Em 16 de março de 2015, foi publicada a Lei 13.105/15. Em março de 2016, o novo CPC entrou em vigor. De acordo com o artigo 1045, o CPC deveria entrar em vigor no prazo de um ano. A data exata da sua entrada em vigor foi 18 de março de 2016. Em 2020, comemoramos 4 anos de vigência do CPC/15.

2.6. FASES EVOLUTIVAS DO DIREITO PROCESSUAL

A respeito de suas fases evolutivas, inicialmente o direito processual civil foi considerado como parte do direito material, que nasceria quando surgisse a pretensão de uma parte. Era visto como mero apêndice. Ele não tinha nenhuma autonomia. **Sua relação era de completa dependência.**

Posteriormente, a relação processual passou a ser estudada de forma autônoma, pois apresentava direitos, poderes, ônus e sujeições distintos. **Já se poderia ver alguma distinção.**

Com o passar do tempo, sem deixar de considerar o direito processual como ciência autônoma, foi entendido que seu caráter instrumental em relação às normas de direito material deveria prevalecer, pois somente assim poder-se-ia atingir o objetivo maior da jurisdição, que é a pacificação social, bem como servir de controle de condutas e convívio social. O caráter instrumental ainda proporcionaria efetividade ao processo e às decisões, assim como maior acesso à justiça.

Modernamente, o processo tem ganhado feição substancial. Figura como mecanismo de concretização de garantias fundamentais. Não se quer dispensar sua caraterística formal de forma despropositada, no entanto, fortalecida está sua feição afinada ao texto constitucional.

ATENÇÃO!

E em razão da incapacidade que o Estado-juiz tem para resolver, de forma eficiente, todos os conflitos de interesses, bem como em face do custo, do tempo de duração e do formalismo dos processos judiciais, outros meios de solução de conflitos como a conciliação, a mediação e a arbitragem têm sido muito incentivados. Estabeleceu-se o chamado sistema multiportas.

A conciliação e a mediação estão expressamente previstas no CPC/15. Podem ocorrer tanto no bojo de um processo judicial como independentemente dele. **A conciliação** é feita por terceiro imparcial, que auxiliará as partes na busca de uma justa composição, por meio da utilização de técnicas de negociação, para solucionar o conflito surgido. Esse terceiro imparcial atuará, preferencialmente, em conflitos entre pessoas estranhas.

A mediação, por sua vez, destina-se aos casos em que as partes já mantêm algum relacionamento entre si, mas que se encontra estremecido em razão da lide, através da qual o mediador deverá aplicar métodos que visem não só resolver o impasse surgido, mas também a inter-relação entre elas. Seu objetivo é fazer com que os medianos busquem a melhor solução para as suas celeumas, já que é bem possível que tenham de manter a convivência mútua, estreitadas pela natureza das relações, como, por exemplo, conflito entre familiares, vizinhos etc.

A arbitragem, finalmente, consiste na submissão voluntária do caso à solução de um árbitro ou câmara arbitral, que adotará o procedimento previsto na Lei 9.307/96[5]. Seu destaque está para o poder decisório do

5. A Lei 13.129/15 alterou a Lei da Arbitragem, ampliando o instituto e passando a permitir que a administração pública resolva seus conflitos por meio do instituto, lança a carta arbitral e permite o pleito de tutelas de urgência no Judiciário, mesmo que as partes tenham disposto que se resolveriam por meio da arbitragem.

árbitro. Sua decisão terá o mesmo valor de uma sentença judicial. **Ela tem natureza de título executivo JUDICIAL.**

A criação dos juizados especiais também representou grande avanço, por proporcionar o acesso ao judiciário de pessoas físicas, microempresas e empresas de pequeno porte, independentemente do pagamento de custas e por meio de um procedimento mais simples, contribuindo para reduzir a litigiosidade em massa na justiça comum, com causas de pequena monta.

A possibilidade de solucionar os conflitos transindividuais por meio de ações coletivas igualmente mostra-se fundamental, por contribuir com a redução dos custos da prestação jurisdicional e propiciar a uniformização dos julgamentos, o que, consequentemente, traz harmonização social.

Não bastasse, considerando a Constituição como um conjunto de normas jurídicas dotadas de supremacia em relação às demais normas do sistema jurídico, é fundamental que, na interpretação e aplicação das leis, independentemente de qual ramo do direito pertençam, sejam assegurados o respeito e a garantia aos direitos fundamentais do povo assim como a normatividade dos princípios que a informam. Os princípios são dotados de força normativa.

Portanto, não há mais espaço para o estudo do direito processual de forma estanque. Suas lições devem ser compreendidas à luz dos princípios constitucionais, notadamente daqueles relacionados aos direitos e garantias fundamentais do indivíduo, bem como de toda coletividade.

Além disso, a Constituição Federal fixa a estrutura fundamental do processo, prevendo os princípios gerais de direito processual. Ela é indispensável para o processo.

Neste sentido, a nova legislação se preocupa em estabelecer laços ainda mais fortes entre a estrutura processual e a Constituição Federal.

2.7. A TRILOGIA ESTRUTURANTE DO DIREITO PROCESSUAL

- Jurisdição
- Ação
- Processo

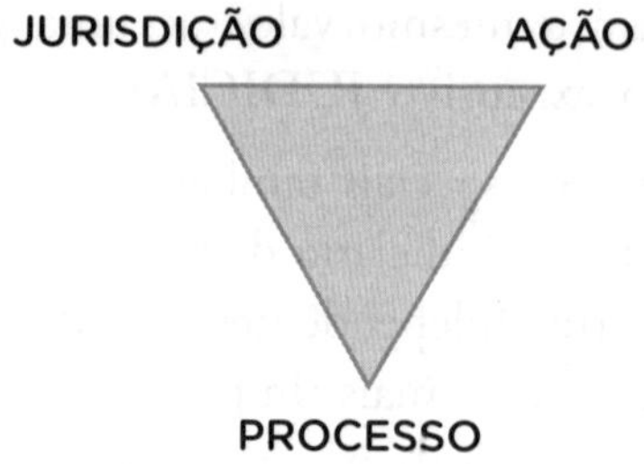

Três são os institutos basilares da Ciência Processual, quais sejam: **jurisdição, ação e processo.** Eles são elementares.

Através da **Jurisdição** são dirimidos os mais diversos, complexos ou simplórios conflitos que forem levados a sua apreciação. Cada indivíduo tem, por conseguinte, a garantia de acessar a justiça, ante a ameaça ou efetiva lesão ao Direito. Eis o direito constitucional de **ação.** Por intermédio do **Processo** que atuará o Judiciário e se concretizará a garantia fundamental de acesso à justiça. Processo é instrumento elementar para a concretização de direitos fundamentais. Por meio dele que se dará a resolução das celeumas levadas a apreciação do Poder Judiciário.

JURISDIÇÃO	AÇÃO	PROCESSO
Poder-dever do Estado. Uma das formas de resolução de conflitos.	Garantia constitucional que permite a todos ir ao encontro do Judiciário ante a ameaça ou efetiva lesão a direito.	Instrumento de que se vale a Jurisdição.

3

MEIOS NÃO JURISDICIONAIS DE RESOLUÇÃO DE CONFLITOS

O artigo 3º do CPC/15 apregoa a inafastabilidade do controle jurisdicional, como menciona a própria CF/88.

A Carta Magna sinaliza que nenhuma ameaça ou efetiva lesão a direito poderão ser afastadas da apreciação jurisdicional. **Eis o controle jurisdicional obrigatório.** Trata-se de acesso à ordem jurídica justa.

No entanto, chama atenção a necessidade de estimularmos a autocomposição, bem como a arbitragem, que já foi tida por constitucional pelo STF.[1]

Estabeleceu-se o que se convencionou nominar de sistema multiportas.

O CPC/15 deixa cristalina a sua intenção em estimular os mecanismos de resolução de conflitos. Adverte, no parágrafo 2º, do seu artigo 3º, que o Estado promoverá, sempre que possível, a solução consensu-

1. SE 5206 AgR/EP.

al de conflitos. Vale dizer, impõe ao Estado tal tarefa. Observe-se, no particular, a resolução 125/10 do Conselho Nacional de Justiça (CNJ)[2].

Vamos estudar os mencionados equivalentes jurisdicionais, conferindo as principais inovações sobre o tema. Vejamos.

3.1. AUTOTUTELA

A autotutela é a mais rudimentar dos equivalentes jurisdicionais, datada desde os primórdios da civilização, consiste na defesa dos direitos através do emprego de diversos mecanismos próprios, à exemplo da força bruta.

Essa modalidade de solução de conflitos é, nos dias de hoje, em regra, banida, vale dizer, proibida.

Ressalta-se que hoje a autotutela é abominada na grande maioria dos ordenamentos jurídicos, sendo excepcionalmente permitida, já que ela configura inclusive um ilícito penal. Exemplos excepcionais de autotutela permitida: desforço incontinente nas ações possessórias, estado de necessidade, greve, legítima defesa e retenção de bagagens[3].

ATENÇÃO! VAMOS DESCOMPLICAR!

A autotutela pode ser compreendida como a solução de conflitos de interesses que se dá pela imposição da vontade de uma das partes, com o sacrifício do interesse da outra. Caracteriza-se pela ausência de juiz distinto das partes.

Sua visão simplificada - meio não jurisdicional de resolução de conflitos que se estabelece por meio da **FORÇA.**

AUTOTUTELA → FORÇA

2. Dispõe sobre a política judiciária nacional de tratamento adequado dos conflitos de interesses no âmbito do Poder Judiciário.

3. Atualmente, o Estado-juiz fiscaliza a utilização proporcional da autotutela. Nada impede que ele reprima àqueles que excederem os limites da proporcionalidade.

3.2. AUTOCOMPOSIÇÃO

AUTOCOMPOSIÇÃO → DIÁLOGO

Mecanismo de resolução de conflitos que tem como elemento chave o **diálogo.** São três os resultados possíveis a partir desse instituto:

- **Conciliação;**
- **Renúncia;**
- **Reconhecimento da procedência do pleito.**

Na primeira hipótese, uma das partes em conflito, ou ambas, abrem mão do interesse ou parcela dele. São feitas concessões recíprocas. Elas se ajustam. **Há quem diga que sua ocorrência viabiliza a verdadeira solução da lide.**

Este sistema não vingou como forma única e absoluta de solução de conflitos, já que ninguém pode ser compelido a transigir ou a renunciar. No entanto, cresce e é extremamente estimulado, nos dias atuais.

ATENÇÃO, QUERIDOS!

A autocomposição prestigia a autonomia da vontade, a espontaneidade de decisão dos próprios titulares do direito disputado, independente da força ou da solução da pendência por terceiro desinteressado, representando, assim, um dos meios mais democráticos de resolução de conflitos, além de ser recepcionada por nosso ORDENAMENTO JURÍDICO VIGENTE, veja-se:

Art. 487, III, a, b e c do CPC/15.

Estímulos à conciliação (exemplo de autocomposição):

- arts. 139, V, do CPC/15;
- arts. 847 e 850, ambos da CLT;
- arts. 21, 22, 72 e 76 da Lei 9.099/95.

3.3. MEDIAÇÃO

Embora, no Brasil, o tema da Mediação seja novo, é estudado e implementado **há muito tempo por** diversas culturas no mundo.

Os índices e estatísticas da mediação atestam a sua eficácia enquanto meio de solução de conflito entre particulares, bem como os seus inúmeros benefícios. Se bem utilizada, ela é capaz de dirimir o conflito de forma menos custosa.

O Poder Judiciário está dando sinais de avanço, e apostou na regulamentação desse instituto, por meio da Lei 13.140/15.

Vejamos abaixo algumas das suas principais disposições.

A mediação será orientada pelos seguintes princípios:

- **imparcialidade do mediador;**
- **isonomia entre as partes;**
- **oralidade;**
- **informalidade;**
- **autonomia da vontade das partes;**
- **busca do consenso;**
- **confidencialidade;**
- **boa-fé.**

Na hipótese de existir previsão contratual de cláusula de mediação, as partes deverão comparecer à primeira reunião de mediação.

Importante ressaltar que ninguém será obrigado a permanecer em procedimento de mediação.

Pode ser objeto de mediação o conflito que verse sobre direitos disponíveis ou sobre direitos indisponíveis que admitam transação, ou seja, há direitos indisponíveis que se sujeitam a mediação. Cite-se, por exemplo, a forma como serão adimplidos os alimentos.

O consenso das partes envolvendo direitos indisponíveis, mas transigíveis, deve ser homologado em juízo, exigida a oitiva do Ministério Público.

A mediação pode versar sobre todo o conflito ou parte dele.

Conheçamos as funções dos Mediadores

O mediador será designado pelo tribunal ou escolhido pelas partes.

Ele conduzirá o procedimento de comunicação entre as partes, buscando o entendimento e o consenso e facilitando a resolução do conflito. Ademais, aos necessitados será assegurada a gratuidade da mediação.

Aplicam-se aos mediadores as mesmas hipóteses legais de impedimento e suspeição do juiz, as quais estão dispostas nos arts. 144 e 145 do CPC/15.

A pessoa designada para atuar como mediador tem o dever de revelar às partes, antes da aceitação da função, qualquer fato ou circunstância que possa suscitar dúvida justificada em relação à sua imparcialidade para mediar o conflito, oportunidade em que poderá ser recusado por qualquer delas.

O mediador fica impedido, pelo prazo de **um ano**, contado do término da última audiência em que atuou, de assessorar, representar ou patrocinar qualquer das partes.

O sujeito não poderá atuar como árbitro nem funcionar como testemunha em processos judiciais ou arbitrais pertinentes a conflito em que tenha atuado como mediador.

O mediador e todos aqueles que o assessoram no procedimento de mediação, quando no exercício de suas funções ou em razão delas, são equiparados a servidor público, para os efeitos da legislação penal.

Mediadores Extrajudiciais

Poderá funcionar como mediador extrajudicial qualquer pessoa capaz, que tenha a confiança das partes e seja capacitada para o ofício da mediação, independentemente de integrar qualquer tipo de conselho, entidade de classe ou associação, ou nele inscrever-se. Citemos como exemplo um advogado ou profissional da área de psicologia.

As partes poderão ser assistidas por advogados, bem como por defensores públicos

Comparecendo uma das partes acompanhada de advogado ou defensor público, o mediador suspenderá o procedimento, até que todas estejam devidamente assistidas ou representadas. Essa medida merece nossas considerações elogiosas. Respeita-se o princípio da isonomia.

Mediadores Judiciais

Poderá atuar como mediador judicial a pessoa capaz, graduada há pelo menos dois anos em curso de ensino superior de instituição reconhecida pelo Ministério da Educação e que tenha obtido capacitação em escola ou instituição de formação de mediadores, reconhecida pela Escola Nacional de Formação e Aperfeiçoamento de Magistrados – ENFAM ou pelos tribunais, observados os requisitos mínimos estabelecidos pelo Conselho Nacional de Justiça em conjunto com o Ministério da Justiça.

Os tribunais criarão e manterão cadastros atualizados dos mediadores habilitados e autorizados a atuar em mediação judicial.

A inscrição no cadastro de mediadores judiciais será requerida pelo interessado ao tribunal com jurisdição na área em que pretenda exercer a mediação.

Por sua vez, os tribunais regulamentarão o processo de inscrição e desligamento de seus mediadores.

No mais, a remuneração devida aos mediadores judiciais será fixada pelos tribunais e custeada pelas partes, observado o disposto no § 2º, **do art. 4º, da Lei 13.140/15.**

Procedimento de Mediação

Vejamos:

No início da primeira reunião de mediação, e sempre que julgar necessário, o mediador deverá alertar às partes acerca das regras de confidencialidade aplicáveis ao procedimento.

A requerimento das partes ou do mediador, e com anuência daquelas, poderão ser admitidos outros mediadores para funcionarem no mesmo procedimento, quando isso for recomendável em razão da natureza e da complexidade do conflito.

Ainda que haja processo arbitral ou judicial em curso, as partes poderão submeter-se à mediação, hipótese em que requererão ao juiz ou árbitro a suspensão do processo por prazo suficiente para a solução consensual do litígio.

É irrecorrível a decisão que suspende o processo nos termos requeridos de comum acordo pelas partes.

A suspensão do processo não obsta a concessão de medidas de urgência pelo juiz ou pelo árbitro.

Considera-se instituída a mediação na data para a qual for marcada a primeira reunião ou audiência.

Enquanto transcorrer o procedimento de mediação, ficará suspenso o prazo prescricional.

Iniciada a mediação, as reuniões posteriores com a presença das partes somente poderão ser marcadas com a anuência delas.

No desempenho de sua função, o mediador poderá reunir-se com as partes, em conjunto ou separadamente, bem como solicitar as informações que entender necessárias para facilitar os trabalhos.

O procedimento de mediação será encerrado com a lavratura do seu termo final, quando for celebrado acordo ou quando não se justificarem novos esforços para a obtenção de consenso, seja por declaração do mediador nesse sentido ou por manifestação de quaisquer das partes.

O termo final de mediação, na hipótese de celebração de acordo, constitui título executivo extrajudicial e, quando homologado judicialmente, título executivo judicial.

Mediação Extrajudicial

O convite para iniciar o procedimento de mediação extrajudicial poderá ser feito por qualquer meio de comunicação e deverá estipular o escopo proposto para a negociação, a data e o local da primeira reunião.

O convite formulado por uma parte à outra considerar-se-á rejeitado se não for respondido em até trinta dias da data de seu recebimento.

A previsão contratual de mediação deverá conter, essencialmente:

- prazo mínimo e máximo para a realização da primeira reunião de mediação, contado a partir da data de recebimento do convite;

- local da primeira reunião de mediação;
- critérios de escolha do mediador ou da equipe de mediação;
- penalidade em caso de não comparecimento da parte convidada à primeira reunião de mediação.

A previsão contratual pode substituir a especificação dos itens acima enumerados pela indicação de regulamento, publicado por instituição idônea prestadora de serviços de mediação, no qual constem critérios claros para a escolha do mediador e realização da primeira reunião de mediação.

Não havendo previsão contratual completa, deverão ser observados os seguintes critérios para a realização da primeira reunião:

- prazo mínimo de dez dias úteis e prazo máximo de três meses, contados a partir do recebimento do convite;
- local adequado a uma reunião que possa envolver informações confidenciais;
- lista de cinco nomes, informações de contato e referências profissionais de mediadores capacitados. A parte convidada poderá escolher, expressamente, qualquer um dos cinco mediadores e, caso a parte convidada não se manifeste, considerar-se-á aceito o primeiro nome da lista;
- o não comparecimento da parte convidada à primeira reunião de mediação acarretará a assunção por parte desta de cinquenta por cento das custas e honorários sucumbenciais, caso venha a ser vencedora em procedimento arbitral ou judicial posterior, que envolva o escopo da mediação para a qual foi convidada.

Nos litígios decorrentes de contratos comerciais ou societários que não contenham cláusula de mediação, o mediador extrajudicial somente cobrará por seus serviços caso as partes decidam assinar o termo inicial de mediação e permanecer, voluntariamente, no procedimento.

Se, em previsão contratual de cláusula de mediação, as partes se comprometerem a não iniciar procedimento arbitral ou processo judicial durante certo prazo ou até o implemento de determinada condição, o árbitro ou o juiz suspenderá o curso da arbitragem ou da ação pelo prazo previamente acordado ou até o implemento dessa condição.

O disposto acima não se aplica às medidas de urgência em que o acesso ao Poder Judiciário seja necessário para evitar o perecimento de direito.

Mediação Judicial

Os tribunais criarão centros judiciários de solução consensual de conflitos, responsáveis pela realização de sessões e audiências de conciliação e mediação, pré-processuais ou processuais, e pelo desenvolvimento de programas destinados a auxiliar, orientar e estimular a autocomposição.

A composição institucional e a organização do centro serão definidas pelo respectivo tribunal, observadas as normas do Conselho Nacional de Justiça.

Na mediação judicial, os mediadores não estarão sujeitos à prévia aceitação das partes, observado o disposto no art. 5º da Lei 13.104/15.

As partes deverão ser assistidas por advogados ou defensores públicos, ressalvadas as hipóteses previstas nas Leis nºs 9.099, de 26 de setembro de 1995[4], e 10.259, de 12 de julho de 2001, que regulamentam o procedimento sumaríssimo dos juizados especiais estaduais federais, respectivamente.

ATENÇÃO!

Aos que comprovarem insuficiência de recursos será assegurada assistência pela Defensoria Pública. Como veremos, o CPC regula a função da Defensoria.

SIGAMOS!

Se a petição inicial preencher os requisitos essenciais e não for o caso de improcedência liminar do pedido, o juiz designará audiência de mediação.

4. Causas que não excedam 20 salários mínimos até a prolatação da sentença para os JEC´s estaduais.

O procedimento de mediação judicial deverá ser concluído em até sessenta dias, contados da primeira sessão, salvo quando as partes, de comum acordo, requererem sua prorrogação.

Se houver acordo, os autos serão encaminhados ao juiz, que determinará o arquivamento do processo e, desde que requerido pelas partes, homologará o acordo, por sentença. O termo final da mediação determinará o arquivamento do processo.

Solucionado o conflito pela mediação antes da citação do réu, não serão devidas custas judiciais finais.

Trataremos, por fim, da autocomposição aplicável às pessoas jurídicas de Direito Público.

A União, os Estados, o Distrito Federal e os Municípios poderão criar câmaras de prevenção e resolução administrativa de conflitos, no âmbito dos respectivos órgãos da Advocacia Pública, onde houver, com competência para:

- **dirimir conflitos entre órgãos e entidades da administração pública;**
- **avaliar a admissibilidade dos pedidos de resolução de conflitos, por meio de composição, no caso de controvérsia entre particular e pessoa jurídica de direito público;**
- **promover, quando couber, a celebração de termo de ajustamento de conduta.**

A submissão do conflito às câmaras é facultativa e será cabível apenas nos casos previstos no regulamento do respectivo ente federado.

Se houver consenso entre as partes, o acordo será reduzido a termo e constituirá título executivo extrajudicial.

Não se incluem na competência dos órgãos acima mencionados as controvérsias que somente possam ser resolvidas por atos ou concessão de direitos sujeitos à autorização do Poder Legislativo.

Compreendem-se na competência das câmaras a prevenção e a resolução de conflitos que envolvam equilíbrio econômico-financeiro de contratos celebrados pela administração com particulares.

Enquanto não forem criadas as câmaras de mediação, os conflitos poderão ser dirimidos nos termos do procedimento de mediação na Lei em comento.

A Advocacia Pública da União, dos Estados, do Distrito Federal e dos Municípios, onde houver, poderá instaurar, de ofício ou mediante provocação, procedimento de mediação coletiva de conflitos relacionados à prestação de serviços públicos.

A instauração de procedimento administrativo para a resolução consensual de conflito no âmbito da administração pública suspende a prescrição.

Considera-se instaurado o procedimento quando o órgão ou entidade pública emitir juízo de admissibilidade, retroagindo a suspensão da prescrição à data de formalização do pedido de resolução consensual do conflito.

Em se tratando de matéria tributária, a suspensão da prescrição deverá observar o disposto na Lei nº 5.172, de 25 de outubro de 1966 – Código Tributário Nacional.

As controvérsias jurídicas que envolvam a administração pública federal direta, suas autarquias e fundações poderão ser objeto de transação por adesão, com fundamento em:

- autorização do Advogado-Geral da União, com base na jurisprudência pacífica do Supremo Tribunal Federal ou de tribunais superiores; ou
- parecer do Advogado-Geral da União, aprovado pelo Presidente da República.

Os requisitos e as condições da transação por adesão serão definidos em resolução administrativa própria.

Ao fazer o pedido de adesão, o interessado deverá juntar prova de atendimento aos requisitos e às condições estabelecidos na resolução administrativa.

A resolução administrativa terá efeitos gerais e será aplicada aos casos idênticos, tempestivamente habilitados mediante pedido de adesão, ainda que solucione apenas parte da controvérsia.

A adesão implicará renúncia do interessado ao direito sobre o qual se fundamenta a ação ou o recurso, eventualmente pendentes, de natureza administrativa ou judicial, no que tange aos pontos compreendidos pelo objeto da resolução administrativa.

Se o interessado for parte em processo judicial inaugurado por ação coletiva, a renúncia ao direito sobre o qual se fundamenta a ação deverá ser expressa, mediante petição dirigida ao juiz da causa.

A formalização de resolução administrativa destinada à transação por adesão não implica a renúncia tácita à prescrição nem sua interrupção ou suspensão.

No caso de conflitos que envolvam controvérsia jurídica entre órgãos ou entidades de direito público que integram a administração pública federal, a Advocacia-Geral da União deverá realizar composição extrajudicial do conflito, observados os procedimentos previstos em ato do Advogado-Geral da União.

Na hipótese acima, se não houver acordo quanto à controvérsia jurídica, caberá ao Advogado-Geral da União dirimi-la, com fundamento na legislação afeta.

Nos casos em que a resolução da controvérsia implicar o reconhecimento da existência de créditos da União, de suas autarquias e fundações em face de pessoas jurídicas de direito público federais, a Advocacia-Geral da União poderá solicitar ao Ministério do Planejamento, Orçamento e Gestão a adequação orçamentária para quitação das dívidas reconhecidas como legítimas.

A composição extrajudicial do conflito não afasta a apuração de responsabilidade do agente público que deu causa à dívida, sempre que se verificar que sua ação ou omissão constitui, em tese, infração disciplinar.

Nas hipóteses em que a matéria objeto do litígio esteja sendo discutida em ação de improbidade administrativa ou sobre ela haja decisão do Tribunal de Contas da União, a conciliação dependerá da anuência expressa do juiz da causa ou do Ministro Relator.

É facultado aos Estados, ao Distrito Federal e aos Municípios, suas autarquias e fundações públicas, bem como às empresas públicas e sociedades de economia mista federais, submeter seus litígios aos ór-

gãos ou entidades da administração pública federal à Advocacia-Geral da União, para fins de composição extrajudicial do conflito.

A propositura de ação judicial em que figurem concomitantemente nos polos ativo e passivo órgãos ou entidades de direito público que integrem a administração pública federal deverá ser previamente autorizada pelo Advogado-Geral da União.

Os servidores e empregados públicos que participarem do processo de composição extrajudicial do conflito, somente poderão ser responsabilizados civil, administrativa ou criminalmente quando, mediante dolo ou fraude, receberem qualquer vantagem patrimonial indevida, permitirem ou facilitarem sua recepção por terceiro, ou para tal concorrerem.

Por fim:

A Escola Nacional de Mediação e Conciliação, no âmbito do Ministério da Justiça, poderá criar banco de dados sobre boas práticas em mediação, bem como manter relação de mediadores e de instituições de mediação.

Aplica-se a Lei 13.140/15, no que couber, às outras formas consensuais de resolução de conflitos, tais como mediações comunitárias e escolares, e àquelas levadas a efeito nas serventias extrajudiciais, desde que no âmbito de suas competências.

CUIDADO!

A mediação nas relações de trabalho será regulada por lei própria.

Os órgãos e entidades da administração pública poderão criar câmaras para a resolução de conflitos entre particulares, que versem sobre atividades por eles reguladas ou supervisionadas.

A mediação poderá ser feita pela *internet* ou por outro meio de comunicação que permita a transação à distância, desde que as partes estejam de acordo.

É facultado à parte domiciliada no exterior submeter-se à mediação segundo as regras estabelecidas na Lei 13.140/15.

DESCOMPLICANDO!

MEDIAÇÃO	CONCILIAÇÃO
Na mediação, visa-se recuperar o diálogo entre as partes. Por isso mesmo, são elas que decidem. As técnicas de abordagem do mediador tentam primeiramente restaurar o diálogo para que posteriormente.	A conciliação pode ser mais indicada quando há uma identificação evidente do problema, quando este problema é verdadeiramente a razão do conflito – não é a falta de comunicação que impede o resultado.
o conflito em si possa ser tratado. Só depois pode se chegar à solução. Na mediação não é necessário interferência, ambas partes chegam a um acordo sozinhas, se mantém autoras de suas próprias soluções.	positivo. Diferentemente do mediador, o conciliador tem a prerrogativa de sugerir uma solução.

CONCILIADOR	MEDIADOR
Poderá fazer propostas.	Fará com que as partes encontrem a melhor solução para sua controvérsia.

3.4. ARBITRAGEM

Outra técnica de solução de conflitos é a arbitragem, presente no ordenamento pátrio através da Lei n.º 9.307/96[5]. O CPC/15 destacou, no art. 3º, parágrafo 1º, que ela estaria autorizada na forma da lei supracitada.

5. **As vantagens da Arbitragem são numerosas:**
Eficácia
Agilidade
Especialização
Sigilo (garantido pela Lei 9.307/96);
Prevalência da autonomia das partes
Menor custo e menor tempo gasto

Trata-se de um instrumento de solução de contendas através da qual as próprias partes, de comum acordo, estabelecem/elegem um terceiro que decidirá sobre a questão, exercendo função similar à atividade jurisdicional. É presidida por um **ÁRBITRO**. Há quem entenda que a arbitragem não é equivalente jurisdicional. Afirma-se ser uma atividade tipicamente jurisdicional. Argumenta-se que o árbitro é figura imparcial e que não se pode rever o mérito da decisão no Poder Judiciário. No entanto, ousamos discordar. Entendemos que ela é meio não jurisdicional de resolução de contendas. Entendemos que a Jurisdição é função essencial e monopólio do Estado.

Todavia, a arbitragem não atinge a todos e quaisquer conflitos, possui limitações e depende, pois, de autorização legal. Também não exclui a atividade jurisdicional, a qual é inafastável. As partes devem optar por se submeter a arbitragem.

Recentemente, através da edição da Lei 13.129/15 foi ampliada a aplicação da arbitragem para dispor sobre a escolha de árbitros quando as partes recorrem a órgão arbitral, bem como regulamentar a interrupção da prescrição pela instituição da arbitragem. Grande conquista!

Ademais, a lei acima regulamenta a concessão de tutelas de urgência, carta arbitral, bem como a sentença arbitral. Todos os temas muito relevantes na lida da arbitragem, que cresce em todo país.

Saliente-se que o árbitro possui poder decisório. Ele proferirá a chamada SENTENÇA ARBITRAL. No entanto, ele não possui competência executiva. Também, de acordo com o art. 31 da Lei da Arbitragem, a sentença arbitral será título executivo quando contiver eficácia condenatória.

Entretanto, o conteúdo da sentença arbitral é vulnerável à análise do Poder Judiciário, apenas sobre os aspectos da sua regularidade.

SENTENÇA ARBITRAL → TÍTULO EXECUTIVO JUDICIAL

VAMOS DESCOMPLICAR!

1ª - Poderá se submeter à arbitragem qualquer pessoa maior e capaz;

2ª - Os sujeitos envolvidos num conflito deverão escolher um terceiro, em comum acordo;

3ª - Não será exigido do árbitro a graduação em direito, podendo ele ser qualquer do povo que conte com 18 anos. Ele deve ter conhecimento da lei;

4ª - Poderão as partes escolher as regras do direito que serão utilizadas, e conforme o art. 2º da Lei de arbitragem, podem, inclusive, valer-se da equidade;

5ª - A arbitragem pode ser convencionada por dois meios específicos, por cláusula arbitral ou compromissória ou, ainda, por uma convenção arbitral. A primeira delas é sempre prévia à existência do conflito e ajustada pelas partes antecipadamente. Normalmente, ela vem posta numa cláusula contratual, ao passo que a convenção surge após o conflito para regulamentar;

6ª - O árbitro deverá obrigatoriamente proferir sentença arbitral, a qual está prevista nos arts. 23 a 33 da Lei 9.307/96. Ela é, em regra, irrecorrível no Poder Judiciário, salvo para a correção de equívocos materiais, vale dizer, não substanciais;

7ª - Uma vez descumprida pelas partes, a sentença só será executada no judiciário, já que o árbitro não possui capacidade executiva;

8ª - Se quaisquer dos requisitos da arbitragem forem infringidos, a sentença poderá ser controlada pelo judiciário, eis o que ocorre com os contratos de adesão.

CUIDADO!

Somente os direitos disponíveis, ou seja, patrimoniais, podem ser resolvidos pela arbitragem.

Conheçamos algumas das disposições da Lei 13.129/15, vejamos:

A administração pública direta e indireta poderá utilizar-se da arbitragem para dirimir conflitos relativos a direitos patrimoniais disponíveis.

"A autoridade ou o órgão competente da administração pública direta para a celebração de convenção de arbitragem é a mesma para a realização de acordos ou transações". Eis a disposição expressa no parágrafo 2º do art. 1º da Lei 9.307/06, alterado pela Lei 13.129/15.

A arbitragem que envolva a administração pública será sempre de direito e respeitará o princípio da publicidade.

Instituída a arbitragem e entendendo o árbitro ou o tribunal arbitral que há necessidade de explicitar questão disposta na convenção de arbitragem, será elaborado, juntamente com as partes, adendo firmado por todos, que passará a fazer parte integrante da convenção de arbitragem.

A instituição da arbitragem interrompe a prescrição, retroagindo à data do requerimento de sua instauração, ainda que extinta a arbitragem por ausência de jurisdição.

As partes e os árbitros, de comum acordo, poderão prorrogar o prazo para proferir a sentença final.

A declaração de nulidade da sentença arbitral também poderá ser arguida mediante impugnação, se houver execução judicial.

Antes de instituída a arbitragem, as partes poderão recorrer ao Poder Judiciário para a concessão de medida cautelar ou de urgência.

Cessa a eficácia da medida cautelar ou de urgência se a parte interessada não requerer a instituição da arbitragem no prazo de 30 (trinta) dias, contado da data de efetivação da respectiva decisão.

Instituída a arbitragem, caberá aos árbitros manter, modificar ou revogar a medida cautelar ou de urgência concedida pelo Poder Judiciário.

Estando já instituída a arbitragem, a medida cautelar ou de urgência será requerida diretamente aos árbitros.

O árbitro ou o tribunal arbitral poderá expedir carta arbitral para que o órgão jurisdicional nacional pratique ou determine o cumprimento, na área de sua competência territorial, de ato solicitado pelo árbitro.

No cumprimento da carta arbitral será observado o segredo de justiça, desde que comprovada confidencialidade estipulada na arbitragem.

Em 2018, o STJ tomou importante decisão sobre a temática da arbitragem.

A previsão contratual de convenção de arbitragem enseja o reconhecimento da competência do Juízo arbitral para decidir com primazia sobre o Poder Judiciário as questões acerca da existência, validade e eficácia da convenção de arbitragem e do contrato que contenha a cláusula compromissória. REsp 1.550.260-RS, Rel. Min. Paulo de Tarso Sanseverino, Rel. Acd. Min. Ricardo Villas Bôas Cueva, por maioria, julgado em 12/12/2017, DJe 20/03/2018.

ARBITRAGEM	Mecanismo de resolução de conflitos autorizada no CPC/15.

4

PRINCÍPIOS DO DIREITO PROCESSUAL E NORMAS PROCESSUAIS FUNDAMENTAIS DO CPC/15

Comecemos a tratar dos Princípios.

Princípios processuais gerais, ou fundamentais, são espécies de normas jurídicas, escritas ou não, que informam e guiam todo sistema processual (processo e procedimento), servindo de verdadeira base para o operador do direito. Eles servem de guia e parâmetros para o processo, bem como para o procedimento.

O Estado Democrático de Direito, ao estabelecer seus ditames, baseia-se em princípios orientadores, extraídos do sistema jurídico ou expressos constitucionalmente. Ademais, importante sinalizar que as normas são gênero. Delas surgem duas espécies, quais sejam: princípios e regras. Cada um deles tem sua função.

Dessa forma, diferenciam-se as regras dos princípios. Estes são, originariamente, valores abstratos que orientam a estruturação do ordenamento jurídico; enquanto-as regras são entendidas como comandos gerais de conduta sobre fatos. Modernamente, é inconteste a conclusão de que os princípios possuem força normativa. Vivemos a chamada era dos princípios.

NORMAS = PRINCÍPIOS + REGRAS

No CPC/15, estão regulados uma série delas. Nos doze primeiros artigos do novo texto estão destacadas as normas processuais fundamentais. Elas são indiscutivelmente importantes. Servem de base para a compreensão do novo sistema processual.

Destaque-se que o rol das ditas normas é exemplificativo. Há outras normas espalhadas no CPC, bem como previstas no texto constitucional. Citemos, por exemplo, a norma fundamental de vinculação aos precedentes, que está disposta ao longo do texto processual.

É cediço que, qualquer ramo do conhecimento humano requer uma organização firme e coesa de todas as regras que a compõem. Para garantir a coerência e evitar o conflito entre as regras, faz-se necessário o estabelecimento de princípios, que servem como base de organização e estruturação do sistema.

Diz-se que eles figuram como preceitos fundamentais e, no caso do direito, consistem em valores com fins sociais, políticos, morais ou éticos, elegidos para informar o sistema jurídico e auxiliar na construção legislativa, na interpretação de textos e na própria incidência da lei no caso concreto.

Assim, existem vários princípios constitucionais processuais que são garantidores de verdadeiros direitos fundamentais processuais. Muitos deles foram clonados da CF/88 para o CPC/15. Há, no texto processual, reprodução fiel do texto constitucional.

Há, ainda, outros princípios processuais que dizem respeito mais especificamente a alguns assuntos da ciência processual: jurisdição (juiz natural e inafastabilidade) lealdade (deveres das partes) recursos (duplo grau de jurisdição).

Existe também o direito fundamental à assistência jurídica e à assistência judiciária. Assim, relacionaremos os princípios fundamentais que comandam as garantias processuais do cidadão, revelando a sua importância.

4.1. PRINCÍPIO DO DEVIDO PROCESSO LEGAL

O princípio do devido processo legal, ou "due process of law", está previsto no art. 5º, inciso LIV, da Constituição Federal, nos seguintes termos: "Ninguém será privado da liberdade ou de seus bens sem o devido processo legal".

DEVIDO PROCESSO LEGAL → VERDADEIRO POSTULADO

Esse princípio deve ser interpretado de forma ampla e atinge não só os processos judiciais, mas também todos os procedimentos administrativos e até mesmo nas relações privadas[1].

É considerado o princípio base do direito processual, abrangendo todos os demais. O chamamos de princípio "mãe" do sistema.

Em seu sentido material ("**substantive due process**"), protege o indivíduo, orientando até mesmo a produção legislativa, obrigando-a a observar os princípios da razoabilidade e proporcionalidade no momento da elaboração das leis, a fim de que estas não ofendam os direitos fundamentais previstos na Constituição.

Ademais, um processo devido não é apenas aquele em que se observam exigências formais, mas que gera decisões jurídicas substancialmente devidas, as quais sejam produzidas de forma justa e coerente.[2]

Quanto ao seu aspecto processual ou procedimental ("**procedural due process**"), obriga o respeito ao procedimento legalmente previsto, a fim de proporcionar às partes o amplo exercício de seus direitos e faculdades processuais. Permite a oportunidade de acompanhar e de participar ativamente de todos os atos processuais.

Como decorrência do princípio do devido processo legal, temos diversos outros, como a garantia do contraditório, da publicidade dos atos processuais, do juiz natural, da necessidade de motivação das decisões judiciais, dentre outros.

---

1. O Supremo tribunal Federal vem aplicando o devido processo nas relações privadas, como se depreende do precedente: (BRASIL, STF, 2ª T, RE 201.819-8, Rel. Gilmar Mendes, 2006). Eis o primeiro de muitos outros precedentes que seguiram esse caminho.
2. O Supremo Tribunal Federal possui vários precedentes definindo como uma das bases normativas da aplicação dos princípios da proporcionalidade e razoabilidade, no Direito brasileiro, o devido processo legal em sua dimensão material como mecanismo de controle de legitimidade do conteúdo das decisões.

DEVIDO PROCESSO LEGAL	Em síntese, o legislador brasileiro inspirou-se na Constituição Americana, ao trazer para o ordenamento jurídico brasileiro o princípio do devido processo legal. O referido princípio encontra-se na Carta Política Brasileira de 1988, Art. 5º, LIV: "ninguém será privado da liberdade ou de seus bens sem o devido processo legal".

4.2. PRINCÍPIO DA IGUALDADE/ISONOMIA OU PARIDADE DE ARMAS

O princípio da igualdade estabelece o dever do Estado-juiz de dar tratamento igualitário às partes.

Essa isonomia, entendida como igualdade de tratamento e de oportunidade de intervir no processo, deve ser **substantiva**, ou seja, o julgador deve buscar o equilíbrio de fato entre os litigantes, *tratando os desiguais na medida de sua desigualdade*[3]. Sua aplicação concreta faz-se indispensável.

De acordo com o princípio da isonomia, previsto no art. 5º, *caput*, e inciso I, da Constituição Federal, todos que participam da relação processual devem receber igualdade de tratamento, devendo o juiz, a fim de garantir efetividade, proporcionar a chamada "paridade de armas", ou seja, estar atento às desigualdades sociais e econômicas existentes entre as partes.

Cite-se, por exemplo, a necessidade de que o juiz garanta que todos tenham a mesma oportunidade para produzir as provas necessárias, a requerimento, inclusive com a concessão dos benefícios da gratuidade judiciária, os quais serão estudados em outro ponto da obra.

De acordo com o artigo 7º do CPC/15, é assegurada às partes paridade de tratamento em relação ao exercício de direitos e faculdades processuais, aos meios de defesa, aos ônus, aos deveres e à aplicação de sanções processuais, competindo ao juiz zelar pelo efetivo contraditório. Perceba-se que se fala em **EFETIVO** contraditório. **Busca-se o chamado contraditório REAL ou participativo.**

3. Na acepção originária do princípio, todos deveriam ser tratados igualmente perante a lei.

Observa Daniel Roberto Hertel que, durante muito tempo, predominou o entendimento de que o juiz deveria promover a igualdade das partes na esfera processual apenas em seu aspecto formal, o que aproximava o postulado da concepção nominalista de igualdade. Esse entendimento justificava-se sob o argumento de evitar a quebra da imparcialidade do julgador. Modernamente, contudo, esse paradigma está sendo redimensionado. Diríamos que totalmente remodelado.

Para o autor, a migração do critério formal da isonomia para o substancial redundou em alterações relevantes na interpretação de certos dispositivos da lei processual. Em última análise, pretendeu-se com isso aproximar os resultados do processo ao seu escopo social – pacificar com justiça. Nesse contexto, é fundamental que o magistrado considere as diferenças sociais, políticas e econômicas existentes entre os demais sujeitos da relação processual. O julgador deve estar atento para as especificidades dos envolvidos em cada lide, para que possa promover a igualização entre as partes.[4]

No âmbito da proteção das garantias processuais do cidadão, o princípio da igualdade constitui postulado ESSENCIAL. Ele pode ser concebido como um direito fundamental, que exige um comportamento voltado para que a lei seja tratada de modo igual para todos os cidadãos, sem, no entanto, deixar de lado a observância das desigualdades. Eis o que se visualiza nas hipóteses do artigo 1.048 do CPC/15, que estabelece hipóteses de prioridade de tramitação processual.

Enfim, reitere-se que no novo CPC, a isonomia está expressamente regulada no artigo 7º. É assegurada às partes igualdade de tratamento em relação ao exercício de direitos e faculdades processuais, aos meios de defesa, aos ônus, aos deveres e à aplicação de sanções processuais. Devendo o juiz zelar pelo efetivo contraditório.

De acordo com o Enunciado 379 do FPPC, "O exercício dos poderes de direção do processo pelo juiz deve observar a paridade de armas das partes".

---

4. Reflexos do princípio da isonomia no direito processual. http://jus.com.br/artigos/7112/reflexos-do-principio-da-isonomia-no-direito-processual.

IGUALDADE SUBSTANCIAL → GARANTIA FUNDAMENTAL

4.3. PRINCÍPIO DO JUIZ NATURAL

O princípio do juiz natural encontra guarida nos incisos XXXVII e LIII do art. 5º da Constituição **Federal. Com efeito, estabelece** este último dispositivo constitucional que *ninguém será processado nem sentenciado, senão pela autoridade competente*. O inciso XXXVII, por sua vez, veda os chamados tribunais de exceção, ao dispor *que não haverá juízo ou tribunal de exceção*[5].

JUIZ NATURAL → IMPOSSIBILIDADE DE ESCOLHER O JUÍZO DA CAUSA

JUIZ NATURAL → VEDAÇÃO AOS CHAMADOS TRIBUNAIS DE EXCEÇÃO

Assim, tem-se que juiz natural é aquele com competência previamente estabelecida para conhecer do conflito. As partes, na solução da lide, têm direito a julgamento realizado por juiz e tribunal investidos de atribuições jurisdicionais, as quais tenham sido fixadas e limitadas pela Lei Maior. Eles devem ser independentes e imparciais.

Exige-se, ainda, que eles sejam competentes. Estudaremos a competência em capítulo próprio.

Ressalte-se, ademais, que o foro por prerrogativa de função junto aos Tribunais, destinado a algumas autoridades, não configura exceção ao princípio em comento, tendo em vista que seu estabelecimento não

5. Deste modo, é vedada constitucionalmente qualquer criação de órgãos julgadores extraordinários instituídos *ad hoc* (*ex post facto* ou *a posteriori*) para julgar determinados fatos já ocorridos, constituindo tribunais de exceção.

se dá em razão da pessoa, mas em razão do cargo por ela exercido, não representando, portanto, qualquer sorte de privilégio para os que o detém.

Daí ser mais correto o uso da expressão "foro por prerrogativa de função" ao invés de "foro privilegiado", como preferem alguns.

4.4. PRINCÍPIO DO PROMOTOR NATURAL

O mesmo inciso LIII, do art. 5º, da CF, que prevê o princípio do juiz natural, também anteviu o princípio do promotor natural.

É que, ao dispor o referido inciso que ninguém será *processado* senão pela autoridade competente, está se referindo ao órgão do Ministério Público processante. Isso nos permite concluir que o representante do Ministério Público deve estar regularmente investido nas suas funções e ter atribuição para trabalhar naquele determinado processo, sob pena de ofensa ao princípio do promotor natural.

4.5. PRINCÍPIO DA INAFASTABILIDADE DO CONTROLE JURISDICIONAL

De acordo com o artigo 3º do CPC/15, não se excluirá da apreciação jurisdicional ameaça ou efetiva lesão a direito. Esse princípio foi extraído do texto constitucional – art. 5º, inciso XXXV. Fala-se num controle jurisdicional obrigatório.

Vale lembrar de duas exceções à inafastabilidade: a necessidade de esgotamento da via administrativa para a resolução das questões desportivas (parágrafo 1º do art. 217 da CF) e a necessidade de prévia recusa administrativa para a admissão do *Habeas Data* (Súmula 2 do STJ).

Não esqueçamos que o mesmo dispositivo autoriza a arbitragem, já estudada em capítulo anterior.

No parágrafo 2º do aludido artigo, sinaliza-se o dever do Estado de, sempre que possível, promover a solução consensual de conflitos. O Estado assume, como tal dispositivo, a responsabilidade por reforçar a utilização da autocomposição como meio hábil à resolução das lides.

Ademais, a conciliação, a mediação e outros métodos de solução de conflitos deverão ser estimulados por juízes, advogados, defensores públicos e membros do Ministério Público, inclusive no curso do processo judicial. Ou seja, todos os sujeitos do processo devem estimular a multicitada autocomposição. Saliente-se, por fim, que a solução consensual dos conflitos também deve ser estimulada na esfera recursal, e que a conciliação ou mediação é cabível na liquidação de sentença, no cumprimento de sentença e no processo de execução (Enunciados 371 e 485, Fórum Permanente de Processualistas Civis – FPPC).

ESTÍMULO À AUTOCOMPOSIÇÃO → TENDÊNCIA MARCANTE DO CPC/15.

Em regra, o exercício da jurisdição é atribuído exclusivamente pelo Poder Judiciário, o qual não poderá eximir-se de apreciar qualquer lesão ou ameaça a direito, nos termos do art. 5º, inciso XXXV, da Constituição Federal.[6]

Porém, excepcionalmente, a função jurisdicional é atribuída a outros órgãos, como o Senado Federal, que é competente para processar e julgar o Presidente e o Vice-Presidente da República nos crimes de responsabilidade, bem como os Ministros de Estado e os Comandantes da Marinha, do Exército e da Aeronáutica nos crimes da mesma natureza conexos com aqueles (CF, art. 52, inciso I).

Aos árbitros, desde que regularmente investidos na função, o legislador igualmente atribuiu uma parcela da função jurisdicional, pois expressamente conferiu natureza de título executivo judicial às senten-

6. Primeiramente, o princípio assegura a utilização de ações para se ressarcirem as lesões já sofridas por cidadão ou para inibir a ocorrência da lesão, quando ainda somente exista ameaça (exemplos dessas ações inibitórias são aquelas para se impor obrigações de não fazer utilizando-se das técnicas do art. 461, CPC).

ças arbitrais[7]. O tema é polêmico. Ainda é majoritária a corrente que defende a natureza não jurisdicional da arbitragem.

ARBITRAGEM	**A arbitragem** surge no momento em que as partes não resolveram de modo amigável a questão. As partes permitem que um terceiro, o árbitro, especialista na matéria discutida, decida a controvérsia. Sua decisão tem a força de uma sentença judicial e não admite recurso. As soluções alternativas dos conflitos ajudam a desobstruir a justiça, socializam o processo de entendimento entre as pessoas e aceleram a resolução dos problemas.

4.6. PRINCÍPIOS DO CONTRADITÓRIO[8] E DA AMPLA DEFESA[9]

São princípios derivados do princípio do devido processo legal e com previsão na Constituição Federal. Segundo o art. 5º, inciso LV, da Constituição, "aos litigantes, em processo judicial ou administrativo, e aos acusados em geral são assegurados o contraditório e ampla defesa, com os meios e recursos a ela inerentes".

São extremamente importantes em nosso sistema, pois garantem a efetiva participação de todos no processo, assim, os referidos princípios não admitem exceção. Diríamos que eles são basilares.

A concessão de tutelas de urgência, sem a manifestação prévia do réu, por se destinar a evitar o perecimento de direitos e a tornar efetiva

7. Para Fredie Didier Júnior, a arbitragem é um meio jurisdicional de resolução de conflitos. Já para Guilherme Marinoni é meio não jurisdicional de resolução de conflitos.

8. Uma garantia constitucional de influência e não surpresa.

9. Para Fredie Didier Júnior (2010, p.56) contraditório e ampla defesa formam um belo par. Não por acaso, estão previstos no mesmo dispositivo constitucional. Para ele, atualmente, tendo em vista o desenvolvimento da dimensão substancial do princípio do contraditório, pode-se dizer que eles se fundiram, formando uma amálgama de um único direito fundamental. A ampla defesa corresponde ao aspecto substancial do princípio do contraditório.

a prestação jurisdicional, não configura ofensa ao princípio do contraditório, pois somente o transfere para um momento posterior, fazendo com que ocorra o denominado *contraditório diferido ou postergado*.

Em razão desses princípios, não basta que apenas se dê ciência às partes dos atos processuais realizados, mas que se garanta a oportunidade de prévia manifestação e reação. Fala-se num contraditório REAL/ EFETIVO.

Segundo Renato Montans de Sá: "O sistema do contraditório no Brasil pode ser visto sob duas óticas: contraditório formal e material. Formal – trabalha o contraditório com dois componentes: permite que as partes participem do processo por meio da obrigatoriedade da informação e possibilidade de manifestação. Material – agrega aos dois componentes acima um terceiro: o poder de influência. Dessa forma, para esse posicionamento (trazido pela doutrina alemã e portuguesa) não basta haver a participação e a reação, mas também a possibilidade de influenciar a decisão do juiz. Assim a parte deve tempestivamente ter prazo para esse direito. O direito a participação (influência) é a permissibilidade de se criar condições concretas para o exercício do contraditório [...]"[10].

CONTRADITÓRIO = PARTICIPAÇÃO AMPLA + INFLUÊNCIA

No CPC/15, o contraditório foi agigantado. No artigo 9º, sinaliza-se que não se proferirá decisão contra uma das partes sem que ela seja previamente ouvida.

Foram estabelecidas algumas exceções, senão vejamos:

- tutelas provisórias de urgência;
- **as hipóteses de tutela da evidência previstas no art. 311, incisos I e II;**

10. SÁ, Renato Montans de. Manual de direito processual civil. São Paulo: Saraiva, 2015 - p. 52.

– **na decisão prevista no art. 701 (decisão proferida em sede de ação monitória).**

Assim, nas três situações acima, em caráter excepcional, o juiz poderá decidir sem antes ouvir a parte prejudicada. O contraditório será diferido ou postergado, nestes casos.

Como se não bastasse, o juiz não pode decidir em grau algum de jurisdição, com base em fundamento a respeito do qual não se tenha dado às partes oportunidade de se manifestar, ainda que se trate de matéria sobre a qual deva decidir de ofício. **Surge, assim, a vedação às decisões surpresas e o chamado dever de consulta.** Percebam que ainda que se trate de matéria reconhecível de ofício, terá o magistrado de conceder prazo para que as partes se manifestem.

Como decidiu o STJ, vejamos:

> "CIVIL E PROCESSUAL CIVIL. RECURSO ESPECIAL. RECURSO INTERPOSTO SOB A ÉGIDE DO NCPC. FAMÍLIA. DISSOLUÇÃO DE UNIÃO ESTÁVEL. PERÍODO DE CONVIVÊNCIA. PROCEDÊNCIA DO PEDIDO COM BASE EM DECISÃO SURPRESA. OFENSA AO ART. 10 DA NCPC CONFIGURADA. RECURSO ESPECIAL PROVIDO.
>
> 1. Aplicabilidade das disposições do NCPC, no que se refere aos requisitos de admissibilidade do recurso especial ao caso concreto ante os termos do Enunciado Administrativo nº 3, aprovado pelo Plenário do STJ na sessão de 9/3/2016: Aos recursos interpostos com fundamento no CPC/15 (relativos a decisões publicadas a partir de 18 de março de 2016) serão exigidos os requisitos de admissibilidade na forma do novo CPC.
>
> 2. Sentença de parcial procedência mantida pelo acórdão recorrido, definindo até o termo inicial da união estável, que repercutiu na esfera patrimonial dos litigantes, com amparo em fundamentação sobre a qual não se deu oportunidade de manifestação às partes, padece de nulidade e deve ser ineficaz em relação a elas, em virtude da vedação da chamada "decisão surpresa".
>
> 3. O princípio da cooperação e também o da "não surpresa" previstos no art. 10 do NCPC - que são desdobramentos do devido processo legal -, permitem e possibilitam que os sujeitos processuais possam influir concretamente na formação do provimento jurisdicional, garantindo um processo mais justo e isonômico, motivo pelo qual não se

pode admitir que a sentença se valha de fatos trazidos pelo Ministério Público local não conhecidos por elas e não submetidos ao contraditório, impondo-lhes notório prejuízo.

4. Recurso especial provido." (STJ- Terceira Turma, REsp 1824337/CE, rel. Ministro MOURA RIBEIRO, DJe 13/12/2019)

A utilização de fundamento não debatido ao longo do processo, ainda que seja uma matéria que possa ser conhecida de ofício, supõe a prévia manifestação das partes.

4.7. PRINCÍPIO DA AÇÃO OU DA DEMANDA, OU PRINCÍPIO DA INICIATIVA DA PARTE OU DA INÉRCIA DA JURISDIÇÃO

É garantido e reservado apenas à parte, como regra geral, o direito de provocar o exercício da jurisdição, uma vez que a jurisdição é inerte. Vedado em nosso ordenamento jurídico, portanto, o processo inquisitivo, em que a iniciativa do processo cabe ao próprio juiz.

JURISDIÇÃO, REGRA GERAL, É INERTE.

Entretanto, impende destacar que existem exceções ao referido princípio. Observe-se, por exemplo, a regra posta no art. 712 do CPC em vigor. Ela permite que, excepcionalmente, o juiz inicie o procedimento de restauração de autos de ofício.

Regra geral, o juiz conhecerá das matérias aludidas pelas partes. Há, mais uma vez, exceções.

Podem ser analisadas pelo juiz independentemente de pedido das partes, por exemplo: a) a prescrição; b) os juros de mora; c) a correção monetária; d) as prestações periódicas vincendas na época da propositura da demanda e a tutela jurisdicional das obrigações de fazer, não fazer e entrega de coisas.

4.8. PRINCÍPIO DO IMPULSO OFICIAL

Formada a relação processual, é dever do juiz movimentar o processo, fazendo-o percorrer todas as fases necessárias até se chegar à almejada decisão.

Assim, o processo começa por provocação da parte, no entanto, desenvolver-se-á por IMPULSO OFICIAL. **O artigo segundo do CPC/15 destaca que depois de proposta a demanda, prevalecerá o princípio do impulso oficial. A tarefa de conduzir o processo é confiada ao juiz competente.**

4.9. PRINCÍPIOS DA DISPONIBILIDADE E DA INDISPONIBILIDADE

Sendo da parte a iniciativa de movimentar a jurisdição, por meio do direito de ação, cabe a ela também o ônus de produzir provas e até mesmo a faculdade de desistir do processo, observadas regras próprias e algumas peculiaridades.

No processo penal, no entanto, não se admite que o Ministério Público desista da ação criminal já iniciada (CPP, art. 42), porque indisponível o direito, podendo, se não tiver elementos necessários para ajuizar a ação, pedir o arquivamento do inquérito policial. O instituto da suspensão condicional do processo previsto no art. 89 da Lei 9.099/95, contudo, diminuiu o rigor do princípio da indisponibilidade da ação penal em relação ao Ministério Público.

4.10. PRINCÍPIO DISPOSITIVO E PRINCÍPIO DA LIVRE INVESTIGAÇÃO DAS PROVAS

Não se deve confundir o princípio da disponibilidade, que faculta às pessoas exercerem ou não o direito de ação, com o princípio dispositivo, que representa o ônus atribuído às partes de requerer a produção das provas necessárias à comprovação das alegações que fazem.

Esta iniciativa dada às partes se justifica para preservar a imparcialidade do juiz. Porém, ainda que possa se satisfazer com a verdade formal, o juiz poderá, na busca da verdade real, mesmo nas ações civis que versam sobre direitos disponíveis, determinar de ofício a realização de provas, nos termos do art. 370 do CPC. No sistema processual em vigor, caberá ao juiz, de ofício ou a requerimento da parte, determinar as provas necessárias à instrução do processo, indeferindo as diligências inúteis ou meramente protelatórias.

Assim, nada impede que o juiz determine a produção de provas de ofício.

4.11. PRINCÍPIO DA PROIBIÇÃO DA PROVA ILÍCITA

Nos termos do art. 5º, inciso LVI, da Constituição Federal, "são inadmissíveis, no processo, as provas obtidas por meios ilícitos". O art. 157 do CPP, com a alteração trazida pela lei 11.719/08, estendeu esta vedação também às provas derivadas das ilícitas, adotando a teoria da "fruits of the poisonous tree" (frutos da árvore envenenada). No entanto, o tema é polêmico. No processo civil a sua utilização é vista de forma muito negativa. A maioria da doutrina entende por sua não aceitação.

4.12. MOTIVAÇÃO DAS DECISÕES JUDICIAIS OU LIVRE CONVENCIMENTO MOTIVADO[11]

O art. 93, inciso IX, da Constituição Federal determina que todas as decisões dos órgãos do Poder Judiciário devam ser fundamentadas, sob pena de nulidade. A motivação das decisões judiciais é inerente ao estado democrático de direito e guarda total relação com o contraditório substancial.

Esse preceito destina-se tanto a evitar decisões arbitrárias como a possibilitar às partes terem conhecimento do fundamento utilizado pelo

---

11. Este princípio, como o da publicidade, é voltado para o controle de sociedade sobre a atividade jurisdicional, como mecanismo de averiguação da imparcialidade dos juízes e da justiça da decisão. Presta-se também como meio de justificar as partes as razões de convencimento do julgador, necessárias para eventual interposição de recurso.

Determina a Carta Magna, a obrigação de o juiz de qualquer grau motivar as suas decisões, independentemente da natureza das mesmas. O não cumprimento deste princípio acarretará a nulidade do julgamento.

juiz para decidir, para que possam, desse modo, impugná-lo por meio de recurso. Ele serve de controle da atuação dos juízes e tribunais. O controle é interno e externo. Internamente, partes e procuradores checam a atuação jurisdicional e externamente, garante-se que a sociedade exerça um controle e entenda a aplicação prática do direito.

A fundamentação das decisões também é destinada a garantir, em concreto, a imparcialidade do juiz.

AUSÊNCIA DE FUNDAMENTAÇÃO → NULIDADE

De acordo com o artigo 11 do CPC/15, todos os julgamentos dos órgãos do Poder Judiciário serão públicos, e fundamentadas todas as decisões, sob pena de nulidade, ressalvados os casos em que for decretado o segredo de justiça, ocasião em que pode ser autorizada a presença somente das partes, de seus advogados, legalmente constituídos, de defensores públicos ou do Ministério Público. Nesses casos, a publicidade será mitigada.

4.13. PRINCÍPIO DA PUBLICIDADE DOS ATOS PROCESSUAIS

A publicidade de todos os atos praticados nos processos e em audiências é garantida pela Constituição Federal (art. 93, inciso IX). Porém, eventualmente pode-se restringir a publicidade de certos atos processuais somente às partes e seus advogados "quando a defesa da intimidade ou o interesse social o exigirem" (CF, art. 5º, LX).

Seguindo esta orientação, o art. 189 prevê que os atos processuais são públicos, mas correrão em segredo de justiça os processos em que o exigir o interesse público e aqueles que dizem respeito a casamento, filiação, divórcio, alimentos e guarda de menores, dentre outros, vejamos:

Os atos processuais são públicos, todavia tramitam em segredo de justiça os processos:

- em que o exija o interesse público ou social;
- que versem sobre casamento, separação de corpos, divórcio, separação, união estável, filiação, alimentos e guarda de crianças e adolescentes;
- em que constem dados protegidos pelo direito constitucional à intimidade;
- que versem sobre arbitragem, inclusive sobre cumprimento de carta arbitral, desde que a confidencialidade estipulada na arbitragem seja comprovada perante o juízo.

O direito de consultar os autos de processo que tramite em segredo de justiça e de pedir certidões de seus atos é restrito às partes e aos seus procuradores.

SE LIGA!

O terceiro que demonstrar interesse jurídico pode requerer ao juiz certidão do dispositivo da sentença, bem como de inventário e de partilha resultantes de divórcio ou separação.

4.14. PRINCÍPIO DA LEALDADE PROCESSUAL, DA PROBIDADE OU DA BOA-FÉ PROCESSUAL[12]

BOA-FÉ → NORMA FUNDAMENTAL DO SISTEMA

O princípio da Boa-fé está estabelecido no artigo 5º do CPC/15. Conforme o dispositivo em comento, aquele que de qualquer forma participe do processo deve comportar-se de acordo com a boa-fé. Observe que tal norma passa a ser aplicada para todos os sujeitos do processo.

---

12. A consagração do princípio da boa-fé processual foi resultado de uma expansão da exigência de boa-fé do direito privado ao direito público.

A boa-fé estabelecida no sistema é a BOA-FÉ OBJETIVA. O Enunciado 374 do FPPC assinala, "O art. 5º prevê a boa-fé objetiva".

É dever das partes que integram a relação processual agir com lealdade, boa-fé e urbanidade. Os deveres das partes, procuradores e daqueles que, de qualquer forma participem no processo, estão elencados no artigo 77 do CPC/15.

No entanto, a boa-fé será exigida para todos os sujeitos da relação processual.

Atuando com má-fé, com o fim de prejudicar a outra parte, embaraçar o exercício da prestação jurisdicional ou ofender a dignidade da justiça, conforme hipóteses previstas no art. 80 do CPC, a parte poderá ser condenada a pagar multa superior a um por cento e inferior a dez por cento sobre o valor da causa ATUALIZADO e a indenizar à parte contrária os prejuízos que esta sofreu, mais os honorários advocatícios e todas as despesas que efetuou (CPC, art. 81).

Se a parte, infringindo o dever de lealdade, fizer uso de expressões injuriosas, terá tais expressões riscadas dos autos, ou, no caso de terem sido proferidas em defesa oral, terá cassada sua palavra (CPC, art. 78).

Considera-se ato atentatório ao exercício da jurisdição, a violação do dever de cumprir com exatidão os provimentos mandamentais e não criar embaraços à efetivação de provimentos judiciais, de natureza antecipatória ou final, sujeitando o infrator, sem prejuízo das sanções criminais, civis e processuais cabíveis, ao pagamento de multa em montante a ser fixado de acordo com a gravidade da conduta e não superior a vinte por cento do valor da causa; não sendo paga no prazo estabelecido, contado do trânsito em julgado da decisão final da causa, a multa será inscrita sempre como dívida ativa da União ou do Estado (CPC, parágrafo 3º, do artigo 77).

Já o **ato atentatório à dignidade da justiça** é aquele praticado pelo executado com o fim de fraudar a execução, de se opor maliciosamente à execução, empregando meios ardis e meios artificiosos, de resistir injustificadamente às ordens judiciais.

Também pratica ato atentatório à dignidade da justiça o executado que, intimado, não indica ao juiz, no prazo legal, quais são e onde se encontram os bens sujeitos à penhora e seus respectivos valores.

Nesses casos, o devedor incidirá em multa fixada pelo juiz, em montante não superior a vinte por cento do valor atualizado do débito em execução, sem prejuízo de outras sanções de natureza processual ou material, sanção essa que reverterá em proveito do credor, exigível na própria execução.

O CPC indica, no seu artigo 322, parágrafo 2º, que "A interpretação do pedido considerará o conjunto da postulação e observará o princípio da boa-fé".

Por fim, o princípio da boa fé deve ser observado não só pelas partes. O enunciado 375 do FPPC destaca que: "O órgão jurisdicional também deve comportar-se de acordo com a boa-fé objetiva".

4.15. PRINCÍPIO DO DUPLO GRAU DE JURISDIÇÃO

PRINCÍPIO IMPLÍCITO → CF/88

É assegurado às partes o direito de impugnar as decisões judiciais que lhes são desfavoráveis.

Esse princípio não se encontra expresso na Constituição Federal, mas sim implícito, pois a própria Lei Maior disciplina a organização do Poder Judiciário, prevendo a competência dos Tribunais para o julgamento de recursos, além de estabelecer os requisitos daqueles de competência dos Tribunais Superiores.

4.16. PRINCÍPIO DA ECONOMIA PROCESSUAL E INSTRUMENTALIDADE DAS FORMAS

MENOR CUSTO FINANCEIRO E DE TEMPO

É dever dos juízes e das partes buscar a rápida solução da lide, com a prática do menor número de atos processuais possíveis, motivo pelo qual vedada encontra-se a prática de atos meramente protelatórios. Caberá ao juiz, de ofício ou a requerimento da parte, determinar as provas necessárias à instrução do processo, indeferindo as diligências inúteis ou meramente protelatórias. Eis uma regra que reforça a necessidade da observância da economia processual.

Diversos institutos foram criados com o objetivo de trazer economia processual, como a possibilidade de apresentação de reconvenção pelo réu na própria contestação, a formação de litisconsórcio ou a reunião de processos conexos, dentre outros.

Relativamente à instrumentalidade das formas, embora os procedimentos normalmente tenham certa formalidade, o art. 277 do CPC prescreve que, não havendo cominação de nulidade, o juiz considerará válido o ato que, se realizado de outro modo, alcançar sua finalidade. Eis uma regra que ressalta o processo como meio e não como um fim em si mesmo.

Portanto, os atos processuais devem ser sempre aproveitados, a menos que resulte prejuízo à defesa (CPC, art. 283).

4.17. DURAÇÃO RAZOÁVEL DO PROCESSO

Eis um princípio processual que foi criado com a Emenda Constitucional 45/2004, que é o da celeridade processual, mediante o acréscimo do inciso LXXVIII ao art. 5º da Constituição Feral: "a todos, no âmbito judicial e administrativo, são assegurados a razoável duração do processo e os meios que garantam a celeridade de sua tramitação"[13].

No CPC/15, esse princípio encontra-se expresso nos artigos 4º e 6º. **De acordo com ele, todos que participarem do processo têm direito de obter em prazo razoável a solução INTEGRAL do MÉRITO, incluída a atividade satisfativa, ou seja, efetiva.**

13. **CPC/15- Art. 4º** As partes têm direito de obter em prazo razoável a solução integral da lide, incluída a atividade satisfativa.

4.18. PRINCÍPIO DA PRIMAZIA DO JULGAMENTO DE MÉRITO

Muitas são as crises levadas ao Judiciário, as quais não são, de fato, enfrentadas pelos órgãos jurisdicionais. Diversas demandas dão azo à prolação de sentenças terminativas, vale dizer, decisões que põem fim ao processo sem que o mérito tenha sido apreciado.

O processo de conhecimento foi projetado pelo legislador para resultar em um julgamento de mérito. Por essa razão, essa espécie de julgamento é considerada o fim normal desse processo ou fase procedimental. Naturalmente, nem sempre isso é possível, nos mais variados casos concretos. Em muitos casos só resta ao órgão julgador proferir decisão terminativa, ou seja, que extingue o processo sem julgamento de mérito. Essa decisão se dá por meio de sentença (art. 485 do CPC)[14-15].

Entretanto, um julgamento de mérito é preferível à anômala extinção sem o julgamento, motivada por vícios processuais, que possam ser corrigidos. "A solução definitiva da crise jurídica, derivada da coisa julgada material, que dependerá de uma decisão de mérito transitada em julgado, é uma evidente vantagem no julgamento de mérito quando comparado com a sentença terminativa[16]."

O art. 4º do CPC de 2015 faz alusão a três princípios fundamentais do processo civil e do Estado Democrático Brasileiro: o da duração razoável do processo (que tem guarida constitucional no art. 5º, LXXVIII, da Lei Maior, como já mencionamos), o da efetividade e o da *primazia da resolução do mérito*. É que o aludido dispositivo expressa-

14. Não se pretende com o estímulo ao princípio da primazia do julgamento de mérito, estimular o ajuizamento de pretensões descabidas ou totalmente avessas às formas processuais, as quais são importantes. No entanto, não devem se sobrepor, de forma desmedida, aos reais ideários do processo constitucional.

15. NEVES, Daniel Assumpção. **Manual de Direito Processual Civil.** 8ª ed. Salvador: Juspodivm, 2016, p. 153.

16. NEVES, Daniel Assumpção. **Manual de Direito Processual Civil.** 8ª ed. Salvador: Juspodivm, 2016, p. 154.

mente destaca que "as partes têm o direito de obter em prazo razoável a solução integral do mérito, incluída a atividade satisfativa"[17].

"O princípio da primazia do exame do mérito abrange a instrumentalidade das formas, estimulando a correção ou sanação de vícios, bem como o aproveitamento dos atos processuais, com a colaboração mútua das partes e do juiz para que se viabilize a apreciação do mérito.[18]"

Indiscutivelmente, uma ligeira análise do dispositivo legal transcrito faz com que a atenção do leitor seja voltada para a referência ao "prazo razoável", o que imediatamente leva ao princípio constitucional da duração razoável do processo. Uma leitura mais atenta, porém, permite verificar ali a afirmação de que "*as partes têm o direito de obter a solução integral do mérito, incluída a atividade satisfativa*".

Sedimenta-se, aí, um princípio de fundamental relevância: o de que se deve dar primazia à resolução do mérito (e à produção do resultado satisfativo do direito, como forma de garantir a efetividade do processo) sobre o reconhecimento de nulidades ou de outros obstáculos à produção do resultado normal do processo civil.

"O CPC consagra o princípio da primazia da decisão de mérito. De acordo com esse princípio, deve o julgador priorizar a decisão de mérito. A demanda deve ser julgada – seja ela a demanda principal (veiculada na petição inicial), seja ela um recurso, seja ela uma demanda incidental[19]."

Tomando por base a ideia acima, sobreveio o enunciado n. 372 do FPPC: "O art. 4º tem aplicação em todas as fases e em todos os tipos de procedimento, inclusive em incidentes processuais e na instân-

17. Nesse sentido o novo CPC concentra a defesa numa só peça, cria institutos como o incidente de resolução de demandas repetitivas, aprimora as figuras já existentes do julgamento de recurso especial e extraordinário repetitivos, imprimindo maior eficiência ao Judiciário e reforçando a celeridade no julgamento dos processos.

18. CUNHA, Leonardo Carneiro. **OPINIÃO 49 - Princípio da Primazia do Julgamento de mérito.** Disponível em: http://www.leonardocarneirodacunha.com.br Acesso em: 01 de maio de 2015.

19. DIDIER Jr., Fredie. **Curso de Direito Processual Civil**. 18ª ed. Salvador: Juspodivm, 2016, p.137.

cia recursal, impondo ao órgão jurisdicional viabilizar o saneamento de vícios para examinar o mérito, sempre que seja possível a sua correção."

A construção do princípio da primazia do exame de mérito a partir do texto deste artigo 4º foi percebida por Fredie Didier Jr., em debate travado nas X Jornadas Brasileiras de Direito Processual[20].

Atente-se que o reconhecimento de uma nulidade, o não conhecimento de um recurso ou a extinção de um processo sem resolução do mérito só serão razoáveis, então, naqueles excepcionais casos em que se encontre vício verdadeiramente insanável ou que, havendo necessidade de atividade da parte para que seja sanado o vício, esta permaneça inerte e não o corrija, inviabilizando a superação do obstáculo.

"A decisão de mérito a ser proferida no processo deve ser fruto de uma comunidade de trabalho entre o juiz e as partes, justamente porque, nos termos do art. 6º do novo CPC, *"todos os sujeitos do processo devem cooperar entre si para que se obtenha, em tempo razoável, decisão de mérito justa e efetiva"*. **O processo deve ser cooperativo ou comparticipativo.**[21]"

Nessa mesma toada, fora editado o enunciado 373 do FPPC, vejamos: "As partes devem cooperar entre si; devem atuar com ética e lealdade, agindo de modo a evitar a ocorrência de vícios que extingam o processo sem resolução do mérito e cumprindo com deveres mútuos de esclarecimento e transparência".

Para a efetiva aplicação deste princípio, o CPC de 2015 autoriza a identificação de uma série de regras destinadas a permitir que sejam removidos obstáculos à resolução do mérito, facilitando a produção dos resultados ao qual o processo civil se presta.

---

20. Tais Jornadas foram realizadas, sob a organização do IBDP, de 28 a 30 de agosto de 2014 em Campos do Jordão.

21. CUNHA, Leonardo Carneiro. **Comentários ao Código de Processo Civil. 1ª ed. São Paulo: editora Saraiva, 2016, p.36.**

4.19. COOPERAÇÃO

Todos os sujeitos do processo devem cooperar entre si para que se obtenha, em tempo razoável, decisão de mérito justa e efetiva.

A doutrina brasileira importou do Direito europeu **o princípio da cooperação (ou da colaboração), segundo o qual o processo seria o produto da atividade cooperativa triangular** (entre o juiz e as partes).

A hodierna estruturação processual **exige um juiz ativo no centro da controvérsia e a participação ativa das partes, por meio da efetivação do caráter isonômico entre os sujeitos do processo.** Diz-se, inclusive, que as partes estão assumindo novo papel na dinâmica do processo.

Nessa toada, o art. 6º estabelece que as partes tenham direito de participar ativamente do processo, cooperando com o juiz e fornecendo-lhe ferramentas para que profira suas decisões, consiga realizar os atos executivos ou determine a prática de medidas de urgência ou evidência.

Conforme o processualista Elpídio Donizetti[22], do princípio da cooperação decorrem os seguintes deveres do juiz, senão vejamos as suas lições:

a) **dever de esclarecimento:** obrigação do magistrado de esclarecer com as partes quanto a determinadas dúvidas que tenha sobre alegações, posições ou pedidos realizados em juízo ("embargos de declaração às avessas"), dando conhecimento à outra parte sobre a diligência;

b) **dever de consulta:** o juiz deve ouvir previamente as partes sobre as questões de fato ou de direito que influenciarão o julgamento da causa;

c) **dever de prevenção:** cabe ao magistrado apontar as deficiências postulatórias das partes, para que possam ser supridas (ex.: emenda da inicial, indeferimento da inicial por escolha inadequada do procedimento somente quando for impossível adaptá-la);

---

22. (Princípio da cooperação. http://elpidiodonizetti.jusbrasil.com.br/artigos/121940196/principio-da-cooperacao-ou-da-colaboracao-arts-5-e-10-do-projeto-do-novo-cpc. Acesso em 11/4/2014).

d) **dever de auxílio**: obrigação do juiz de auxiliar a parte a superar eventual dificuldade que lhe tolha o exercício de seus ônus ou deveres processuais (ex.: distribuição dinâmica do ônus da prova – projeto do CPC, art. 358);

e) **dever de correção e urbanidade**: deve o magistrado adotar conduta adequada, ética e respeitosa em sua atividade judicante.

Vale registrar o Enunciado 6 do FPPC, que "O negócio jurídico processual não pode afastar os deveres inerentes à boa-fé e à cooperação." Por fim, consoante o enunciado 373 do FPPC, "As partes devem cooperar entre si; devem atuar com ética e lealdade, agindo de modo a evitar a ocorrência de vícios que extingam o processo sem resolução do mérito e cumprindo com deveres mútuos de esclarecimento e transparência."

4.20. ORDEM CRONOLÓGICA DE JULGAMENTO

O CPC/15 inovou ao estabelecer que os juízes deverão proferir sentença e os tribunais decidir os recursos obedecendo à ordem cronológica de conclusão (art. 12), positivando, como se vê, o princípio da cronologia.

Para esse princípio, os processos devem ser analisados, preferencialmente, por "ordem de chegada" às mãos do magistrado, não podendo haver preferências de qualquer natureza, exceto as legalmente previstas. A regra visa garantir a segurança jurídica, bem como a isonomia.

Juízes e tribunais deverão obedecer à ordem cronológica de conclusão para proferir sentença ou acordão[23]. **Observe-se, no entanto, que com a edição da Lei 13.256/16 a referida ordem cronológica passou a ser preferencial, não obrigacional.**

23. A Lei 13.256/15 alterou a redação dos arts. 12 e 153 do CPC/15. De acordo com ela a ordem cronológica de julgamento não seria obrigatória. Seria preferencial. Vejamos: "Art. 12. Os juízes e os tribunais atenderão, preferencialmente, à ordem cronológica de conclusão para proferir sentença ou acórdão." No mesmo sentido o artigo 153 passou a ter a seguinte redação: "Art. 153. O escrivão ou o chefe de secretaria atenderá, preferencialmente, à ordem cronológica de recebimento para publicação e efetivação dos pronunciamentos judiciais."

INFORMATIZAÇÃO DESCOMPLICADA

A lista de processos aptos a julgamento deverá estar permanentemente à disposição para consulta pública em cartório e na rede mundial de computadores. O dispositivo garante o amplo acesso à ordem cronológica dos processos.

ATENÇÃO!

Estão excluídos da regra acima, vejamos:

- as sentenças proferidas em audiência, homologatórias de acordo ou de improcedência liminar do pedido;
- o julgamento de processos em bloco para aplicação de tese jurídica firmada em julgamento de casos repetitivos;
- o julgamento de recursos repetitivos ou de incidente de resolução de demandas repetitivas;
- as decisões proferidas com base nos arts. 485 e 932;
- o julgamento de embargos de declaração;
- o julgamento de agravo interno;
- as preferências legais e as metas estabelecidas pelo Conselho Nacional de Justiça;
- os processos criminais, nos órgãos jurisdicionais que tenham competência penal;
- a causa que exija urgência no julgamento, assim reconhecida por decisão fundamentada.

Vale lembrar que após a elaboração de lista própria, respeitar-se-á a ordem cronológica das conclusões entre as preferências legais.

Após a inclusão do processo na lista o requerimento formulado pela parte não altera a ordem cronológica para a decisão, exceto quando implicar a reabertura da instrução ou a conversão do julgamento em diligência.

Decidido o requerimento acima, o processo retornará à mesma posição em que anteriormente se encontrava na lista.

Destacamos o enunciado 382 do FPPC: "No juízo onde houver cumulação de competência de processos dos juizados especiais com outros procedimentos diversos, o juiz poderá organizar duas listas cronológicas autônomas, uma para os processos dos juizados especiais e outra para os demais processos".

Observe-se, também o enunciado n. 486 do FPPC: "A inobservância da ordem cronológica dos julgamentos não implica, por si, a invalidade do ato decisório".

Por fim, vejamos o enunciado n. 32 do ENFAM: "O rol do art. 12, § 2º, do CPC/2015 é exemplificativo, de modo que o juiz poderá, fundamentadamente, proferir sentença ou acórdão fora da ordem cronológica de conclusão, desde que preservadas a moralidade, a publicidade, a impessoalidade e a eficiência na gestão da unidade judiciária".

CUIDADO!

Ocupará o primeiro lugar na lista o processo que:

- tiver sua sentença ou acórdão anulado, salvo quando houver necessidade de realização de diligência ou de complementação da instrução;
- enquadrar-se na hipótese do art. 1.040, inciso II.

PRINCÍPIO DO DEVIDO PROCESSO LEGAL	PRINCÍPIO DA ISONOMIA	PRINCÍPIO DA MOTIVAÇÃO DAS DECISÕES JUDICIAIS
Ele é um postulado constitucional básico, segundo o qual ninguém poderá ser processado sem o devido processo legal. Aplica-se também às relações privadas.	O princípio da igualdade (CF/88, art. 5º, *caput*) estabelece o dever do Estado-juiz de dar tratamento isonômico às partes litigantes. Essa isonomia, entendida como igualdade de tratamento e de oportunidade de intervir no processo, deve ser substancial.	Serve como mecanismo de averiguação da imparcialidade dos juízes e da justiça da decisão. Presta-se também como meio de justificar as partes as razões de convencimento do julgador, necessárias para eventual interposição de recurso.

5

APLICAÇÃO DAS NORMAS PROCESSUAIS CIVIS

A lei processual se presta a disciplinar o exercício da função jurisdicional, tendo caráter instrumental em relação às normas de direito material, uma vez que oferece suporte e serve como uma das bases para a solução dos conflitos.

Prevê ainda normas de organização judiciária e normas disciplinadoras da relação jurídica processual que se formará entre as partes, estabelecendo seus poderes, deveres, ônus e faculdades. Regula, ademais, o procedimento que será observado naquela situação concreta.

As normas processuais integram o direito público, tendo, em regra, natureza cogente, ou seja, seus preceitos são de observância obrigatória pelas partes, ao contrário das normas processuais dispositivas, em relação às quais o legislador conferiu às partes certa margem de liberdade na sua aplicação.

Exemplo de norma processual dispositiva é a contida no art. 63 do CPC/15 que autoriza a escolha do foro competente para o julgamento do feito, por meio de cláusula de eleição inserta em contratos. Saliente-se, no entanto, que o CPC/15 passa a autorizar que as partes criem normas procedimentais, preenchidos alguns requisitos e restrições.

As fontes da norma processual são as mesmas das normas jurídicas em geral, quais sejam, as formais: a constituição, as leis, a analogia, o costume, os princípios gerais do direito; e as não formais: a doutrina[1].

Deve-se observar, contudo, que a súmula vinculante, embora seja considerada fruto da jurisprudência, também deve integrar o rol das fontes formais, nos termos previstos no art. 103-A da Constituição Federal. Ademais, tal realidade é inconteste. Veremos, mais adiante, que o CPC/15 abraçou o sistema dos precedentes, dos quais estão contidas as súmulas vinculantes.

Como dito, o CPC/15 concede muita força aos precedentes e confere a eles uma valorização inovadora no nosso sistema. **Os precedentes,** observadas exigências legais, **passam a ser de utilização obrigatória.**

Os Códigos de Processo Civil e de Processo Penal, que representam os principais conjuntos de normas processuais, são leis ordinárias de natureza federal, uma vez que compete à União legislar sobre direito processual, nos termos do art. 22, inciso I, da Constituição Federal.

Compete, todavia, concorrentemente à União e aos Estados, nos termos do art. 24, XI, da Constituição Federal, legislar sobre procedimento em matéria processual, que é relativo à forma como são praticados os atos processuais. **Não esqueça disso!**

Admite-se também, na hipótese de lacuna do ordenamento jurídico, a aplicação dos métodos de integração das normas, pois é vedado ao juiz deixar de julgar qualquer caso. Neste sentido prevê o art. 140 do CPC/15: "**O juiz não se exime de decidir sob a alegação de lacuna ou obscuridade do ordenamento jurídico.**" De acordo com o artigo 13 do CPC/15, a jurisdição civil será regida pelas normas processuais brasileiras, ressalvadas as disposições específicas previstas em tratados, convenções ou acordos internacionais de que o Brasil seja parte.

Saliente-se, contudo, que esse princípio não ostenta caráter absoluto, posto que o próprio art. 13 acima referido ressalva expressamente

1. A Jurisprudência tem ocupado posição de destaque. O CPC/15 confere a ela posição mais que especial. O texto concede força especial aos precedentes, conforme veremos mais adiante.

as disposições específicas previstas em tratados, convenções ou acordos internacionais de que o Brasil seja parte.

Não é demais lembrar que, atualmente, fala-se em uma "tríplice hierarquia" dos tratados e convenções internacionais em nosso sistema jurídico – a regra é de que tais normas, uma vez incorporadas ao ordenamento brasileiro, tenham "status" de lei ordinária, mas, eventualmente, podem ter hierarquia de norma constitucional (se se tratarem de direitos humanos e forem aprovados pelo quórum qualificado previsto no art. 5º, § 3º, da CF) ou de norma "supralegal" (se se tratarem de direitos humanos, mas não forem aprovados por quórum qualificado – conforme entendimento do STF consagrado no julgamento do RE 349703/RS).

Já o artigo 14 do CPC/15, por seu turno, destaca que a norma processual não retroagirá e será aplicável imediatamente aos processos em curso, respeitados os atos processuais praticados e as situações jurídicas consolidadas sob a vigência da norma revogada.

Em relação à aplicação da norma processual no tempo, a doutrina aponta a existência de três sistemas orientadores: da unidade processual, das fases processuais e do isolamento dos atos processuais. Pelo sistema da unidade processual, o processo, embora se desenrole através da sucessão de diversos atos, deve ser considerado como uma unidade (um ente uno) e, portanto, só pode ser regido por uma única lei, qual seja, aquela vigente na data de sua instauração. Já pelo sistema das fases processuais, a aplicação da lei nova deve estar atenta às chamadas "fases processuais" (postulatória, instrutória, decisória, recursal e executiva), de modo que a norma vigente ao início de cada uma dessas fases deve prevalecer até o seu final – a lei nova só se aplica ao processo pendente após o encerramento da fase em curso.

Por fim, o sistema do isolamento dos atos processuais preconiza que os diversos atos processuais devem ser isolados, a fim de que cada um deles seja regulado pela lei vigente no momento de sua prática – a lei nova não atinge os já praticados, nem seus efeitos, mas se aplica aos atos processuais a serem praticados, assim como seus efeitos.

Como nos ensinam Rodrigo da Cunha Lima Freire e Maurício Ferreira Cunha, o CPC/15 adotou como regra geral o sistema do isolamento dos atos processuais, conforme se extrai dos arts. 14 e 1.046, *caput*, embora utilize excepcionalmente o sistema da unidade processual (vide art. 1.046, § 1º) e o das fases processuais (vide art. 1.047).

Relativamente à eficácia da lei processual no espaço, temos vigente o princípio da territorialidade ("lex fori"), previsto no art. 16 do CPC/15, o qual determina que os juízes, em todo território nacional, devem aplicar o CPC no exercício da função jurisdicional.

No que se refere à eficácia da lei processual no tempo, deve-se observar a regra geral prevista no art. 1º da Lei de Introdução às Normas do Direito Brasileiro (LINDB), segundo a qual a lei começa a vigorar em todo o país 45 (quarenta e cinco) dias depois de oficialmente publicada, desde que não haja previsão contrária.

Por haver sucessão de leis no tempo, várias foram as teses existentes para regular sua incidência na relação processual:

a) considerando a unidade da relação processual, somente uma lei poderia regê-la;
b) cada fase processual somente poderia ser regulada por uma lei; ou
c) isolamento dos atos processuais, na qual a lei nova não atinge os atos processuais já praticados e aplica-se desde já. O CPC/15, em seu art. 1.046, assim como o CPP, em seu art. 2º, adotou esta última tese, pois estabelece que a lei processual tem aplicabilidade aos processos pendentes, sem prejuízo da validade dos atos já realizados na vigência da lei anterior.

Tem-se que o erro na aplicação das normas processuais relativas ao critério de proceder é denominado de "error in procedendo", enquanto a falta de observação das normas materiais dá lugar ao "error in judicando".

Por fim, nos termos do art. 15 do CPC/15, na ausência de normas que regulem processos eleitorais, trabalhistas ou administrativos, as disposições deste Código lhes serão aplicadas supletiva e subsidiariamente.

De acordo com o enunciado 3 do Conselho da Justiça Federal (CJF): "As disposições do Código de Processo Civil aplicam-se supletiva e subsidiariamente ao Código de Processo Penal, no que não forem incompatíveis com esta Lei."

Vejamos abaixo alguns Enunciados do FPPC sobre o tema:

151- "Na Justiça do Trabalho, as pautas devem ser preparadas com intervalo mínimo de uma hora entre as audiências designadas para instrução do feito. Para as audiências para simples tentativa de conciliação, deve ser respeitado o intervalo mínimo de vinte minutos."

167- "Os tribunais regionais do trabalho estão vinculados aos enunciados de suas próprias súmulas e aos seus precedentes em incidente de assunção de competência ou de resolução de demandas repetitivas."

171- "Os juízes e tribunais regionais do trabalho estão vinculados aos precedentes do TST em incidente de assunção de competência em matéria infraconstitucional relativa ao direito e ao processo do trabalho, bem como às suas súmulas."

LEI PROCESSUAL	As normas processuais integram o direito público, tendo, em regra, natureza cogente. O Código de Processo Civil representa o principal conjunto de normas processuais. É uma lei ordinária de natureza federal. A jurisdição civil será regida pelas normas processuais brasileiras, ressalvadas as disposições específicas previstas em tratados, convenções ou acordos internacionais de que o Brasil seja parte. A norma processual não retroagirá e será aplicável imediatamente aos processos em curso, respeitados os atos processuais praticados e as situações jurídicas consolidadas sob a vigência da norma revogada.

5.1. O TEMPO X O CUSTO DO PROCESSO

Muito se debate sobre o problema do acesso à justiça, já que com o passar do tempo percebeu-se que o processo não era acessível a todos, seja pelo seu custo ou pelo tempo que era gasto na obtenção da tutela jurisdicional (proteção ofertada pelo Estado).

Em relação ao custo do processo, foram criados diversos mecanismos que facilitassem a todos o início de um processo, daí surgiram os benefícios da gratuidade judiciária e da assistência judiciária integral. Ambas foram regulamentadas pela Lei 1.060/50[2].

Com finalidade semelhante, foram criados os juizados especiais cíveis, os quais estão regulamentados, por determinação constitucional, pela Lei 9.099/95. Estes órgãos têm como principal finalidade o atendimento à população carente, sendo eles isentos de custas. Foram criados também os Juizados Especiais Federais regidos pela Lei 10.259/01 e os Juizados Especiais da Fazenda Pública, os quais estão orientados pela Lei 12.153/09.

Ressalte-se, ainda, que as partes poderão pleitear seus direitos sem a necessária presença do advogado quando as suas causas tiverem como valor até 20 salários mínimos. Essa possibilidade se limita à prolatação da sentença. No momento da interposição do recurso, no entanto, será necessária a presença de advogado ou defensor.

Em relação ao tempo do processo, passou-se a questionar a morosidade da prestação jurisdicional, já que o processo não tem um tempo pré-estabelecido. Seu tempo de duração não é calculado de forma exata.

O processo passou a ser concebido como procedimento ineficaz, em razão da lentidão da máquina estatal.

Diante desses problemas, alguns doutrinadores, a exemplo da Ada Pellegrini, passaram a afirmar que estaríamos vivenciando a crise da justiça, já que para se falar de acesso à justiça é preciso tratar de um acesso a uma ordem jurídica justa, cuja duração do processo seja razoável.

Dessas problemáticas, a EC 45/04 implementa a chamada reforma do judiciário, a qual é responsável pela edição de diversas leis que alteram o CPC, é pela implementação do princípio da duração razoável do processo (art. 5º, LXXVIII). Dentre as leis está o CPC/15, aqui estudado.

2. O CPC/15 não revogou a Lei 1.060/50 por completo, mas, trouxe várias disposições sobre a gratuidade judiciária, na sua parte geral.

6

JURISDIÇÃO

6.1. CONCEITO

Conforme ensina Fredie Didier Jr., jurisdição "é a função atribuída a terceiro imparcial de realizar o Direito de modo imperativo e criativo, reconhecendo/efetivando/protegendo situações jurídicas concretamente deduzidas, em decisão insuscetível de controle externo e com aptidão para tornar-se indiscutível"[1].

Primeiramente, observa-se que a jurisdição é um poder, bem como um dever do Estado. Ela se presta a resolver de modo imparcial o conflito de interesse dos indivíduos, substituindo a vontade deles por sua decisão judicial, que declarará o direito material aplicável ao caso e será imperativa. Ademais, ela é passível de tornar-se imutável através do fenômeno da coisa julgada.

Assim, a jurisdição abrange três poderes básicos: decisão, coerção e documentação. Pelo primeiro, o Estado-juiz tem o poder de conhecer a lide, colher provas e decidir; pelo segundo, o Estado-juiz pode compelir o vencido ao cumprimento da decisão; pelo terceiro, o Estado-juiz pode documentar por escrito os atos processuais.

As acepções da jurisdição são: *Poder* – capacidade de decidir imperativamente e impor decisões; *atividade* – dos órgãos para promover pacificação dos conflitos; *função* – complexo de atos do juiz no processo.

---

1. DIDIER JR, Fredie. Curso de Direito Processual Civil: teoria geral do processo e processo de conhecimento. 12.ed. Salvador: Juspodivm, 2010, p.83.

6.2. FINS DA JURISDIÇÃO

De acordo com a concepção instrumentalista do processo, a jurisdição tem três fins:

a) **o escopo jurídico** – que consiste na atuação da vontade concreta do ordenamento jurídico. A jurisdição tem por fim primeiro, portanto, fazer com que se atinjam, em cada caso concreto, os objetivos das normas de direito substancial;

b) **o escopo social** – consiste em promover o bem comum. Através da dita jurisdição, obter a pacificação, com justiça, pela eliminação dos conflitos, além de incentivar a consciência dos direitos próprios e o respeito aos alheios;

c) **o escopo político – é aquele pelo qual o Estado busca a afirmação de seu poder, além de incentivar a participação democrática (ação popular, ações** coletivas, presença de leigos nos juizados etc.) e a preservação do valor liberdade, com a tutela das liberdades públicas por meio dos remédios constitucionais (tutela dos direitos fundamentais).

6.3. PRINCÍPIOS DA JURISDIÇÃO

6.3.1. Investidura

Somente o juiz togado, regra geral, poderá exercer a jurisdição. Exige-se desse agente público, ademais, que esteja regularmente investido na função, devendo ser aprovado em concurso público de provas e títulos[2], ou salvo quando nomeado por ato do chefe do Poder Executivo para ocupar cargo nos lugares reservados nos Tribunais aos advogados ou membros do Ministério Público, ou mesmo nomeado no cargo de Ministro dos Tribunais Superiores.

Há outra exceção está prevista nos JEC's. Lá estão presentes os chamados juízes leigos.

2. Desde que tenha desempenhado 3 anos de atividade jurídica anteriormente.

6.3.2. Indelegabilidade

Não se pode delegar a função jurisdicional a qualquer outro órgão diverso do Poder Judiciário, sob pena de violação do princípio do juiz natural.

Cada poder da República tem as atribuições e o conteúdo fixados constitucionalmente, proibindo-se aos membros dos três Poderes por deliberação, ou mesmo mediante autorização legal, modificar o conteúdo de suas funções.

Aplica-se a hipótese aos juízes, que não podem delegar a outros magistrados, ou mesmo a outros Poderes ou a particulares, as funções que lhes foram atribuídas pelo Estado, já que tais funções são do poder estatal, que as distribui conforme lhe convém, cabendo ao juiz apenas o seu exercício.

JURISDIÇÃO → FUNÇÃO INDELEGÁVEL, REGRA GERAL.

6.3.3. Aderência ou territorialidade

Segundo este princípio, os juízes só poderão exercer sua função no território nacional e ainda mais nos limites de sua competência territorial, motivo pelo qual necessária é a cooperação entre eles, para a prática de atos em outras localidades, por meio de cartas precatórias, por exemplo. A decisão de qualquer juiz, no entanto, produzirá efeitos em todo território nacional.

EXCEÇÕES IMPORTANTÍSSIMAS!

A desnecessidade da emissão de cartas precatórias para comarcas contíguas ou situadas na mesma região metropolitana. **Art. 255, CPC**[3].

Vide também a disposição do artigo **60, CPC**[4].

---

3. Nas comarcas contíguas de fácil comunicação e nas que se situem na mesma região metropolitana, o oficial de justiça poderá efetuar, em qualquer delas, citações, intimações, notificações, penhoras e quaisquer outros atos executivos.

4. Se o imóvel se achar situado em mais de um Estado, comarca, seção ou subseção judiciária, a competência territorial do juízo prevento estender-se-á sobre a totalidade do

6.3.4. Inevitabilidade

Sendo manifestação do poder estatal, a decisão judicial é imposta as partes, independentemente da vontade delas.

JURISDIÇÃO → INEVITÁVEL, REGRA GERAL.

Este princípio traduz-se na imposição da autoridade estatal por si mesma e por meio da decisão judicial. Quando provocado o exercício jurisdicional, as partes sujeitam-se a ela, mesmo contra a sua vontade, sendo vedada à autoridade pronunciar o *non liquet* em seu ofício jurisdicional. Em outras palavras, o juiz não poderá deixar de decidir.

O Estado deve decidir a questão, não se eximindo de sentenciar "alegando lacuna ou obscuridade da no ordenamento jurídico[5]" (CPC, art. 140). Revise esse artigo. Ele é muito cobrado em prova.

6.3.5. Indeclinabilidade

Nos termos do art. 5º, inciso XXXV, da CF/88, não se excluirá da apreciação do Poder Judiciário lesão ou ameaça a direito, motivo pelo qual a nenhum juiz é lícito deixar de decidir porque há lacuna ou obscuridade no mencionado ordenamento jurídico, devendo servir-se dos mecanismos de integração.[6]

Consagrando expressamente o princípio da indeclinabilidade (ou da inafastabilidade, também chamado de princípio do controle jurisdicional por Cintra, Grinover e Dinamarco, dispõe o artigo 5°, inciso XXXV, da Constituição Federal que **"a lei não excluirá da apreciação do Poder Judiciário lesão ou ameaça a direito"**.

imóvel. Tal disposição evita a prolatação de decisões contraditórias, as quais gerariam flagrante insegurança jurídica.

5. O CPC/15 substituiu a expressão Lei por Ordenamento Jurídico.

6. Vide art. 5º, LINDB.

Desta forma, a Lei Maior garante o acesso ao Poder Judiciário a todos que tiverem seu direito violado ou ameaçado, não sendo possível o Estado-Juiz eximir-se de prover a tutela jurisdicional àqueles que o procurem para pedir uma solução baseada em uma pretensão amparada pelo direito.

Consequentemente, destaca o clássico Tourinho Filho, "se a lei não pode impedir que o Judiciário aprecie qualquer lesão ou ameaça a direito, muito menos poderá o juiz abster-se de apreciá-la, quando invocado".

Em suma, apregoa o princípio da indeclinabilidade que o juiz não pode subtrair-se da função jurisdicional, sendo que, mesmo havendo lacuna ou obscuridade no ordenamento pátrio, deverá proferir decisão (art. 140, CPC), como já vimos. Vamos que vamos!

6.3.6. Inércia

É sabido que é conferido apenas à parte o direito de provocar o exercício da jurisdição, uma vez que esta é inerte. Este princípio também é denominado de princípio da ação ou da demanda, ou princípio da iniciativa da parte[7].

O Estado-juiz só atua se for provocado. *Ne procedat iudex ex officio*, ou seja, o juiz não procede de ofício (de ofício = por conta própria).

Essa regra geral, conhecida pelo nome de princípio da demanda ou princípio da inércia, está consagrada no sistema processual, segundo o qual 'nenhum juiz prestará a tutela jurisdicional senão quando a parte ou o interessado a requerer, nos casos e formas legais'. **Há exceções, como já tratadas no capítulo das normas fundamentais. Vamos revisar!**

7. No CPC/15 o princípio da inércia será também regulado no art. **art. 2º,** senão vejamos: O processo começa por iniciativa da parte, nos casos e nas formas legais, salvo exceções previstas em lei, e se desenvolve por impulso oficial.

EXCEÇÕES!

A Lei 11.101/05 permite ao juiz converter o processo de recuperação judicial em falência.

> "Art. 738 do CPC/15 Nos casos em que a lei considere jacente a herança, o juiz em cuja comarca tiver domicílio o falecido procederá imediatamente à arrecadação dos respectivos bens."

6.4. CARACTERÍSTICAS DA JURISDIÇÃO

6.4.1. Substitutividade

Consiste na circunstância de o Estado, ao apreciar o pedido, substituir a vontade das partes, aplicando ao caso concreto a "vontade" da norma jurídica.

Em suma, o poder judiciário ao compor o litígio substitui a vontade das partes. Na jurisdição voluntária não há substituição da vontade. Nela não há conflito. Os sujeitos irão em busca de uma chancela jurisdicional.

6.4.2. Imparcialidade

É consequência do quanto já visto: pois para que se possa aplicar o direito objetivo ao caso concreto, o órgão judicial há de ser imparcial. Para muitos, é a principal característica da jurisdição.

A lesão à imparcialidade irá gerar a parcialidade. Há 2 tipos de parcialidade, senão vejamos: impedimento e suspeição.

SUSPEIÇÃO	IMPEDIMENTO
- amigo íntimo ou inimigo de qualquer das partes ou de seus advogados;	- em que interveio como mandatário da parte, oficiou como perito, funcionou como membro do Ministério Público ou prestou depoimento como testemunha;

SUSPEIÇÃO	IMPEDIMENTO
- que receber presentes de pessoas que tiverem interesse na causa antes ou depois de iniciado o processo, que aconselhar alguma das partes acerca do objeto da causa ou que subministrar meios para atender às despesas do litígio;	- de que conheceu em outro grau de jurisdição, tendo proferido decisão;
- quando qualquer das partes for sua credora ou devedora, de seu cônjuge ou companheiro ou de parentes destes, em linha reta até o terceiro grau, inclusive;	- quando nele estiver postulando, como defensor público, advogado ou membro do Ministério Público, seu cônjuge ou companheiro, ou qualquer parente, consanguíneo ou afim, em linha reta ou colateral, até o terceiro grau, inclusive;
- interessado no julgamento do processo em favor de qualquer das partes.	- quando for parte no processo ele próprio, seu cônjuge ou companheiro, ou parente, consanguíneo ou afim, em linha reta ou colateral, até o terceiro grau, inclusive;
ATENÇÃO!!!! Poderá o juiz declarar-se suspeito por motivo de foro íntimo, sem necessidade de declarar suas razões.	- quando for sócio ou membro de direção ou de administração de pessoa jurídica parte no processo; - quando for herdeiro presuntivo, donatário ou empregador de qualquer das partes;
	- em que figure como parte instituição de ensino com a qual tenha relação de emprego ou decorrente de contrato de prestação de serviços;

SUSPEIÇÃO	IMPEDIMENTO
	- em que figure como parte cliente do escritório de advocacia de seu cônjuge, companheiro ou parente, consanguíneo ou afim, em linha reta ou colateral, até o terceiro grau, inclusive, mesmo que patrocinado por advogado de outro escritório;
	- quando promover ação contra a parte ou seu advogado.

6.4.3. Lide

Conflito de interesses qualificados pela pretensão de alguém e pela resistência de outrem. Entretanto, nem sempre é necessário lide para exercer a jurisdição, como por exemplo, nos casos de separação consensual, divórcio amigável, mudança de nome etc.

6.4.4. Monopólio do Estado

O Estado tem o monopólio da jurisdição, que pode ser exercido pelo Judiciário, como também pelo legislativo, em situações expressamente previstas.

6.4.5. Unidade

A jurisdição é poder estatal; portanto, é UNA. Para cada Estado soberano, uma jurisdição. Só há uma função jurisdicional, pois se falássemos de várias jurisdições, afirmaríamos a existência de várias soberanias e, pois, de vários Estados. No entanto, nada impede que esse poder, que é uno, seja repartido, fracionado, em diversos órgãos, que recebem cada qual suas competências. **O poder estatal é UNO e indivisível. Divisíveis são as COMPETÊNCIAS.**

JURISDIÇÃO → UNA E INDIVISÍVEL

6.4.6. Aptidão para a produção de coisa julgada material: a definitividade

É a possibilidade da decisão judicial fazer coisa julgada material situação que já foi decidida pelo Poder Judiciário em razão da apreciação do caso concreto a qual não poderá ser revista por outro Poder, exceto: caso de pensão alimentícia, por exemplo.

6.5. ESPÉCIES DE JURISDIÇÃO

A jurisdição, embora indivisível, é classificada, quando ao seu objeto, como **penal e civil.** Dentre os órgãos do Poder Judiciário, apenas a Justiça do Trabalho não tem competência criminal. Por sua vez, apenas a Justiça Militar não exerce a competência civil.

Classifica-se também a jurisdição **em contenciosa e voluntária**[8] ou graciosa. Nesta última, costuma-se dizer que o Estado realiza verdadeira "administração pública de interesses privados", por ser necessária à sua participação para dar validade a alguns atos da vida civil, como os de separação e divórcio consensual, por exemplo. A jurisdição contenciosa, por sua vez, destina-se à solução dos conflitos de interesses (lides).

---

8. À jurisdição voluntária aplica-se as garantias fundamentais do processo, indispensáveis à sobrevivência do Estado de Direito, bem como todas as garantias da magistratura, asseguradas constitucionalmente. Em relação aos poderes processuais do magistrado, a doutrina aponta duas características da jurisdição voluntária:

   Inquisitoriedade: vige nos procedimentos de jurisdição voluntária, o princípio inquisitivo, podendo o juiz tomar decisões contra a vontade dos interessados. O magistrado, em inúmeras situações, tem a iniciativa do procedimento.

   Possibilidade de decisão fundada na equidade: permite-se (art. 723, CPC) ao juiz não observar a legalidade estrita na apreciação do pedido, facultando-lhe o juízo por equidade, que se funda em critérios de conveniência e oportunidade. O juízo de equidade é excepcional; somente se poderá dele valer o juiz quando expressamente por lei autorizado (art. 140, parágrafo único, do CPC). Não se trata, porém, de juízo de equidade acima da lei. Permite-se, em vários casos, que o magistrado profira juízo discricionário, que deve, porém, respeitar o princípio da proporcionalidade.

No tocante à natureza da jurisdição voluntária, subsistem, essencialmente, 2 (duas) teorias: a teoria clássica ou administrativista (segundo a qual a jurisdição voluntária não seria, efetivamente, jurisdição, mas uma administração pública de interesses privados) e a teoria revisionista ou jurisdicionalista (pela qual a jurisdição voluntária constitui, sim, atividade jurisdicional).

Para a primeira teoria, apontada por Paula Sarno Braga[9] como majoritária (defendida por Ada Pellegrini Grinover, Cândido Rangel Dinamarco, Frederico Marques, Lopes da Costa, Cassio Scarpinella Bueno e outros), as decisões advindas da jurisdição voluntária não têm aptidão à imutabilidade pela coisa julgada material.

Assim:

JURISDIÇÃO CONTENCIOSA → PRESENÇA DA LIDE

JURISDIÇÃO VOLUNTÁRIA → AUSÊNCIA DA LIDE

Levando-se em consideração as regras de competência, **a jurisdição pode ser ainda chamada de especial e comum.** Quando não houver competência específica de algum órgão do Poder Judiciário para o julgamento de determinada questão, será ela apreciada pelos órgãos que exercerem a jurisdição comum, tanto da Justiça Federal como da Justiça Estadual.

Especializadas → trabalhista, penal militar e eleitoral.

Comuns → estadual e federal.

9. BRAGA, Paula Sarno. Processo civil – Teoria geral do processo civil (Coleção sinopses para concursos). 4ª ed. Salvador: Juspodivm, 2016 – p. 135.

6.6. ÓRGÃOS DA JURISDIÇÃO

6.6.1. Noções gerais

Consoante dispõe o art. 92 da Constituição Federal, são órgãos do Poder Judiciário:

I – o Supremo Tribunal Federal; I-A – o Conselho Nacional de Justiça; II – o Superior Tribunal de Justiça; III – os Tribunais Regionais Federais e Juízes Federais; IV – os Tribunais e Juízes do Trabalho; V – os Tribunais e Juízes Eleitorais; VI – os Tribunais e Juízes Militares; VII – os Tribunais e Juízes dos Estados e do Distrito Federal e Territórios.

Os tribunais, por seu turno, possuem tanto funções administrativas, de autogoverno, como jurisdicionais. A eles também é reservada a iniciativa de projetos de lei em matérias ligadas à sua forma de administração.

Os juízes de primeira instância das Justiças dos Estados, Federal e do Trabalho, ingressam na carreira por meio de concurso público de provas e títulos.

Os Tribunais Regionais Federais, os Tribunais dos Estados, e do Distrito Federal e Territórios são compostos parte por juízes, que são promovidos da primeira instância, e parte (um quinto) por membros do Ministério Público, com mais de dez anos de carreira, e de advogados de notório saber jurídico e de reputação ilibada, com mais de dez anos de efetiva atividade profissional, indicados em lista sêxtupla pelos órgãos de representação das respectivas classes.

Os Ministros do STF, STJ e STM são escolhidos livremente pelo Presidente da República, depois de aprovada a indicação pelo Senado Federal.

6.7. ORGANIZAÇÃO JUDICIÁRIA

6.7.1. Conceitos básicos

Foro é a base territorial a cargo de cada órgão judiciário. O STF e o STJ, por exemplo, têm por foro todo o território nacional; o Juiz de Direito de São Paulo tem foro na comarca de São Paulo, ou seja, limitar-se-á à sua base territorial.

Comarca é a forma de divisão territorial das Justiças Estaduais, em primeiro grau de jurisdição. É a base territorial de cada órgão judiciário de primeiro grau.

Juízo é o órgão jurisdicional (tanto de primeiro grau como nos demais graus de jurisdição – TJ, STF, STJ). Compreende a estrutura física do órgão (cartório e vara). Não se confunde com a pessoa física do juiz.

Na mesma Comarca ou Foro pode haver mais de um Juízo, que podem ser ou não especializados, como os juízos de família e criminais. Em algumas comarcas também há foros regionais e varas distritais; na realidade, não são considerados foros, mas sim juízos, que é uma subdivisão de foro.

Circunscrição é forma de divisão administrativa das comarcas dos Tribunais Estaduais, para efeito de organização da substituição dos Juízes. De acordo com o Código Judiciário de São Paulo, cada circunscrição é constituída "da reunião de comarcas contíguas da mesma região, uma das quais será a sua sede" (art. 8º). Os juízes substitutos são nomeados para exercerem suas funções nas circunscrições judiciárias e não nas comarcas ou varas.

Os órgãos de primeiro grau de jurisdição pertencem à chamada **primeira instância e os órgãos de segundo grau de jurisdição pertencem à chamada segunda instância.**

Entrâncias correspondem aos graus administrativos das comarcas e da carreira dos juízes estaduais de primeira instância. Não existe hierarquia entre as comarcas de entrâncias diferentes, pois cada uma tem sua competência territorial específica.

Com relação à Justiça Federal, o art. 110 da CF dispõe: "cada Estado, bem como o Distrito Federal, constituirá uma seção judiciária". Assim, cada Estado correspondente a uma **seção judiciária.** Por sua vez, as seções judiciárias são divididas em subseções judiciárias, as quais são compostas por varas federais, que podem ter competência territorial mais ampla que as comarcas, podendo abranger várias delas.

Na Justiça do Trabalho, normalmente os foros trabalhistas coincidem com as comarcas da Justiça Estadual.

Na Justiça Eleitoral, existem as **zonas eleitorais**, que correspondem ao território de uma comarca ou de parte dela, podendo haver mais de uma zona eleitoral em cada comarca.

Foro	é a base territorial a cargo de cada órgão judiciário.
Comarca	é a forma de divisão territorial das justiças estaduais, em primeiro grau de jurisdição.
Juízo	é o órgão jurisdicional (tanto de primeiro grau como de segundo grau de jurisdição).
Circunscrição	é forma de divisão administrativa das comarcas dos tribunais estaduais, para efeito de organização da substituição dos juízes.
Entrâncias	são os graus administrativos das comarcas e da carreira dos juízes estaduais de primeira instância.

6.8. LIMITES DA JURISDIÇÃO NACIONAL

Cuidaremos de tratar dos limites da jurisdição nacional.

Pareceu-nos mais apropriado falar em limites da jurisdição nacional ao invés de competência internacional, como mencionava o texto anterior do CPC/73. As hipóteses foram ampliadas. Vamos juntos!

De acordo com o art. 21 do CPC/15 compete à autoridade judiciária brasileira processar e julgar as ações em que:

- o réu, qualquer que seja a sua nacionalidade, estiver domiciliado no Brasil;
- no Brasil, tiver de ser cumprida a obrigação;
- o fundamento seja fato ocorrido ou ato praticado no Brasil.

Tais regras são chamadas de jurisdição internacional concorrente.

ATENÇÃO!

Considera-se domiciliada no Brasil a pessoa jurídica estrangeira que nele tiver agência, filial ou sucursal.

Compete, ainda, à autoridade judiciária brasileira processar e julgar as ações:

- de alimentos, quando:
  - o credor tiver domicílio ou residência no Brasil;
  - o réu mantiver vínculos no Brasil, tais como posse ou propriedade de bens, recebimento de renda ou obtenção de benefícios econômicos.

OBS: Trazer a ação de alimentos, na qual o alimentando resida no Brasil ou o alimentante tenha aqui bens ou direitos, para a competência de nossos Tribunais é uma inovação que certamente ajudará, em muito, à proteção desse direito fundamental.

Vejamos as demais hipóteses:

- decorrentes de relações de consumo, quando o consumidor tiver domicílio ou residência no Brasil;
- em que as partes, expressa ou tacitamente, se submeterem à jurisdição nacional.

No artigo 23 do CPC/15, estão veiculadas as regras do exercício da função jurisdicional brasileira exclusiva. Nessas hipóteses, somente um órgão jurisdicional brasileiro, com exclusão de qualquer outro, poderá decidir sobre o tema. Eventuais decisões estrangeiras sobre as matérias dispostas no dito art. 23 do CPC/15 não serão homologadas.

Vejamos:

Compete à autoridade judiciária brasileira, **com exclusão de qualquer outra:**

- conhecer de ações relativas a imóveis situados no Brasil;
- em matéria de sucessão hereditária, proceder à confirmação de testamento particular e ao inventário e à partilha de bens situados no Brasil, ainda que o autor da herança seja de nacionalidade estrangeira ou tenha domicílio fora do território nacional.

NOVIDADE!

Em divórcio, separação judicial ou dissolução de união estável, proceder à partilha de bens situados no Brasil, ainda que o titular seja de nacionalidade estrangeira ou tenha domicílio fora do território nacional.

VALE ANOTAR!

A ação proposta perante tribunal estrangeiro não induz litispendência e não obsta a que a autoridade judiciária brasileira conheça da mesma causa e das que lhe são conexas, ressalvadas as disposições em contrário nos tratados internacionais e acordos bilaterais em vigor no Brasil.

Ademais, a pendência de causa perante a jurisdição brasileira não impede a homologação de sentença judicial estrangeira quando exigida para produzir efeitos no Brasil.

REGRA DE INCOMPETÊNCIA!

Não compete à autoridade judiciária brasileira o processamento e o julgamento da ação quando houver cláusula de eleição de foro exclusivo estrangeiro em contrato internacional, arguida pelo réu na contestação.

As regras expostas não se aplicam às hipóteses de competência internacional exclusiva previstas no presente capítulo.

JURISDIÇÃO CONCORRENTE X EXCLUSIVA

Jurisdição concorrente	Jurisdição exclusiva
- o réu, qualquer que seja a sua nacionalidade, estiver domiciliado no Brasil;	- conhecer de ações relativas a imóveis situados no Brasil;

Jurisdição concorrente	Jurisdição exclusiva
- no Brasil tiver de ser cumprida a obrigação; - o fundamento seja fato ocorrido ou ato praticado no Brasil. - de alimentos, quando: a) o credor tiver domicílio ou residência no Brasil; b) o réu mantiver vínculos no Brasil, tais como posse ou propriedade de bens, recebimento de renda ou obtenção de benefícios econômicos; - decorrentes de relações de consumo, quando o consumidor tiver domicílio ou residência no Brasil; - em que as partes, expressa ou tacitamente, se submeterem à jurisdição nacional.	- em matéria de sucessão hereditária, proceder à confirmação de testamento particular e ao inventário e à partilha de bens situados no Brasil, ainda que o autor da herança seja de nacionalidade estrangeira ou tenha domicílio fora do território nacional; - em divórcio, separação judicial ou dissolução de união estável, proceder à partilha de bens situados no Brasil, ainda que o titular seja de nacionalidade estrangeira ou tenha domicílio fora do território nacional.

7

COOPERAÇÃO INTERNACIONAL

Em notório e cristalino crescimento, estão as demandas envolvendo interesses transnacionais e a correspondente necessidade de produção de atos em um país para o cumprimento em outro, o que, de certo, decorre de crescente internacionalização da economia.

Vivemos numa sociedade globalizada. Em razão da imersão nesse cenário, o CPC/15 resolveu regular a cooperação internacional.

O art. 26 do CPC/15 traça a base principiológica da cooperação internacional e estabelece o Ministério da Justiça como autoridade central – salvo estipulação diversa.

A cooperação jurídica internacional será regida por tratado de que o Brasil faz parte e observará:

- o respeito às garantias do devido processo legal no Estado requerente;
- a igualdade de tratamento entre nacionais e estrangeiros, residentes ou não no Brasil, em relação ao acesso à justiça e à tramitação dos processos, assegurando-se assistência judiciária aos necessitados;
- a publicidade processual, exceto nas hipóteses de sigilo previstas na legislação brasileira ou na do Estado requerente;
- a existência de autoridade central para recepção e transmissão dos pedidos de cooperação;

- a espontaneidade na transmissão de informações a autoridades estrangeiras.

ATENÇÃO!

Na ausência de tratado, a cooperação jurídica internacional poderá realizar-se com base em reciprocidade, manifestada por via diplomática.

Não se exigirá a reciprocidade referida acima para homologação de sentença estrangeira.

CUIDADO!

Na cooperação jurídica internacional, não será admitida a prática de atos que contrariem ou que produzam resultados incompatíveis com as normas fundamentais que regem o Estado brasileiro.

O Ministério da Justiça exercerá as funções de autoridade central na ausência de designação específica.

Vejamos o objeto da cooperação jurídica internacional:

- citação, intimação e notificação judicial e extrajudicial;
- colheita de provas e obtenção de informações;
- homologação e cumprimento de decisão;
- concessão de medida judicial de urgência;
- assistência jurídica internacional;
- qualquer outra medida judicial ou extrajudicial não proibida pela lei brasileira.

7.1. AUXÍLIO DIRETO

Cabe auxílio direto quando a medida não decorrer diretamente de decisão de autoridade jurisdicional estrangeira a ser submetida a juízo de delibação no Brasil.

A solicitação de auxílio direto será encaminhada pelo órgão estrangeiro interessado à autoridade central, cabendo ao Estado requerente assegurar a autenticidade e a clareza do pedido.

Além dos casos previstos em tratados de que o Brasil faz parte, o auxílio direto terá os seguintes objetos:

- obtenção e prestação de informações sobre o ordenamento jurídico e sobre processos administrativos ou jurisdicionais findos ou em curso;
- colheita de provas, salvo se a medida for adotada em processo, em curso no estrangeiro, de competência exclusiva de autoridade judiciária brasileira;
- qualquer outra medida judicial ou extrajudicial não proibida pela lei brasileira.

A autoridade central brasileira comunicar-se-á diretamente com suas congêneres e, se necessário, com outros órgãos estrangeiros responsáveis pela tramitação e pela execução de pedidos de cooperação enviados e recebidos pelo Estado brasileiro, respeitadas disposições específicas constantes de tratado.

No caso de auxílio direto para a prática de atos que, segundo a lei brasileira, não necessitem de prestação jurisdicional, a autoridade central adotará as providências necessárias para seu cumprimento.

Recebido o pedido de auxílio direto passivo, a autoridade central o encaminhará à Advocacia-Geral da União, que requererá em juízo a medida solicitada.

CUIDADO!

O Ministério Público requererá em juízo a medida solicitada quando for autoridade central.

Compete ao juízo federal do lugar em que deva ser executada a medida apreciar pedido de auxílio direto passivo que demande prestação de atividade jurisdicional.

Tratemos das **Cartas Rogatórias**

A carta rogatória é ato processual clássico de comunicação entre autoridades judiciárias estrangeiras para fins de solicitação ao cumprimento do seu conteúdo.

O procedimento da carta rogatória perante o Superior Tribunal de Justiça é de jurisdição contenciosa e deve assegurar às partes as garantias do devido processo legal. Eis a disposição do art. 36 do CPC/15.

A defesa restringir-se-á à discussão quanto ao atendimento dos requisitos para que o pronunciamento judicial estrangeiro produza efeitos no Brasil.

Em qualquer hipótese, é vedada a revisão do mérito do pronunciamento judicial estrangeiro pela autoridade judiciária brasileira.

COOPERAÇÃO INTERNACIONAL	Observará: - o respeito às garantias do devido processo legal no Estado requerente; - a igualdade de tratamento entre nacionais e estrangeiros, residentes ou não no Brasil, em relação ao acesso à justiça e à tramitação dos processos, assegurando-se assistência judiciária aos necessitados; - a publicidade processual, exceto nas hipóteses de sigilo previstas na legislação brasileira ou na do Estado requerente; - a existência de autoridade central para recepção e transmissão dos pedidos de cooperação; - a espontaneidade na transmissão de informações a autoridades estrangeiras.

8

AÇÃO

8.1. CONCEITO DE AÇÃO

Enquanto jurisdição pode ser concebida como função, poder e dever do Estado de resolver as crises de interesses e processo a relação jurídica que liga as partes e o juiz, ação é o direito público subjetivo ao exercício da atividade jurisdicional.

O direito de ação tem natureza pública e guarida constitucional (CF, art. 5º, XXXV), sendo autônomo e independente em relação ao direito material. Ou seja, a improcedência do pedido do autor não autoriza concluir que o autor não tinha direito de ação.

8.2. ACEPÇÕES E CONCEITO DE AÇÃO

Em que pese à controvérsia profunda em torno da natureza jurídica da ação, causa de inúmeras teorias sobre o assunto, o entendimento moderno e que reúne a maioria dos juristas é no sentido de que a ação deve ser compreendida como um:

DIREITO PÚBLICO SUBJETIVO

É, assim, o direito que assiste a qualquer indivíduo de pleitear, num caso concreto, a prestação da atividade jurisdicional do Estado, a quem cabe zelar pela harmonia social e resolver conflitos.

O termo "ação", na dogmática jurídica, possui múltiplos significados.

8.3. PRINCIPAIS ACEPÇÕES SOBRE O QUE SEJA "AÇÃO"

"Ação" como direito material em movimento/exercício.

Quando estudamos o processo romano, percebemos, desde logo, que não havia distinção nítida entre a relação jurídica processual e a relação jurídica material.

Ação, nesse contexto, era o próprio direito material violado, maculado, cujo exercício se dava perante os tribunais daquele momento. Essa vinculação do direito de ação ao direito material ainda é bastante visível nas leis civis, que vez por outra falam que alguém "tem ação contra" outrem.

"Ação" como direito autônomo em relação ao direito material.

Ação, nesse sentido, seria o direito de provocar o Estado, direito ao processo, direito de instaurar a relação jurídica processual. Trata-se da "pretensão à tutela jurídica" (PONTES DE MIRANDA), que se exerce contra o Estado para que ele preste justiça.

Não há quem discuta que a CF, quando garante a inafastabilidade da apreciação do Poder Judiciário (art. 5º, XXXV), confere a todos o direito de exigir do Estado à prestação jurisdicional, em qualquer situação. Este direito é incondicionado e pertence a todos indistintamente.

"Ação" como exercício daquele direito abstrato de agir.

"Ação exercida", "ação processual", "demanda", "pleito", "causa", todas essas são palavras sinônimas e possuem o sentido de identificar o exercício do direito abstrato de ação, que no caso é sempre concreta, porque relacionada à determinada situação jurídico-substancial.

Por ação processual concretiza-se o direito constitucional de ação, levando-se a juízo a afirmação de existência do direito material (ação em sentido material), fato que já revela como o estudo desse instituto encontra-se no ponto de contato do direito processual como direito material.

8.4. PRINCIPAIS CARACTERÍSTICAS

Direito público: público subjetivo exercitável pela parte para exigir do Estado a obrigação da prestação jurisdicional.

Direito abstrato: pouco importando seja de amparo ou desamparo à pretensão de quem o exerce.

Direito autônomo: pode ser exercitado sem sequer relacionar-se com a existência de um direito subjetivo material.

Direito instrumental: refere-se sempre à decisão a uma pretensão ligada ao direito material (positiva ou negativa), sendo o Estado o detentor do poder.

Dever de solucionar os conflitos intersubjetivos de interesses ocorrentes entre os indivíduos e as coletividades; a ação é exercida contra o ESTADO, não contra o réu.

Exerce-se a ação contra o Estado e em face do réu.

8.5. CONCEITO DE DEMANDA

Demanda é a pretensão levada a juízo. É aquilo que se vai buscar ao judiciário, o que se almeja perante o juízo. É um direito subjetivo que é instrumentalizado através da petição inicial.

A petição inicial é o primeiro ato do processo.

PETIÇÃO INICIAL → DEMANDA

8.6. ELEMENTOS DA AÇÃO

São três os elementos da ação. Eles são muito importantes.

PARTES – **sujeitos parciais do processo.**

CAUSA DE PEDIR – **a soma dos fatos e fundamentos jurídicos.**

PEDIDO – **a pretensão do autor.**

A ação tem como elementos as partes, a causa de pedir e o pedido, que servem para identificá-la e individualizá-la.

Havendo ações com identidade de elementos, ocorrerá **litispendência,** devendo a segunda ser extinta, sem resolução do mérito. Se a segunda ação for ajuizada somente depois de a primeira já ter sido julgada definitivamente, deverá ser reconhecida a **coisa julgada.**

As partes são as pessoas, físicas ou jurídicas, que alegam ser titulares do direito material discutido nos autos. Enquanto a parte autora integra o polo ativo, a parte requerida, o polo passivo.

A **causa de pedir** consiste na narração dos fatos e nos fundamentos jurídicos do pedido. Os fatos devem ser expostos com detalhes a fim de se identificar com precisão a lide surgida entre as partes. O profissional que elaborará a inicial deverá ter cuidado com o emprego de termos que não sejam lesivos à parte contrária.

Necessária também a indicação da forma de solução que se pretende obter, que deve ser amparada pelo direito.

Classifica-se a causa de pedir em **remota e próxima,** sendo a primeira relativa aos fatos e a segunda referente ao enquadramento jurídico dos fatos de forma abstrata no ordenamento pátrio.

O juiz deve apreciar os fatos expostos e dar a solução adequada, de acordo com a legislação vigente, ainda que adote fundamentação jurídica diversa daquela indicada pelo autor na petição inicial, em respeito ao princípio "jura novit curia". Neste caso, deve valer-se da norma fundamental disposta no artigo 10 do CPC, a qual já foi estudada.

A teoria que leva em consideração os fatos para individualização das ações, e que foi adotada por nossa legislação, denomina-se **"teoria da substanciação".**

Com relação ao **pedido** que deve ser formulado pelo autor, é classificado em imediato ou mediato. O pedido imediato consiste no provimento jurisdicional pleiteado em face do Estado, que pode ser declaratório, condenatório, executivo ou acautelatório. O pedido mediato, por sua vez, consiste no bem da vida, material ou imaterial, desejado.

8.7. LEGITIMIDADE E INTERESSE

O direito de ação é autônomo e incondicional, conforme já se viu; todavia, para que a parte possa obter um pronunciamento judicial quanto ao mérito do seu pedido no chamado "direito processual de ação", é indispensável que se faça presente algumas figuras vitais: **interesse processual e legitimidade das partes.**

Elas são classicamente conhecidas como condições da ação, mas, o CPC/15 não as nominou assim. Não há mais referência ao termo carência de ação em nenhuma parte do texto processual.

Como dito acima, tais figuras são vitais.

Assim, ausentes quaisquer uma delas, qual será a postura a ser adotada pelo juiz, Sabrina?

Vejamos!

Faltando qualquer uma delas, o feito será extinto sem resolução de mérito (art. 485, VI, CPC). **O juiz proferirá uma sentença terminativa.**

Segundo a teoria da asserção, adotada por muito tempo pelo STJ, cabe ao autor expor os fatos de forma que as figuras possam ser identificadas e verificadas em abstrato pelo juiz, cabendo à sentença de mérito apreciar a efetiva existência do direito material sustentando na exordial.

Como pensa o STJ:

> STJ - AGRAVO REGIMENTAL NO AGRAVO EM RECURSO ESPECIAL AgRg no AREsp 669449 RO 2015/0036536-0 (STJ)
>
> Ementa: PROCESSUAL CIVIL. ALEGAÇÃO DE ILEGITIMIDADE ATIVA. ACÓRDÃO QUE SE BASEOU NOS ELEMENTOS FÁTICOS DO PROCESSO PARA NEGAR O PEDIDO. INCIDÊNCIA DA SÚMULA N. 7/STJ. TEORIA DA ASSERÇÃO. PRECEDENTES. 1. Recurso especial em que se discute legitimidade ativa de pescadores em ação de indenização por danos decorrentes de construção de hidrelétrica. 2. Hipótese em que o Tribunal, em sede de agravo de instrumento, rejeitou a alegação de ilegitimidade *ad causam* em razão de a matéria estar pendente de dilação probatória na origem. 3. É pacífico o entendimento de que as condições da ação, aí incluída a legitimidade para a causa, devem ser aferidas com base na teoria da asserção,

> isto é, à luz das afirmações deduzidas na petição inicial. Nesse sentido: AgRg no AgRg no REsp 1.361.785/AL, Rel. Ministro MAURO CAMPBELL MARQUES, Segunda Turma, DJe 10/03/2015; AgRg no AREsp 512.835/SP, Rel. Ministro ANTONIO CARLOS FERREIRA, Quarta Turma, DJe 01/06/2015. 4. Não possível à parte recorrente tentar provar, na instância especial, a ausência de legitimidade ativa das partes recorridas, ante o óbice da súmula n. 7 desta Corte Superior. Agravo regimental improvido.

Mais dois recentes julgados do Tribunal de Justiça da cidadania, vejamos:

> Projeto de Lei de Plano Diretor de Município. Ação civil pública. Alegação da falta de asseguramento da efetiva participação popular no processo legislativo. Matéria de interesse local. Atribuição típica do Ministério Público Estadual. Ilegitimidade ativa do parquet federal. O Ministério Público Federal é parte ilegítima para ajuizar ação civil pública que visa à anulação da tramitação de Projeto de Lei do Plano Diretor de município, ao argumento da falta de participação popular nos respectivos trabalhos legislativos. REsp 1.687.821-SC, Rel. Min. Sérgio Kukina.
>
> Ação civil pública. Proteção dos direitos do consumidor. DPVAT. Indenização às vítimas. Ausência de pertinência temática. Legitimidade ativa *ad causam* de associação. Ausência. Associação com fins específicos de proteção ao consumidor não possui legitimidade para o ajuizamento de ação civil pública com a finalidade de tutelar interesses coletivos de beneficiários do seguro DPVAT. REsp 1.091.756-MG, Rel. Min. Marco Buzzi, Rel. Acd. Min. Marco Aurélio Bellizze, por maioria, julgado em 13/12/2017, DJe 05/02/2018.

Observe-se que o dito – **pedido juridicamente possível** – passou a compor o mérito.

Afirma-se que o pedido é juridicamente possível quando não for proibido pelo ordenamento a sua aceitação.

Como casuística clássica de pedido juridicamente impossível, pode-se mencionar aquele em que se postule a cobrança de dívida de jogo, eis que proibida a prática de jogos de azar no ordenamento jurídico pátrio.

No entanto, indispensável checar que não é considerado impossibilidade jurídica do pedido o fato de se poder antever, desde a petição inicial, que o pedido formulado não será acolhido. **Tal questão está conectada ao MÉRITO.**

Ademais, não há mais menção a ele no inciso VI, do art. 485, do CPC, que apenas se refere à legitimidade e ao interesse de agir.

Haverá interesse de agir ou interesse processual quando houver necessidade de a parte pleitear em juízo a proteção do direito alegado, sob pena de perecimento, sendo certo ainda que o processo a ser formado deva ser adequado à solução do conflito de interesses. Trata-se do trinômio:

NECESSIDADE
UTILIDADE
ADEQUAÇÃO

No que se refere **à legitimidade para agir ou "legitimatio ad causam"**, exige-se que a ação seja movida pelo titular do direito, pois ninguém poderá pleitear, em nome próprio, direito alheio, salvo quando autorizado pelo ordenamento jurídico (CPC, art. 18).

A ação, por seu turno, deverá ser proposta contra a parte legítima, que é a pessoa que resiste à pretensão do titular do direito material. Numa linguagem didática, o autor deverá escolher o alvo correto.

A referida legitimação é chamada de ordinária. Excepcionalmente, quando houver autorização legal para se pleitear direito alheio em nome próprio, dar-se-á **legitimação extraordinária ou substituição processual.**

O substituto será aquele que, sem ser titular do direito material, irá defendê-lo em juízo. Atua em nome próprio para defender interesses alheios. Ex: MP, associações, sindicatos e defensoria pública.

A substituição processual, por seu turno, não se confunde com a representação, destinada aos casos em que as partes são incapazes, não podendo, portanto, exercer pessoalmente as faculdades e deveres processuais, por não possuírem capacidade processual (ou capacidade para estar em juízo ou "legitimatio ad processum" – restrita aos maiores de 18 anos), devendo, portanto, serem representadas ou assistidas.

Aplica-se aqui a regra do RIA

RELATIVAMENTE INCAPAZES SERÃO ASSISTIDOS E ABSOLUTAMENTE INCAPAZES SERÃO REPRESENTADOS EM JUÍZO.

Os relativamente incapazes serão assistidos e os absolutamente incapazes serão representados. Observe-se o art. 71 do CPC/15.

8.8. NOTAS SOBRE AS CONDIÇÕES DA AÇÃO E O CPC/15

Uma condição da ação corresponde à temática relacionada a um dos elementos da ação (partes, causa de pedir e pedido). O CPC/73 adotou a existência das condições da ação.

Ele catalogava três distintas condições, a saber:

Legitimidade de parte;

Interesse de agir;

Possibilidade jurídica do pedido.

Destacava, ainda, que a ausência de qualquer uma delas, teria o condão de extinguir o processo sem resolução do mérito.

Essa construção estava lastreada no revogado art. 267. **Eis o que se denominava de carência de ação.** A ausência de qualquer uma delas seria também motivo de indeferimento da petição inicial. **A sentença prolatada seria, por conseguinte, terminativa.**

O CPC atual não mais menciona a exigência de condições da ação. Para o professor Fredie Didier Jr., não há mais razão para o uso, pela ciência do processo brasileira, do conceito condição da ação.

A legitimidade *ad causam* e o interesse de agir passariam a ser explicados com suporte no repertório teórico dos pressupostos processuais, conforme vaticina o mesmo autor. Para ele, seriam pressupostos processuais de validade.

O tema é, no entanto, muito controverso. Em provas de concursos e para parte considerável da doutrina a categoria continuaria existindo. Entendemos que a legitimidade e o interesse são condições da ação.

8.9. CLASSIFICAÇÃO DAS AÇÕES

As ações se classificam tendo em vista a natureza do provimento jurisdicional pedido pelo autor.

De acordo com a classificação tradicional, a ação pode ser **de conhecimento, de execução ou cautelar.**

Será de conhecimento quando se destinar a resolver o conflito de interesse, declarando qual parte é titular do direito subjetivo discutido. Será resolvido, preferencialmente, por meio de uma sentença de mérito, que pode ser meramente declaratória, constitutiva ou condenatória.

AÇÃO DE CONHECIMENTO → VISA UMA CERTEZA

As demandas meramente declaratórias, nos termos do art. 19 do CPC, limitam-se a declarar a existência (positivas), inexistência (negativas) ou modo se ser da relação jurídica, bem como a autenticidade ou falsidade de documento.

ATENÇÃO!

É admissível a ação meramente declaratória, ainda que tenha ocorrido a violação do direito.

Como entende o STJ:

> Súmula 181:
>
> É admissível ação declaratória, visando a obter certeza quanto à exata interpretação de cláusula contratual.

Condenatórias são aquelas que declaram a existência de relação jurídica e ainda condenam a parte no cumprimento de obrigação de fazer, não fazer, entregar coisa – certa ou incerta – ou pagar quantia.

As demandas **constitutivas,** por sua vez, destinam-se a modificar, criar ou desconstituir uma relação jurídica. **Veiculam direitos potestativos.**

As ações executivas são utilizadas para satisfazer a obrigação já declarada e definida em título executivo extrajudicial, por meio de atos de coerção que atingem o patrimônio do devedor.

EXECUÇÃO → SATISFAÇÃO PAUTADA NUM TÍTULO

ATENÇÃO!

Na sistemática processual atual, não se faz mais necessária à propositura de demanda executiva autônoma quando o objetivo da parte for à efetivação de sentença que tenha imposto uma obrigação de fazer, não fazer, dar coisa ou pagamento de quantia. Não esqueça!

Observe-se que nesses casos iniciar-se-á, no mesmo processo, apelidado de sincrético, a fase de cumprimento de sentença, a qual será melhor explorada em outro item desta obra.

As ações **cautelares têm como objetivo garantir** a viabilidade das ações de conhecimento ou executivas, podendo ser antecedentes ou incidentais a aquelas.

CAUTELAR → PROTEÇÃO DE BENS, PESSOAS OU PROVAS.

Nos dias de hoje, porém, além das três espécies citadas, as ações também têm sido classificadas como mandamentais e executivas "latu sensu", vejamos:

Será **mandamental** quando a sentença proferida emitir uma ordem à parte, cujo descumprimento caracteriza crime de desobediência.

Executiva "lato sensu", por fim, **é a sentença que, diversamente da condenatória, não exige a instauração de fase executiva para ser satisfeita.** Lembre-se, no entanto, que os títulos executivos extrajudiciais devem ensejar a instauração de um processo autônomo de execução.

9

COMPETÊNCIA

9.1. CONCEITO

O Estado tomou para si a tarefa de dizer o direito em todo o seu território. Para tanto, criou dentro da alçada do Poder Judiciário) uma grande organização, composta por diversos órgãos jurisdicionais (STF, STJ, STM, STE, TRF etc.), repartindo uma gama de jurisdição entre eles, embora se deva ressaltar que a "jurisdição", enquanto poder-dever do Estado é una. A competência, por sua vez, corresponde à divisão e estruturação.

Deste modo, *competência* nada mais é do que a fixação das atribuições de cada um dos órgãos jurisdicionais, ou seja, a demarcação dos limites dentro dos quais podem eles exercer a jurisdição. Neste sentido, "juiz competente" é aquele que, segundo limites fixados pelo ordenamento jurídico, tem o poder para decidir certo e determinado litígio (art. 42, CPC).

Vejamos a integra do dispositivo:

> "As causas cíveis serão processadas e decididas pelo juiz nos limites de sua competência, ressalvado às partes o direito de instituir juízo arbitral, na forma da lei."

9.2. FONTES

Considerando-se os inúmeros processos que podem ser instaurados durante a atividade jurisdicional no País, costuma-se organizar essa atividade estatal pela divisão de atribuições para apreciar determinadas causas entre seus órgãos.

Essa distribuição é feita por meio da Constituição Federal, pelos diplomas processuais civil e penal e pelas leis de organização judiciária, além da distribuição interna da competência nos tribunais, feita pelos seus regimentos internos.

A Constituição brasileira já distribui a competência em todo o Poder Judiciário federal (STF, STJ e Justiças Federais, Militar, Eleitoral, Trabalhista e Comum). A justiça estadual é, portanto, residual.

De acordo com o art. 44 do CPC/15, obedecidos aos limites estabelecidos pela Constituição Federal, a competência é determinada pelas normas previstas no código ou em legislação especial, pelas normas de organização judiciária e, ainda, no que couber, pelas constituições dos Estados.

9.3. MOMENTO QUE DEMARCA A FIXAÇÃO DE COMPETÊNCIA; EXCEÇÕES À REGRA DA *PERPETUATIO JURISDICTIONIS*

Segundo dispõe o art. 43 do CPC/15, a competência, em regra, é determinada no momento em que a ação é proposta – com a sua distribuição (art. 312) ou com o seu registro, sendo irrelevantes as modificações do estado de fato (ex. mudança de domicílio do réu) ou de direito (ex. ampliação do teto da competência do órgão em razão do valor da causa) ocorridas posteriormente (*perpetuatio jurisdictionis*), salvo se *suprimirem o órgão judiciário* cuja competência já estava determinada inicialmente – por exemplo, a extinção de uma vara cível; ou quando as modificações ocorridas *alterarem a competência em razão da matéria ou da hierarquia* – já que **são espécies de competência absoluta, fixadas em função do interesse público, razão pela qual outras modalidades de competência absoluta devem estar abrangidas.**

9.4. PRINCIPAIS CRITÉRIOS DE FIXAÇÃO DA COMPETÊNCIA

Os critérios que o legislador levou em conta para a distribuição de competência são o da soberania nacional, o da hierarquia e atribuições dos órgãos jurisdicionais (*critério funcional*), o da natureza ou valor da causa e o das pessoas envolvidas no litígio (*critério objetivo*), bem como os dos limites territoriais que cada órgão judicial exerce a atividade jurisdicional (*critério territorial*).

Critérios para determinar a competência:

São 5 os critérios que se prestam a definir competência.

- **Material:** É o objeto litigioso que está sendo discutido. Exemplo: causa de família, de trânsito etc. Encontrado nas LOJ's, ou seja, lei de organização judiciária dos estados federativos. Está relacionado à causa de pedir.
- **Territorial: É delimitada por uma** circunscrição geográfica. É o critério de foro. Esse critério pode ser encontrado no CPC/15. Importante conferir os artigos 46 a 53.
- **Valor da causa:** Poderá ser um critério de determinação de competência, é um dos motivos da obrigatoriedade do valor da causa na petição inicial (art. 319, V, do CPC/15). Encontra-se, também, nas LOJ's e na lei 9.099/95.
- **Funcional ou hierárquico:** Define a competência tendo por base a função confiada aos órgãos jurisdicionais.

Gerará a competência originária, como regra geral. Esse critério de competência é, em regra, creditado aos juízes de primeiro grau.

Em razão da função ou hierarquia move-se a causa no tribunal, por exemplo, nas hipóteses excepcionais de sua competência originária, pois, sua competência típica é a recursal.

> JUÍZOS DE 1º GRAU → REGRA GERAL → COMPETÊNCIA ORIGINÁRIA

> TRIBUNAIS → REGRA GERAL → COMPETÊNCIA RECURSAL

- **Pessoas:** Os sujeitos do processo poderão impactar na competência. Eis o que se visualiza na Justiça Federal e nas Varas de Fazenda Pública.
  - As competências territoriais e em relação ao valor da causa são, em regra, **relativas,** e as competências material, em razão das pessoas e funcional, são **absolutas.**
  - A competência relativa pode ser modificada pela vontade das partes, a **competência absoluta não. Ela prestigia interesses públicos. Eis o que chamamos de matéria MOP, ou seja:**

    Matéria

    Ordem

    Pública

Alguns conceitos importantes:

Já conhece a prescrição? Não! Então vamos lá!

- **Prescrição** é a perda do direito de ir ao judiciário, por causa da inércia do interessado. **Há perda do exercício da pretensão.**
- E a decadência, Sabrina?
- **Decadência** é a perda do direito material.
- **Perempção** se estabelece quando o autor deu causa à três sentenças por abandono. O autor tinha que praticar um ato por até 30 dias e não o fez.
- **Preclusão** é a perda de uma faculdade processual. Eis um instituto endoprocessual.

Preclusão pode ser:

- **Temporal:** estabelece com o fim do prazo, ou seja, no seu término. Ex: fim do prazo para contestar.
- **Consumativa:** Surge com a prática do ato, exercício de uma faculdade processual. Ex: a realização do depoimento pessoal.

SIGAMOS!

- **Lógica:** Surge com a impossibilidade da prática de atos incompatíveis entre si. Ex: recorrer de decisão homologatória de transação.
- *Pro-Judicato:* o julgadornão pode julgar duas vezes a mesma matéria. Publicada a sentença, o juiz não poderá mais alterá-la, salvo para correção de erros materiais, erros de cálculo ou através dos embargos de declaração.

Vejamos:

O autor poderá:

- até a citação, aditar ou alterar o pedido ou a causa de pedir, independentemente de consentimento do réu;
- até o saneamento do processo, aditar ou alterar o pedido e a causa de pedir, com consentimento do réu, assegurado o contraditório mediante a possibilidade de manifestação daquele, no prazo mínimo de 15 (quinze) dias, facultado o requerimento de prova suplementar.

ATENÇÃO!

Aplica-se o disposto acima à reconvenção e à respectiva causa de pedir.

MAIS DICAS DESCOMPLICADAS:

A competência relativa, se não for arguida no primeiro momento, preclui. Haverá prorrogação se não for arguida no prazo estabelecido em lei. Eis o que chamamos de prorrogação da competência.

Ela era alegada na Exceção de incompetência, ao passo que a absoluta, em preliminar de contestação. No CPC/15, ambas, agora, serão arguidas na contestação. Serão suscitadas em preliminar de contestação, consoante dispõe o artigo 337, II.

INCOMPETÊNCIAS RELATIVAS E ABSOLUTAS → PRELIMINAR DE CONSTESTAÇÃO

Na relativa, há uma possibilidade de declaração de incompetência de ofício, na qual se dá nos casos de foro de eleição abusivo. Eis uma importante exceção. Nos demais casos, aplicar-se-ão as disposições da Súmula 33 do STJ, a qual dispõe sobre a impossibilidade da sua arguição de ofício.

LEMBRE!

A competência relativa prestigia interesses privados. A competência absolta prestigia, de forma preponderante, os interesses públicos.

9.5. CRITÉRIOS OBJETIVOS

Competência em razão da pessoa (partes): a fixação da competência tendo em conta as partes envolvidas (*ratione personae*) pode ensejar a determinação da competência originária dos tribunais, vinculação a órgãos distintos para ações em que a Fazenda Pública for parte etc.

Competência em razão da matéria (ratione materiae): *está relacionada à causa de pedir*; considera-se, ao fixar a competência, a natureza da relação jurídica controvertida, definida pelo fato jurídico que lhe dá ensejo, por exemplo: para conhecer de uma ação de divórcio, dissolução de união estável, será competente um dos juízes das varas da família e sucessões, quando estiverem instaladas na respectiva comarca.

Competência em razão do valor da causa (pedido): Será critério definidor da competência de alguns órgãos, como por exemplo, os JEC's. Como já visto, regra geral, é critério relativo de competência.

9.6. CRITÉRIO TERRITORIAL

Em razão da sua importância e recorrente cobrança em prova, o estudaremos em separado.

Os órgãos jurisdicionais exercem jurisdição nos limites das suas circunscrições territoriais, estabelecidas na Constituição Federal ou Estadual e nas leis, como já visto. Eis o que chamamos de adstrição ao território.

Destarte, os juízes estaduais são competentes para dizer o direito nas suas comarcas, e os juízes federais, por sua vez, nos limites da sua seção judiciária. Já os tribunais estaduais são competentes para exercer a jurisdição dentro do seu Estado, os Tribunais Regionais Federais, nos limites da sua região. O STF, STJ e demais tribunais superiores, podem dizer o direito em todo o território nacional.

Sob o ângulo dos sujeitos processuais, a competência territorial é, em princípio, determinada pelo foro do domicílio do réu, para as ações fundadas em direito pessoal e as ações fundadas em direito real sobre bens móveis. (**art. 46, CPC/15**).

Eis a chamada cláusula geral de foro. **Não se esqueça dela.**

AÇÕES FUNDADAS EM DIREITO PESSOAL/DIREITO REAL SOBRE MÓVEIS → FORO DO DOMICÍLIO DO RÉU

SIGAMOS!

- Tendo mais de um domicílio, o réu será demandado no foro de qualquer deles.
- Sendo incerto ou desconhecido o domicílio do réu, ele poderá ser demandado onde for encontrado ou no foro de domicílio do autor.
- Quando o réu não tiver domicílio ou residência no Brasil, a ação será proposta no foro de domicílio do autor, e, se este também residir fora do Brasil, a ação será proposta em qualquer foro.
- Havendo 2 (dois) ou mais réus com diferentes domicílios, serão demandados no foro de qualquer deles, à escolha do autor.
- A execução fiscal será proposta no foro de domicílio do réu, no de sua residência ou no do lugar onde for encontrado.

Além dessas regras, existem outras, seja no CPC, seja em leis extravagantes, que estabelecem regras específicas para certas ações, por exemplo:

I – *ação de inventário*, competente o foro do último domicílio do autor da herança (art. 48, CPC; art. 1.785, CC/02);

II – *ação declaratória de ausência*, competente o foro do último domicílio do ausente (art. 49, CPC);

☺ SUPER NOVIDADE!!

III – *ação de separação, divórcio, conversão de separação em divórcio e anulação de casamento*, era competente o foro do domicílio da mulher (art. 100, I, CPC/73 revogado). No CPC/15 – art. 53, I, são encontradas as seguintes regras:

- de domicílio do guardião de filho incapaz;
- do último domicílio do casal, caso não haja filho incapaz;
- de domicílio do réu, se nenhuma das partes residir no antigo domicílio do casal;
- de domicílio da vítima de violência doméstica e familiar, nos termos da Lei nº 11.340, de 7 de agosto de 2006 (Lei Maria da Penha), e Lei 13.894/19.

IV – *ação de alimentos*, competente o foro do **domicílio do alimentando,** isto é, aquele que pede os alimentos (art. 53, II, CPC/15);

OBS: Ainda que a ação de alimentos esteja cumulada com a investigação de paternidade será competente o foro do domicílio do alimentando. (Súmula 01 do STJ).

V – *ação de cobrança*, competente o foro do lugar onde a obrigação deveria ter sido satisfeita (art. 53, III, d, CPC/15);

VI – *ação de despejo*, competente o foro da situação do imóvel (art. 58, II, Lei nº 8.245/91);

VII – *ação de responsabilidade do fornecedor de produtos e serviços*, competente o foro domicílio do autor (art. 101, Lei nº 8.078/90-CDC);

VIII – *ação de adoção*, competente o foro do domicílio dos pais ou responsáveis (art. 146, Lei nº 8.069/90-ECA);

IX – *ações movidas no Juizado Especial Cível*, competente o foro do domicílio do autor (art. 4º, Lei nº 9.099/95- JEC).

Conheçamos mais algumas regras de competência territorial:

Não custa reforçar. O assunto merece atenção!

- A execução fiscal será proposta no foro de domicílio do réu, no de sua residência ou no do lugar onde for encontrado.
- Para as ações fundadas em direito real sobre imóveis é competente o foro de situação da coisa. Eis o disposto no art. 47 do CPC/15.

O autor pode optar pelo foro de domicílio do réu ou pelo foro de eleição se o litígio não recair sobre direito de propriedade, vizinhança, servidão, divisão e demarcação de terras e de nunciação de obra nova. Nas hipóteses ressalvadas por lei, a competência é territorial **ABSOLUTA**.

CUIDADO MÁXIMO!

- A ação possessória imobiliária será proposta no foro de situação da coisa, cujo juízo tem competência absoluta. Nesse diapasão, importante destacar a constatação do professor Daniel Amorim Assumpção Neves:

> "Ao criar um dispositivo específico (art. 47, §2º) para as ações possessórias, o Novo CPC deu a entender que a posse não é direito real, de forma a não poder ser tratada com os demais direitos reais previstos no dispositivo legal. A opção não altera a tradicional regra de competência absoluta do foro do local do imóvel na ação possessória imobiliária".

- O foro de domicílio do autor da herança, no Brasil, é o competente para o inventário, a partilha, a arrecadação, o cumprimento de disposições de última vontade, a impugnação ou anulação de partilha extrajudicial e para todas as ações em que o espólio for réu, ainda que o óbito tenha ocorrido no estrangeiro;

- A ação em que o incapaz for réu será proposta no foro de domicílio de seu representante ou assistente;
- É competente o foro de domicílio do réu para as causas em que seja autora a União;
- É competente o foro de domicílio do réu para as causas em que seja autor o Estado ou o Distrito Federal. Se o Estado ou o Distrito Federal for o demandado, a ação poderá ser proposta no foro de domicílio do autor, no de ocorrência do ato ou fato que originou a demanda, no de situação da coisa ou na capital do respectivo ente federado;
- É competente o foro do lugar;
- onde está a sede, para a ação em que for ré pessoa jurídica;
- onde se acha agência ou sucursal, quanto às obrigações que a pessoa jurídica contraiu;
- onde exerce suas atividades, para a ação em que for ré sociedade ou associação sem personalidade jurídica;
- onde a obrigação deve ser satisfeita, para a ação em que se lhe exigir o cumprimento;
- de residência do idoso, para a causa que verse sobre direito previsto no respectivo estatuto;
- da sede da serventia notarial ou de registro, para a ação de reparação de dano por ato praticado em razão do ofício;
- do lugar do ato ou fato para a ação;
- de reparação de dano;
- em que for réu administrador ou gestor de negócios alheios;
- de domicílio do autor ou do local do fato, para a ação de reparação de dano sofrido em razão de delito ou acidente de veículos, inclusive aeronaves.

9.7. CRITÉRIO FUNCIONAL

Enquanto nos critérios **já estudados** busca-se estabelecer o juiz competente para conhecer de determinada causa, no critério funcional reparte-se a atividade jurisdicional entre órgãos que devam atuar dentro do mesmo processo. Sabemos que os órgãos jurisdicionais estão estabelecidos por níveis hierárquicos, os quais estão especificados no próprio texto constitucional.

Como o procedimento se desenvolve em diversas fases, pode haver necessidade de que determinados atos se realizarem perante órgãos diversos; é o caso da carta precatória para citação ou intimação e oitiva de testemunha, que esteja domiciliada em comarca diversa daquela em que tramita o processo ou ainda para a realização de penhora de bem situado, também, em comarca diversa.

Essa competência é alterada de acordo com o grau de jurisdição. Normalmente se desloca a competência para um órgão de segundo grau, um tribunal, para reapreciar processo decidido em primeira instância por meio de recurso.

Assim, regra geral:

JUÍZES DE 1º GRAU → COMPETÊNCIA ORIGINÁRIA

TRIBUNAIS → COMPETÊNCIA ABSOLUTA

No entanto, há exceções.

O juiz exerce competência revisional ao julgar os embargos de declaração das suas decisões e os tribunais exercem, em alguns casos, competência originária.

9.8. CRITÉRIO *INTUITO PERSONAE*

As pessoas envolvidas podem alterar as regras de competência aplicáveis ao conflito. A fixação da competência tendo em conta as *partes* **envolvidas** (*rationae personae*) **é absoluta.**

O principal exemplo de competência em razão da pessoa, como já visto, é o da vara privativa da Fazenda Pública, criada para processar e julgar causas que envolvam entes públicos.

Há casos de competência de tribunal determinada em razão da pessoa, como prerrogativa do exercício de algumas funções (mandado de segurança contra ato do Presidente da República é da competência do STF). Não podemos esquecer da competência da Justiça Federal. Ela é fixada em razão das pessoas e está estabelecida no art. 109, CF/88[1].

---

1. Art. 109. Aos juízes federais compete processar e julgar:

I - as causas em que a União, entidade autárquica ou empresa pública federal forem interessadas na condição de autoras, rés, assistentes ou oponentes, exceto as de falência, as de acidentes de trabalho e as sujeitas à Justiça Eleitoral e à Justiça do Trabalho;

II - as causas entre Estado estrangeiro ou organismo internacional e Município ou pessoa domiciliada ou residente no País;

III - as causas fundadas em tratado ou contrato da União com Estado estrangeiro ou organismo internacional;

IV - os crimes políticos e as infrações penais praticadas em detrimento de bens, serviços ou interesse da União ou de suas entidades autárquicas ou empresas públicas, excluídas as contravenções e ressalvada a competência da Justiça Militar e da Justiça Eleitoral;

V - os crimes previstos em tratado ou convenção internacional, quando, iniciada a execução no País, o resultado tenha ou devesse ter ocorrido no estrangeiro, ou reciprocamente;

V-A as causas relativas a direitos humanos a que se refere o § 5º deste artigo; (Incluído pela Emenda Constitucional nº 45, de 2004)

VI - os crimes contra a organização do trabalho e, nos casos determinados por lei, contra o sistema financeiro e a ordem econômico-financeira;

VII - os *habeas corpus*, em matéria criminal de sua competência ou quando o constrangimento provier de autoridade cujos atos não estejam diretamente sujeitos a outra jurisdição;

VIII - os mandados de segurança e os *habeas data* contra ato de autoridade federal, excetuados os casos de competência dos tribunais federais;

IX - os crimes cometidos a bordo de navios ou aeronaves, ressalvada a competência da Justiça Militar;

O CPC/15, no seu artigo 45, sinaliza que tramitando o processo perante outro juízo, os autos serão remetidos ao juízo federal competente se nele intervier a União, suas empresas públicas, entidades autárquicas e fundações, ou conselho de fiscalização de atividade profissional, na qualidade de parte ou de terceiro interveniente, exceto as ações:

- de recuperação judicial, falência, insolvência civil e acidente de trabalho;
- sujeitas à Justiça Eleitoral e à Justiça do Trabalho.

CUIDADO!

Os autos não serão remetidos se houver pedido cuja apreciação seja de competência do juízo perante o qual foi proposta a ação.

O juiz, ao não admitir a cumulação de pedidos em razão da incompetência para apreciar quaisquer deles, não examinará o mérito daquele em que exista interesse da União, de suas entidades autárquicas ou de suas empresas públicas.

X - os crimes de ingresso ou permanência irregular de estrangeiro, a execução de carta rogatória, após o "exequatur", e de sentença estrangeira, após a homologação, as causas referentes à nacionalidade, inclusive a respectiva opção, e à naturalização;

XI - a disputa sobre direitos indígenas.

§ 1º As causas em que a União for autora serão aforadas na seção judiciária onde tiver domicílio a outra parte.

§ 2º As causas intentadas contra a União poderão ser aforadas na seção judiciária em que for domiciliado o autor, naquela onde houver ocorrido o ato ou fato que deu origem à demanda ou onde esteja situada a coisa, ou, ainda, no Distrito Federal.

§ 3º Lei poderá autorizar que as causas de competência da Justiça Federal em que forem parte instituição de previdência social e segurado possam ser processadas e julgadas na justiça estadual quando a comarca do domicílio do segurado não for sede de vara federal. (Redação dada pela Emenda Constitucional nº 103, de 2019)

§ 4º Na hipótese do parágrafo anterior, o recurso cabível será sempre para o Tribunal Regional Federal na área de jurisdição do juiz de primeiro grau.

§ 5º Nas hipóteses de grave violação de direitos humanos, o Procurador-Geral da República, com a finalidade de assegurar o cumprimento de obrigações decorrentes de tratados internacionais de direitos humanos dos quais o Brasil seja parte, poderá suscitar, perante o Superior Tribunal de Justiça, em qualquer fase do inquérito ou processo, incidente de deslocamento de competência para a Justiça Federal. (Incluído pela Emenda Constitucional nº 45, de 2004)

Ademais, o juízo federal restituirá os autos ao juízo estadual sem suscitar conflito se o ente federal cuja presença ensejou a remessa for excluído do processo.

Julgados do STJ importantes sobre a matéria, vejamos.

Compete à Justiça comum estadual o julgamento de demanda com natureza predominantemente civil entre ex-empregado aposentado ou demitido sem justa causa e operadoras de plano de saúde na modalidade autogestão vinculadas ao empregador. CC 157.664-SP, Rel. Min. Nancy Andrighi, por unanimidade, julgado em 23/05/2018, DJe 25/05/2018.

O Juizado Especial Cível é competente para o processamento e o julgamento de ação proposta por associação de moradores visando à cobrança de taxas de manutenção de loteamento em face de morador não associado. RMS 53.602-AL, Rel. Min. Nancy Andrighi, por unanimidade, julgado em 05/06/2018, DJe 07/06/2018.

Por fim, vejamos duas súmulas sobre a matéria.

> Súmula 517- STF: As sociedades de economia mista só têm foro na Justiça Federal, quando a União intervém como assistente ou opoente.
>
> Súmula 689- STF: O segurado pode ajuizar ação contra a instituição previdenciária perante o Juízo Federal do seu domicílio ou nas Varas Federais da capital do Estado-Membro.

9.9. CLASSIFICAÇÃO DE COMPETÊNCIA

A competência classifica-se em:

Competência do foro (territorial) e competência do juízo:

Foro é o local onde o juiz exerce as suas funções; é a unidade territorial na qual se exerce o poder jurisdicional. No mesmo local, segundo as leis de organização judiciária, pode funcionar vários juízes com atribuições iguais ou diversas.

De tal modo, para uma mesma causa constata-se primeiro qual o foro competente para depois averiguar o *juízo* que, em primeiro grau de jurisdição, corresponde às varas, o cartório, a unidade administrativa.

Nas Justiças dos Estados, o foro de cada juiz de primeiro grau chama-se comarca; na Justiça Federal, subseção judiciária. O foro do Tribunal de Justiça de um Estado é todo o Estado; o dos Tribunais Regionais Federais é a sua região, definida em lei; o do Supremo Tribunal Federal, do Superior Tribunal de Justiça e de todos os demais tribunais superiores é todo o território nacional (CF, art.92, par. único). Portanto, competência de foro é sinônimo de competência territorial e juízo de órgão judiciário. A competência do juízo é matéria pertinente às leis de organização judiciária; já a de foro é regulada pelo CPC.

Competência originária e derivada:

A *competência originária* é atribuída ao órgão jurisdicional, diretamente para conhecer da causa em primeiro lugar; pode ser atribuída tanto ao juízo monocrático, o que é a regra, como ao tribunal, em algumas situações, como por exemplo, ação rescisória e mandado de segurança contra ato judicial.

Enquanto que a *competência derivada* ou recursal é atribuída ao órgão jurisdicional destinado a rever a decisão já proferida; normalmente, atribui-se a competência derivada ao tribunal, mas há casos em que o próprio magistrado de primeira instancia possui competência recursal, por exemplo, nos casos dos embargos infringentes de alçada, cabíveis na forma do art. 34 da Lei de Execução Fiscal, que serão julgados pelo mesmo juízo prolator da sentença, bem como nos embargos de declaração.

9.10. INCOMPETÊNCIA RELATIVA X INCOMPETÊNCIA ABSOLUTA

As regras de competência submetem-se a regimes jurídicos diversos, conforme se trate de regra fixada para atender somente ao interesse público, denominada de regra de incompetência absoluta, e para atender predominantemente ao interesse particular, a regra de incompetência relativa.

A incompetência é defeito processual que, em regra, não leva à extinção o processo, mesmo se tratando de incompetência absoluta, salvo nas excepcionais hipóteses do inciso III, do art.51, da Lei n.9.099/95 (Juizados Especiais Cíveis), da jurisdição internacional, já estudadas.

A incompetência quando absoluta pode ser alegada a qualquer tempo, por quaisquer das partes, em sede de preliminar de contestação, ou por simples petição.

Quando relativa, era arguida mediante exceção. No CPC/15, ambas serão arguidas na contestação. Essas preliminares estão dispostas no art. 337.

Se absoluta, o juiz poderá reconhecê-la de ofício (CPC, art. 64). Independentemente da alegação da parte, remetem-se os autos ao juiz competente. A matéria é de ordem pública, logo, não se sujeita, em regra, à preclusão.

Observe:

- A incompetência absoluta pode ser alegada em qualquer tempo e grau de jurisdição e deve ser declarada de ofício.
- Após manifestação da parte contrária, o juiz decidirá imediatamente a alegação de incompetência.
- Caso a alegação de incompetência seja acolhida, os autos serão remetidos ao juízo competente. A incompetência é, portanto, matéria dilatória.

NOVIDADE!

Salvo decisão judicial em sentido contrário, conservar-se-ão os efeitos de decisão proferida pelo juízo incompetente até que outra seja proferida, se for o caso, pelo juízo competente. No sistema anterior, a decisão era anulada, desde logo.

Se relativa, a incompetência (CPC, art. 63), somente se acolher a incompetência, remeterá o juiz o processo para o juízo competente para apreciar a questão, que terá duas opções: reconhecer sua competência ou divergir, declarando-se igualmente incompetente, suscitando o conflito de competência (CPC, art. 66, II).

De acordo com o artigo 65, prorrogar-se-á a competência relativa se o réu não alegar a incompetência em preliminar de contestação. A matéria deve ser arguida no primeiro momento que tem o réu para se manifestar nos autos.

ATENÇÃO MÁXIMA!

A incompetência relativa pode ser alegada pelo Ministério Público nas causas em que atuar.

9.11. MODIFICAÇÃO DE COMPETÊNCIA

- **Legal:** conexão, continência, imperativo constitucional e o juízo universal.

+ **Conexão:** art. 55, CPC/15. Quando houver duas ações com mesmo pedido ou causa de pedir. Nesse caso, basta a identidade de um dos elementos da ação, já estudados.

CONEXÃO → MESMA CAUSA DE PEDIR OU PEDIDO

> "Art. 55. Reputam-se conexas duas ou mais ações quando lhes for comum o **pedido** ou a causa de pedir."

DICAS DE CONEXÃO

Os processos de ações conexas serão reunidos para decisão conjunta, salvo se um deles já houver sido sentenciado. Referida disposição já estava consolidada na Súmula 235 do STJ.

Aplica-se ainda a conexão

- **à execução de título extrajudicial e à ação de conhecimento relativa ao mesmo ato jurídico;**
- **às execuções fundadas no mesmo título executivo.**

ANOTE!

Serão reunidos para julgamento conjunto os processos que possam gerar risco de prolação de decisões conflitantes ou contraditórias caso decididos separadamente, mesmo sem conexão entre eles. A reunião de processos passa a ser mais ampla com a disposição expressa no parágrafo 3º, do art. 55, do CPC/15.

+ **Continência:** art. 56, CPC/15. As mesmas partes ± mesma causa de pedir ± pedido de um tem que ser maior que o do outro.

CONTINÊNCIA → MESMAS PARTES, MESMAS CAUSAS DE PEDIR E O PEDIDO DE 1 MAIS AMPLO QUE O DA OUTRA

"Art. 56. Dá-se a continência entre 2 (duas) ou mais ações quando houver identidade quanto às partes e à causa de pedir, mas o pedido de uma, por ser mais amplo, abrange o das demais."

Quando houver continência e a ação continente tiver sido proposta anteriormente, no processo relativo à ação contida será proferida sentença sem resolução de mérito, caso contrário, as ações serão necessariamente reunidas.

A reunião das ações propostas em separado far-se-á no juízo prevento, onde serão decididas simultaneamente. A prevenção é, portanto, o critério definidor da competência.

+ **Imperativo Constitucional:** art. 109, CF. Toda vez que a União intervier no processo a competência é da Justiça Federal.

"Art. 109. Aos juízes federais compete processar e julgar:

I – as causas em que a União, entidade autárquica ou empresa pública federal forem interessadas na condição de autoras, rés, assistentes ou oponentes, exceto as de falência, as de acidentes de trabalho e as sujeitas à Justiça Eleitoral e à Justiça do Trabalho;"

+ **Juízo universal:** é a "*vis atractiva*". A vara se torna competente para julgar todas as causas, como acontece no caso da falência, que a vara que julga a falência tornar-se-á um polo de atração dos demais processos da empresa falida, regra geral.

– **Voluntária:** divide-se em:

+ **Expressa:** eis o foro de eleição. É a circunscrição geográfica escolhida pelas partes. Escolhe apenas o território, não pode escolher a vara e nem o juiz.

+ **Tácita:** estabelecimento de incompetência relativa, e essa não fora alegada pelo réu acarretando assim a prorrogação.

DICAS DESCOMPLICADAS DA CLÁUSULA DE ELEIÇÃO DE FORO

– As partes podem eleger o foro, Sabrina?

– Sim, mas observadas algumas regras, vejamos!

As partes podem modificar a competência em razão do valor e do território, elegendo foro onde será proposta ação oriunda de direitos e obrigações. Eis o disposto no art. 63 do CPC/15.

A eleição de foro só produz efeito quando constar de instrumento escrito e aludir expressamente a determinado negócio jurídico. Observe-se que a lei traz exigências para a consecução dos efeitos da dita eleição de foro.

De acordo com o art. 63, parágrafo 2º, do CPC/15, o foro contratual obriga os herdeiros e sucessores das partes. Antes da citação, a cláusula de eleição de foro, se abusiva, pode ser reputada ineficaz de ofício pelo juiz, que determinará a remessa dos autos ao juízo do foro de domicílio do réu. Citado, incumbe ao réu alegar a abusividade da cláusula de eleição de foro na contestação, sob pena de preclusão.

MAIS DETALHES DA CONEXÃO E DA CONTINÊNCIA

A regra geral é a da *perpetuatio jurisdictionis* (CPC/15, art. 43), que veda a alteração de competência no curso da demanda, sendo ela fixada no momento da sua propositura, ou seja, na distribuição ou no registro da petição inicial.

Não obstante a regra geral, o CPC permite a modificação da competência após a propositura da ação nos casos de "conexão" ou "continência" (art. 54,), como já visto.

Assim, segundo o art. 55 do CPC/15, reputam-se conexas duas ou mais ações quando lhes for comum o pedido, por exemplo, nas ações entre as mesmas partes, pedindo revisão do valor da pensão alimentícia, e a causa de pedir, isto é, o fato jurídico que dá arrimo ao pedido, como nas ações com fundamento no mesmo contrato, na mesma circunstância fática.

A **continência,** que é uma espécie de conexão, segundo o art. 56 do CPC/15, dar-se-á quando entre duas ou mais ações houver identidade quanto às partes e à causa de pedir, mas o objeto de uma, por ser mais amplo, abrange o das outras, como por exemplo, nas ações entre as mesmas pessoas, relativas a um contrato de mútuo, sendo que em uma delas cobra-se uma prestação; na outra, cobra-se todo o valor do mútuo. **Eis um exemplo cristalino da continência.**

Na conexão e na continência pode haver união dos processos, e quando há um conflito de competência (art. 66, CPC/15) o Tribunal decidirá qual será a competência, objeto da discussão.

Artigo 66 na íntegra para você.

> "Há conflito de competência quando:
>
> I – dois ou mais juízes se declaram competentes;
>
> II – dois ou mais juízes se consideram incompetentes, atribuindo um ao outro a competência;
>
> III – entre dois ou mais juízes surge controvérsia acerca da reunião ou separação de processos."

PREVENÇÃO

Prevenção é um critério de confirmação e manutenção da competência do juiz, que conheceu a causa em primeiro lugar, perpetuando a sua jurisdição e excluindo possíveis competências concorrentes de outros juízos.

De acordo com o art. 59, o registro ou a distribuição da petição inicial torna prevento o juízo. O CPC/15 tornou essa regra a única aplicável às hipóteses de prevenção. A citação deixou de ser um critério de prevenção.

Entretanto, essa reunião só será possível se não ocorrer hipótese de competência absoluta dos órgãos julgadores e se as ações ainda estiverem pendentes de julgamento, tramitando no mesmo grau de jurisdição.

EM SUMA:

Antes, observa-se se as causas que seriam reunidas estavam ou não em juízos de mesma competência territorial. No sistema novo, aplicar-se-á a regra do art. 59, senão vejamos.

O registro ou a distribuição da petição inicial torna prevento o juízo.

OBSERVAÇÃO IMPORTANTE:

A incompetência relativa não pode ser declarada de ofício pelo juiz (compete ao réu levantar a questão), na **PRÓPRIA CONTESTAÇÃO**, salvo nos casos em que envolvam litígios que tenham arrimo em cláusulas contratuais **ABUSIVAS**, uma vez que nesse caso é licito ao juiz *ex officio* reconhecer a nulidade da cláusula de eleição de foro e declinar de sua competência para o juízo de domicilio do réu.

9.12. CONFLITO DE COMPETÊNCIA

A questão da competência ou incompetência também pode ser suscitada por outro procedimento peculiar, intitulado *conflito de competência*, o qual está regulado nos arts. 951 a 959 do CPC/15.

Quem poderá suscitar o conflito, Sabrina?

O conflito pode ser suscitado por qualquer das partes, pelo Ministério Público ou pelo juiz (art. 951), e é decido pelo tribunal que designa qual juiz é o competente para decidir o conflito, pronunciando-se sobre a validade dos atos praticados pelo incompetente (art. 957).

Vejamos suas regras procedimentais!

Instaura-se mediante petição dirigida ao presidente do tribunal, instruída com os documentos que comprovem o conflito, ouvindo o relator, com a distribuição, os juízes em conflito.

Sobrestará o processo, caso o conflito seja positivo; se o conflito for negativo, o sobrestamento não será necessário, pois não haverá juízo praticando atos processuais. Deverá ainda o relator designar um juiz para solucionar as questões urgentes.

Assim, há conflito de competência quando dois ou mais juízes se declaram competentes (conflito positivo) ou incompetentes (conflito negativo) e também no caso de controvérsia sobre reunião ou separação de processos (CPC, art. 66, I, II e III).

ATENÇÃO!

O conflito entre autoridade judiciária e autoridade administrativa, ou só entre autoridades administrativas, chama-se conflito de atribuições e não conflito de competência.

Em suma:

O conflito de competência pode ser suscitado por qualquer das partes, pelo Ministério Público ou pelo juiz.

O Ministério Público somente será ouvido nos conflitos de competência relativos aos processos previstos no art. 178, mas terá qualidade de parte nos conflitos que suscitar.

QUESTÃO DE PROVA!

Não pode suscitar conflito a parte que, no processo, arguiu incompetência relativa. O conflito de competência não obsta, porém, a que a parte que não o arguiu suscite a incompetência.

O conflito será suscitado ao tribunal:

- pelo juiz, por ofício;
- pela parte e pelo Ministério Público, por petição.

O ofício e a petição serão instruídos com os documentos necessários à prova do conflito.

Após a distribuição, o relator determinará a oitiva dos juízes em conflito ou, se um deles for suscitante, apenas do suscitado. No prazo designado pelo relator, incumbirá ao juiz ou aos juízes prestar/prestarem as informações.

O relator poderá, de ofício ou a requerimento de qualquer das partes, determinar, quando o conflito for positivo, o sobrestamento do processo e, nesse caso, bem como no de conflito negativo, designará um dos juízes para resolver, em caráter provisório, as medidas urgentes.

Ele poderá julgar de plano o conflito de competência quando sua decisão se fundar em:

- súmula do Supremo Tribunal Federal, do Superior Tribunal de Justiça ou do próprio tribunal;
- tese firmada em julgamento de casos repetitivos ou em incidente de assunção de competência.

Decorrido o prazo designado pelo relator, será ouvido o Ministério Público, no prazo de 5 (cinco) dias, ainda que as informações não tenham sido prestadas, e, em seguida, o conflito irá a julgamento.

Ao decidir o conflito, o tribunal declarará qual o juízo competente, pronunciando-se também sobre a validade dos atos do juízo incompetente.

Os autos do processo em que se manifestou o conflito serão remetidos ao juiz **declarado competente.**

No conflito que envolva órgãos fracionários dos tribunais, desembargadores e juízes em exercício no tribunal, observar-se-á o que dispuser o regimento interno do tribunal.

O regimento interno do tribunal regulará o processo e o julgamento do conflito de atribuições entre autoridade judiciária e autoridade administrativa.

9.13. COOPERAÇÃO NACIONAL

O CPC/15 traz mais uma inovação ao regulamentar a cooperação nacional. Os órgãos que compõe o Poder Judiciário Brasileiro precisam se ajudar mutuamente. **Eis uma decorrência da cooperação como norma fundamental.**

Aos órgãos do Poder Judiciário, estadual ou federal, especializado ou comum, **em todas as instâncias e graus de jurisdição, inclusive aos tribunais superiores**, incumbe o dever de recíproca cooperação, por meio de seus magistrados e servidores.

Os juízos poderão formular entre si pedido de cooperação para prática de qualquer ato processual.

O pedido de cooperação jurisdicional deve ser prontamente atendido, prescinde de forma específica e pode ser executado como:

- auxílio direto;
- reunião ou apensamento de processos;
- prestação de informações;
- atos concertados entre os juízes cooperantes.

As cartas de ordem, precatória e arbitral seguirão o regime previsto no CPC, conforme veremos juntos.

Os atos concertados entre os juízes cooperantes poderão consistir, além de outros, no estabelecimento de procedimento para:

- a prática de citação, intimação ou notificação de ato;
- a obtenção e apresentação de provas e a coleta de depoimentos;

- a efetivação de tutela provisória;
- a efetivação de medidas e providências para recuperação e preservação de empresas;
- a facilitação de habilitação de créditos na falência e na recuperação judicial;
- a centralização de processos repetitivos;
- a execução de decisão jurisdicional.

VALE LEMBRAR!

O pedido de cooperação judiciária pode ser realizado entre órgãos jurisdicionais de diferentes ramos do Poder Judiciário.

Por fim, destacamos o teor do Enunciado 670 do FPPC: "A cooperação judiciária pode efetivar-se pela prática de atos de natureza administrativa ou jurisdicional.", bem como do Enunciado 687 do FPPC, "A dispensa legal de forma específica para os atos de cooperação judiciária não afasta o dever de documentação dos autos do processo."

PARA RECORDAR!

CONEXÃO	CONTINÊNCIA
Reputam-se conexas 2 (duas) ou mais ações quando lhes for comum o pedido ou a causa de pedir.	Dá-se a continência entre 2 (duas) ou mais ações quando houver identidade quanto às partes e à causa de pedir, mas o pedido de uma, por ser mais amplo, abrange o das demais.

10

PRESSUPOSTOS PROCESSUAIS

10.1. PRESSUPOSTOS PROCESSUAIS - CONCEITO

Pressupostos processuais correspondem aos elementos fundamentais do processo. Eles configuram categoria processual indispensável.

Eles estão relacionados aos aspectos formais do processo, nos quais são atos complexos de formação sucessiva.

Os pressupostos são elementares. Eles figuram como requisitos necessários para a constituição e o desenvolvimento regular do processo. Subdividem-se em:

PRESSUPOSTOS DE EXISTÊNCIA

PRESSUPOSTOS DE VALIDADE

10.1.1. Pressupostos processuais de existência

São pressupostos processuais de existência: a) **existência de demanda**; b) **investidura do órgão jurisdicional**; c) **capacidade para ser parte.**

LEMBRE! ELES SÃO VITAIS E INDISPENSÁVEIS!!

– Sabrina, e se não estiverem presentes?

– Importarão na extinção do processo sem resolução do mérito.

A demanda passa a existir no momento em que é exercido o direito de ação previsto constitucionalmente; é atribuída à parte, por meio da petição inicial, a iniciativa de provocar a jurisdição, seja pela distribuição ou, nas comarcas de juízo único, pelo simples registro da inicial. Lembre-se de rever o art. 59 do CPC. **Fica de olho!**

Exige-se, ainda, que a petição inicial seja proposta perante órgão regularmente investido na função jurisdicional, ou seja, perante juízo pré-constituído e que seja apreciada por juiz devidamente aprovado em concurso de provas e títulos, nomeado e empossado para o cargo. Ademais, ele deve ser dotado de competência para julgar o feito.

Capacidade de ser parte é a personalidade judiciária: aptidão para, em tese, ser sujeito do processo. Figurar como autor ou réu de uma demanda.

Possuem tal capacidade todos àqueles que tenham personalidade material, com as pessoas naturais e as jurídicas – como também o nascituro, o condomínio, a sociedade de fato, os entes despersonalizados, também chamados de formais, tais como: o espólio, a massa falida, a herança jacente etc.

– Sabrina, há alguém que não a possua?

– Sim! Vejamos!

Não a têm o morto e os animais.

10.1.2 Requisitos processuais de validade

Os requisitos processuais de validade servem para garantir que o processo se desenvolva de forma válida e regular.

São classificados em positivos e negativos.

PRESSUPOSTOS DE VALIDADE POSITIVOS → DEVEM ESTAR PRESENTES NA DEMANDA;

PRESSUPOSTOS DE VALIDADE NEGATIVOS → DEVEM ESTAR AUSENTES NA DEMANDA.

Os pressupostos processuais positivos são aqueles que precisam estar presentes para que a relação se desenvolva de forma saudável, enquanto os negativos, ao contrário, são aqueles cuja presença acarreta a extinção do processo. A extinção se dará SEM RESOLUÇÃO DO MÉRITO.

São pressupostos processuais **positivos:**

a) **Petição inicial apta.** Além de a petição inicial ser considerada requisito de existência do processo, deverá também ser **apta**, para que o processo se desenvolva validamente. A peça é um ato solene. A lei prevê uma forma para sua construção, ou seja, um molde próprio.

Os requisitos da petição estão previstos nos artigos 319, 320 e 287, do CPC/15. Se a inicial, entretanto, contiver vícios insanáveis, os quais estão no art. 330, será INDEFERIDA.

– E aí, Sabrina?

– O juiz proferirá uma sentença, que tem condão de extinguir o processo sem resolução do mérito.

☺ **NOVIDADE:**

Além de declarar, na petição inicial ou na contestação, o endereço, seu número de inscrição na Ordem dos Advogados do Brasil, deverá o causídico indicar o nome da sociedade de advogados da qual participa, para o recebimento de intimações.

b) **Competência do juízo.** O processo, para ser considerado válido, deve tramitar perante juízo competente e pré-constituído aos fatos. Eis uma decorrência do juiz natural.

A competência do juízo é regulada pela legislação em vigor, podendo ser absoluta ou relativa; somente a competência relativa pode ser prorrogada, enquanto a absoluta, se não observada, traz consequências mais graves para o processo.

c) **Imparcialidade do juiz.** Sob pena de nulidade, somente um juiz que não seja suspeito ou impedido poderá julgar o processo. As hipóteses de suspeição e impedimento estão previstas nos artigos 144 e 145 do CPC/15.

d) **Capacidade de estar em juízo (ou capacidade processual ou "legitimatio ad processum").**

É atribuída a todos que se acharem no exercício dos seus direitos, nos termos do art. 70 do CPC.

Quanto aos incapazes, porém, será exercida por meio de representação ou assistência.

> *RIA → RELATIVAMENTE INCAPAZES SERÃO ASSISTIDOS E*
> *AIR → ABSOLUTAMENTE INCAPAZES SERÃO REPRESENTADOS*

Assim, a *capacidade processual* corresponde à aptidão para praticar atos processuais independentemente de assistência ou representação. Embora toda pessoa possa estar em juízo, não importando a sua idade ou estado civil, somente têm capacidade processual as pessoas que possuem a chamada capacidade de exercício ou de fato.

Em outras palavras, capacidade processual é a capacidade para exercitar os direitos atuando processualmente e não apenas figurar como parte no processo.

Vale lembrar que as pessoas jurídicas precisam estar regularmente "presentadas" em juízo (art. 75 do CPC).

Confiramos o artigo, em tela, na íntegra:

Serão representados em juízo, ativa e passivamente:

– a União, pela Advocacia-Geral da União, diretamente ou mediante órgão vinculado;

- o Estado e o Distrito Federal, por seus procuradores;
- o Município, por seu prefeito ou procurador;
- a autarquia e a fundação de direito público, por quem a lei do ente federado designar;
- a massa falida, pelo administrador judicial;
- a herança jacente ou vacante, por seu curador;
- o espólio, pelo inventariante;
- a pessoa jurídica, por quem os respectivos atos constitutivos designarem ou, não havendo essa designação, por seus diretores;
- a sociedade e a associação irregulares e outros entes organizados sem personalidade jurídica, pela pessoa a quem couber a administração de seus bens;
- a pessoa jurídica estrangeira, pelo gerente, representante ou administrador de sua filial, agência ou sucursal aberta ou instalada no Brasil;
- o condomínio, pelo administrador ou síndico.

ANOTE!

Quando o inventariante for dativo, os sucessores do falecido serão intimados no processo no qual o espólio seja parte.

A sociedade ou associação sem personalidade jurídica não poderá opor a irregularidade de sua constituição quando demandada.

O gerente de filial ou agência presume-se autorizado pela pessoa jurídica estrangeira a receber citação para qualquer processo.

Os Estados e o Distrito Federal poderão ajustar compromisso recíproco para prática de ato processual por seus procuradores em favor de outro ente federado, mediante convênio firmado pelas respectivas procuradorias.

e) **Capacidade postulatória.** A capacidade técnica abrange a capacidade de pedir e de responder. Têm-na os advogados regularmente inscritos junto à Ordem dos Advogados do Brasil, o membro do Ministério Público e, em alguns casos, sujeitos sem habilitação legal, como na hipótese já referida do artigo 103, CPC, nos Juizados Especiais Cíveis (cujas causas sejam inferiores a 20 salários mínimos – até a prolação da sentença), nas demandas trabalhistas[1] e nos *habeas corpus*.

f) **Citação válida.** O artigo 239 do CPC assevera que para a validade[2] do processo é indispensável a citação inicial do réu. Através da citação, o réu tomará ciência da demanda. Essa comunicação é indispensável.

Como já visto, considerar-se-á proposta a demanda, quando a petição inicial for registrada no juízo, ou simplesmente distribuída, quando houver mais de uma vara. **A propositura da ação, todavia, só produz, quanto ao réu, os efeitos que lhe são peculiares, depois que for validamente citado.**

VAMOS JUNTOS? SIGAMOS FIRMES!

Os pressupostos processuais **negativos** são os que devem estar ausentes da relação processual:

a) **litispendência.** Havendo identidade entre os elementos da ação (partes, pedido e causa de pedir), ocorrerá litispendência, devendo a segunda ação ajuizada ser extinta, sem resolução do mérito (CPC, art. 337, § 3º).

LITISPENDÊNCIA → DUAS AÇÕES IDÊNTICAS EM CURSO

1. O jus postulandi das partes, estabelecido no art. 791 da CLT, limita-se às Varas do Trabalho e aos Tribunais Regionais do Trabalho, não alcançando a ação rescisória, a ação cautelar, o mandado de segurança e os recursos de competência do Tribunal Superior do Trabalho. Eis o entendimento da Súmula 425 do TST.
2. Os clássicos afirmavam que a citação era pressuposto de existência do processo.

b) **Coisa julgada**. Haverá coisa julgada quando se repete ação que já foi decidida por sentença, da qual não caiba mais recurso (CPC, art. 337, § 4º). O CPC/15 destaca que ela ocorrerá quando se repete ação que já foi decidida por decisão transitada em julgado. Nestes casos, a segunda ação deverá ser extinta, sem resolução do mérito.

> COISA JULGADA → DUAS AÇÕES IDÊNTICAS - UMA DELAS JÁ DEFINITIVAMENTE JULGADA.

VEJA BEM!!!

De acordo com o disposto no art. 486 do CPC, o pronunciamento judicial que não resolve o mérito não obsta a que a parte proponha de novo a ação.

- No caso de extinção em razão de litispendência e nos casos dos incisos I, IV, VI e VII do art. 485, a propositura da nova ação depende da correção do vício que levou à sentença sem resolução do mérito.
- A petição inicial, todavia, não será despachada sem a prova do pagamento ou do depósito das custas e dos honorários de advogado.
- Se o autor der causa, por 3 (três) vezes, a sentença fundada em abandono da causa, não poderá propor nova ação contra o réu com o mesmo objeto, ficando-lhe ressalvada, entretanto, a possibilidade de alegar em defesa o seu direito.

c) **Perempção**. Segundo o art. 486, parágrafo 3º do CPC, se o autor der causa, por três (03) vezes, à extinção do processo por não promover os atos e as diligências que lhe competir, abandonando a causa por mais de trinta (30) dias, não poderá intentar nova ação contra o réu com o mesmo objeto, ficando-lhe ressalvada, entretanto, a possibilidade de alegar em defesa o seu direito.

ATENÇÃO!

A existência de compromisso arbitral ou de cláusula compromissória configura pressuposto processual negativo, entretanto, ao contrário da litispendência, da coisa julgada e da perempção, a convenção de arbitragem não pode ser reconhecida de ofício pelo juiz, sendo necessária prévia alegação da parte (art. 337, § 5º, do CPC).

11

SUJEITOS DO PROCESSO

11.1. PARTES E PROCURADORES

11.1.1. Noções importantes

São sujeitos da relação jurídica processual o autor, o réu e o Estado, na figura do juiz.

AUTOR → RÉU → JUIZ

Autor é aquele que apresenta sua pretensão em juízo, enquanto o réu é a parte contra quem a pretensão foi deduzida. É quem supostamente ameaçou ou lesou o direito do autor.

☺ DICA BÁSICA NOSSA DE CADA DIA!

AUTOR → POLO ATIVO

RÉU → POLO PASSIVO

Além das partes originárias, autor e réu, admite-se também a intervenção de terceiros, desde que possuam **interesse jurídico** relacionado à questão discutida. A intervenção se dá por meio da assistência, da denunciação da lide e do chamamento ao processo, conforme se verá adiante.

> OPS! TERCEIROS INTERESSADOS JURIDICAMENTE PODEM INTERVIR NA RELAÇÃO PROCESSUAL.

O advogado, conquanto seja considerado essencial ao processo, não é parte, mas atuará em nome dela, devendo, para tanto, apresentar instrumento de procuração com a outorga de poderes para praticar todos os atos do processo (art. 105 do CPC).

> ADVOGADO → REPRESENTARÁ OS INTERESSES DAS PARTES.

Se a parte for advogado, poderá atuar em causa própria (CPC, art. 103). O Ministério Público ora pode atuar como parte, ora como fiscal do ordenamento jurídico, nas hipóteses elencadas no art. 178 do CPC, as quais são exemplificativas.

> MINISTÉRIO PÚBLICO → PODE FIGURAR COMO PARTE OU COMO FISCAL DO ORDENAMENTO JURÍDICO.

Para propor ações que versem sobre direitos reais imobiliários, a parte necessitará do consentimento do cônjuge, o qual pode ser suprido judicialmente quando houver recusa injustificada, ou quando não for possível ao cônjuge concedê-la (como nos casos de enfermidade). Essa disposição aplica-se aos companheiros, cuja união tenha sido reconhecida. Ademais, o disposto não será aplicado àqueles que sejam casados e tenham como regime a separação total de bens.

Quanto ao cônjuge da parte ré, deverá ser citado em litisconsórcio necessário (art. 73, § 1º, CPC).

OU SEJA:

Cônjuges no polo ativo → consentimento um ao outro;

Cônjuges no polo passivo → litisconsórcio NECESSÁRIO.

Dureza, não é?

Vejamos o dispositivo legal na integralidade:

O cônjuge necessitará do consentimento do outro para propor ação que verse sobre direito real imobiliário, salvo quando casados sob o regime de separação absoluta de bens.

Ambos os cônjuges serão necessariamente citados para a ação:

- que verse sobre direito real imobiliário, salvo quando casados sob o regime de separação absoluta de bens;
- resultante de fato que diga respeito a ambos os cônjuges ou de ato praticado por eles;
- fundada em dívida contraída por um dos cônjuges a bem da família;
- que tenha por objeto o reconhecimento, a constituição ou a extinção de ônus sobre imóvel de um ou de ambos os cônjuges.

Nas ações possessórias, a participação do cônjuge do autor ou do réu somente é indispensável nas hipóteses de composse ou de ato por ambos praticado.

ANOTE!

Aplica-se o disposto acima, como já vimos, à união estável comprovada nos autos.

DESCOMPLICANDO!

O consentimento acima mencionado pode ser suprido judicialmente quando for negado por um dos cônjuges sem justo motivo, ou quando lhe seja impossível concedê-lo.

A falta de consentimento, quando necessário e não suprido pelo juiz, invalida o processo.

11.1.2. Capacidades

Estudemos as capacidades:

São três as capacidades no sistema processual civil brasileiro, estudemos juntos!

Capacidade para ser parte

Todos a possuem. Ela é decorrência do direito fundamental de ação, que está estabelecido na CF/88. Possuem tal capacidade, inclusive, os entes despersonalizados, nascituros, absolutamente e relativamente incapazes.

Só não a possuem os animais[1] e pessoas falecidas.

Capacidade processual/para estar em juízo

Eis uma aptidão concedida aos absolutamente capazes. De acordo com o artigo 70, toda pessoa que se encontre no exercício de seus direitos tem capacidade para estar em juízo.

O incapaz será representado ou assistido por seus pais, por tutor ou por curador, na forma da lei.

Capacidade postulatória

1. Sobre a capacidade para ser parte dos animais há divergência.

Eis a aptidão concedida aos advogados regularmente inscritos nos quadros da OAB, bem como membros do MP. O primeiro atua como representante da parte e o segundo como substituto. O MP é também chamado de legitimado extraordinário.

MP → ATUA EM NOME PRÓPRIO → TITULARIZANDO DIREITOS ALHEIOS;

ADVOGADOS → ATUAM EM NOME ALHEIOS → TITULARIZANDO DIREITOS ALHEIOS.

11.1.3. Verificação das incapacidades

De acordo com a sistemática processual em vigor, constatada a incapacidade processual ou a irregularidade da representação da parte, **o juiz suspenderá o processo e designará prazo razoável para que seja sanado o vício.**

- **Sabrina, e se a parte não cumprir a dita determinação judicial?**
- **Leia as regras abaixo. "Força na peruca!"** Descumprida a determinação, caso o processo esteja na instância originária (art.76, parágrafo 1º, do CPC):
- o processo será extinto, se a providência couber ao autor;
- o réu será considerado revel, se a providência lhe couber;
- o terceiro será considerado revel ou excluído do processo, dependendo do polo em que se encontre.

Descumprida a determinação em fase recursal perante o tribunal de justiça, tribunal regional ou tribunal superior, o relator:

- não conhecerá do recurso, se a providência couber ao recorrente;
- determinará o desentranhamento das contrarrazões, se a providência couber ao recorrido.

Tratemos do Curador Especial

Ele é o representante especial que o juiz nomeia, em determinados casos de incapacidade ou revelia, à parte, para atuar em seu nome no correr do processo.

Veja só!

O juiz nomeará curador especial ao:

- incapaz, se não tiver representante legal ou se os interesses deste colidirem com os daquele, enquanto durar a incapacidade;
- réu preso revel, bem como ao réu revel citado por edital ou com hora certa, enquanto não for constituído advogado.

Vale lembra que sua função é eminentemente processual.

ATENÇÃO!

A curatela especial será exercida pela **Defensoria Pública**, nos termos da lei. No passado, a função já foi confiada ao MP.

11.1.4. Deveres das partes e de seus procuradores

Em obediência ao dever geral de boa-fé, que ganhou forma de *norma fundamental* no Código de Processo Civil, o art. 77 impõe o *dever de probidade e lealdade processual* às partes e seus procuradores, públicos ou privados, assim como a todos aqueles que de alguma forma participam do processo, incluído o Ministério Público, o perito, dentre outros.

Em síntese, compete àquele que praticar ato processual agir com lealdade e boa-fé, pautando suas ações no plano da ética e da moralidade.

O litigante desleal e desrespeitoso, que vier descumprir deveres, sofrerá as sanções previstas ao *litigante de má-fé,* de que tratam os artigos 80 e 81.

São deveres das partes, de seus procuradores e de todos aqueles que de qualquer forma participem do processo (art. 77 do CPC)[2]:

- expor os fatos em juízo conforme a verdade;
- não formular pretensão ou apresentar defesa quando cientes de que são destituídas de fundamento;
- não produzir provas e não praticar atos inúteis ou desnecessários à declaração ou à defesa do direito;
- cumprir com exatidão as decisões jurisdicionais, de natureza provisória ou final, e não criar embaraços à sua efetivação;
- declinar, no primeiro momento que lhes couber falar nos autos, o endereço residencial ou profissional onde receberão intimações, atualizando essa informação sempre que ocorrer qualquer modificação temporária ou definitiva;
- não praticar inovação ilegal no estado de fato de bem ou direito litigioso.

CUIDADO MÁXIMO!

Se a parte não cumprir com exatidão as decisões jurisdicionais, de natureza provisória ou final, criar embaraços à sua efetivação, bem como praticar inovação ilegal no estado de fato de bem ou direito litigioso o juiz advertirá qualquer das pessoas que sua conduta poderá ser punida como ato atentatório à dignidade da justiça.

A violação a tais preceitos constitui ato atentatório à dignidade da justiça, devendo o juiz, sem prejuízo das sanções criminais, civis e processuais cabíveis, aplicar ao responsável **multa de até vinte por cento do valor da causa, de acordo com a gravidade da conduta.**

Não sendo paga no prazo a ser fixado pelo juiz, a multa acima indicada será inscrita como dívida ativa da União ou do Estado após o trânsito

2. Os deveres são extensivos aos demais participantes do processo, conforme já dito.

em julgado da decisão que a fixou, e sua execução observará o procedimento da execução fiscal, revertendo-se aos fundos previstos no art. 97[3].

Ademais, a multicitada multa poderá ser fixada independentemente da incidência das previstas nos arts. 523, § 1º, e 536, § 1º. **Elas podem ser cumuladas.**

VALE LEMBRAR!

Quando o valor da causa for irrisório ou inestimável, a multa poderá ser fixada em até 10 (dez) vezes o valor do salário-mínimo.

Aos advogados públicos ou privados e aos membros da Defensoria Pública e do Ministério Público não se aplica a disposição da multa, devendo eventual responsabilidade disciplinar ser apurada pelo respectivo órgão de classe ou corregedoria, ao qual o juiz oficiará.

Reconhecida violação ao disposto no inciso VI do artigo 77 do CPC, o juiz determinará o restabelecimento do estado anterior, podendo, ainda, proibir a parte de falar nos autos até a purgação do atentado, sem prejuízo da aplicação da multa.

O representante judicial da parte não pode ser compelido a cumprir decisão em seu lugar.

NÃO ESQUEÇA!

É vedado às partes, a seus procuradores, aos juízes, aos membros do Ministério Público e da Defensoria Pública e a qualquer pessoa que participe do processo empregar expressões ofensivas nos escritos apresentados. Eis mais uma decorrência do Princípio da Boa-fé. O cuidado com a forma de expressão é, portanto, fundamental. O processo não pode ser palco para troca desregrada de ofensas verbais. Observe-se que a regra também se impõe aos juízes (art. 78 do CPC).

3. Art. 97. A União e os Estados podem criar fundos de modernização do Poder Judiciário, aos quais serão revertidos os valores das sanções pecuniárias processuais destinadas à União e aos Estados, e outras verbas previstas em lei.

Quando expressões ou condutas ofensivas forem manifestadas oral ou presencialmente, o juiz advertirá o ofensor de que não as deve usar ou repetir, sob pena de lhe ser cassada a palavra.

De ofício ou a requerimento do ofendido, o juiz determinará que as expressões ofensivas sejam riscadas e, a requerimento do ofendido, determinará a expedição de certidão com inteiro teor das expressões ofensivas e a colocará à disposição da parte interessada. Eis uma decorrência do seu poder geral de efetivação. A dita certidão pode ser utilizada em possível ação indenizatória.

11.1.5. Responsabilidade das partes por dano processual

Entre os deveres que as partes possuem dentro do processo, sem dúvida alguma, o da boa-fé ocupa posição privilegiada, trazendo o Código de Processo Civil (CPC) diversos dispositivos relacionados ao dever de lealdade.

É fundamental que todos os entes processuais observem regras preestabelecidas, objetivando uma demanda pautada no respeito mútuo. Há limites éticos, os quais não podem ser lesados.

Nessa toada, o princípio da probidade atinge o dever de lealdade processual, o qual se correlaciona com os regramentos éticos resumidos na expressão "*proceder com lealdade e boa-fé*".

No CPC/15, o artigo 5º expressa que todo aquele que de qualquer forma participar do processo deve comportar-se de acordo com a boa-fé. Eis uma norma processual fundamental, já estudada.

De acordo com o enunciado 1 da CJF, "A verificação da violação à boa-fé objetiva dispensa a comprovação do animus do sujeito processual."

Desta forma, é possível conceituar como **litigante de boa-fé** aquele que age, se que se encaixa nas condutas estabelecidas no art. 77 do CPC/15, não incorrendo em qualquer conduta contrária ao ali disposto, principalmente, mas não exclusivamente, as elencadas no artigo 80 do novo Código de Ritos.

Portanto, o litigante de boa-fé é o sujeito probo que não utiliza de artifícios maldosos e maléficos, abusando do direito de demandar, e, consequentemente, prejudicando, com tais atos, a efetividade do provimento jurisdicional.

Se for considerado litigante de má-fé será o indivíduo responsabilizado. Ele terá protagonizado um abuso de Direito Processual.

– **Sabrina, e se o sujeito descumprir os deveres estabelecidos em lei?**

– **Será considerado um litigante de má-fé, vejamos:**

Vejamos as condutas que importam na **litigância de má-fé:**

De saída, compreenda que responde por perdas e danos àquele que litigar de má-fé como autor, réu ou interveniente.

Considera-se litigante de má-fé aquele que (art. 80 do CPC)[4]:

- deduzir pretensão ou defesa contra texto expresso de lei ou fato incontroverso;
- alterar a verdade dos fatos;
- usar do processo para conseguir objetivo ilegal;
- opuser resistência injustificada ao andamento do processo;
- proceder de modo temerário em qualquer incidente ou ato do processo;
- provocar incidente manifestamente infundado;
- interpuser recurso com intuito manifestamente protelatório.

ATENÇÃO MÁXIMA!

De ofício ou a requerimento, o juiz ou tribunal condenará o litigante de má-fé a pagar multa, que deverá ser superior a

4. Tal rol de condutas, não obstante a divergência doutrinária, é meramente exemplificativo.

um por cento e inferior a dez por cento do valor corrigido da causa, a indenizar a parte contrária pelos prejuízos que esta sofreu e a arcar com os honorários advocatícios e com todas as despesas que efetuou.

MULTA!

SUPERIOR A 1% → VALOR DA CAUSA

INFERIOR A 10% → VALOR DA CAUSA

Observe que o CPC/15 faz referência ao valor **ATUALIZADO DA CAUSA.**

Quando forem 2 (dois) ou mais os litigantes de má-fé, o juiz condenará cada um na proporção de seu respectivo interesse na causa ou solidariamente aqueles que se coligaram para lesar a parte contrária.

CUIDADO!

Quando o valor da causa for irrisório ou inestimável, a multa poderá ser fixada em até 10 (dez) vezes o valor do salário-mínimo.

– Sabrina, e a indenização que você comentou?

– Observe o parágrafo abaixo.

O valor da indenização será fixado pelo juiz ou, caso não seja possível mensurá-lo, liquidado por arbitramento ou pelo procedimento comum, nos próprios autos.

Como decidiu o STJ:

"A incidência de multa por litigância de má-fé independe da comprovação de dano processual em decorrência do recurso interposto." REsp nº 1628065 / MG (2016/0251820-4).

"É desnecessária a comprovação de prejuízo para que haja condenação ao pagamento de indenização por litigância de má-fé." REsp. 1.133.262-ES, Rel. Min. Luis Felipe Salomão, DJe 4.8.15. Corte Especial.

11.1.6. Das despesas, dos honorários advocatícios e das multas

Salvo as disposições concernentes à gratuidade da justiça, incumbe às partes prover as despesas dos atos que realizarem ou requererem no processo, antecipando-lhes o pagamento, desde o início até a sentença final ou, na execução, até a plena satisfação do direito reconhecido no título (art. 82 do CPC).

Vamos com tudo!

Incumbe ao autor adiantar as despesas relativas a ato cuja realização o juiz determinar de ofício ou a requerimento do Ministério Público, quando sua intervenção ocorrer como fiscal da ordem jurídica.

A sentença condenará o vencido a pagar ao vencedor as despesas que antecipou.

O autor, brasileiro ou estrangeiro, que residir fora do Brasil ou deixar de residir no país ao longo da tramitação de processo prestará caução suficiente ao pagamento das custas e dos honorários de advogado da parte contrária nas ações que propuser, se não tiver no Brasil bens imóveis que lhes assegurem o pagamento (art. 83 do CPC).

Não se exigirá a caução acima indicada, vejamos:

- quando houver dispensa prevista em acordo ou tratado internacional de que o Brasil faz parte;
- na execução fundada em título extrajudicial e no cumprimento de sentença;
- na reconvenção.

CUIDADO!

Verificando-se no trâmite do processo que se desfalcou a garantia, poderá o interessado exigir reforço da caução, justificando seu pedido com a indicação da depreciação do bem dado em garantia e a importância do reforço que pretende obter.

As despesas abrangem às custas dos atos do processo, a indenização de viagem, a remuneração do assistente técnico e a diária de testemunha.

Acrescente-se, quanto ao tema, o Enunciado 4 do CNJ: "A entrada em vigor de acordo ou tratado internacional, que estabeleça dispensa da caução prevista no art. 83, § 1º, I, do CPC, impõe a liberação da caução previamente prestada."

Cuidemos dos **HONORÁRIOS ADVOCATÍCIOS.**

Os honorários advocatícios sofreram grandes transformações desde sua concepção até os dias atuais. Eles pertencem ao advogado e decorrem da sucumbência. Não podem ser confundidos com os honorários contratuais.

Conheçamos suas principais disposições.

A sentença condenará o vencido a pagar honorários ao advogado do vencedor (art. 85 do CPC).

São devidos honorários advocatícios na reconvenção, no cumprimento de sentença, provisório ou definitivo, na execução, resistida ou não, e nos recursos interpostos, cumulativamente.

Os honorários serão fixados entre o mínimo de dez e o máximo de vinte por cento sobre o valor da condenação, do proveito econômico obtido ou, não sendo possível mensurá-lo, sobre o valor atualizado da causa, atendidos:

- o grau de zelo do profissional;
- o lugar de prestação do serviço;
- a natureza e a importância da causa;
- o trabalho realizado pelo advogado e o tempo exigido para o seu serviço.

Nas causas em que a Fazenda Pública for parte, a fixação dos honorários observará os critérios estabelecidos acima e os seguintes percentuais:

- mínimo de dez e máximo de vinte por cento sobre o valor da condenação ou do proveito econômico obtido até 200 (duzentos) salários-mínimos;
- mínimo de oito e máximo de dez por cento sobre o valor da condenação ou do proveito econômico obtido acima de 200 (duzentos) salários-mínimos até 2.000 (dois mil) salários-mínimos;
- mínimo de cinco e máximo de oito por cento sobre o valor da condenação ou do proveito econômico obtido acima de 2.000 (dois mil) salários-mínimos até 20.000 (vinte mil) salários-mínimos;
- mínimo de três e máximo de cinco por cento sobre o valor da condenação ou do proveito econômico obtido acima de 20.000 (vinte mil) salários-mínimos até 100.000 (cem mil) salários-mínimos;
- mínimo de um e máximo de três por cento sobre o valor da condenação ou do proveito econômico obtido acima de 100.000 (cem mil) salários-mínimos.

Quando, conforme o caso, a condenação contra a Fazenda Pública ou o benefício econômico obtido pelo vencedor ou o valor da causa for superior ao valor previsto nas disposições acima a fixação do percentual de honorários deve observar a faixa inicial e, naquilo que a exceder, a faixa subsequente, e assim sucessivamente.

Os limites e critérios já indicados acima aplicam-se independentemente de qual seja o conteúdo da decisão, inclusive aos casos de improcedência ou de sentença sem resolução de mérito.

CUIDADO!

Não serão devidos honorários no cumprimento de sentença contra a Fazenda Pública que enseje expedição de precatório, desde que não tenha sido impugnada.

Nas causas em que for inestimável ou irrisório o proveito econômico ou, ainda, quando o valor da causa for muito baixo, o juiz fixará o valor dos honorários por apreciação equitativa.

ANOTE!

Na ação de indenização por ato ilícito contra pessoa, o percentual de honorários incidirá sobre a soma das prestações vencidas acrescida de 12 (doze) prestações vincendas. E nos casos de perda do objeto, os honorários serão devidos por quem deu causa ao processo.

NOVIDADE!

O tribunal, ao julgar recurso, majorará os honorários fixados anteriormente levando em conta o trabalho adicional realizado em grau recursal, observando, conforme o caso, o disposto no artigo 85, §§ 2º a 6º, sendo vedado ao tribunal, no cômputo geral da fixação de honorários devidos ao advogado do vencedor, ultrapassar os respectivos limites estabelecidos nos §§ 2º e 3º do mencionado artigo, para a fase de conhecimento.

Os honorários recursais são cumuláveis com multas e outras sanções processuais, inclusive as previstas no art. 77, as quais tratam das sanções decorrentes da litigância de má-fé.

De acordo com o Enunciado 6 do CJF: "A fixação dos honorários de sucumbência por apreciação equitativa só é cabível nas hipóteses previstas no § 8º do art. 85 do CPC."

Como decidiu o STJ:

> O art. 25 da Lei n. 12.016/2009, que estabelece regra de descabimento de condenação em honorários advocatícios "no processo mandamental", afasta a incidência do regime do art. 85, § 11, do CPC/2015. RMS 52.024-RJ, Rel. Min. Mauro Campbell Marques, por unanimidade, julgado em 6/10/2016, DJe 14/10/2016.

> Cessão de crédito. Honorários advocatícios de sucumbência. Direito autônomo do causídico. Possibilidade de habilitação do cessionário em processo judicial. Requisitos formais. Escritura pública referente à cessão de créditos e discriminação do valor devido no precatório a título de verba honorária.
>
> O cessionário de honorários advocatícios tem legitimidade para se habilitar no crédito consignado em precatório desde que comprovada a validade do ato de cessão por escritura pública e seja discriminado o valor devido a título de verba honorária no próprio requisitório, não preenchendo esse último requisito a simples apresentação de planilha de cálculo final elaborada pelo Tribunal de Justiça. EREsp 1.127.228-RS, Rel. Min. Benedito Gonçalves, por unanimidade, julgado em 21/6/2017, DJe 29/6/2017. RAMO DO DIREITO PROCESSUAL CIVIL.

As verbas de sucumbência arbitradas em embargos à execução rejeitados ou julgados improcedentes e em fase de cumprimento de sentença serão acrescidas no valor do débito principal, para todos os efeitos legais.

MUITO IMPORTANTE!

Os honorários constituem direito do advogado e têm natureza alimentar, com os mesmos privilégios dos créditos oriundos da legislação do trabalho, sendo vedada a compensação em caso de sucumbência parcial (parágrafo 14, art. 85, do CPC.). Súmula em sentido contrário do STJ não merece mais atenção. A Súmula 306 do STJ destacava ser possível à referida compensação.

O advogado pode requerer que o pagamento dos honorários que lhe caibam seja efetuado em favor da sociedade de advogados que integra na qualidade de sócio, aplicando-se à hipótese o disposto acima. Eis uma novidade! A liberação dos honorários poderá ser feita em favor da sociedade de advogados.

Quando os honorários forem fixados em quantia certa, os juros moratórios incidirão a partir da data do trânsito em julgado da decisão. A matéria gerava debates acalorados. Evita uma série de polêmicas.

Ademais, vale ressaltar que os honorários serão devidos quando o advogado atuar em causa própria. Essa disposição é razoável e está disposta no parágrafo 17, do art. 85, do CPC.

Caso a decisão transitada em julgado seja omissa quanto ao direito aos honorários ou ao seu valor, é cabível ação autônoma para sua definição e cobrança. Essa dicção está prevista no parágrafo 18, do art. 485, do CPC. Ela é responsável por afastar a disposição contida no enunciado da súmula 453 do STJ.

GRANDE CONQUISTA!

Os advogados públicos perceberão honorários de sucumbência, nos termos da lei. Eis um dos pontos que mais gerou debate ao longo de toda tramitação legislativa.

Como define o STJ!

> Configura supressão de grau de jurisdição o arbitramento no STJ de honorários de sucumbência com base no CPC/2015, na hipótese em que as instâncias ordinárias utilizaram equivocadamente o CPC/1973 para a sua fixação. STJ. 1ª Turma. REsp 1.647.246-PE, Rel. Min. Napoleão Nunes Maia Filho, Rel. Acd. Min. Regina Helena Costa, julgado em 21/11/2017 (Info 617).

Continuemos a tratar das Despesas!

Se cada litigante for, em parte, vencedor e vencido, serão proporcionalmente distribuídas entre eles às despesas (art. 86 do CPC).

Se um litigante sucumbir em parte mínima do pedido, o outro responderá, por inteiro, pelas despesas e pelos honorários.

Concorrendo diversos autores ou diversos réus, os vencidos respondem proporcionalmente pelas despesas e pelos honorários (art. 87 do CPC).

A sentença deverá distribuir entre os litisconsortes, de forma expressa, a responsabilidade proporcional pelo pagamento das verbas previstas acima.

Se a distribuição não for feita, os vencidos responderão solidariamente pelas despesas e pelos honorários.

Nos procedimentos de jurisdição voluntária, as despesas serão adiantadas pelo requerente e rateadas entre os interessados. Como não há lide instalada, razoável a regra que estabelece o referido rateio. (art. 88 do CPC).

Nos juízos divisórios, ou seja, relativos a divisão e a demarcação de terras, não havendo litígio, os interessados pagarão as despesas proporcionalmente a seus quinhões (art. 89 do CPC).

Proferida sentença com fundamento em desistência, em renúncia ou em reconhecimento do pedido, as despesas e os honorários serão pagos pela parte que desistiu, renunciou ou reconheceu.

Sendo parcial a desistência, a renúncia ou o reconhecimento, a responsabilidade pelas despesas e pelos honorários será proporcional à parcela reconhecida, à qual se renunciou ou da qual se desistiu.

Havendo transação e nada tendo as partes disposto quanto às despesas, estas serão divididas igualmente.

Se a transação ocorrer antes da sentença, as partes ficam dispensadas do pagamento das custas processuais remanescentes, se houver. Essa regra prestigia o estímulo à autocomposição.

Se o réu reconhecer a procedência do pedido e, simultaneamente, cumprir integralmente a prestação reconhecida, os honorários serão reduzidos pela metade. Estimula-se, portanto, o cumprimento da decisão, a qual concretiza a efetividade.

De acordo com o Enunciado 9 do CJF: "Aplica-se o art. 90, § 4º, do CPC ao reconhecimento da procedência do pedido feito pela Fazenda Pública nas ações relativas às prestações de fazer e de não fazer."

As despesas dos atos processuais praticados a requerimento da Fazenda Pública, do Ministério Público ou da Defensoria Pública serão **pagas ao final pelo vencido** (art. 91 do CPC).

As perícias requeridas pela Fazenda Pública, pelo Ministério Público ou pela Defensoria Pública poderão ser realizadas por entidade pública ou, havendo previsão orçamentária, ter os valores adiantados por aquele que requerer a prova.

Não havendo previsão orçamentária no exercício financeiro para adiantamento dos honorários periciais, eles serão pagos no exercício seguinte ou ao final, pelo vencido, caso o processo se encerre antes do adiantamento a ser feito pelo ente público.

Quando, a requerimento do réu, o juiz proferir sentença sem resolver o mérito, o autor não poderá propor novamente a ação sem pagar ou depositar em cartório as despesas e os honorários a que foi condenado.

As despesas de atos adiados ou cuja repetição for necessária ficarão a cargo da parte, do auxiliar da justiça, do órgão do Ministério Público ou da Defensoria Pública ou do juiz que, sem justo motivo, houver dado causa ao adiamento ou à repetição. A parte será responsável por ter procrastinado o andamento do processo indevidamente. (art. 93 do CPC).

Se o assistido for vencido, o assistente será condenado ao pagamento das custas em proporção à atividade que houver exercido no processo.

Cada parte adiantará a remuneração do assistente técnico que houver indicado, sendo a do perito adiantada pela parte que houver requerido a perícia ou rateada quando a perícia for determinada de ofício ou requerida por ambas às partes.

O juiz poderá determinar que a parte responsável pelo pagamento dos honorários do perito deposite em juízo o valor correspondente. A quantia recolhida em depósito bancário à ordem do juízo será corrigida monetariamente e paga de acordo com o art. 465, § 4º.

Quando o pagamento da perícia for de responsabilidade de beneficiário de gratuidade da justiça, ela poderá ser:

- custeada com recursos alocados no orçamento do ente público e realizada por servidor do Poder Judiciário ou por órgão público conveniado;
- paga com recursos alocados no orçamento da União, do Estado ou do Distrito Federal, no caso de ser realizada por particular, hipótese em que o valor será fixado conforme tabela do tribunal respectivo ou, em caso de sua omissão, do Conselho Nacional de Justiça.

O valor das sanções impostas ao litigante de má-fé reverterá em benefício da parte contrária, e o valor das sanções impostas aos serventuários pertencerá ao Estado ou à União.

A União e os Estados podem criar fundos de modernização do Poder Judiciário, aos quais serão revertidos os valores das sanções pecuniárias processuais destinadas à União e aos Estados, e outras verbas previstas em lei.

Substituição de Partes e Procuradores

A substituição da parte originalmente indicada no processo e que figura como autor ou réu pode se dar tanto em razão de morte como por ato voluntário. **Elas são sempre excepcionais.**

Tratando-se de sucessão "*mortis causa*", a substituição da parte se dará pelo seu espólio ou por seus sucessores, nos termos do art. 110 do CPC, suspendendo-se o processo até que seja concluída a substituição.

CUIDADO MÁXIMO!

Se o processo tiver como objeto um direito personalíssimo a morte da parte irá por fim ao processo **SEM RESOLUÇÃO DO MÉRITO.**

A substituição voluntária somente pode ocorrer nos casos autorizados por lei. A estabilização da demanda ocorrerá na chamada fase saneadora, a qual será estudada, logo mais.

Uma das mais clássicas substituições por ato "*inter vivos*" prevista no CPC está no art. 109, sendo restrita aos casos em que a coisa ou o direito litigioso é alienado ou cedido e a parte contrária expressamente concorda com a substituição do alienante ou cedente pelo adquirente ou cessionário.

Não havendo expressa concordância da parte contrária, o processo seguirá com suas partes originárias, sendo facultado ao adquirente ou cessionário intervir nos autos como assistente[5] do alienante ou cedente.

5. De acordo com o parágrafo 2º do art. 109, nestes casos o adquirente ou cessionário poderá intervir no processo como ASSISTENTE LITISCONSORCIAL.

Porém, ainda que não ingresse nos autos, a sentença proferida estenderá seus efeitos ao adquirente ou cessionário. Eis o típico caso de coisa julgada que, excepcionalmente, atingirá terceiros.

OBS: A Lei da Ação Civil Pública e a Lei da Ação Popular também autorizaram a substituição do autor pelo Ministério Público, quando aquele deixar, injustificadamente, de dar andamento ao processo.

Substituição processual (ou legitimação extraordinária)

Dá-se substituição processual ou legitimação extraordinária quando a lei autoriza o ajuizamento da demanda, em nome próprio, para a defesa de direito alheio.

Observe-se que, no art. 2º, §§ 5º e 6º, da Lei 8.560/92, a norma autoriza o Ministério Público ajuizar ação de investigação de paternidade em favor do menor que não tiver a paternidade reconhecida pelo suposto pai identificado pela mãe no ato do registro de nascimento, no prazo concedido pela lei.

Cite-se, ainda, a possibilidade que tem o MP, dentre outras, de ajuizar AÇÃO CIVIL PÚBLICA, nos termos da lei 7347/85.

11.2. JUIZ

O juiz é o terceiro imparcial a quem compete conduzir o processo. Ele tem por função prefacial conduzir o processo. Ele tem por função precípua dirigi-lo.

Ele possui uma série de deveres, os quais estão dispostos no artigo 139 do CPC/15. Esses deveres estavam regulados no revogado artigo 125 (CPC/73), cujo rol era nitidamente mais enxuto.

Conheçamos os **seus deveres e poderes:**

O juiz dirigirá o processo conforme as disposições do Código, incumbindo-lhe:

- assegurar às partes igualdade de tratamento;
- velar pela duração razoável do processo;

- prevenir ou reprimir qualquer ato contrário à dignidade da justiça e indeferir postulações meramente protelatórias;
- determinar todas as medidas indutivas, coercitivas, mandamentais ou sub-rogatórias necessárias para assegurar o cumprimento de ordem judicial, inclusive nas ações que tenham por objeto prestação pecuniária;
- promover, a qualquer tempo, a autocomposição, preferencialmente com auxílio de conciliadores e mediadores judiciais;
- dilatar os prazos processuais e alterar a ordem de produção dos meios de prova, adequando-os às necessidades do conflito de modo a conferir maior efetividade à tutela do direito;
- exercer o poder de polícia, requisitando, quando necessário, força policial, além da segurança interna dos fóruns e tribunais;
- determinar, a qualquer tempo, o comparecimento pessoal das partes, para inquiri-las sobre os fatos da causa, hipótese em que não incidirá a pena de confesso;
- determinar o suprimento de pressupostos processuais e o saneamento de outros vícios processuais;
- quando se deparar com diversas demandas individuais repetitivas, oficiar o Ministério Público, a Defensoria Pública e, na medida do possível, outros legitimados a que se referem o art. 5º da Lei no 7.347, de 24 de julho de 1985, e o art. 82 da Lei no 8.078, de 11 de setembro de 1990, para, se for o caso, promover a propositura da ação coletiva respectiva.

Sobre o poder geral de efetivação, observe-se que o juiz poderá, de acordo com a disposição expressa no art. 139, IV do CPC utilizar-se de medidas de apoio típicas ou atípicas, ou seja, medidas que não estão dispostas expressamente no CPC, mas que podem servir para a concretização eficaz da tutela jurisdicional. Por exemplo, cassação do passaporte ou CNH do executado.

ATENÇÃO!

A dilação de prazos prevista no inciso VI do art. 139, somente pode ser determinada antes de encerrado o prazo regular.

Indeclinabilidade - 2 regras descomplicadas

O juiz não se exime de decidir sob a alegação de lacuna ou obscuridade do ordenamento jurídico.

JUIZ → NÃO PODERÁ DEIXAR DE DECIDIR.

Vale lembrar que ele só decidirá por equidade nos casos previstos em lei, como, por exemplo, nos procedimentos de jurisdição voluntária ou no juízo arbitral instituído nos termos dos arts. 21 e ss. da lei 9099/95.

EQUIDADE → SÓ EM CASOS EXCEPCIONAIS.

Ademais, o juiz decidirá o mérito nos limites propostos pelas partes, sendo-lhe vedado conhecer de questões não suscitadas a cujo respeito à lei exige iniciativa da parte.

Eis o que chamamos de **congruência ou correlação.** Vincula-se o juiz ao pedido por medida de segurança (art. 141 do CPC).

Convencendo-se, pelas circunstâncias, de que autor e réu se serviram do processo para praticar ato simulado ou conseguir fim vedado por lei, o juiz proferirá decisão que impeça os objetivos das partes, aplicando, de ofício, as penalidades da litigância de má-fé. Nada mais justo. O processo é palco para a resolução de conflitos. **Não deve servir de instrumento para a prática de condutas delituosas.**

– **Sabrina, o juiz responderá civilmente?**
– **Sim! Verifica abaixo:**

O juiz responderá, civil e regressivamente, por perdas e danos quando:

- no exercício de suas funções, proceder **com dolo ou fraude;**
- recusar, omitir ou retardar, sem justo motivo, providência que deva ordenar de ofício ou a requerimento da parte.

ATENÇÃO!

As hipóteses previstas no inciso II, do art. 143, somente serão verificadas depois que a parte requerer ao juiz que determine a providência e o requerimento não for apreciado no prazo de 10 (dez) dias.

LEMBRE! 10 DIAS. PRAZO É TUDO!

IMPEDIMENTOS E DA SUSPEIÇÃO

A imparcialidade é decorrência do juiz natural, a qual já foi estudada.

É uma garantia constitucional. A sua violação dará ensejo às parcialidades.

Parcialidade é gênero da qual surgem duas espécies: impedimento e suspeição.

Há impedimento do juiz, sendo-lhe vedado exercer suas funções no processo (art. 144):

- em que interveio como mandatário da parte, oficiou como perito, funcionou como membro do Ministério Público ou prestou depoimento como testemunha;
- de que conheceu em outro grau de jurisdição, tendo proferido decisão;
- quando nele estiver postulando, como defensor público, advogado ou membro do Ministério Público, seu cônjuge ou companheiro, ou qualquer parente, consanguíneo ou afim, em linha reta ou colateral, até o terceiro grau, inclusive;

- quando for parte no processo ele próprio, seu cônjuge ou companheiro, ou parente, consanguíneo ou afim, em linha reta ou colateral, até o terceiro grau, inclusive;
- quando for sócio ou membro de direção ou de administração de pessoa jurídica parte no processo;
- quando for herdeiro presuntivo, donatário ou empregador de qualquer das partes;
- em que figure como parte instituição de ensino com a qual tenha relação de emprego ou decorrente de contrato de prestação de serviços;
- em que figure como parte cliente do escritório de advocacia de seu cônjuge, companheiro ou parente, consanguíneo ou afim, em linha reta ou colateral, até o terceiro grau, inclusive, mesmo que patrocinado por advogado de outro escritório;
- quando promover ação contra a parte ou seu advogado.

ATENÇÃO!

Na hipótese do inciso III, do art. 144, o impedimento só se verifica quando o defensor público, o advogado ou o membro do Ministério Público já integrava o processo antes do início da atividade judicante do juiz.

PARA TUDO!

Verifica a dica abaixo:

É vedada a criação de fato superveniente a fim de caracterizar impedimento do juiz.

O impedimento previsto no inciso III do já mencionado artigo 144, também se verifica no caso de mandato conferido a membro de escritório de advocacia que tenha em seus quadros advogado que individualmente ostente a condição nele prevista, mesmo que não intervenha diretamente no processo.

Passemos a tratar da suspeição. Ela é mais subjetiva e difícil de ser provada.

Há suspeição do juiz (art. 145 do CPC):

- amigo íntimo ou inimigo de qualquer das partes **ou de seus advogados;**

O CPC/15 corrige uma incongruência presente no CPC/73. Nele, o juiz só era suspeito quando era amigo ou inimigo de qualquer das partes.

- que receber presentes de pessoas que tiverem interesse na causa antes ou depois de iniciado o processo, que aconselhar alguma das partes acerca do objeto da causa ou que subministrar meios para atender às despesas do litígio;
- quando qualquer das partes for sua credora ou devedora, de seu cônjuge ou companheiro ou de parentes destes, em linha reta até o terceiro grau, inclusive;
- interessado no julgamento do processo em favor de qualquer das partes.

Poderá o juiz declarar-se suspeito por motivo de foro íntimo, sem necessidade de declarar suas razões.

Será ilegítima a alegação de suspeição quando:

- houver sido provocada por quem a alega;
- a parte que a alega houver praticado ato que signifique manifesta aceitação do arguido.

Vejamos as regras procedimentais:

No prazo de 15 (quinze) dias, a contar do conhecimento do fato, a parte alegará o impedimento ou a suspeição, em petição específica dirigida ao juiz do processo, na qual indicará o fundamento da recusa, podendo instruí-la com documentos em que se fundar a alegação e com rol de testemunhas.

Se reconhecer o impedimento ou a suspeição ao receber a petição, o juiz ordenará imediatamente a remessa dos autos a seu substituto legal, caso contrário, determinará a autuação em apartado da petição e, no prazo de 15 (quinze) dias, apresentará suas razões, acompanhadas de documentos e de rol de testemunhas, se houver, ordenando a remessa do incidente ao tribunal.

E aí??

Distribuído o incidente, o relator deverá declarar os seus efeitos, sendo que, se o incidente for recebido:

- sem efeito suspensivo, o processo voltará a correr;
- com efeito suspensivo, o processo permanecerá suspenso até o julgamento do incidente.

Enquanto não for declarado o efeito em que é recebido o incidente ou quando este for recebido com efeito suspensivo, a tutela de urgência será requerida ao substituto legal. Verificando que a alegação de impedimento ou de suspeição é improcedente, o tribunal rejeitá-la-á.

E??

Acolhida a alegação, tratando-se de impedimento ou de manifesta suspeição, o tribunal condenará o juiz nas custas e remeterá os autos ao seu substituto legal, podendo o juiz recorrer da decisão. Reconhecido o impedimento ou a suspeição, o tribunal fixará o momento a partir do qual o juiz não poderia ter atuado.

ANOTE!

O tribunal decretará a nulidade dos atos do juiz, se praticados quando já presente o motivo de impedimento ou de suspeição.

Quando 2 (dois) ou mais juízes forem parentes, consanguíneos ou afins, em linha reta ou colateral, até o terceiro grau, inclusive, o primeiro que conhecer do processo impede que o outro nele atue, caso em que o segundo se escusará, remetendo os autos ao seu substituto legal.

Aplicam-se os motivos de impedimento e de suspeição:

- ao membro do Ministério Público;
- aos auxiliares da justiça;
- aos demais sujeitos imparciais do processo.

A parte interessada deverá arguir o impedimento ou a suspeição, em petição fundamentada e devidamente instruída, na primeira oportunidade em que lhe couber falar nos autos.

O juiz mandará processar o incidente em separado e sem suspensão do processo, ouvindo o arguido no prazo de 15 (quinze) dias e facultando a produção de prova, quando necessária.

JUIZ	PARTES
O juiz dirigirá o processo, competindo-lhe: assegurar às partes igualdade de tratamento (isonomia); velar pela rápida solução do litígio (celeridade); prevenir ou reprimir qualquer ato contrário à dignidade da justiça.	Partes são os sujeitos parciais do processo. O autor é aquele que provoca a jurisdição e o réu, por seu turno, o sujeito passivo da relação. O CPC, em seu art. 77, especifica um rol de deveres das partes e de todos aqueles que, de qualquer forma, participam do processo.

11.3. AUXILIARES DA JUSTIÇA

Eles exercem uma função muito importante. Costumamos dizer que eles figuram como imprescindíveis coadjuvantes ao bom exercício da função do magistrado. São eles a sua "equipe".

A figura que direciona todo o juízo de 1º grau é, evidentemente, o magistrado.

No entanto, não nos é permitida a ingênua ideia de que este possa se incumbir sozinho e sem suporte, da resolução de todas as questões oriundas da dinâmica do processo.

Em cada juízo haverá um ou mais ofícios de justiça, cujas atribuições serão determinadas pelas normas de organização judiciária.

Em cada comarca, seção ou subseção judiciária haverá, no mínimo, tantos oficiais de justiça quantos sejam os juízos.

Há, no entanto, em alguns fóruns e tribunais, central de mandados, que congregam os oficiais avaliadores de justiça na distribuição das tarefas, independentemente de estarem vinculados a varas ou comarcas. Eles atuam por distribuição livre, sendo regulada, a central de mandados, por regimento próprio de cada tribunal. Não estão, em regra, vinculados a nenhum juízo especificamente, mas sim à direção da central de mandados.

VAMOS DESCOMPLICAR!

ESCRIVÃO OU CHEFE DE SECRETARIA - ARTS. 152 E 153 DO CPC

O escrivão ou chefe de secretaria é responsável pela guarda e conservação dos processos.

Incumbe ao escrivão ou ao chefe de secretaria:

- redigir, na forma legal, os ofícios, os mandados, as cartas precatórias e os demais atos que pertençam ao seu ofício;
- efetivar as ordens judiciais, realizar citações e intimações, bem como praticar todos os demais atos que lhe forem atribuídos pelas normas de organização judiciária;
- comparecer às audiências ou, não podendo fazê-lo, designar servidor para substituí-lo;
- manter sob sua guarda e responsabilidade os autos, não permitindo que saiam do cartório, exceto:
  - quando tenham de seguir à conclusão do juiz;
  - com vista a procurador, à Defensoria Pública, ao Ministério Público ou à Fazenda Pública;
  - quando devam ser remetidos ao contabilista ou ao partidor;
  - quando forem remetidos a outro juízo em razão da modificação da competência;

- fornecer certidão de qualquer ato ou termo do processo, independentemente de despacho, observadas as disposições referentes ao segredo de justiça;
- praticar, de ofício, os atos meramente ordinatórios.

No impedimento do escrivão ou chefe de secretaria, o juiz convocará substituto e, não o havendo, nomeará pessoa idônea para o ato.

O escrivão ou chefe de secretaria **deverá obedecer, preferencialmente, à ordem cronológica** de recebimento para publicação e efetivação dos pronunciamentos judiciais.

A lista de processos recebidos deverá ser disponibilizada, de forma permanente, para consulta pública.

Estão excluídos da ordem cronológica, vejamos:

- os atos urgentes, assim reconhecidos pelo juiz no pronunciamento judicial a ser efetivado;
- as preferências legais.

Após elaboração de lista própria, respeitar-se-ão a ordem cronológica de recebimento entre os atos urgentes e as preferências legais.

A parte que se considerar preterida na ordem cronológica poderá reclamar, nos próprios autos, ao juiz do processo, que requisitará informações ao servidor, a serem prestadas no prazo de 2 (dois) dias.

Constatada a preterição, o juiz determinará o imediato cumprimento do ato e a instauração de processo administrativo disciplinar contra o servidor.

OFICIAL DE JUSTIÇA - ART. 154 DO CPC.

Ele é o auxiliar do juízo que cumpre diligências externas. Ele também cumpre um importante papel.

Vejamos suas principais funções:

Incumbe ao oficial de justiça:

- fazer pessoalmente citações, prisões, penhoras, arrestos e demais diligências próprias do seu ofício, sempre que possível na presença de 2 (duas) testemunhas, certificando no mandado o ocorrido, com menção ao lugar, ao dia e à hora;
- executar as ordens do juiz a que estiver subordinado;
- entregar o mandado em cartório após seu cumprimento;
- auxiliar o juiz na manutenção da ordem;
- efetuar avaliações[6], quando for o caso;
- certificar, em mandado, proposta de autocomposição apresentada por qualquer das partes, na ocasião de realização de ato de comunicação que lhe couber.

RESPONSABILIDADE CIVIL DOS AUXILIARES JÁ ESTUDADOS

O escrivão, o chefe de secretaria e o oficial de justiça são responsáveis, civil e regressivamente, quando:

- sem justo motivo, se recusarem a cumprir no prazo os atos impostos pela lei ou pelo juiz a que estão subordinados;
- praticarem ato nulo com **dolo ou culpa.**
- **Sabrina, eles responderão por culpa?**
- **Sim, queridos!**

VAMOS EM FRENTE!

PERITO - ARTS. 156 A 158 DO CPC.

Perito é o auxiliar da justiça, pessoa hábil que tenha conhecimento em determinada área técnica ou científica que, sendo nomeado por autoridade competente, deverá esclarecer um fato de natureza duradoura ou permanente.

6. Tal atribuição lhe foi confiada desde a lei 11.382/2006.

O juiz será assistido por perito quando a prova do fato depender de conhecimento técnico ou científico. Ele é o *expert* do juízo.

Os peritos serão nomeados entre os profissionais legalmente habilitados e os órgãos técnicos ou científicos devidamente inscritos em cadastro mantido pelo tribunal ao qual o juiz está vinculado.

Para formação do cadastro, os tribunais devem realizar consulta pública, por meio de divulgação na rede mundial de computadores ou em jornais de grande circulação, além de consulta direta a universidades, a conselhos de classe, ao Ministério Público, à Defensoria Pública e à Ordem dos Advogados do Brasil, para a indicação de profissionais ou de órgãos técnicos interessados.

Ademais, os tribunais realizarão avaliações e reavaliações periódicas para manutenção do cadastro, considerando a formação profissional, a atualização do conhecimento e a experiência dos peritos interessados.

ANOTE!

Para verificação de eventual impedimento ou motivo de suspeição, nos termos dos arts. 148 e 467, o órgão técnico ou científico nomeado para realização da perícia informará ao juiz os nomes e os dados de qualificação dos profissionais que participarão da atividade.

ATENÇÃO!

Na localidade onde não houver inscrito no cadastro disponibilizado pelo tribunal, a nomeação do perito é de livre escolha pelo juiz e deverá recair sobre profissional ou órgão técnico ou científico comprovadamente detentor do conhecimento necessário à realização da perícia.

O perito tem o dever de cumprir o ofício no prazo que lhe designar o juiz, empregando toda sua diligência, podendo escusar-se do encargo alegando motivo legítimo.

A escusa será apresentada **no prazo de 15 (quinze) dias**, contado da intimação, da suspeição ou do impedimento supervenientes, sob pena de renúncia ao direito a alegá-la.

Será organizada lista de peritos na vara ou na secretaria, com disponibilização dos documentos exigidos para habilitação à consulta de interessados, para que a nomeação seja distribuída de modo equitativo, observadas a capacidade técnica e a área de conhecimento.

VALE ANOTAR!

O perito que, **por dolo ou culpa,** prestar informações inverídicas responderá pelos prejuízos que causar à parte e ficará inabilitado para atuar em outras perícias no prazo de 2 (dois) a 5 (cinco) anos, independentemente das demais sanções previstas em lei, devendo o juiz comunicar o fato ao respectivo órgão de classe para adoção das medidas que entender cabíveis.

Já pensou?

De 2 a 5 anos inabilitado para prestar novas perícias ao judiciário.

DEPOSITÁRIO E ADMINISTRADOR - ARTS. 159 A 161 DO CPC.

A guarda e a conservação de bens penhorados, arrestados, sequestrados ou arrecadados serão confiadas a depositário ou a administrador, não dispondo a lei de outro modo.

Por seu trabalho o depositário ou o administrador perceberá remuneração que o juiz fixará, levando em conta a situação dos bens, ao tempo do serviço e às dificuldades de sua execução.

O juiz poderá nomear um ou mais prepostos por indicação do depositário ou do administrador.

O depositário ou o administrador responde pelos prejuízos que, por dolo ou culpa, causar à parte, perdendo a remuneração que lhe foi arbitrada, mas tem o direito a haver o que legitimamente despendeu no exercício do encargo.

DESCOMPLICANDO!

O depositário infiel responde civilmente pelos prejuízos causados, sem prejuízo de sua responsabilidade penal e da imposição de sanção por ato atentatório à dignidade da justiça.

LEMBRETE TOP!

De acordo com a Súmula Vinculante 25 do STF, não será cabível a prisão civil do infiel depositário, qualquer que seja a modalidade do depósito.

INTÉRPRETE E TRADUTOR - ARTS. 162 A 164.

Ao intérprete cabe a tarefa de analisar e traduzir documentos produzidos em outra língua, além de transcrever os depoimentos de surdos-mudos, observemos:

O juiz nomeará intérprete ou tradutor quando necessário para:

- traduzir documento redigido em língua estrangeira;
- erter para o português as declarações das partes e das testemunhas que não conhecerem o idioma nacional;
- realizar a interpretação simultânea dos depoimentos das partes e testemunhas com deficiência auditiva que se comuniquem por meio da Língua Brasileira de Sinais, ou equivalente, quando assim for solicitado.

A lei sinaliza que não pode ser intérprete ou tradutor quem:

- não tiver a livre administração de seus bens;
- for arrolado como testemunha ou atuar como perito no processo;
- estiver inabilitado para o exercício da profissão por sentença penal condenatória, enquanto durarem seus efeitos.

O intérprete ou tradutor, oficial ou não, é obrigado a desempenhar seu ofício, aplicando-se lhe o disposto nos arts. 157 e 158.

CONCILIADORES E MEDIADORES JUDICIAIS - ARTS. 165 A 175 DO CPC.

> **NOVIDADE!**
>
> Essa função não estava prevista no CPC/15. Como a autocomposição passou a ser norma fundamental no novo CPC, ela está regrada de forma muito interessante, senão vejamos.

Os tribunais criarão centros judiciários de solução consensual de conflitos, responsáveis pela realização de sessões e audiências de conciliação e mediação e pelo desenvolvimento de programas destinados a auxiliar, orientar e estimular a autocomposição (art. 165 do CPC).

A composição e a organização dos centros serão definidas pelo respectivo tribunal, observadas as normas do Conselho Nacional de Justiça[7].

Vejamos as diferenças entre o **MEDIADOR X CONCILIADOR**

O conciliador, que atuará preferencialmente nos casos em que não houver vínculo anterior entre as partes, poderá sugerir soluções para o litígio, sendo vedada a utilização de qualquer tipo de constrangimento ou intimidação para que as partes conciliem. Por exemplo: duas pessoas que se envolveram num acidente de veículos.

O mediador, que atuará preferencialmente nos casos em que houver vínculo anterior entre as partes, auxiliará aos interessados a compreender as questões e os interesses em conflito, de modo que eles possam, pelo restabelecimento da comunicação, identificar, por si próprios, soluções consensuais que gerem benefícios mútuos. Por exemplo: conflitos familiaristas, entre vizinhos e entre sócios.

A conciliação e a mediação são informadas pelos princípios da:

- independência;
- imparcialidade;
- autonomia da vontade;

7. O CNJ estabelecerá as regras.

- confidencialidade;
- oralidade;
- informalidade;
- decisão informada.

A confidencialidade estende-se a todas as informações produzidas no curso do procedimento, cujo teor não poderá ser utilizado para fim diverso daquele previsto por expressa deliberação das partes.

Em razão do dever de sigilo, inerente às suas funções, o conciliador e o mediador, assim como os membros de suas equipes, não poderão divulgar ou depor acerca de fatos ou elementos oriundos da conciliação ou da mediação.

LEMBRE!

Admite-se a aplicação de técnicas negociais, com o objetivo de proporcionar ambiente favorável à autocomposição.

A mediação e a conciliação serão regidas conforme a livre autonomia dos interessados, inclusive no que diz respeito à definição das regras procedimentais. Essa autonomia se faz indispensável!

Os conciliadores, os mediadores e as câmaras privadas de conciliação e mediação serão inscritos em cadastro nacional e em cadastro de tribunal de justiça ou de tribunal regional federal, que manterá registro de profissionais habilitados, com indicação de sua área profissional.

Preenchendo o requisito da capacitação mínima, por meio de curso realizado por entidade credenciada, conforme parâmetro curricular definido pelo Conselho Nacional de Justiça em conjunto com o Ministério da Justiça, o conciliador ou o mediador, com o respectivo certificado, poderá requerer sua inscrição no cadastro nacional e no cadastro de tribunal de justiça ou de tribunal regional federal.

Efetivado o registro, que poderá ser precedido de concurso público, o tribunal remeterá ao diretor do foro da comarca, seção ou subseção judiciária onde atuará o conciliador ou o mediador os dados necessários para que seu nome passe a constar da respectiva lista, a ser observada na distribuição alternada e aleatória, respeitado o princípio da igualdade dentro da mesma área de atuação profissional.

Do credenciamento das câmaras e do cadastro de conciliadores e mediadores constarão todos os dados relevantes para a sua atuação, tais como o número de processos de que participou, o sucesso ou insucesso da atividade, a matéria sobre a qual versou a controvérsia, bem como outros dados que o tribunal julgar relevantes.

ATENÇÃO!

Os conciliadores e mediadores judiciais cadastrados, se advogados, estarão impedidos de exercer a advocacia nos juízos em que desempenhem suas funções.

O tribunal poderá optar pela criação de quadro próprio de conciliadores e mediadores, a ser preenchido por concurso público de provas e títulos.

As partes podem escolher, de comum acordo, o conciliador, o mediador ou a câmara privada de conciliação e de mediação.

O conciliador ou mediador escolhido pelas partes poderá ou não estar cadastrado no tribunal. A lei concede a referida possibilidade.

Inexistindo acordo quanto à escolha do mediador ou conciliador, haverá distribuição entre aqueles cadastrados no registro do tribunal, observada a respectiva formação. Sempre que recomendável, haverá a designação de mais de um mediador ou conciliador.

Ressalvada a hipótese do art. 167, § 6º, o conciliador e o mediador receberão pelo seu trabalho remuneração prevista em tabela fixada pelo tribunal, conforme parâmetros estabelecidos pelo Conselho Nacional de Justiça.

A lei sinaliza que a mediação e a conciliação podem ser realizadas como trabalho voluntário, observada a legislação pertinente e a regulamentação do tribunal.

Os tribunais determinarão o percentual de audiências não remuneradas que deverão ser suportadas pelas câmaras privadas de conciliação e mediação, com o fim de atender aos processos em que deferida gratuidade da justiça, como contrapartida de seu credenciamento.

No caso de impedimento, o conciliador ou mediador o comunicará imediatamente, de preferência por meio eletrônico, e devolverá os autos ao juiz do processo ou ao coordenador do centro judiciário de solução de conflitos, devendo este realizar nova distribuição.

CUIDADO!

Se a causa de impedimento for apurada quando já iniciado o procedimento, a atividade será interrompida, lavrando-se ata com relatório do ocorrido e solicitação de distribuição para novo conciliador ou mediador.

No caso de impossibilidade temporária do exercício da função, o conciliador ou mediador informará o fato ao centro, preferencialmente por meio eletrônico, para que, durante o período em que perdurar a impossibilidade, não haja novas distribuições.

O conciliador e o mediador ficam impedidos, pelo prazo de 1 (um) ano, contado do término da última audiência em que atuaram, de assessorar, representar ou patrocinar qualquer das partes (art. 172 do CPC).

ANOTE!

Será excluído do cadastro de conciliadores e mediadores aquele que:

- agir com dolo ou culpa na condução da conciliação ou da mediação sob sua responsabilidade ou violar qualquer dos deveres decorrentes do art. 166, §§ 1º e 2º;
- atuar em procedimento de mediação ou conciliação, apesar de impedido ou suspeito.

Os casos previstos acima serão apurados em processo administrativo.

O juiz do processo ou o juiz coordenador do centro de conciliação e mediação, se houver, verificando atuação inadequada do mediador ou conciliador, poderá afastá-lo de suas atividades por até 180 (cento e oitenta) dias, por decisão fundamentada, informando o fato imediatamente ao tribunal para instauração do respectivo processo administrativo.

☺ GRANDE NOVIDADE!

A União, os Estados, o Distrito Federal e os Municípios criarão câmaras de mediação e conciliação, com atribuições relacionadas à solução consensual de conflitos no âmbito administrativo, tais como:

- dirimir conflitos envolvendo órgãos e entidades da administração pública;
- avaliar a admissibilidade dos pedidos de resolução de conflitos, por meio de conciliação, no âmbito da administração pública;
- promover, quando couber, a celebração de termo de ajustamento de conduta.

11.4. MINISTÉRIO PÚBLICO, ADVOCACIA PÚBLICA E DEFENSORIA PÚBLICA

Ministério Público

De acordo com o art. 127 da CF, o **Ministério Público** é instituição permanente, essencial à função jurisdicional do Estado, incumbindo-lhe a:

- defesa da ordem jurídica;
- do regime democrático;
- dos interesses sociais e individuais indisponíveis.

São princípios institucionais do Ministério Público **a unidade, a indivisibilidade e a independência funcional.**

Ao Ministério Público é assegurada autonomia funcional e administrativa, podendo, observado o disposto no art. 169, propor ao Poder Legislativo a criação e extinção de seus cargos e serviços auxiliares, provendo-os por concurso público de provas ou de provas e títulos, a política remuneratória e os planos de carreira; a lei disporá sobre sua organização e funcionamento.

ATENÇÃO!

O Ministério Público, como órgão do Estado, exerce junto ao Poder Judiciário, a tutela dos interesses sociais e individuais indisponíveis (art. 127, CF).

O Ministério Público atuará, como já dito, na defesa da ordem jurídica, do regime democrático e dos interesses e direitos sociais e individuais indisponíveis.

Ele exercerá o direito de ação em conformidade com suas atribuições constitucionais, acima indicadas.

Quanto ao seu papel no processo civil, exerce o direito de demandar, seja como parte principal, seja como substituto processual.

O Ministério Público poderá atuar no processo ora como parte ora como fiscal do ordenamento jurídico.

Saliente-se que o Ministério Público será intimado para, no prazo de **30 (trinta) dias,** intervir como fiscal da ordem jurídica nas hipóteses previstas em lei ou na Constituição Federal e nos processos que envolvam:

- interesse público **ou social;**
- interesse de **incapaz;**
- litígios coletivos pela posse de terra rural ou urbana.

O CPC dá novos contornos à intervenção do *Parquet*. Perceba que ele **não será mais intimado para atuar em todas as causas que envolvam o estado das pessoas, exceto se houver interesse de incapaz.**

Ademais, participação da Fazenda Pública não configura, por si só, hipótese de intervenção do Ministério Público. **Não esqueça!**

Nos casos de intervenção como fiscal da ordem jurídica, o Ministério Público:

- terá vista dos autos depois das partes, sendo intimado de todos os atos do processo;
- poderá produzir provas, requerer as medidas processuais pertinentes e recorrer.

À luz do disposto no artigo 279 do Código de Processo Civil, configurar-se-á a nulidade do processo civil, quando obrigatória à intervenção do Ministério Público, se a parte não lhe promover intimação, *in verbis*:

> Art. 279. É nulo o processo quando o membro do Ministério Público não for intimado a acompanhar o feito em que deva intervir.
>
> § 1º Se o processo tiver tramitado sem conhecimento do membro do Ministério Público, o juiz invalidará os atos praticados a partir do momento em que ele deveria ter sido intimado.
>
> § 2º A nulidade só pode ser decretada após a intimação do Ministério Público, que se manifestará sobre a existência ou a inexistência de prejuízo.

Observe-se que no CPC/15 foi feita uma importante ressalva quanto à nulidade dos atos naqueles casos, uma vez que a lei determina que a nulidade só será decretada depois que o membro do MP for intimado para se manifestar sobre a existência ou não do prejuízo.

Entendemos mais que razoável a disposição, a qual já era abraçada pelo STJ.

☺ MAIS DICAS!

O Ministério Público gozará de prazo em dobro para manifestar-se nos autos, que terá início a partir de sua intimação pessoal, nos termos do art. 183, § 1º.

A sua **intimação pessoal** se dará por carga, remessa ou por meio eletrônico.

Findo o prazo para manifestação do Ministério Público sem o oferecimento de parecer, o juiz requisitará os autos e dará andamento ao processo.

Não se aplica o benefício da contagem em dobro quando a lei estabelecer, de forma expressa, prazo próprio para o Ministério Público, ou seja, um prazo diferenciado para o *Parquet*.

NOTE BEM!

O membro do Ministério Público será civil e regressivamente responsável quando agir com **dolo ou fraude** no exercício de suas funções. Essa é a disposição do art. 181 do CPC.

DICA!

Revisa os artigos 176 a 181 do CPC.

ATENÇÃO!

Não deixe de conferir as Súmulas 99, 594 e 601 do STJ:

> 99 - O Ministério Público tem legitimidade para recorrer no processo em que oficiou como fiscal da lei, ainda que não haja recurso da parte.
>
> 594 - O Ministério Público tem legitimidade ativa para ajuizar ação de alimentos em proveito de criança ou adolescente independentemente do exercício do poder familiar dos pais, ou do fato de o menor se encontrar nas situações de risco descritas no art. 98 do Estatuto da Criança e do Adolescente, ou de quaisquer outros questionamentos acerca da existência ou eficiência da Defensoria Pública na comarca. Segunda Seção, aprovada em 25/10/2017, DJe 6/11/2017. (Informativo n. 614).
>
> 601- O Ministério Público tem legitimidade ativa para atuar na defesa de direitos difusos, coletivos e individuais homogêneos dos consumidores, ainda que decorrentes da prestação de serviço público.

Mais um julgado importante:

> O termo inicial da contagem do prazo para impugnar decisão judicial é, para o Ministério Público, a data da entrega dos autos na repartição administrativa do órgão, sendo irrelevante que a intimação pessoal tenha se dado em audiência, em cartório ou por mandado. REsp 1.349.935-SE, Rel. Min. Rogério Schietti Cruz, Terceira Seção, por maioria, julgado em 23/8/2017, DJe 14/9/2017. (Tema 959).

Advocacia-Geral da União

De acordo com o artigo 131 da CF/88, a Advocacia-Geral da União é a instituição que, diretamente ou através de órgão vinculado, representa a União, judicial e extrajudicialmente, cabendo-lhe, nos termos da lei complementar que dispuser sobre sua organização e funcionamento, as atividades de consultoria e assessoramento jurídico do Poder Executivo.

A Advocacia-Geral da União tem por chefe o Advogado-Geral da União, de livre nomeação pelo Presidente da República dentre cidadãos maiores de trinta e cinco anos, de notável saber jurídico e reputação ilibada.

O ingresso nas classes iniciais das carreiras da instituição de que trata este artigo far-se-á mediante concurso público de provas e títulos.

Na execução da dívida ativa de natureza tributária, a representação da União cabe à Procuradoria-Geral da Fazenda Nacional, observado o disposto em lei.

Incumbe à Advocacia Pública, na forma da lei, defender e promover os interesses públicos da União, dos Estados, do Distrito Federal e dos Municípios, por meio da representação judicial, em todos os âmbitos federativos, das pessoas jurídicas de direito público que integram a administração direta e indireta.

A União, os Estados, o Distrito Federal, os Municípios e suas respectivas autarquias e fundações de direito público gozarão de prazo em dobro para todas as suas manifestações processuais, cuja contagem terá início a partir da intimação pessoal.

A intimação pessoal far-se-á por carga, remessa ou meio eletrônico (art. 183, parágrafo 1º, do CPC).

ATENÇÃO!

Não se aplica o benefício da contagem em dobro quando a lei estabelecer, de forma expressa, prazo próprio para o ente público. Eis o que se visualiza no prazo para os embargos à execução. O prazo da Fazenda já é diferenciado, qual seja: 30 dias.

O membro da Advocacia Pública será civil e regressivamente responsável quando agir com **dolo ou fraude** no exercício de suas funções.

DICA!

Revisar os arts. 182 a 184 do CPC/15.

Procuradoria-Geral do Estado

Consoante reza o artigo 132 da CF/88, alterado através da EC 45/04, **os Procuradores dos Estados e do Distrito Federal,** organizados em carreira, na qual o ingresso dependerá de concurso público de provas e títulos, com a participação da Ordem dos Advogados do Brasil em todas as suas fases, exercerão a representação judicial e a consultoria jurídica das respectivas unidades federadas.

Aos procuradores referidos acima é assegurada estabilidade após três anos de efetivo exercício, mediante avaliação de desempenho perante os órgãos próprios, após relatório circunstanciado das corregedorias.

Defensoria Pública

Dispõe o art. 134 da carga magna que a **Defensoria Pública** é instituição permanente, essencial à função jurisdicional do Estado, incumbindo-lhe, como expressão e instrumento do regime democrático, fundamentalmente, a orientação jurídica, a promoção dos direitos humanos e a defesa, em todos os graus, judicial e extrajudicial, **dos direitos individuais e coletivos**, de forma integral e gratuita, aos necessitados, na forma do inciso LXXIV, do art. 5º, da Constituição Federal.

A lei complementar organizará a Defensoria Pública da União e do Distrito Federal e dos Territórios e prescreverá normas gerais para sua organização nos Estados, em cargos de carreira, providos, na classe inicial, mediante concurso público de provas e títulos, assegurada a seus integrantes a garantia da inamovibilidade e vedado o exercício da advocacia fora das atribuições institucionais.

A defensoria não estava disposta no CPC/73. O CPC/15 regula suas disposições ao logo de todo texto, especialmente nos arts. 185 a 187.

A Defensoria Pública exercerá a orientação jurídica, a promoção dos direitos humanos e a defesa dos direitos individuais e coletivos dos necessitados, em todos os graus, de forma integral e gratuita.

A Defensoria Pública gozará de prazo em dobro para todas as suas manifestações processuais. O prazo tem início com a intimação pessoal do defensor público, nos termos do art. 183, § 1º.

A requerimento da Defensoria Pública, o juiz determinará a intimação pessoal da parte patrocinada quando o ato processual depender de providência ou informação que somente por ela possa ser realizada ou prestada.

A disposição acima aplica-se aos escritórios de prática jurídica das faculdades de Direito reconhecidas na forma da lei e às entidades que prestam assistência jurídica gratuita em razão de convênios firmados com a Defensoria Pública.

Não se aplica o benefício da contagem em dobro quando a lei estabelecer, de forma expressa, prazo próprio para a Defensoria Pública.

O membro da Defensoria Pública será civil e regressivamente responsável quando agir com **dolo ou fraude** no exercício de suas funções.

DICA!

Revise os arts. 185 a 187 do CPC.

Como decidiu o STJ:

> **Súmula nº 421 do STJ** – Os honorários advocatícios não são devidos à Defensoria Pública quando ela atua contra a pessoa jurídica de direito público à qual pertença.

Advocacia

O advogado[8] desempenha uma função fundamental na sociedade. De acordo com o art. 133 do texto constitucional, o advogado é indispensável à administração da justiça, sendo inviolável por seus atos e manifestações no exercício da profissão, nos limites da lei.

Sua função está regulada pela Lei nº 8.906/94.

Os artigos 103 a 107 do CPC são imprescindíveis para seu estudo, senão vejamos.

COMENTÁRIOS AOS ARTS. 103 A 107 DO CPC

A parte será representada em juízo por advogado regularmente inscrito na Ordem dos Advogados do Brasil[9].

É lícito à parte postular em causa própria quando tiver habilitação legal. O advogado não está obrigado a se valer dos serviços de outro profissional.

Ao advogado não será admitido a postular em juízo sem procuração, salvo para evitar preclusão, decadência ou prescrição, ou para praticar ato considerado urgente.

> **ATENÇÃO!**
>
> Em tais hipóteses excepcionais o advogado deverá, **independentemente de caução,** ou seja, do oferecimento de uma garantia, exibir a procuração no prazo de 15 (quinze) dias, prorrogável por igual período por despacho do juiz.

---

8. Não esqueça de que os advogados (públicos ou privados) e os membros do Ministério Público possuem capacidade postulatória, técnica ou judiciária.

9. De acordo com o Enunciado 8 do FPPC (arts. 85, § 18, 1.026, § 3º, III): fica superado o enunciado 453 da súmula do STJ após a entrada em vigor do CPC (*"Os honorários sucumbenciais, quando omitidos em decisão transitada em julgado, não podem ser cobrados em execução ou em ação própria"*). *(Grupo: Ordem dos Processos no Tribunal, Teoria Geral dos Recursos, Apelação e Agravo).*

O ato não ratificado será considerado **ineficaz** relativamente àquele em cujo nome foi praticado, respondendo o advogado pelas despesas e por perdas e danos.

Tratemos da PROCURAÇÃO!

A procuração geral para o foro, outorgada por instrumento público ou particular assinado pela parte, habilita o advogado a praticar todos os atos do processo, exceto receber citação, confessar, reconhecer a procedência do pedido, transigir, desistir, renunciar ao direito sobre o qual se funda a ação, receber, dar quitação, firmar compromisso e assinar declaração de hipossuficiência econômica, que devem constar de cláusula específica (art. 105 do CPC).

A procuração pode ser assinada digitalmente, na forma da lei, qual seja, a lei 11.419/06.

A procuração deverá conter o nome do advogado, seu número de inscrição na Ordem dos Advogados do Brasil e endereço completo. Diga-se endereço eletrônico e não eletrônico.

SIGA COMIGO!

Dispõe o art. 287 do CPC/15 que a petição inicial deve vir acompanhada de procuração, que conterá os endereços do advogado, eletrônico e não eletrônico.

Dispensa-se a juntada da procuração:

- no caso previsto no art. 104, a qual foi mencionada acima;
- se a parte estiver representada pela Defensoria Pública;
- se a representação decorrer diretamente de norma prevista na Constituição Federal ou em lei.

Se o outorgado integrar sociedade de advogados, a procuração também deverá conter o nome dessa, seu número de registro na Ordem dos Advogados do Brasil e endereço completo.

Salvo disposição expressa em sentido contrário constante do próprio instrumento, a procuração outorgada na fase de conhecimento é eficaz para todas as fases do processo, inclusive para o cumprimento de sentença.

Quando postular em causa própria, incumbe ao advogado (art. 106 do CPC):

- declarar, na petição inicial ou na contestação, o endereço, seu número de inscrição na Ordem dos Advogados do Brasil e o nome da sociedade de advogados da qual participa, para o recebimento de intimações;
- comunicar ao juízo qualquer mudança de endereço.

Se o advogado descumprir a ordem de declaração do seu endereço e demais exigências do art. 106, inciso I, o juiz ordenará que se supra a omissão, no prazo de 5 (cinco) dias, antes de determinar a citação do réu, sob pena de indeferimento da petição.

Se o advogado não comunicar ao juízo a mudança de endereço, serão consideradas válidas as intimações enviadas por carta registrada ou meio eletrônico ao endereço constante dos autos.

ATENÇÃO!

A procuração pode ser assinada digitalmente com base em certificado emitido por autoridade certificadora credenciada, na forma da lei específica.

Conforme preceitua o artigo 107, o advogado tem direito de:

- examinar, em cartório de fórum e secretaria de tribunal, mesmo sem procuração, autos de qualquer processo, independentemente da fase de tramitação, assegurados a obtenção de cópias e o registro de anotações, salvo na hipótese de segredo de justiça, nas quais apenas o advogado constituído terá acesso aos autos; a Lei 13.793/19 acrescenta um parágrafo ao referido artigo para contemplar, expressamente, a incidência da regra, em comento, aos processos eletrônicos[10].

- requerer, como procurador, vista dos autos de qualquer processo, pelo prazo de 5 (cinco) dias;
- retirar os autos do cartório ou da secretaria, pelo prazo legal, sempre que neles lhe couber falar por determinação do juiz, nos casos previstos em lei.

Ao receber os autos, o advogado assinará carga em livro ou documento próprio.

ANOTE!

Sendo o prazo comum às partes, os procuradores poderão retirar os autos somente em conjunto ou mediante prévio ajuste, por petição nos autos.

Na hipótese acima é lícito ao procurador retirar os autos para obtenção de cópias, pelo prazo de 2 (duas) a 6 (seis) horas[11], independentemente de ajuste e sem prejuízo da continuidade do prazo.

Alguns dos Auxiliares

Perito

Escrivão/diretor de secretaria

Intérprete

Depositário

Administrador

Oficial de justiça

10. Lei 13.793/19 - Acrescenta um parágrafo 5º ao art. 107 do CPC: "§5º O disposto no inciso I do **caput** deste artigo aplica-se integralmente a processos eletrônicos.".

11. No CPC/73 o prazo não poderia exceder 1 hora.

MINISTÉRIO PÚBLICO	ADVOGADOS	DEFENSORIA PÚBLICA
Quanto ao seu papel no processo civil, exerce o direito de demandar, seja como parte principal, seja como substituto processual.	O advogado[12] desempenha uma função fundamental na sociedade. De acordo com o art. 133 do texto constitucional, o advogado é indispensável à	A Defensoria Pública exercerá a orientação jurídica, a promoção dos direitos humanos e a defesa dos direitos
O Ministério Público poderá atuar no processo ora como parte ora como fiscal da ordem jurídica.	administração da justiça, sendo inviolável por seus atos e manifestações no exercício da profissão, nos limites da lei.	individuais e coletivos dos necessitados, em todos os graus, de forma integral e gratuita.

12. Não esqueça que os advogados (públicos ou privados) e os membros do Ministério Público possuem capacidade postulatória, técnica ou judiciária.

12

GRATUIDADE DA JUSTIÇA

O *caput* do art. 98 do CPC/15 dispõe sobre aqueles que podem ser beneficiários da justiça gratuita:

> "Art. 98. A pessoa natural ou jurídica, brasileira ou estrangeira, com insuficiência de recursos para pagar as custas, as despesas processuais e os honorários advocatícios tem direito à gratuidade da justiça, na forma da lei".

A gratuidade da justiça compreende:

- as taxas ou as custas judiciais;
- os selos postais;
- as despesas com publicação na imprensa oficial, dispensando-se a publicação em outros meios;
- a indenização devida à testemunha que, quando empregada, receberá do empregador salário integral, como se em serviço estivesse;
- as despesas com a realização de exame de código genético – DNA e de outros exames considerados essenciais;
- os honorários do advogado e do perito e a remuneração do intérprete ou do tradutor nomeado para apresentação de versão em português de documento redigido em língua estrangeira;
- o custo com a elaboração de memória de cálculo, quando exigida para instauração da execução;

- os depósitos previstos em lei para interposição de recurso, para propositura de ação e para a prática de outros atos processuais inerentes ao exercício da ampla defesa e do contraditório;
- os emolumentos devidos a notários ou registradores em decorrência da prática de registro, averbação ou qualquer outro ato notarial necessário à efetivação de decisão judicial ou à continuidade de processo judicial no qual o benefício tenha sido concedido.

ATENÇÃO!

A concessão de gratuidade não afasta a responsabilidade do beneficiário pelas despesas processuais e pelos honorários advocatícios decorrentes de sua sucumbência.

CONTINUEMOS!

Vencido o beneficiário, as obrigações decorrentes de sua sucumbência ficarão sob condição suspensiva de exigibilidade e somente poderão ser executadas se, nos 5 (cinco) anos subsequentes ao trânsito em julgado da decisão que as certificou, o credor demonstrar que deixou de existir a situação de insuficiência de recursos que justificou a concessão de gratuidade, extinguindo-se, passado esse prazo, tais obrigações do beneficiário (art. 98, parágrafo 3º, do CPC).

A concessão de gratuidade não afasta o dever de o beneficiário pagar, ao final, as multas processuais que lhe sejam impostas.

NOVIDADE!

A gratuidade poderá ser concedida em relação a algum ou a todos os atos processuais, ou consistir na redução percentual de despesas processuais que o beneficiário tiver de adiantar no curso do procedimento, ou seja, ela poderá ser parcial (art. 98, parágrafo 5º, do CPC).

Conforme o caso, o juiz poderá conceder direito ao parcelamento de despesas processuais que o beneficiário tiver de adiantar no curso do procedimento. Assim, o juiz poderá não conceder a gratuidade, mas determinar o parcelamento das despesas processuais. Recomenda-se que o juiz se utilize da proporcionalidade na hora de tomar a decisão em tela.

Regras sobre o pedido de Gratuidade

O pedido de gratuidade da justiça pode ser formulado na petição inicial, na contestação, na petição para ingresso de terceiro no processo ou em recurso.

Como decidiu o STJ:

> AGRAVO INTERNO NO AGRAVO EM RECURSO ESPECIAL. ASSISTÊNCIA JUDICIÁRIA. GRATUITA. DESNECESSIDADE DE REITERAÇÃO DO PEDIDO. CADASTROS RESTRITIVOS. INCLUSÃO INDEVIDA. DANOS MORAIS. REVISÃO DO QUANTUM INDENIZATÓRIO. INCIDÊNCIA DA SUMULA 7/STJ. HONORÁRIOS ADVOCATÍCIOS. REQUERIMENTO DE MAJORAÇÃO. NECESSIDADE DE REVOLVIMENTO FÁTICO-PROBATÓRIO. SÚMULA N. 7. HONORÁRIOS SUCUMBENCIAIS RECURSAIS. NÃO CABIMENTO. AGRAVO INTERNO NÃO PROVIDO. 1. Desnecessária a reiteração do pedido de assistência judiciária na instância especial, porquanto, uma vez concedido, o benefício da gratuidade da justiça prevalecerá em todas as instâncias e para todos os atos do processo, nos termos do art. 9º da Lei 1.060/50. 2. A alteração da indenização por dano moral apenas é possível quando o quantum arbitrado nas instâncias originárias se revelar irrisório ou exorbitante. Não estando configurada uma dessas hipóteses, não cabe examinar a justiça do valor fixado na indenização, uma vez que tal análise demanda incursão à seara fático-probatória dos autos, atraindo a incidência da Súmula 7/STJ. 3. Em sede de recurso especial, não é possível rever os critérios adotados pelo julgador na fixação dos honorários advocatícios, por importar o reexame de matéria fático-probatória. A incidência da Súmula 7/STJ somente pode ser afastada quando o valor fixado for exorbitante ou irrisório, o que não ocorre no caso dos autos. 4. Negado provimento ao agravo em recurso especial interposto pelo ora recorrente, não se justifica a majoração dos honorários advocatícios sucumbenciais no grau recursal desta instância superior.
>
> 5. Agravo interno não provido.

Mais um julgado de 2018 para você!

Benefício de gratuidade de justiça. Estrangeiro não residente no território nacional. Art. 2º da Lei n. 1.060/1950[1]. Revogado pelo CPC/2015. **A gratuidade da justiça passou a poder ser concedida a estrangeiro não residente no Brasil após a entrada em vigor do CPC/2015.** Pet 9.815-DF, Rel. Min. Luis Felipe Salomão, por unanimidade, julgado em 29/11/2017, DJe 15/03/2018.

Se superveniente à primeira manifestação da parte na instância, o pedido poderá ser formulado por petição simples, nos autos do próprio processo, e não suspenderá seu curso.

O juiz somente poderá indeferir o pedido se houver nos autos elementos que evidenciem a falta dos pressupostos legais para a concessão de gratuidade, devendo, antes de indeferir o pedido, determinar à parte a comprovação do preenchimento dos referidos pressupostos. Exige-se, portanto, a concretização do contraditório antes da decisão do juiz.

Presume-se verdadeira a alegação de insuficiência deduzida exclusivamente por pessoa natural.

★ MUITO IMPORTANTE!

A assistência do requerente por advogado particular não impede a concessão de gratuidade da justiça (art. 99, parágrafo 4º, do CPC).

Observe-se que o recurso que verse exclusivamente sobre valor de honorários de sucumbência fixados em favor do advogado de beneficiário estará sujeito a preparo, salvo se o próprio advogado demonstrar que tem direito à gratuidade.

O direito à gratuidade da justiça é pessoal, não se estendendo a litisconsorte ou a sucessor do beneficiário, salvo requerimento e deferimento expressos.

Requerida a concessão de gratuidade da justiça em recurso, o recorrente estará dispensado de comprovar o recolhimento do preparo,

1. O artigo 1072, III, revoga apenas parte das normas da Lei 1060/50, especificamente os arts. 2º/7º, 11, 12 e 17.

incumbindo ao relator, neste caso, apreciar o requerimento e, se indeferi-lo, fixar prazo para realização do recolhimento.

Deferido o pedido, a parte contrária poderá oferecer impugnação na contestação, na réplica, nas contrarrazões de recurso ou, nos casos de pedido superveniente ou formulado por terceiro, por meio de petição simples, a ser apresentada no prazo de 15 (quinze) dias, nos autos do próprio processo, sem suspensão de seu curso.

CUIDADO!

Revogado o benefício, a parte arcará com as despesas processuais que tiver deixado de adiantar e pagará, em caso de má-fé, até o décuplo de seu valor a título de multa, que será revertida em benefício da Fazenda Pública estadual ou federal e poderá ser inscrita em dívida ativa.

RECORRIBILIDADE!

Contra a decisão que indeferir a gratuidade ou a que acolher pedido de sua revogação caberá agravo de instrumento, exceto quando a questão for resolvida na sentença, contra a qual caberá apelação.

O recorrente estará dispensado do recolhimento de custas até decisão do relator sobre a questão, preliminarmente ao julgamento do recurso.

Confirmada a denegação ou a revogação da gratuidade, o relator ou o órgão colegiado determinará ao recorrente o recolhimento das custas processuais, no prazo de 5 (cinco) dias, sob pena de não conhecimento do recurso.

Sobrevindo o trânsito em julgado de decisão que revoga a gratuidade, a parte deverá efetuar o recolhimento de todas as despesas de cujo adiantamento foi dispensada, inclusive as relativas ao recurso interposto, se houver, no prazo fixado pelo juiz, sem prejuízo de aplicação das sanções previstas em lei.

Não efetuado o recolhimento, o processo será extinto sem resolução de mérito, tratando-se do autor, e, nos demais casos, não poderá ser deferida a realização de nenhum ato ou diligência requerida pela parte enquanto não efetuado o depósito.

Por fim, vejamos alguns Enunciados do FPPC sobre o tema:

> 245 - "O fato de a parte, pessoa natural ou jurídica, estar assistida por advogado particular não impede a concessão da justiça gratuita na Justiça do Trabalho."
>
> 246 - " Dispensa-se o preparo do recurso quando houver pedido de justiça gratuita em sede recursal, consoante art. 99, §6º, aplicável ao processo do trabalho. Se o pedido for indeferido, deve ser fixado prazo para o recorrente realizar o recolhimento."
>
> 623 - "O deferimento de gratuidade de justiça não afasta a imposição de multas processuais, mas apenas dispensa sua exigência como condição para interposição de recursos."
>
> 624 - "As regras que dispõem sobre a gratuidade da justiça e sua impugnação são aplicáveis ao procedimento de mediação e conciliação judicial."

13

LITISCONSÓRCIO

13.1. CONCEITO

Dá-se o **litisconsórcio** quando duas ou mais pessoas litigam, no mesmo processo (art. 113 CPC), ou seja, quando há mais de um autor e/ou mais de um réu, havendo comunhão de interesses, isto é, quando entre elas houver comunhão de direitos ou de obrigações relativamente à demanda, por exemplo, solidariedade, composse, condomínio etc.; entre as causas houver conexão pelo objeto ou pela causa de pedir (art. 55, CPC); ocorrer afinidade de questões por um ponto comum de fato ou de direito, ou seja, os direitos ou as obrigações derivarem do mesmo fundamento de fato ou de direito, por exemplo, *questão de direito*: ação de revisão de benefício movida em conjunto por vários aposentados; *questão de fato*: ação de indenização movida conjuntamente por condôminos de um mesmo prédio.

13.2. ESPÉCIES

Quanto à posição dos sujeitos

Quanto aos sujeitos, o litisconsórcio pode ser considerado **ativo**, **passivo** ou **misto**.

Havendo pluralidade de partes no polo ativo, o litisconsórcio será chamado ativo. Se a pluralidade de partes se der no polo passivo, formado estará o litisconsórcio passivo. Existindo mais de um autor e mais de um réu, no mesmo processo, o litisconsórcio será denominado misto.

AUTOR NO MESMO PROCESSO → LITISCONSÓRCIO ATIVO.

RÉU NO MESMO PROCESSO → LITISCONSÓRCIO PASSIVO.

Em relação ao momento de sua formação

Quando a própria petição inicial já relaciona os diversos autores que integrarão o polo ativo ou os vários réus que deverão figurar no polo passivo, o litisconsórcio formado será **inicial.**

Se, por outro lado, o litisconsórcio formar-se posteriormente, por requerimento de alguma parte ou determinação do juiz, será chamado de **incidental** ou **ulterior.**

Quanto à obrigatoriedade de sua formação

Se for obrigatória a formação do litisconsórcio, sob pena de o feito não prosseguir, será chamado de **necessário** ou **obrigatório.** Fora dessa necessidade, o litisconsórcio será **facultativo ou voluntário.**

A lei determina que será necessária a formação de litisconsórcio quando decorrer de disposição legal ou em razão da natureza da relação jurídica.

No primeiro caso, temos como exemplo a determinação constante do art. 73 do CPC, que prevê a obrigatoriedade de, tanto o marido como a mulher, bem como, companheiros, que figurarem como réus em ações que versem sobre direito real imobiliário, por exemplo.

Na segunda hipótese, podemos citar as ações em que se busca a declaração de nulidade ou ineficácia de algum contrato, nas quais se exige a participação de todos aqueles que figuram como partes no contrato, em face da relação jurídica existente entre eles.

A formação do litisconsórcio necessário deve ser fiscalizada pelo juiz, que deverá determinar ao autor que promova o aditamento da petição inicial e a citação de todos os litisconsortes necessários, sob pena de extinção do feito (CPC, art. 115, parágrafo único).

A sentença de mérito, quando proferida sem a integração do contraditório, será:

I – **nula**, se a decisão deveria ser uniforme em relação a todos que deveriam ter integrado o processo;

II – **ineficaz**, nos outros casos, apenas para os que não foram citados.

Nos casos de litisconsórcio passivo necessário, o juiz determinará ao autor que requeira a citação de todos que devam ser litisconsortes, dentro do prazo que assinar, sob pena de extinção do processo.

A formação do **litisconsórcio facultativo**, por sua vez, decorre exclusivamente da iniciativa das partes, que ao invés de propor várias ações contra um réu ou réus diferentes, em face, por exemplo, de conexão existente entre as ações, desde já está autorizado a reuni-las e mover uma única ação contra todos.

Tratando-se de **litisconsórcio facultativo**, se o número de litigantes, seja no polo ativo ou no polo passivo, comprometer a rápida solução do litígio ou dificultar a defesa, poderá o juiz limitá-lo a um número razoável.

Observe:

O juiz poderá limitar o litisconsórcio facultativo quanto ao número de litigantes na fase de conhecimento, na liquidação de sentença ou na execução, quando este comprometer a rápida solução do litígio ou dificultar a defesa ou o cumprimento da sentença.

O requerimento de limitação interrompe o prazo para manifestação ou resposta, que recomeçará da intimação da decisão que o solucionar.

Da decisão acima será cabível a interposição de agravo de instrumento no prazo de 15 dias úteis.

Quanto à uniformidade da decisão

Se a decisão não precisar ser única para todos os litisconsortes, **simples** será considerado o litisconsórcio.

O **litisconsórcio simples** será, ora necessário, ora facultativo. Em regra, o litisconsórcio simples será facultativo. Porém, na ação de usucapião, por exemplo, será necessária a presença no polo passivo tanto dos confinantes do imóvel quando daquele cujo nome consta como proprietário no registro de imóveis; a decisão, no entanto, evidentemente será distinta para ambos, pois apenas o proprietário poderá ter retirado seu nome do cadastro imobiliário e não mais ser considerado dono do bem.

Tratando-se **de litisconsórcio simples,** cada litisconsorte será considerado litigante distinto da parte adversa, uma vez que a decisão não precisa ser uniforme para todos. Assim, os atos e omissões de um, não prejudicarão ou beneficiarão os outros.

A contestação apresentada por um dos litisconsortes, sendo o litisconsórcio simples, não aproveitará aos demais que não contestaram, que serão considerados revéis e contra eles incidirão os efeitos da revelia. Observe-se que os efeitos da revelia serão aplicáveis se as matérias de defesa de um não puderem se estender aos outros.

O litisconsórcio, por outro lado, será **unitário**, quando a decisão for idêntica para todos.

Não devemos confundir o litisconsórcio unitário com o litisconsórcio necessário.

Embora não seja a regra geral, é possível existir litisconsórcio necessário que não seja unitário (como no exemplo citado da ação de usucapião em que o litisconsórcio será necessário e simples). Normalmente, se o juiz deve decidir a lide de modo uniforme para todos os litisconsortes, o litisconsórcio também será necessário pela natureza da relação jurídica.

Como exemplo de litisconsórcio unitário não necessário, podemos citar também o do coproprietário que pode defender a posse do imóvel esbulhado por terceiro, sem que os demais proprietários necessitem participar do processo.

A ação de anulação de casamento proposta pelo MP, no entanto, é casuística típica de litisconsórcio necessário unitário, pois deverá ser movida contra o marido e a mulher, e a decisão necessariamente será uniforme para ambos.

Tratando-se de litisconsórcio unitário, os atos praticados por um dos litisconsortes, como provas e recursos, aproveitarão os demais, uma vez que a decisão será uniforme para todos. Neste caso, não se dará os efeitos da revelia quando apenas um dos litisconsortes contestar a demanda, em tela.

Vejamos mais regras descomplicadas!

Duas ou mais pessoas podem litigar, no mesmo processo, em conjunto, ativa ou passivamente, quando:

- entre elas houver comunhão de direitos ou de obrigações relativamente à lide;
- entre as causas houver conexão pelo pedido ou pela causa de pedir;
- ocorrer afinidade de questões por ponto comum de fato ou de direito.

Tais hipóteses são intituladas de litisconsórcio facultativo ou voluntário.

ATENÇÃO!

O juiz poderá limitar o litisconsórcio facultativo quanto ao número de litigantes na fase de conhecimento, na liquidação de sentença ou na execução, quando este comprometer a rápida solução do litígio ou dificultar a defesa ou o cumprimento da sentença.

Vale lembrar que o requerimento de limitação **interrompe o prazo** para manifestação ou resposta, que recomeçará da intimação da decisão que o solucionar.

O litisconsórcio será necessário por disposição de lei ou quando, pela natureza da relação jurídica controvertida, a eficácia da sentença depender da citação de todos que devam ser litisconsortes. Nestes casos, o juiz não poderá controlar o número de litisconsortes.

CUIDADO!

A sentença de mérito, quando proferida sem a integração do contraditório, será:

- nula, se a decisão deveria ser uniforme em relação a todos que deveriam ter integrado o processo;
- ineficaz, nos outros casos, apenas para os que não foram citados.

QUESTÃO CERTA DE PROVA!

Nos casos de litisconsórcio passivo necessário, o juiz determinará ao autor que requeira a citação de todos que devam ser litisconsortes, dentro do prazo que assinar, sob pena de extinção do processo.

O litisconsórcio será unitário quando, pela natureza da relação jurídica, o juiz tiver de decidir o mérito de modo uniforme para todos os litisconsortes.

Ademais, os litisconsortes serão considerados, em suas relações com a parte adversa, como litigantes distintos, exceto no litisconsórcio unitário, caso em que os atos e as omissões de um não prejudicarão os outros, mas os poderão beneficiar.

Por fim, cada litisconsorte tem o direito de promover o andamento do processo, e todos devem ser intimados dos respectivos atos.

Como decidiu o STF:

> Súmula 641: Não se conta em dobro o prazo para recorrer, quando só um dos litisconsortes haja sucumbido.

Para repassar, queridos!

ATIVO, PASSIVO OU MISTO	INICIAL OU ULTERIOR/ POSTERIOR
Ativo é o litisconsórcio que se forma com a presença de mais de um autor. Passivo se estabelece com a presença de mais de um réu. Já o misto é aquele que se forma com a presença de mais de um autor e réu na mesma demanda.	Inicial é aquele que se forma no instante da propositura da demanda. Já o posterior é aquele que se forma depois de proposta a demanda. Ele é excepcional.

14

INTERVENÇÃO DE TERCEIROS

14.1. NOÇÕES INICIAIS

A princípio, a sentença proferida num processo só deve atingir (favorecer ou prejudicar) as partes (autor e réu).

Todavia, há situações em que a decisão tomada num processo tem reflexo em outra relação jurídica de direito material, estendendo indiretamente os efeitos da sentença a terceira pessoa estranha à relação jurídica processual originária.

Portanto, é basilar perceber que a correta compreensão das intervenções de terceiros passa, necessariamente, pela constatação de que haverá sempre um vínculo entre o terceiro, o objeto litigioso do processo e a relação jurídica material deduzida.

TERCEIRO INTERESSADO → INTERESSE JURÍDICO

Assim, este "terceiro juridicamente interessado" pode, com o escopo de defender interesse próprio, intervir *voluntariamente* no processo, ou mediante *provocação* de uma das partes.

A intervenção de terceiros consiste no ingresso de terceiro juridicamente interessado em processo pendente, seja de **forma espontânea ou provocada,** em substituição ou em acréscimo às partes originárias.

São modalidades de intervenção de terceiros a assistência, a denunciação à lide, o incidente de desconsideração da personalidade jurídica, o chamamento ao processo. O CPC/15 trata também do *Amicus Curiae*.

No sistema dos juizados especiais, porém, embora se admita o litisconsórcio, não se admite qualquer forma de intervenção de terceiro (Lei 9.099/95, art. 10). Veremos que o CPC/15, no entanto, autoriza, expressamente, a desconsideração da personalidade jurídica no âmbito dos JEC's.

14.2. ESPÉCIES

14.2.1. Assistência

Pendendo causa entre 2 (duas) ou mais pessoas, o terceiro juridicamente interessado em que a sentença seja favorável a uma delas poderá intervir no processo para assisti-la.

O terceiro que tiver interesse jurídico próprio em que a decisão seja positiva a alguma das partes, poderá espontaneamente intervir no processo para assisti-la, uma vez que a sentença a ser proferida poderá influir na relação jurídica que o terceiro tem com alguma das partes.

O assistente, porém, recebe o processo no estado em que estiver, ainda que em grau de recurso, e não poderá alterar a causa de pedir nem o pedido, se pretender auxiliar o autor, ou a contestação, se auxiliar o réu.

A assistência comporta duas espécies, a simples e a litisconsorcial.

Será **simples** quando o assistente tiver relação jurídica com a parte que for assistir.

O assistente simples não poderá obstar que a parte principal reconheça a procedência do pedido, desista da ação ou transija sobre direitos controvertidos. Nestes casos, terminando o processo, cessa a intervenção do assistente.

O assistente simples atuará como auxiliar da parte principal exercerá os mesmos poderes e sujeitar-se-á aos mesmos ônus processuais que o assistido.

Sendo revel ou, de qualquer outro modo, omisso o assistido, o assistente será considerado seu **substituto processual.**

A assistência será chamada de **litisconsorcial**, quando o assistente pretender defender direito próprio em relação ao adversário do assistido.

O assistente litisconsorcial, portanto, tem legitimidade tanto para figurar no polo ativo quanto no polo passivo. Considera-se litisconsorte da parte principal o assistente, toda vez que a sentença houver de influir na relação jurídica entre ele e o adversário do assistido.

O assistente litisconsorcial, por ser titular do direito discutido nos autos, será considerado uma parte diferente e seus poderes não são limitados como os do assistente simples.

Em síntese: considera-se litisconsorte da parte principal o assistente sempre que a sentença influir na relação jurídica entre ele e o adversário do assistido.

ANOTE!

Transitada em julgado a sentença no processo em que interveio o assistente, este não poderá, em processo posterior, discutir a justiça da decisão, salvo se alegar e provar que:

- pelo estado em que recebeu o processo ou pelas declarações e pelos atos do assistido, foi impedido de produzir provas suscetíveis de influir na sentença;
- desconhecia a existência de alegações ou de provas das quais o assistido, por dolo ou culpa, não se valeu.

Procedimento

Não havendo impugnação no prazo de 15 (quinze) dias, o pedido do assistente será deferido, salvo se for caso de rejeição liminar.

Se qualquer parte alegar que falta ao requerente interesse jurídico para intervir, o juiz decidirá o incidente, **sem suspensão do processo.**

14.2.2. Denunciação da Lide

A denunciação da lide é forma de intervenção de terceiros, provocada por iniciativa do autor ou do réu, que será denominado de denunciante, com o objetivo de ver assegurado **eventual direito de regresso** se perder a demanda.

Também tem natureza de ação incidente, pois o denunciante formulará pretensão que ampliará o objeto do processo e deverá ser decidida conjuntamente com a lide originária, em face da relação de prejudicialidade existente entre ambas.

Com efeito, o direito de regresso pleiteado na lide secundária somente será apreciado se o denunciante sucumbir na ação originária, caso em que poderá ser acolhido ou não. Se o denunciante for vencedor na ação principal, a denunciação restará prejudicada; tecnicamente, neste caso, a denunciação será julgada improcedente.

A denunciação somente é admitida em processos de conhecimento, pois a discussão do direito de regresso pode exigir dilação probatória e prolação de decisão condenatória, razão através da qual ela não é cabível em demanda cautelar ou executiva.

Observe-se, no entanto, que, em se tratando de ação que discuta relação de consumo, vedada será a denunciação da lide, a fim de se evitar o retardamento do feito (CDC, art. 88).

O CPC/15 acaba com a celeuma da sua obrigatoriedade[1]. De acordo com o artigo 125, parágrafo § 1º, o direito regressivo será exercido por ação autônoma quando a denunciação da lide for indeferida, deixar de ser promovida ou não for permitida.

Hipóteses de admissibilidade

O art. 125 prevê as hipóteses de admissibilidade da denunciação da lide.

- ao alienante imediato, no processo relativo à coisa cujo domínio foi transferido ao denunciante, a fim de que possa exercer os direitos que da evicção lhe resultam;

1. Com relação à obrigatoriedade da denunciação, ela estava prevista no caput do art. 70 do CPC/73. A jurisprudência majoritária já vinha entendendo que não deve ser considerada obrigatória por ser muito severa a sanção de impedir que o direito de regresso seja pleiteado posteriormente, em ação autônoma.

- àquele que estiver obrigado, por lei ou pelo contrato, a indenizar, em ação regressiva, o prejuízo de quem for vencido no processo.

Denunciações SUCESSIVAS

Admite-se uma única denunciação sucessiva, promovida pelo denunciado, contra seu antecessor imediato na cadeia dominial ou quem seja responsável por indenizá-lo, não podendo o denunciado sucessivo promover nova denunciação, hipótese em que eventual direito de regresso será exercido por ação autônoma.

Procedimento

A denunciação poderá ser requerida pelo autor ou pelo réu. Será requerida pelo autor, por exemplo, quando este pleitear indenização por acidente de trânsito diretamente contra o causador do acidente e não contra a seguradora de seu veículo; neste caso, se desejar, poderá denunciar da lide à seguradora, para que esta seja responsabilizada a pagar o conserto de seu carro caso fique vencido na demanda contra o causador do acidente.

A citação do denunciado será requerida na petição inicial, se o denunciante for autor, ou na contestação, se o denunciante for réu, devendo ser realizada na forma e nos prazos previstos no art. 131.

Feita a denunciação pelo autor, o denunciado poderá assumir a posição de litisconsorte do denunciante e acrescentar novos argumentos à petição inicial, procedendo-se em seguida à citação do réu.

- **Sabrina, e se ela for feita pelo réu?**
- **Vejamos:**

Feita a denunciação pelo réu:

- se o denunciado contestar o pedido formulado pelo autor, o processo prosseguirá tendo, na ação principal, em litisconsórcio, denunciante e denunciado;
- se o denunciado for revel, o denunciante pode deixar de prosseguir com sua defesa, eventualmente oferecida, e abster-se de recorrer, restringindo sua atuação à ação regressiva;

- se o denunciado confessar os fatos alegados pelo autor na ação principal, o denunciante poderá prosseguir com sua defesa ou, aderindo a tal reconhecimento, pedir apenas a procedência da ação de regresso.

Procedente o pedido da ação principal, pode o autor, se for o caso, requerer o cumprimento da sentença também contra o denunciado, nos limites da condenação deste na ação regressiva.

Se o denunciante for vencido na ação principal, o juiz passará ao julgamento da denunciação da lide.

Se o denunciante for vencedor, a ação de denunciação não terá o seu pedido examinado, sem prejuízo da condenação do denunciante ao pagamento das verbas de sucumbência em favor do denunciado.

Sentença

A sentença deverá sempre julgar as duas lides formadas, tanto a principal quando a secundária, decorrente da denunciação. As verbas de sucumbência também deverão ser individualizadas.

Na hipótese de denunciação requerida pelo autor, o mérito da dita denunciação, relativo ao direito de regresso, somente será apreciado se o pedido inicial for tido como improcedente; a denunciação, por sua vez, poderá ser julgada procedente ou improcedente.

No caso contrário, de procedência da ação principal, a denunciação será considerada prejudicada.

No caso de denunciação requerida pelo réu, será considerada prejudicada se o pedido inicial da ação principal for improcedente.

E como regra, somente depois de efetuado o pagamento da indenização fixada na lide principal é que o denunciante poderá voltar-se contra o denunciado, se procedente a denunciação.

14.2.3. Chamamento ao Processo

Eis a intervenção que será utilizada pelo réu nas hipóteses destacadas no art. 130, vejamos:

O art. 130 prevê as seguintes hipóteses de admissibilidade do chamamento ao processo:

- do afiançado, na ação em que o fiador for réu;
- dos demais fiadores, na ação proposta contra um ou alguns deles;
- dos demais devedores solidários, quando o credor exigir de um ou de alguns o pagamento da dívida comum.

O chamamento só é admissível em processos de conhecimento, pois visa à condenação dos coobrigados chamados.

A citação daqueles que devam figurar em litisconsórcio passivo será requerida pelo réu na contestação e deve ser promovida no prazo de 30 (trinta) dias, sob pena de ficar sem efeito o chamamento.

Se o chamado residir em outra comarca, seção ou subseção judiciárias, ou em lugar incerto, o prazo será de 2 (dois) meses.

A sentença de procedência valerá como título executivo em favor do réu que satisfizer a dívida, a fim de que possa exigi-la, por inteiro, do devedor principal, ou, de cada um dos codevedores, a sua quota, na proporção que lhes tocar (art. 132 do CPC).

Como decidiu o STJ:

> Súmula 596: A obrigação alimentar dos avós tem natureza complementar e subsidiária, somente se configurando no caso de impossibilidade total ou parcial de seu cumprimento pelos pais.

14.2.4. Incidente de Desconsideração da Personalidade Jurídica

Esse incidente se presta ao papel de descaracterizar, provisoriamente, a autonomia completa que existe entre pessoa jurídica e as pessoas físicas que a compõem.

O incidente de desconsideração da personalidade jurídica será instaurado a pedido da parte ou do Ministério Público, quando lhe couber intervir no processo (art. 133 do CPC).

O pedido de desconsideração da personalidade jurídica observará os pressupostos previstos em lei, vale dizer o CC/02 ou CDC, conforme o caso. Importante conferir às disposições constantes nos arts. 50 do CC/02 e 28 do CDC.

Aplica-se a disposição aqui mencionada hipótese de desconsideração inversa da personalidade jurídica[2].

A desconsideração inversa compreende a autorização para que se atinja o patrimônio da empresa, por dívidas contraídas por um de seus sócios, vale dizer, é autorizado desconsiderar a autonomia patrimonial da pessoa jurídica, para responsabilizá-la por obrigações assumidas por seus sócios.

O incidente de desconsideração é cabível em todas as fases do processo de conhecimento, no cumprimento de sentença e na execução fundada em título executivo extrajudicial (art.134 do CPC).

A instauração do incidente será imediatamente comunicada ao distribuidor para as anotações devidas.

ATENÇÃO MÁXIMA!

Dispensa-se a instauração do incidente se a desconsideração da personalidade jurídica for requerida na petição inicial, hipótese em que será citado o sócio ou a pessoa jurídica.

DICAS DESCOMPLICADAS

A instauração do incidente suspenderá o processo, salvo na hipótese do art. 134, § 2º.

O requerimento deve demonstrar o preenchimento dos pressupostos legais específicos para desconsideração da personalidade jurídica.

No incidente, o sócio ou a pessoa jurídica será citado para manifestar-se e requerer as provas cabíveis no prazo de 15 (quinze) dias.

---

2. Ele já é utilizado em demandas familiaristas.

Concluída a instrução, se necessária, o incidente será resolvido por decisão interlocutória.

Se a decisão for proferida pelo relator, cabe agravo interno.

Acolhido o pedido de desconsideração, a alienação ou a oneração de bens, havida em fraude de execução, será ineficaz em relação ao requerente.

Como decidiu o STJ:

> Desconsideração inversa da personalidade jurídica. Ação de divórcio. Evidências da intenção de um dos cônjuges de subtrair do outro, direitos oriundos da sociedade afetiva. Aplicação da teoria da asserção. Sócia beneficiada por suposta transferência fraudulenta de cotas sociais por um dos cônjuges. Legitimidade passiva daquela sócia para a ação de divórcio. Existência de pertinência subjetiva. REsp 1.522.142-PR, Rel. Min. Marco Aurélio Bellizze, por unanimidade, julgado em 13/6/2017, DJe 22/6/2017.

14.2.5. *Amicus Curiae*

Amicus curiae é um auxiliar do juízo que pode atuar no processo, quer seja pessoa física ou jurídica, desde que tenha representatividade e possa contribuir para a solução da causa.

Trata-se de uma intervenção estimulada pelo magistrado ou requerida pelo próprio *amicus curiae*, cujo objetivo é o de aprimorar ainda mais as decisões proferidas pelo Poder Judiciário. Ele trará sua carga de conhecimentos para o processo.

Vejamos suas principais disposições:

O juiz ou o relator, considerando a relevância da matéria, a especificidade do tema objeto da demanda ou a repercussão social da controvérsia, poderá, por decisão irrecorrível, de ofício ou a requerimento das partes ou de quem pretenda manifestar-se, solicitar ou admitir a participação de pessoa natural ou jurídica, órgão ou entidade especializada, com representatividade adequada, no prazo de 15 (quinze) dias de sua intimação.

A intervenção, aqui estudada, não implica alteração de competência nem autoriza a interposição de recursos, ressalvadas a oposição de embargos de declaração e a decisão em sede de IRDR.

Caberá ao juiz ou ao relator, na decisão que solicitar ou admitir a intervenção, definir os poderes do *amicus curiae*. Eis uma determinação muito importante.

O *amicus curiae* pode recorrer da decisão que julgar o incidente de resolução de demandas repetitivas.

De acordo com o Enunciado 12 da I jornada de Direito Processual Civil do CJF: "É cabível a intervenção de *amicus curiae* (art. 138 do CPC) no procedimento do Mandado de Injunção (Lei n. 13.300/2016)."

INTERVENÇÕES ESPONTÂNEAS	INTERVENÇÕES PROVOCADAS
É espontânea a seguinte modalidade de intervenção: assistência. Tanto a simples como a litisconsorcial.	As provocadas são as seguintes: chamamento ao processo, incidente de desconsideração e a denunciação da lide.

AMICUS CURIAE	A intervenção não implica alteração de competência nem autoriza a interposição de recursos, ressalvadas a oposição de embargos de declaração e a interposição de recurso em sede de IRDR- Incidente de Resolução de Demandas Repetitivas. Caberá ao juiz ou ao relator, na decisão que solicitar ou admitir a intervenção, definir os poderes do *amicus curiae*.

15

ATOS PROCESSUAIS

Atos processuais são aqueles praticados durante a relação jurídica processual. São as manifestações dos sujeitos no processo.

PROCEDIMENTO → ATOS PROCESSUAIS

São classificados de acordo com o sujeito que o pratica, havendo, portanto, os atos das partes, os atos do juiz, assim como os atos dos auxiliares da justiça.

Quanto **à forma** dos atos processuais, de acordo com o princípio da instrumentalidade das formas, entendamos que os atos são reputados válidos se atingida sua finalidade. Ademais, os atos não dependem de forma determinada, a menos que a lei expressamente a exija.

Os atos processuais, seja de qual forma for, devem ser públicos, correndo em segredo de justiça apenas os processos em que o exigir o interesse público e que digam respeito a casamento, filiação, separação dos cônjuges, conversão desta em divórcio, alimentos e guarda de menores, bem como nas hipóteses elencadas em lei. (CPC, art. 189).

Nestes casos, o direito de consultar os autos e de pedir certidões de seus atos é restrito às partes e seus procuradores, sendo facultado ao terceiro que demonstrar interesse jurídico, apenas a possibilidade de requerer certidão do dispositivo da sentença, bem como de inventário e partilha.

Obrigatório o uso da (língua nacional – portuguesa) em todos os atos e termos do processo. Os documentos redigidos em língua estrangeira somente poderão ser juntados aos autos se acompanhados de versão em língua portuguesa, feita por tradutor juramentado ou que tenha tramitado através da via diplomática (art. 192 do CPC).

15.1. ATOS PROCESSUAIS DAS PARTES

O art. 200 do CPC prevê que os atos das partes consistem em declarações unilaterais ou bilaterais de vontade. Será ato unilateral, por exemplo, a petição inicial e a contestação. Bilateral, por sua vez, é a petição que comunica a celebração de um acordo, subscrita pelas duas partes.

Os atos das partes também são classificados em postulatórios, instrutórios e dispositivos.

Postulatórios são aqueles que expressam a pretensão da parte, como a petição inicial, réplica e os recursos. **Os atos instrutórios são destinados a comprovar as alegações feitas.**

Dispositivos são os atos que podem expressar a submissão de uma parte à pretensão da outra, ou desistência da pretensão formulada, ou ainda eventual transação celebrada pelas partes.

Os atos das partes consistentes em declarações unilaterais ou bilaterais de vontade produzem imediatamente a constituição, modificação ou extinção de direitos processuais.

A desistência da ação só produzirá efeitos após homologação judicial.

As partes poderão exigir recibo de petições, arrazoados, papéis e documentos que entregarem em cartório.

É vedado lançar nos autos cotas marginais ou interlineares, as quais o juiz mandará riscar, impondo a quem as escrever multa correspondente à metade do salário-mínimo (art. 202 do CPC).

15.2. ATOS PROCESSUAIS DO JUIZ

O juiz se manifesta nos autos por meio de sentenças, decisões interlocutórias e despachos. O artigo 203 relaciona os atos decisórios do juiz, vejamos.

Ressalvadas as disposições expressas dos procedimentos especiais, **sentença é o pronunciamento por meio do qual o juiz, com fundamento nos arts. 485 e 487, põe fim à fase cognitiva do procedimento comum, bem como extingue a execução.**

Já a decisão interlocutória é todo pronunciamento judicial de natureza decisória que não se enquadre no de sentença. Ela não é mais resumida como ato decisório que resolve apenas questões incidentais sem por fim ao processo. Ela pode ter mérito por objeto. Eis o que se observa no julgamento antecipado de mérito parcial, previsto no art. 356 do CPC.

São despachos todos os demais pronunciamentos do juiz praticados no processo, de ofício ou a requerimento da parte.

Acórdãos, por sua vez, são as decisões colegiadas proferidas pelos tribunais (art. 204 do CPC).

Alguns atos de movimentação processual independem de despacho do juiz e podem ser praticados até mesmo de ofício pelo escrivão do cartório judicial, como a juntada de petições. Esses atos são chamados de ordinatórios e estão previstos no art. 203, § 4º, do CPC, assim como na Constituição Federal, no art. 93, XIV.

Vejamos a íntegra do dispositivo:

> "**Os atos meramente ordinatórios**, como a juntada e a vista obrigatória, independem de despacho, devendo ser praticados de ofício pelo servidor e revistos pelo juiz quando necessário."

De acordo com art. 205 os despachos, as decisões, as sentenças e os acórdãos serão redigidos, datados e assinados pelos juízes.

Quando os pronunciamentos forem proferidos oralmente, o servidor os documentará, submetendo-os aos juízes para revisão e assinatura.

A assinatura dos juízes, em todos os graus de jurisdição, pode ser feita eletronicamente, na forma da lei[1].

1. A Lei 11.419/2006 insere no ordenamento jurídico as disposições do processo eletrônico.

NÃO ESQUEÇA!

Os despachos, as decisões interlocutórias, o dispositivo das sentenças e a ementa dos acórdãos serão publicados no Diário de Justiça Eletrônico.

15.3. ATOS PROCESSUAIS DOS AUXILIARES

Os atos do escrivão (diretor do cartório ou secretaria) e dos escreventes, auxiliares e oficiais de justiça estão previstos nos artigos 206 a 211 e destinam-se a documentar, registrar e comunicar os atos processuais praticados pela parte ou pelo juiz.

Conheçamos algumas noções descomplicadas.

Ao receber a petição inicial de processo, o escrivão ou o chefe de secretaria a autuará, mencionando o juízo, a natureza do processo, o número de seu registro, os nomes das partes e a data de seu início, e procederá do mesmo modo em relação aos volumes em formação.

O escrivão ou o chefe de secretaria numerará e rubricará todas as folhas dos autos. À parte, ao procurador, ao membro do Ministério Público, ao defensor público e aos auxiliares da justiça é facultado rubricar as folhas correspondentes aos atos em que intervierem.

Os termos de juntada, vista, conclusão e outros semelhantes constarão de notas datadas e rubricadas pelo escrivão ou pelo chefe de secretaria.

Os atos e os termos do processo serão assinados pelas pessoas que neles intervierem, todavia, quando essas não puderem ou não quiserem firmá-los, o escrivão ou o chefe de secretaria certificará a ocorrência.

ANOTE!

Quando se tratar de processo total ou parcialmente documentado em autos eletrônicos, os atos processuais praticados na presença do juiz poderão ser produzidos e armazenados de modo integralmente digital em arquivo eletrônico inviolável, na forma da lei, mediante registro em termo, que será assinado digitalmente pelo juiz e pelo escrivão ou chefe de secretaria, bem como pelos advogados das partes.

Eventuais contradições na transcrição deverão ser suscitadas oralmente no momento de realização do ato, sob pena de preclusão, devendo o juiz decidir de plano e ordenar o registro, no termo, da alegação e da decisão.

De acordo com o texto do art. 210 do CPC, é lícito o uso da taquigrafia, da estenotipia ou de outro método idôneo em qualquer juízo ou tribunal.

Não se admitem nos atos e termos processuais espaços em branco, salvo os que forem inutilizados, assim como entrelinhas, emendas ou rasuras, exceto quando expressamente ressalvadas (art. 211 do CPC).

15.4. TEMPO DOS ATOS PROCESSUAIS

Os atos serão praticados em dias úteis, das 06 às 20 horas, podendo haver prorrogação para conclusão dos atos iniciados antes do final do expediente (CPC, art. 212).

Entretanto, os atos processuais que dependam de protocolo só poderão ser praticados dentro do horário de expediente forense de cada órgão jurisdicional.

Os Juizados Especiais, porém, poderão funcionar em horário noturno (Lei 9.099/95, art. 12).

Durante as férias não serão praticados atos processuais, com exceção da das citações, intimações e penhoras, bem como tutelas de urgência (art. 214, CPC).

Os procedimentos indicados nos incisos do art. 215 do CPC também tramitam durante as férias, são eles: os procedimentos de jurisdição voluntária e os necessários à conservação de direitos, quando puderem ser prejudicados pelo adiamento; – a ação de alimentos e os processos de nomeação ou remoção de tutor e curador; – os processos que a lei determinar.

NOVIDADE!

Além dos declarados em lei, são feriados, para efeito forense, os **sábados,** os domingos e os dias em que não haja expediente forense.

15.5. LUGAR DOS ATOS PROCESSUAIS

Os atos processuais são realizados, em regra, na sede do juízo (cartório ou vara judicial em que tramita o processo).

O art. 217, no entanto, autoriza que seja efetuado em outro lugar, em virtude do interesse da justiça (por meio de cartas precatórias, por exemplo) ou em face da função que exerce a pessoa que precisa ser ouvida no processo (depoimento do Presidente da República, por exemplo), ou ainda em face de obstáculo arguido pelo interessado e acolhido pelo juiz, como nos casos de oitiva de testemunha enferma e que não pode se locomover, ocasião em que o depoimento será colhido no local onde estiver.

MAIS DICAS SOBRE A FORMA DOS ATOS

Os atos e os termos processuais independem de forma determinada, salvo quando a lei expressamente a exigir, considerando-se válidos os que, realizados de outro modo, lhe preencham a finalidade essencial. Eis o que chamamos de **INSTRUMENTALIDADE DAS FORMAS (art. 188 do CPC).**

Os atos processuais são públicos, todavia tramitam em segredo de justiça os processos:

- em que o exija o interesse público ou social;
- que versem sobre casamento, separação de corpos, divórcio, separação, união estável, filiação, alimentos e guarda de crianças e adolescentes;
- em que constem dados protegidos pelo direito constitucional à intimidade;
- que versem sobre arbitragem, inclusive sobre cumprimento de carta arbitral, desde que a confidencialidade estipulada na arbitragem seja comprovada perante o juízo.

CUIDADO!

O direito de consultar os autos de processo que tramite em segredo de justiça e de pedir certidões de seus atos é restrito às partes e aos seus procuradores.

O terceiro que demonstrar interesse jurídico pode requerer ao juiz certidão do dispositivo da sentença, bem como de inventário e de partilha resultantes de divórcio ou separação.

Em todos os atos e termos do processo é obrigatório o uso da língua portuguesa.

O documento redigido em língua estrangeira somente poderá ser juntado aos autos quando acompanhado de versão para a língua portuguesa tramitada por via diplomática ou pela autoridade central, ou firmada por tradutor juramentado, como já visto.

15.6. NEGÓCIOS JURÍDICOS PROCESSUAIS

Uma das inovações previstas no novo Código de Processo Civil é o que tem sido denominado "Negócio Jurídico Processual", definido nos artigos 190 e 191, dentre outras, que nada mais é do que reflexo da flexibilização do processo civil, por meio de acordo entre as partes.[2]

Eis uma decorrência de um sistema que prestigia a autonomia da vontade e empodera a atuação dos sujeitos parciais do processo.

Registre-se que no CPC/73 já havia alguns negócios processuais típicos. A regulamentação era mais singela e estreita a determinados atos processuais, tais como: suspensão convencionada do processo e adiamento combinado da data de realização da audiência.

Já no CPC/15, a regulamentação foi ampliada. Passa-se a permitir a celebração de negócios jurídicos atípicos. Autoriza-se à celebração dos mais diversos negócios processuais. Uma verdadeira abertura do sistema. Entendemos que essa regulamentação objetiva estabelecer novos paradigmas ao modelo processual brasileiro.

---

2. Para aprofundamento do tema recomendamos a obra coletiva da editora Juspodivm, intitulada Negócios Jurídicos Processuais.

De acordo com Leonardo Carneiro da Cunha[3]:

> "além dos negócios típicos, é possível que as partes pactuem negócios que não se encaixem nos tipos legais, estruturando-os de modo à atender às suas conveniências e necessidades. O negócio é engendrado pelas partes, não havendo detalhamento legal."

Segundo Luiz Rodriguez Wambier[4]:

> "A grande inovação do CPC de 2015 **consiste em criar uma inovadora modalidade de procedimento, que podemos classificar de especialíssima: a que deriva de negócios jurídicos processuais, por convenção das partes, de modo bilateral e no plano** contratual; ou, ainda, de acordo das partes, celebrado em juízo e de maneira mais complexa, para estabelecer o procedimento, no âmbito endoprocessual."

Afasta-se o modelo processual engessado a um procedimento exclusivo, o qual estava previsto em lei para permitir que as partes ajustem, conforme seus interesses e realidade dos seus casos concretos, as normas processuais que lhe sejam mais adequadas e convenientes. Com a chegada do Estado Democrático de Direito, fortalece-se a partição mais ativa dos sujeitos que compõe o cenário processual.

Nessa toada, o artigo 190 do CPC/15 estabelece que, versando o processo sobre direitos que admitam autocomposição, é lícito às partes plenamente capazes estipular mudanças no procedimento para ajustá-lo às especificidades da causa e convencionar sobre os seus ônus, poderes, faculdades e deveres processuais, antes ou durante o processo. É cláusula geral de negociação. Entendemos que essa cláusula figura como uma verdadeira norma fundamental.

Observe-se que a celebração dos negócios processuais está vinculada ao preenchimento de diversos requisitos, quais sejam: a plena capacidade das partes, bem como a natureza do direito, o qual deve ser

---

3. CUNHA, Leonardo Carneiro. **Negócios jurídicos processuais no processo civil brasileiro.** Negócios Processuais. 2º edição. ed. Salvador: Juspodivm, pg. 44.
4. WAMBIER, Luiz Rodrigues. BASILIO, Ana Tereza. **O negócio processual: Inovação do Novo CPC. Disponível em:** http://www.migalhas.com.br/dePeso/16,MI228542,31047-O+negocio+processual+Inovacao+do+Novo+CPC. Acesso: 15.jan.2017.

de cunho patrimonial. Razoavelmente, foram estabelecidos limites para a sua celebração.

De ofício ou a requerimento, o juiz controlará a validade das convenções previstas no artigo acima indicado, recusando-lhes aplicação somente nos casos de nulidade ou de inserção abusiva em contrato de adesão ou em que alguma parte se encontre em manifesta situação de vulnerabilidade.

Assim, apresenta-se para o juiz um grande desafio. Regra geral, ele deverá aceitar as convenções, no entanto, tem a competência e o exímio dever de controla-las. Esse controle encontra, por seu turno, alguns contornos, senão vejamos: a existência de nulidades, inserção abusiva em contrato de adesão ou, ainda, a presença de uma parte que se encontre em posição vulnerável.

Há quem entenda que a adoção de tais normas estaria privatizando o processo de forma desmedida. Ousamos discordar, uma vez que o CPC permite ao juiz o controle de validade das multicitadas convenções.

Para Humberto Theodoro Jr[5]:

"a possibilidade de as partes convencionarem sobre ônus, deveres e faculdades deve limitar-se aos seus poderes processuais, sobre os quais têm disponibilidade, jamais podendo atingir aqueles conferidos ao juiz. Assim, não é dado às partes, por exemplo, vetar a iniciativa de prova do juiz, ou o controle dos pressupostos processuais e das condições da ação, e nem qualquer outra atribuição que envolva matéria de ordem pública inerente à função judicante".

O modelo, acima indicado, já é bastante comum nas arbitragens comerciais em que, a despeito dos regulamentos das Câmaras de Arbitragem, permitir-se-á o estabelecimento de alguns prazos e procedimentos. As partes, por seu turno, em conjunto com os árbitros eleitos, acordam um cronograma provisório em que se permite estabelecer os prazos dos mais variados, bem como regras procedimentais.

5. THEODORO JR., HUMBERTO. **Curso de direito processual civil**, vol. 1, 56.ed., Rio de Janeiro: Forense, 2015, p. 470.

Em decorrência do valor maior *liberdade humana*, surge entre os processualistas o princípio do autorregramento da vontade no processo, que nada mais é do que, guardadas as devidas proporções a seguir esclarecidas, a autonomia privada, a **autodeterminação do direito material civil.**

É claro que a negociação processual sofre contornos distintos por se implementar em um ambiente de atividade jurisdicional (pública). Desde logo, não há razão para impedir que a liberalidade humana, em sua potencial expressão, deixe de ser considerada dentro do processo civil, afinal de contas vivemos em um Estado Democrático de Direito pautado e guiado pelo postulado da dignidade humana.

De acordo com o Enunciado 17 do CJF, "A Fazenda Pública pode celebrar convenção processual, nos termos do art. 190 do CPC."

JÁ OUVIU FALAR DO CALENDÁRIO PROCESSUAL – ART. 191 DO CPC?

Ademais, de comum acordo, o juiz e as partes podem fixar calendário para a prática dos atos processuais, quando for o caso. Eis o que chamamos de calendário processual.

O calendário vincula as partes e o juiz, e os prazos nele previstos somente serão modificados em casos excepcionais, devidamente justificados.

Dispensa-se a intimação das partes para a prática de ato processual ou a realização de audiência cujas datas tiverem sido designadas no calendário.

15.7. PRÁTICA ELETRÔNICA DE ATOS PROCESSUAIS

Os atos processuais podem ser total ou parcialmente digitais, de forma a permitir que sejam produzidos, comunicados, armazenados e validados por meio eletrônico, na forma da lei – art. 193 do CPC.

Os sistemas de automação processual respeitarão a publicidade dos atos, o acesso e a participação das partes e de seus procuradores, inclusive nas audiências e sessões de julgamento, observadas as garantias da disponibilidade, independência da plataforma computacional, acessibilidade e interoperabilidade dos sistemas, serviços, dados e informações que o Poder Judiciário administre no exercício de suas funções.

O registro de ato processual eletrônico deverá ser feito em padrões abertos, que atenderão aos requisitos:

- de autenticidade;
- integridade;
- temporalidade;
- não repúdio;
- conservação.

E nos casos que tramitem em segredo de justiça, confidencialidade, será observada a infraestrutura de chaves públicas unificadas nacionalmente, nos termos da lei.

Estabelece-se a competência ao Conselho Nacional de Justiça e, supletivamente, aos tribunais, de regulamentar a prática e a comunicação oficial de atos processuais por meio eletrônico e velar pela compatibilidade dos sistemas, disciplinando a incorporação progressiva de novos avanços tecnológicos e editando, para esse fim, os atos que forem necessários, respeitadas as normas fundamentais deste Código.

Nessa toada, os tribunais divulgarão as informações constantes de seu sistema de automação em página própria na rede mundial de computadores, gozando a divulgação de presunção de veracidade e confiabilidade.

Por fim, nos casos de problema técnico do sistema e de erro ou omissão do auxiliar da justiça responsável pelo registro dos andamentos, poderá ser configurada a justa causa prevista no art. 223, *caput,* e § 1º do CPC.

★ IMPORTANTE!

Para garantir a isonomia substancial, as unidades do Poder Judiciário deverão manter gratuitamente, à disposição dos interessados, equipamentos necessários à prática de atos processuais e à consulta e ao acesso ao sistema e aos documentos dele constantes. No entanto, será admitida a prática de atos por meio não eletrônico no local onde não estiverem disponibilizados os equipamentos acima indicados.

De acordo com o disposto no art. 198 do CPC, as unidades do Poder Judiciário assegurarão às pessoas com deficiência acessibilidade aos seus sítios na rede mundial de computadores, ao meio eletrônico de prática de atos judiciais, à comunicação eletrônica dos atos processuais e à assinatura eletrônica.

ANOTE!

As disposições acima se aplicam no que for cabível, à prática de atos notariais e de registro.

16

PRAZOS

16.1. NOÇÕES INICIAIS

O processo externa-se como uma sequência concatenada de atos, desde a petição inicial até o ato-fim, que é a sentença, podendo prosseguir em segundo grau de jurisdição havendo interposição de recurso.

Com o fito de proibir o prolongamento interminável da marcha processual, a lei estabelece prazos dentro dos quais os atos devem ser praticados, quer para as partes, quer para o juiz e auxiliares da justiça.

Prazo pode ser compreendido como lapso de tempo destinado à prática de um ato processual.

PRAZO → TEMPO PARA PRATICAR UM ATO PROCESSUAL.

Todos os atos processuais são realizados em determinados prazos, previstos na lei ou fixados pelo juiz.

16.2. CLASSIFICAÇÃO DOS PRAZOS

Os prazos são assim classificados:

a) *Prazos legais*. **São aqueles previstos em lei e que, em regra, não podem ser alterados pela parte ou mesmo pelo juiz, como o prazo de apresentação da contestação, por exemplo.**

b) *Prazos judiciais*. Quando a lei for omissa, caberá ao juiz fixar os prazos para a prática dos autos, tendo em conta a complexidade da causa (CPC, art. 218).

c) *Prazos convencionais*. O CPC autoriza que as partes possam fixar prazos processuais. Nestas hipóteses, tal prazo é denominado de convencional. A título de exemplo, as partes poderão fixar o prazo de suspensão do processo, nos termos do art. 313, inciso II, do CPC. Porém, esse prazo não poderá exceder seis meses.

d) *Prazos comuns*. São os prazos concedidos simultaneamente a ambas as partes do processo. Neste caso, a menos que haja convenção, nenhuma das partes poderá retirar os autos do cartório, exceto para cópia, como já estudado. Será comum, por exemplo, o prazo de recurso contra uma sentença que julgou parcialmente procedente o pedido inicial, pois todos terão interesse de impugná-la.

Cumpre observar, no caso dos prazos comum, que não há que se falar em retirada dos autos em cartório, quando o processo for eletrônico.

e) *Prazos particulares*. Os prazos particulares são aqueles que fluem em favor de apenas uma das partes. Nestes casos, é possível a retirada dos autos de cartório pela parte, para consulta. Sendo estabelecido o prazo exclusivamente em seu favor, a parte também poderá renunciá-lo, nos termos do art. 225 do CPC.

O CPC/15 exige que a renúncia de prazo, por quaisquer das partes, seja EXPRESSA.

f) *Prazos próprios*. Próprios são os prazos que a parte tem para a prática de determinado ato, sob pena de perda da faculdade de praticá-lo (preclusão).

g) *Prazos impróprios*. Impróprios são os prazos do juiz, do representante do Ministério Público (quando atuar como fiscal do ordenamento jurídico), e dos auxiliares do juízo. A falta de observância de prazo impróprio previsto para a prática do ato não impede que seja praticado a destempo, apenas acarretando sanções disciplinares àquele que não o observar, sem justificativa plausível.

h) *Prazos dilatórios.* Os prazos dilatórios podem ser reduzidos ou prorrogados, por convenção entre as partes ou pelo juiz, por motivação fundamentada. O requerimento de prorrogação ou redução do prazo, porém, somente poderá ser feito antes do vencimento do prazo originalmente.

i) *Prazos peremptórios.* Os prazos peremptórios, no entanto, não podem ser, regra geral, reduzidos ou prorrogados. No entanto, o CPC amplia o poder do juiz quanto aos prazos, como já vimos.

Observações importantes:

Quando a lei ou o juiz não determinar prazo, as intimações somente obrigarão a comparecimento após **decorridas 48 (quarenta e oito) horas.**

Inexistindo preceito legal ou prazo determinado pelo juiz, será de **5 (cinco) dias** o prazo para a prática de ato processual a cargo da parte (art. 218, parágrafo 3º, do CPC).

Nos termos do parágrafo 4º, do art. 218, do CPC, os atos praticados ANTES do prazo são tempestivos. Com essa disposição, restou cancelada a Súmula 418 do STJ.

16.3. FORMA DE CONTAGEM DOS PRAZOS

Para a contagem dos prazos processuais, exclui-se o dia do começo e inclui-se o dia do vencimento, salvo disposição em contrário.

Regra básica!

Exclua o dia do início e inclua o dia do final.

Caindo o dia do vencimento em feriado ou dia que não houver expediente forense ou for ele encerrado antes do normal, considera-se prorrogado até o próximo dia útil (CPC, art. 224).

ANOTE!

Os dias do começo e do vencimento do prazo serão protraídos para o primeiro dia útil seguinte, se coincidirem com dia em que o expediente forense for encerrado antes ou iniciado depois da hora normal ou houver indisponibilidade da comunicação eletrônica.

Considera-se como data de publicação o primeiro dia útil seguinte ao da disponibilização da informação no Diário da Justiça eletrônico.

A contagem do prazo terá início no primeiro dia útil que seguir ao da publicação.

Saliente-se que o representante da Fazenda Pública e o representante do Ministério Público, assim como o Defensor Público, serão sempre intimados pessoalmente.

Quando a decisão é publicada em audiência, considera-se intimada a parte na data em que se realizou a audiência (CPC, art. 1003, § 1º).

Se a intimação for feita por publicação no Diário de Justiça Eletrônico – DJE, considerar-se-á como data da publicação o primeiro dia útil seguinte ao da disponibilização da informação. Os prazos processuais, por seu turno, terão início no primeiro dia útil que seguir àquele considerado como data da publicação (Lei 11.419/06, art. 4º, §§ 3º e 4º).

No CPC/15, na contagem de prazo em dias, estabelecido por lei ou pelo juiz, computar-se-ão somente os dias úteis. (art. 219).

Reza o Enunciado 19 do CJF que: "O prazo em dias úteis previsto no art. 219 do CPC aplica-se também aos procedimentos regidos pelas Leis n. 9.099/1995, 10.259/2001 e 12.153/2009."

Há, no entanto, Enunciado do FONAJE, em sentido contrário. O enunciado 165 dispõe: "Nos Juizados Especiais Cíveis, todos os prazos serão contados de forma contínua."

Em que pese à existência de enunciado do FONAJE, a Lei 13.728/18, passou a determinar que a contagem dos prazos nos juizados especiais cíveis em dias úteis. A referida lei acrescentou ao texto da 9.099/95 o art. 12-A, senão vejamos: "Na contagem de prazo em dias, estabelecido por lei ou pelo juiz, para a prática de qualquer ato processual, inclusive para a interposição de recursos, computar-se-ão somente os dias úteis."

CUIDADO!

As disposições aplicam-se somente aos prazos processuais e aos prazos em dias.

PARA DESCOMPLICAR!

- Como já visto, será considerado tempestivo o ato praticado antes do termo inicial do prazo. Regra que prestigia a norma fundamental da primazia do julgamento de mérito.
- Suspende-se o curso do prazo processual nos dias compreendidos entre 20 de dezembro e 20 de janeiro, inclusive (art. 220 do CPC/15).
- Ressalvadas as férias individuais e os feriados instituídos por lei, os juízes, os membros do Ministério Público, da Defensoria Pública e da Advocacia Pública e os auxiliares da Justiça exercerão suas atribuições normalmente.
- Há enunciado do CJF que defende a interpretação extensiva do dispositivo acima, senão vejamos:
- Enunciado 21: "A suspensão dos prazos processuais prevista no *caput* do art. 220 do CPC estende-se ao Ministério Público, à Defensoria Pública e à Advocacia Pública."
- Durante a suspensão do prazo, não se realizarão audiências nem sessões de julgamento.

Suspende-se o curso do prazo por obstáculo criado em detrimento da parte ou ocorrendo qualquer das hipóteses do art. 313, devendo o prazo ser restituído por tempo igual ao que faltava para sua complementação.

Paralisam-se, ainda, o curso dos prazos durante a execução de programa instituído pelo Poder Judiciário para promover a autocomposição, incumbindo aos tribunais especificar, com antecedência, a duração dos trabalhos. Observe-se que se trata de mais uma regra, a qual visa estimular as práticas da mediação e conciliação.

Na comarca, seção ou subseção judiciária onde for difícil o transporte, o juiz poderá prorrogar os prazos por até 2 (dois) meses.

Sabe-se que ao juiz é vedado reduzir prazos peremptórios sem anuência das partes.

Havendo calamidade pública, o limite previsto no *caput* para prorrogação de prazos poderá ser excedido.

Decorrido o prazo, extingue-se o direito de praticar ou de emendar o ato processual, independentemente de declaração judicial, ficando assegurado, porém, à parte provar que não o realizou por justa causa.

Considera-se justa causa o evento alheio à vontade da parte e que a impediu de praticar o ato por si ou por mandatário.

Constatada a justa causa, o juiz permitirá à parte a prática do ato no prazo que lhe assinar.

16.4. MAIS DICAS DE PRAZO

O juiz proferirá:

- os despachos no prazo de 5 (cinco) dias;
- as decisões interlocutórias no prazo de 10 (dez) dias;
- as sentenças no prazo de 30 (trinta) dias (art. 226 do CPC).

CUIDADO!

Em qualquer grau de jurisdição, havendo motivo justificado, pode o juiz exceder, por igual tempo, os prazos a que está submetido (art. 227 do CPC).

Dentre as tarefas confiadas ao serventuário, a lei processual destaca sua função de remeter os autos conclusos no prazo de 1 (um) dia e executar os atos processuais no prazo de 5 (cinco) dias, contado da data em que:

- houver concluído o ato processual anterior, se lhe foi imposto pela lei;
- tiver ciência da ordem, quando determinada pelo juiz.

Ao receber os autos, o serventuário certificará o dia e a hora em que teve ciência da ordem referida acima.

INFORMATIZAÇÃO DO PROCESSO!

Nos processos em autos eletrônicos, a juntada de petições ou de manifestações em geral ocorrerá de forma automática, independentemente de ato de serventuário da justiça.

ATENÇÃO MÁXIMA:

Os litisconsortes que tiverem diferentes procuradores, de escritórios de advocacia distintos, terão prazos contados em dobro para todas as suas manifestações, em qualquer juízo ou tribunal, independentemente de requerimento.

Cessa a contagem do prazo em dobro se, havendo apenas 2 (dois) réus, é oferecida defesa por apenas um deles.

Não se aplica a disposição do art. 229 do CPC aos processos em autos eletrônicos. Não há carga dos autos, logo, a regra se torna desnecessária, como aludido em linhas supra.

O curso do prazo para a parte, o procurador, a Advocacia Pública, a Defensoria Pública e o Ministério Público será contado da citação, da intimação ou da notificação.

Salvo disposição em sentido diverso, considera-se dia do começo do prazo (art. 231 do CPC):

- a data de juntada aos autos do aviso de recebimento, quando a citação ou a intimação for pelo correio;
- a data de juntada aos autos do mandado cumprido, quando a citação ou a intimação for por oficial de justiça;

- a data de ocorrência da citação ou da intimação, quando ela se der por ato do escrivão ou do chefe de secretaria;
- o dia útil seguinte ao fim da dilação assinada pelo juiz, quando a citação ou a intimação for por edital;
- o dia útil seguinte à consulta ao teor da citação ou da intimação ou ao término do prazo para que a consulta se dê, quando a citação ou a intimação for eletrônica;
- a data de juntada do comunicado de que trata o art. 232 ou, não havendo esse, a data de juntada da carta aos autos de origem devidamente cumprida, quando a citação ou a intimação se realizar em cumprimento de carta;
- a data de publicação, quando a intimação se der pelo Diário da Justiça impresso ou eletrônico;
- o dia da carga, quando a intimação se der por meio da retirada dos autos, em carga, do cartório ou da secretaria.

Havendo mais de um intimado, o prazo para cada um é contado individualmente.

Quando o ato tiver de ser praticado diretamente pela parte ou por quem, de qualquer forma, participe do processo, sem a intermediação de representante judicial, o dia do começo do prazo para cumprimento da determinação judicial corresponderá à data em que se der a comunicação.

Nos atos de comunicação por carta precatória, rogatória ou de ordem, a realização da citação ou da intimação será imediatamente informada, por meio eletrônico, pelo juiz deprecado ao juiz deprecante.

16.5. VERIFICAÇÃO DOS PRAZOS E DAS PENALIDADES

É tarefa do juiz verificar se o serventuário excedeu, sem motivo legítimo, os prazos estabelecidos em lei.

Se for verificada a falta, o juiz ordenará a instauração de processo administrativo, na forma da lei.

Cumpre destacar que qualquer das partes, o Ministério Público ou a Defensoria Pública poderá representar ao juiz contra o serventuário que injustificadamente exceder os prazos previstos em lei.

Nos termos do art. 234 do CPC, os advogados públicos ou privados, o defensor público e o membro do Ministério Público devem restituir os autos no prazo do ato a ser praticado.

É lícito a qualquer interessado exigir os autos do advogado que exceder prazo legal.

Se, intimado, o advogado não devolver os autos no prazo de 3 (três) dias, perderá o direito à vista fora de cartório e incorrerá em multa correspondente à metade do salário-mínimo.

Verificada a falta, o juiz comunicará o fato à seção local da Ordem dos Advogados do Brasil para procedimento disciplinar e imposição de multa.

Se a situação envolver membro do Ministério Público, da Defensoria Pública ou da Advocacia Pública, a multa, se for o caso, será aplicada ao agente público responsável pelo ato.

Verificada a falta, o juiz comunicará o fato ao órgão competente responsável pela instauração de procedimento disciplinar contra o membro que atuou no feito.

Na mesma medida, qualquer parte, o Ministério Público ou a Defensoria Pública poderá representar ao corregedor do tribunal ou ao Conselho Nacional de Justiça contra juiz ou relator que injustificadamente exceder os prazos previstos em lei, regulamento ou regimento interno. Eis o disposto no artigo 235 do CPC/15.

Salienta o texto processual que distribuída a representação ao órgão competente e ouvido previamente o juiz, não sendo caso de arquivamento liminar, será instaurado procedimento para apuração da responsabilidade, com intimação do representado por meio eletrônico para, querendo, apresentar justificativa no prazo de 15 (quinze) dias.

Sem prejuízo das sanções administrativas cabíveis, em até 48 (quarenta e oito) horas após a apresentação ou não da justificativa de que trata o § 1º, se for o caso, o corregedor do tribunal ou o relator no Conselho Nacional de Justiça determinará a intimação do representado por meio eletrônico para que, em 10 (dez) dias, pratique o ato.

Por fim, mantida a inércia, os autos serão remetidos ao substituto legal do juiz ou do relator contra o qual se representou para decisão em 10 (dez) dias.

Como decidiu o STJ:

Intimação eletrônica precedida de intimação no DJe. Contagem de prazo. Prevalência da intimação eletrônica. Exegese do art. 5º da Lei n. 11.419/2006. Na hipótese de duplicidade de intimações, prevalece a intimação eletrônica sobre aquela realizada por meio do DJe. AgInt no AREsp 903.091-RJ, Rel. Min. Paulo de Tarso Sanseverino, por unanimidade, julgado em 16/3/2017, DJe 27/3/2017.

16.6. PRECLUSÃO

Preclusão é a perda do direito de praticar o ato processual.

São espécies de preclusão:

a) *Preclusão temporal.* É a perda da faculdade processual de praticar o ato pelo decurso do prazo estipulado pela lei ou pelo juiz. Portanto, não sendo apresentado recurso no prazo previsto em lei, não mais poderá a parte apresentá-lo, pois preclusa estará aquela faculdade.

b) *Preclusão consumativa.* A preclusão consumativa decorre da perda do direito de praticar o ato por já ter sido ele praticado. Se a parte tinha o prazo de quinze dias para recorrer e assim o fez no quinto dia, não mais poderá apresentar novo recurso ou complementá-lo, ainda que dentro do prazo de quinze dias, em face da ocorrência da preclusão consumativa.

c) *Preclusão lógica.* Dá-se preclusão lógica quando a parte pratica determinado ato que é incompatível com outro anteriormente realizado. Por exemplo, se a parte fizer o pagamento integral da obrigação a que foi condenada por sentença, não terá interesse em recorrer, diante da preclusão lógica.

d) *Preclusão "pro judicato".* Em relação ao juiz, não há que se falar em preclusão temporal, porque não perde o direito de praticar o ato pelo transcurso do prazo. Porém, não mais poderá decidir as questões já decididas, salvo se houver fato novo.

ALGUNS PRAZOS IMPORTANTES, CONTADOS EM DIAS ÚTEIS
EMENDA DA INICIAL - 15 DIAS;
RECURSOS - 15 DIAS, EXCETO EMBARGOS DE DECLARAÇÃO;
RÉPLICA - 15 DIAS;
EMBARGOS À EXECUÇÃO - 15 DIAS.

PRECLUSÃO	TEMPORAL - É a perda da faculdade processual de praticar o ato pelo decurso do prazo estipulado pela lei ou pelo juiz.
	CONSUMATIVA - A preclusão consumativa decorre da perda do direito de praticar o ato por já ter sido ele praticado.
	LÓGICA - Dá-se preclusão lógica quando a parte pratica determinado ato que é incompatível com outro anteriormente realizado.

17

COMUNICAÇÃO DOS ATOS PROCESSUAIS

17.1. NOÇÕES INICIAIS

Conforme vaticina o art. 236 do CPC, os atos processuais serão cumpridos por ordem judicial.

Será expedida carta para a prática de atos fora dos limites territoriais do tribunal, da comarca, da seção ou da subseção judiciárias, ressalvadas as hipóteses previstas em lei.

CARTA PRECATÓRIA → COMUNICAÇÃO ENTRE JUÍZES NA JURISDIÇÃO BRASILEIRA

O tribunal poderá expedir carta para juízo a ele vinculado, se o ato houver de se realizar fora dos limites territoriais do local de sua sede.

CARTA DE ORDEM → COMUNICAÇÃO ENTRE O TRIBUNAL E OS JUÍZOS A ELE VINCULADOS

☺ INFORMATIZAÇÃO DESCOMPLICADA!

O CPC/15 admite a prática de atos processuais por meio de videoconferência ou outro recurso tecnológico de transmissão de sons e imagens em tempo real. Atentamos para a necessidade da observância da isonomia e demais garantias fundamentais do processo.

Tratemos das cartas:

Será expedida carta:

- **de ordem**, pelo tribunal, na hipótese do § 2º, do art. 236;
- **rogatória**, para que órgão jurisdicional estrangeiro pratique ato de cooperação jurídica internacional, relativo a processo em curso perante órgão jurisdicional brasileiro;
- **precatória**, para que órgão jurisdicional brasileiro pratique ou determine o cumprimento, na área de sua competência territorial, de ato relativo a pedido de cooperação judiciária formulado por órgão jurisdicional de competência territorial diversa;

☺ NOVIDADE!

- **arbitral**, para que órgão do Poder Judiciário pratique ou determine o cumprimento, na área de sua competência territorial, de ato objeto de pedido de cooperação judiciária formulado por juízo arbitral, inclusive os que importem efetivação de tutela provisória.

Por fim, se o ato relativo a processo em curso na justiça federal ou em tribunal superior houver de ser praticado em local onde não haja vara federal, a carta poderá ser dirigida ao juízo estadual da respectiva comarca.

17.2. CITAÇÃO

Citação é o ato pelo qual são convocados o réu, o executado ou o interessado para integrar a relação processual. Ela é um ato solene que atende ao princípio do contraditório. É através dela que a relação processual se triangulariza (art. 238 do CPC).

CITAÇÃO → INTEGRA AO PROCESSO O RÉU, EXECUTADO OU INTERESSADO

Para a validade do processo é indispensável a citação do réu ou do executado, ressalvadas as hipóteses de indeferimento da petição inicial ou de improcedência liminar do pedido, as quais serão estudadas.

CITAÇÃO → CONFERE VALIDADE AO PROCESSO

COMPARECIMENTO ESPONTÂNEO DO RÉU

O comparecimento espontâneo do réu ou do executado supre a falta ou a nulidade da citação, fluindo a partir desta data o prazo para apresentação de contestação ou de embargos à execução (art. 239, parágrafo 1º, do CPC).

Rejeitada a alegação de nulidade, tratando-se de processo de:

- conhecimento, o réu será considerado revel;
- execução, o feito terá seguimento.

EFEITOS - ART. 240 DO CPC.

A citação válida, ainda quando ordenada por juízo incompetente:

- induz litispendência;
- torna litigiosa a coisa;
- e constitui em mora o devedor, ressalvado o disposto nos arts. 397 e 398 da Lei no 10.406, de 10 de janeiro de 2002 (Código Civil).

MUITO IMPORTANTE!

A interrupção da prescrição, operada pelo despacho que ordena a citação, ainda que proferido por juízo incompetente, retroagirá à data de propositura da ação.

Incumbe ao autor adotar, no prazo de 10 (dez) dias, as providências necessárias para viabilizar a citação, sob pena de não se aplicar o disposto acima.

A parte não será prejudicada pela demora imputável exclusivamente ao serviço judiciário.

O efeito retroativo aplica-se à decadência e aos demais prazos extintivos previstos em lei.

ATENÇÃO!

Transitada em julgado a sentença de mérito proferida em favor do réu antes da citação, incumbe ao escrivão ou ao chefe de secretaria comunicar-lhe o resultado do julgamento (art. 241 do CPC).

Conheçamos seus requisitos

O ato citatório será pessoal, podendo, no entanto, ser feita na pessoa do representante legal ou do procurador do réu, do executado ou do interessado.

Não encontrado o referido do citando, a citação será feita na pessoa de seu mandatário, administrador, preposto ou gerente, quando a ação se originar de atos por eles praticados.

Destaca-se que se o locador que se ausentar do Brasil sem cientificar o locatário de que deixou, na localidade onde estiver situado o imóvel, procurador com poderes para receber citação será citado na pessoa do administrador do imóvel encarregado do recebimento dos aluguéis, que será considerado habilitado para representar o locador em juízo.

O artigo 242, parágrafo 3º, dispõe que a citação da União, dos Estados, do Distrito Federal, dos Municípios e de suas respectivas autarquias e fundações de direito público será realizada perante o órgão de Advocacia Pública responsável por sua representação judicial.

Quanto ao lugar para a realização da citação, destaca que ela poderá ser feita em qualquer lugar em que se encontre o réu, o executado ou o interessado.

VALE LEMBRAR!

O militar em serviço ativo será citado na unidade em que estiver servindo, se não for conhecida sua residência ou nela não for encontrado (art. 243, parágrafo único).

Há casos excepcionais em que não se realizará a citação. Eles estão dispostos no art. 244 do CPC, vejamos:

Não se fará a citação, salvo para evitar o perecimento do direito:

- de quem estiver participando de ato de culto religioso;
- de cônjuge, de companheiro ou de qualquer parente do morto, consanguíneo ou afim, em linha reta ou na linha colateral em segundo grau, no dia do falecimento e nos 7 (sete) dias seguintes;
- de noivos, nos 3 (três) primeiros dias seguintes ao casamento;
- de doente, enquanto grave o seu estado.

Preste muita atenção!

Por medida de cautela, não se fará citação quando se verificar que o citando é mentalmente incapaz ou está impossibilitado de recebê-la.

O oficial de justiça descreverá e certificará minuciosamente a ocorrência.

Para examinar o citando, o juiz nomeará médico, que apresentará laudo no prazo de 5 (cinco) dias.

Dispensa-se a nomeação acima mencionada se pessoa da família apresentar declaração do médico do citando que ateste a incapacidade deste.

Reconhecida a impossibilidade, o juiz nomeará curador ao citando, observando, quanto à sua escolha, a preferência estabelecida em lei e restringindo a nomeação à causa.

A citação será feita na pessoa do curador, a quem incumbirá à defesa dos interesses do citando.

MODALIDADES

Os tipos de citação estão dispostos no art. 246 do CPC.

A citação será feita:

- pelo correio;
- por oficial de justiça;
- pelo escrivão ou chefe de secretaria, se o citando comparecer em cartório;
- por edital;
- por meio eletrônico, conforme regulado em lei.

Com exceção das microempresas e das empresas de pequeno porte, as empresas públicas e privadas são obrigadas a manter cadastro nos sistemas de processo em autos eletrônicos, para efeito de recebimento de citações e intimações, as quais serão efetuadas preferencialmente por esse meio.

A disposição acima se aplica à União, aos Estados, ao Distrito Federal, aos Municípios e às entidades da administração indireta.

Na ação de usucapião de imóvel, os confinantes serão citados pessoalmente, exceto quando tiver por objeto unidade autônoma de prédio em condomínio, caso em que tal citação é dispensada.

ATENÇÃO!

Nos termos do artigo 247 do CPC, a citação será feita pelo correio para qualquer comarca do país, exceto:

- nas ações de estado, observado o disposto no art. 695, § 3º;

- quando o citando for incapaz;
- quando o citando for pessoa de direito público;
- quando o citando residir em local não atendido pela entrega domiciliar de correspondência;
- quando o autor, justificadamente, a requerer de outra forma.

DICAS DA CITAÇÃO POR CARTA - ART. 248 DO CPC

Deferida a citação pelo correio, o escrivão ou o chefe de secretaria remeterá ao citando cópias da petição inicial e do despacho do juiz e comunicará o prazo para resposta, o endereço do juízo e o respectivo cartório.

A carta será registrada para entrega ao citando, exigindo-lhe o carteiro, ao fazer a entrega, que assine o recibo.

Sendo o citando pessoa jurídica, será válida a entrega do mandado a pessoa com poderes de gerência geral ou de administração ou, ainda, a funcionário responsável pelo recebimento de correspondências.

Da carta de citação no processo de conhecimento constarão os requisitos do art. 250.

NOVIDADE!

Nos condomínios edilícios ou nos loteamentos com controle de acesso, será válida a entrega do mandado a funcionário da portaria responsável pelo recebimento de correspondência, que, entretanto, poderá recusar o recebimento, se declarar, por escrito, sob as penas da lei, que o destinatário da correspondência está ausente. Eis a disposição do parágrafo 4º, do art. 248 do CPC.

CITAÇÃO POR OFICIAL/MANDADO - ARTS. 249 A 251 DO CPC

A citação será feita por meio de oficial de justiça nas hipóteses previstas no CPC ou em lei, ou quando frustrada a citação pelo correio.

O mandado que o oficial de justiça tiver de cumprir conterá:

- os nomes do autor e do citando e seus respectivos domicílios ou residências;
- a finalidade da citação, com todas as especificações constantes da petição inicial, bem como a menção do prazo para contestar, sob pena de revelia, ou para embargar a execução;
- a aplicação de sanção para o caso de descumprimento da ordem, se houver;
- se for o caso, a intimação do citando para comparecer, acompanhado de advogado ou de defensor público, à audiência de conciliação ou de mediação, com a menção do dia, da hora e do lugar do comparecimento;
- a cópia da petição inicial, do despacho ou da decisão que deferir tutela provisória;
- a assinatura do escrivão ou do chefe de secretaria e a declaração de que o subscreve por ordem do juiz.

Incumbe ao oficial de justiça procurar o citando e, onde o encontrar, citá-lo:

- lendo-lhe o mandado e entregando-lhe a contrafé;
- portando por fé se recebeu ou recusou a contrafé;
- obtendo a nota de ciente ou certificando que o citando não a apôs no mandado.

Já conhece a citação por honra certa?

Trata-se de modalidade de citação ficta, a qual segue às seguintes disposições.

Nos termos do artigo 252 do CPC, quando por 2 (duas) vezes[1], o oficial de justiça houver procurado o citando em seu domicílio ou residência sem o encontrar, deverá, havendo suspeita de ocultação, intimar

1. O CPC/73 exigia três tentativas.

qualquer pessoa da família ou, em sua falta, qualquer vizinho de que, no dia útil imediato, voltará a fim de efetuar a citação, na hora que designar.

Nos condomínios edilícios ou nos loteamentos com controle de acesso, será válida a intimação feita a funcionário da portaria responsável pelo recebimento de correspondência.

No dia e na hora designados, o oficial de justiça, independentemente de novo despacho, comparecerá ao domicílio ou à residência do citando a fim de realizar a diligência.

Se o citando não estiver presente, o oficial de justiça procurará informar-se das razões da ausência, dando por feita à citação, ainda que o citando se tenha ocultado em outra comarca, seção ou subseção judiciárias.

– **Sabrina, é sério que o vizinho participará do incidente citatório?**

– **Sim. Veja só!**

A citação com hora certa será efetivada mesmo que a pessoa da família ou o vizinho que houver sido intimado esteja ausente, ou se, embora presente, a pessoa da família ou o vizinho se recusar a receber o mandado.

Destaque-se que da certidão da ocorrência, o oficial de justiça deixará contrafé com qualquer pessoa da família ou vizinho, conforme o caso, declarando-lhe o nome.

O oficial de justiça fará constar do mandado a advertência de que será nomeado curador especial se houver revelia.

Por fim, realizada a citação com hora certa, o escrivão ou chefe de secretaria enviará ao réu, executado ou interessado, no prazo de 10 (dez) dias, contado da data da juntada do mandado aos autos, carta, telegrama ou correspondência eletrônica, dando-lhe de tudo ciência.

QUESTÃO DE PROVA!

Nas comarcas contíguas de fácil comunicação e nas que se situem na mesma região metropolitana, o oficial de justiça poderá efetuar, em qualquer delas, citações, intimações, notificações, penhoras e quaisquer outros atos executivos. Eis a regra disposta no art. 255 do CPC. Ela prestigia a economia e celeridade processuais.

CITAÇÃO POR EDITAL - ARTS. 256 A 259 DO CPC.

É uma modalidade excepcional de citação. Ela é considerada como citação ficta ou presumida.

Vejamos suas hipóteses:

A citação por edital será feita:

- quando desconhecido ou incerto o citando;
- quando ignorado, incerto ou inacessível o lugar em que se encontrar o citando;
- nos casos expressos em lei.

Considera-se inacessível, para efeito de citação por edital, o país que recusar o cumprimento de carta rogatória.

No caso de ser inacessível o lugar em que se encontrar o réu, a notícia de sua citação será divulgada também pelo rádio, se na comarca houver emissora de radiodifusão.

O réu será considerado em local ignorado ou incerto se infrutíferas as tentativas de sua localização, inclusive mediante requisição pelo juízo de informações sobre seu endereço nos cadastros de órgãos públicos ou de concessionárias de serviços públicos.

REQUISITOS

São requisitos da citação por edital:

- a afirmação do autor ou a certidão do oficial informando a presença das circunstâncias autorizadoras;
- a publicação do edital na rede mundial de computadores, no sítio do respectivo tribunal e na plataforma de editais do Conselho Nacional de Justiça, que deve ser certificada nos autos;

- a determinação, pelo juiz, do prazo, que variará entre 20 (vinte) e 60 (sessenta) dias, fluindo da data da publicação única ou, havendo mais de uma, da primeira;
- a advertência de que será nomeado curador especial em caso de revelia.

O juiz poderá determinar que a publicação do edital seja feita também em jornal local de ampla circulação ou por outros meios, considerando as peculiaridades da comarca, da seção ou da subseção judiciárias.

ANOTE!

A parte que requerer a citação por edital, alegando dolosamente a ocorrência das circunstâncias autorizadoras para sua realização, incorrerá em multa de 5 (cinco) vezes o salário-mínimo. A multa reverterá em benefício do citando.

Serão publicados editais:

- na ação de usucapião de imóvel;
- na ação de recuperação ou substituição de título ao portador;
- em qualquer ação em que seja necessária, por determinação legal, a provocação, para participação no processo, de interessados incertos ou desconhecidos.

Como decidiu o STJ:

> Réu citado por edital. Revelia. Nomeação de curador especial. Legitimidade ativa para reconvir.
>
> O curador especial tem legitimidade para propor reconvenção em favor de réu revel citado por edital. REsp 1.088.068-MG, Rel. Min. Antônio Carlos Ferreira, por unanimidade, julgado em 29/08/2017, DJe 09/10/2017.

17.3. INTIMAÇÕES

Intimação é o ato pelo qual se dá ciência a alguém dos atos e dos termos do processo. A intimação é a comunicação processual que visa levar conhecimento dos atos que já foram ou que serão praticados.

PARA TUDO!!!

Nos termos do art. 269, parágrafo 1º, do CPC, é facultado aos advogados promover a intimação do advogado da outra parte por meio do correio, juntando aos autos, a seguir, cópia do ofício de intimação e do aviso de recebimento.

O ofício de intimação deverá ser instruído com cópia do despacho, da decisão ou da sentença.

A intimação da União, dos Estados, do Distrito Federal, dos Municípios e de suas respectivas autarquias e fundações de direito público será realizada perante o órgão de Advocacia Pública responsável por sua representação judicial.

INFORMATIZAÇÃO DESCOMPLICADA

As intimações realizam-se, sempre que possível, por meio eletrônico, na forma da Lei 11.419/06.

Aplica-se ao Ministério Público, à Defensoria Pública e à Advocacia Pública o disposto no § 1º do art. 246.

O juiz determinará de ofício as intimações em processos pendentes, salvo disposição em contrário.

Quando não realizadas por meio eletrônico, consideram-se feitas as intimações pela publicação dos atos no órgão oficial.

Conheçamos as disposições do importante artigo 272 do CPC, vejamos:

Os advogados poderão requerer que, na intimação a eles dirigida, figure apenas o nome da sociedade a que pertençam, desde que devidamente registrada na Ordem dos Advogados do Brasil.

Sob pena de nulidade, é indispensável que da publicação constem os nomes das partes e de seus advogados, com o respectivo número de inscrição na Ordem dos Advogados do Brasil, ou, se assim requerido, da sociedade de advogados.

ATENÇÃO!

A grafia dos nomes das partes não deve conter abreviaturas.

A grafia dos nomes dos advogados deve corresponder ao nome completo e ser a mesma que constar da procuração ou que estiver registrada na Ordem dos Advogados do Brasil.

Constando dos autos pedido expresso para que as comunicações dos atos processuais sejam feitas em nome dos advogados indicados, o seu desatendimento implicará nulidade.

A retirada dos autos do cartório ou da secretaria em carga pelo advogado, por pessoa credenciada a pedido do advogado ou da sociedade de advogados, pela Advocacia Pública, pela Defensoria Pública ou pelo Ministério Público implicará intimação de qualquer decisão contida no processo retirado, ainda que pendente de publicação.

O advogado e a sociedade de advogados deverão requerer o respectivo credenciamento para a retirada de autos por preposto.

A parte arguirá a nulidade da intimação em capítulo preliminar do próprio ato que lhe caiba praticar, o qual será tido por tempestivo se o vício for reconhecido.

Não sendo possível a prática imediata do ato diante da necessidade de acesso prévio aos autos, a parte limitar-se-á a arguir a nulidade da intimação, caso em que o prazo será contado da intimação da decisão que a reconheça.

SIGAMOS!

Consoante regra disposta no artigo 273 do CPC, se inviável a intimação por meio eletrônico e não houver na localidade publicação em órgão oficial, incumbirá ao escrivão ou chefe de secretaria intimar de todos os atos do processo os advogados das partes:

- pessoalmente, se tiverem domicílio na sede do juízo;
- por carta registrada, com aviso de recebimento, quando forem domiciliados fora do juízo.

Não dispondo a lei de outro modo, as intimações serão feitas às partes, aos seus representantes legais, aos advogados e aos demais sujeitos do processo pelo correio ou, se presentes em cartório, diretamente pelo escrivão ou chefe de secretaria.

Presumem-se válidas as intimações dirigidas ao endereço constante dos autos, ainda que não recebidas pessoalmente pelo interessado, se a modificação temporária ou definitiva não tiver sido devidamente comunicada ao juízo, fluindo os prazos a partir da juntada aos autos do comprovante de entrega da correspondência no primitivo endereço.

A intimação será feita por oficial de justiça quando frustrada a realização por meio eletrônico ou pelo correio.

A certidão de intimação deve conter:

- a indicação do lugar e a descrição da pessoa intimada, mencionando, quando possível, o número de seu documento de identidade e o órgão que o expediu;
- a declaração de entrega da contrafé;
- a nota de ciente ou a certidão de que o interessado não a apôs no mandado.

Caso necessário, a intimação poderá ser efetuada com hora certa ou por edital.

17.4. CARTAS

O CPC trata das cartas: rogatória, precatória, de ordem, bem como da carta arbitral.

São requisitos das cartas de ordem, precatória e rogatória (art. 260 do CPC):

- a indicação dos juízes de origem e de cumprimento do ato;
- o inteiro teor da petição, do despacho judicial e do instrumento do mandato conferido ao advogado;
- a menção do ato processual que lhe constitui o objeto;
- o encerramento com a assinatura do juiz.

O juiz mandará trasladar para a carta quaisquer outras peças, bem como instruí-la com mapa, desenho ou gráfico, sempre que esses documentos devam ser examinados, na diligência, pelas partes, pelos peritos ou pelas testemunhas.

Quando o objeto da carta for exame pericial sobre documento, este será remetido em original, ficando nos autos reprodução fotográfica.

A carta arbitral atenderá, no que couber, aos requisitos a que se refere o caput e será instruída com a convenção de arbitragem e com as provas da nomeação do árbitro e de sua aceitação da função.

Em todas as cartas o juiz fixará o prazo para cumprimento, atendendo à facilidade das comunicações e à natureza da diligência. As partes deverão ser intimadas pelo juiz do ato de expedição da carta.

Expedida a carta, as partes acompanharão o cumprimento da diligência perante o juízo destinatário, ao qual compete a prática dos atos de comunicação.

A parte a quem interessar o cumprimento da diligência cooperará para que o prazo a que se refere o caput seja cumprido.

ANOTE!

O CPC destaca no seu artigo 262 que a carta tem caráter itinerante, podendo, antes ou depois de lhe ser ordenado o cumprimento, ser encaminhada a juízo diverso do que dela consta, a fim de se praticar o ato.

O encaminhamento da carta a outro juízo será imediatamente comunicado ao órgão expedidor, que intimará as partes.

As cartas deverão, preferencialmente, ser expedidas por meio eletrônico, caso em que a assinatura do juiz deverá ser eletrônica, na forma da lei.

A carta de ordem e a carta precatória por meio eletrônico, por telefone ou por telegrama conterão, em resumo substancial, os requisitos mencionados no art. 250, especialmente no que se refere à aferição da autenticidade.

O secretário do tribunal, o escrivão ou o chefe de secretaria do juízo deprecante transmitirá, por telefone, a carta de ordem ou a carta precatória ao juízo em que houver de se cumprir o ato, por intermédio do escrivão do primeiro ofício da primeira vara, se houver na comarca mais de um ofício ou de uma vara, observando-se, quanto aos requisitos, o disposto no art. 264.

O escrivão ou o chefe de secretaria, no mesmo dia ou no dia útil imediato, telefonará ou enviará mensagem eletrônica ao secretário do tribunal, ao escrivão ou ao chefe de secretaria do juízo deprecante, lendo-lhe os termos da carta e solicitando-lhe que os confirme.

Sendo confirmada, o escrivão ou o chefe de secretaria submeterá a carta a despacho.

Serão praticados de ofício os atos requisitados por meio eletrônico e de telegrama, devendo a parte depositar, contudo, na secretaria do tribunal ou no cartório do juízo deprecante, a importância correspondente às despesas que serão feitas no juízo em que houver de praticar-se o ato.

O juiz recusará cumprimento à carta precatória ou arbitral, devolvendo-a com decisão motivada quando:

- a carta não estiver revestida dos requisitos legais;
- faltar ao juiz competência em razão da matéria ou da hierarquia;
- o juiz tiver dúvida acerca de sua autenticidade.

No caso de incompetência em razão da matéria ou da hierarquia, o juiz deprecado, conforme o ato a ser praticado, poderá remeter a carta ao juiz ou ao tribunal competente. Cumprida a carta, será devolvida ao juízo de origem no prazo de 10 (dez) dias, independentemente de traslado, pagas as custas pela parte (art. 268 do CPC).

18

NULIDADES

Os atos processuais, se praticados de forma diversa daquela prevista em lei, poderão ser considerados ineficazes.

Há atos solenes e não solenes. Os primeiros devem seguir a forma estabelecida por nosso ordenamento jurídico.

Regras básicas!

Quando a lei prescrever determinada forma sob pena de nulidade, a decretação desta não pode ser requerida pela parte que lhe deu causa. Essa regra impede que a parte que deu azo à nulidade possa se beneficiar do seu reconhecimento.

- Quando a lei prescrever determinada forma, o juiz considerará válido o ato se, realizado de outro modo, lhe alcançar a finalidade. **INSTRUMENTALIDADE DAS FORMAS!**
- A nulidade dos atos deve ser alegada na primeira oportunidade em que couber à parte falar nos autos, sob pena de preclusão, **desde que ela seja relativa.** As espécies de nulidade estão dispostas no art. 278 do CPC.

A nulidade absoluta pode ser reconhecida de ofício, a qualquer tempo e grau de jurisdição.

ATENÇÃO!

AS NULIDADES PODEM SER, portanto, RELATIVAS OU ABSOLUTAS.

- Nos termos do art. 279 do CPC, é nulo o processo quando o membro do Ministério Público não for intimado a acompanhar o feito em que deva intervir.
- Se o processo tiver tramitado sem conhecimento do membro do Ministério Público, o juiz invalidará os atos praticados a partir do momento em que ele deveria ter sido intimado.

NOVIDADE

A nulidade só pode ser decretada após a intimação do Ministério Público, que se manifestará sobre a existência ou a inexistência de prejuízo.

- As citações e as intimações serão nulas quando feitas sem observância das prescrições legais. Ambos são atos de comunicação processual solenes.
- Anulado o ato, consideram-se de nenhum efeito todos os subsequentes que dele dependam, todavia, a nulidade de uma parte do ato não prejudicará as outras que dela sejam independentes.
- Ressalte-se que ao pronunciar a nulidade, o juiz declarará que atos são atingidos e ordenará as providências necessárias a fim de que sejam repetidos ou retificados.
- O ato não será repetido nem sua falta será suprida quando não prejudicar a parte. Não há nulidade sem a comprovação do prejuízo.
- Quando puder decidir o mérito a favor da parte a quem aproveite a decretação da nulidade, o juiz não a pronunciará nem mandará repetir o ato ou suprir-lhe a falta. Essa disposição, constante no 282, parágrafo 2º, do CPC, prestigia a norma fundamental da primazia do julgamento de mérito.
- O erro de forma do processo acarreta unicamente a anulação dos atos que não possam ser aproveitados, devendo ser pra-

ticados os que forem necessários a fim de se observarem as prescrições legais.

- Dar-se-á o aproveitamento dos atos praticados desde que não resulte prejuízo à defesa de qualquer parte.

Cuidemos de DISTRIBUIÇÃO e REGISTRO.

De acordo com o artigo 284 do CPC, todos os processos estão sujeitos a registro, devendo ser distribuídos onde houver mais de um juiz.

A distribuição, que poderá ser eletrônica, será alternada e aleatória, obedecendo-se rigorosa igualdade.

A lista de distribuição deverá ser publicada no Diário de Justiça.

Já conhece a distribuição por dependência?

Ela é muito importante. Revela cuidado com a segurança jurídica. Suas hipóteses estão previstas no art. 286 do CPC.

Serão distribuídas por dependência as causas de qualquer natureza:

- quando se relacionarem, por conexão ou continência, com outra já ajuizada;
- quando, tendo sido extinto o processo sem resolução de mérito, for reiterado o pedido, ainda que em litisconsórcio com outros autores ou que sejam parcialmente alterados os réus da demanda;
- quando houver ajuizamento de ações nos termos do art. 55, § 3º, ao juízo prevento.

NÃO ESQUEÇA!

Havendo intervenção de terceiro, reconvenção ou outra hipótese de ampliação objetiva do processo, o juiz, de ofício, mandará proceder à respectiva anotação pelo distribuidor.

O juiz, de ofício ou a requerimento do interessado, corrigirá o erro ou compensará a falta de distribuição.

A distribuição poderá ser fiscalizada pela parte, por seu procurador, pelo Ministério Público e pela Defensoria Pública.

Será cancelada a distribuição do feito se a parte, intimada na pessoa de seu advogado, não realizar o pagamento das custas e despesas de ingresso em 15 (quinze) dias (art. 290 do CPC).

☺ VAMOS QUE VAMOS!

19

TUTELA PROVISÓRIA

19.1. NOÇÕES INICIAIS

Inicialmente, cabe salientar que as disposições que serão abordadas no presente capítulo são inovadoras.

No CPC/73, a tutela antecipada estava regrada no art. 273 e as cautelares estavam regulamentadas em livro próprio, o qual deixou de existir. Elas estavam dispostas nos arts. 796 a 889 e se subdividiam em cautelares nominadas ou típicas e inominadas. O legislador passou a tratar de dessas matérias na parte geral do texto, especificamente dentro das tutelas provisórias.

Nessa toada, verifica-se que o CPC/15 preferiu adotar a terminologia clássica e distinguir a tutela provisória, fundada em cognição sumária, da definitiva, baseada em cognição exauriente. Daí porque a tutela provisória (de urgência ou da evidência), quando concedida, conserva a sua eficácia na pendência do processo, mas pode ser, a qualquer momento, revogada ou modificada (art. 296).

A tutela provisória é gênero.

São duas as suas espécies:

- tutelas de urgência;
- tutelas de evidência.

De acordo com o art. 294, a tutela provisória pode fundamentar-se em urgência ou evidência.

As de urgência são divididas em:

- cautelares – protetivas;
- antecipadas satisfativas.

A tutela provisória de urgência, cautelar ou antecipada, **pode ser concedida em caráter antecedente ou incidental.**

Nos termos do artigo 295 do CPC, vale salientar que a tutela provisória requerida em caráter incidental independe do pagamento de custas.

A referida tutela provisória conserva sua eficácia na pendência do processo, mas pode, a qualquer tempo, ser revogada ou modificada. **É do seu caráter a revogabilidade.**

Salvo decisão judicial em contrário, a tutela provisória conservará a eficácia durante o período de suspensão do processo. Como vimos, a suspensão do processo está prevista nos termos do art. 313 do CPC.

O juiz poderá determinar as medidas que considerar adequadas para efetivação da tutela provisória. **Ele é dotado de poder geral de cautela e efetivação.** Ao que nos parece, esse poder foi agigantado no CPC/15. Espera-se do juiz a sua utilização proporcional, efetiva e justa, consoante dispõe o art. 8º do próprio código.

A efetivação da tutela provisória observará as normas referentes ao cumprimento provisório da sentença, no que couber. Trataremos dessas regras, em capítulo próprio.

De acordo com o Enunciado 38 do CJF, "As medidas adequadas para efetivação da tutela provisória independem do trânsito em julgado, inclusive contra o Poder Público (art. 297 do CPC)."

Na decisão que conceder, negar, modificar ou revogar a tutela provisória, o juiz motivará seu convencimento de modo claro e preciso. A exigência da qualidade da fundamentação é ponto de especial destaque no novo texto.

Tratemos da Competência – ART. 299 DO CPC.

A tutela provisória será requerida ao juízo da causa e, quando antecedente, ao juízo competente para conhecer do pedido principal.

Ressalvada disposição especial, na ação de competência originária de tribunal e nos recursos a tutela provisória será requerida ao órgão jurisdicional competente para apreciar o mérito.

19.2. TUTELA DE URGÊNCIA

A tutela de urgência será concedida quando houver elementos **que evidenciem a probabilidade do direito e o perigo de dano ou o risco ao resultado útil do processo.** São dois os requisitos autorizadores da sua concessão.

Observa-se, portanto, que o CPC/15 acertadamente abandonou a expressão "prova inequívoca da verossimilhança", a qual estava presente no revogado art. 273 do CPC/73.

Eis a conclusão estampada no Enunciado nº 143 do Fórum Permanente de Processualistas Civis: "A redação do art. 300, *caput*, superou a distinção entre os requisitos da concessão para a tutela cautelar e para a tutela satisfativa de urgência, erigindo a probabilidade e o perigo na demora a requisitos comuns para a prestação de ambas as tutelas de forma antecipada".

Para a concessão da tutela de urgência, o juiz pode, conforme o caso, exigir caução real ou fidejussória idônea para ressarcir os danos que a outra parte possa vir a sofrer, podendo a caução ser dispensada se a parte economicamente hipossuficiente não puder oferecê-la, logo, não se trata de uma regra fechada, a qual não comporte exceções. O juiz terá de se valer da proporcionalidade.

LEMBRE!

A tutela de urgência pode ser concedida liminarmente ou após justificação prévia.

A tutela de urgência de natureza antecipada não será concedida quando houver perigo de irreversibilidade dos efeitos da decisão. Disposição muito cobrada em prova. Há quem, no entanto, questione essa exigência, uma vez que muitas são as tutelas de urgência que concedidas impedem a reversibilidade *in natura*. Opinamos por sua concessão e, na hipótese do juiz se convencer, ao longo do processo, em sentido contrário, condenar à parte a indenizar a outra.

Nos termos do artigo 301 do CPC, a tutela de urgência de natureza cautelar pode ser efetivada mediante arresto, sequestro, arrolamento de bens, registro de protesto contra alienação de bem e qualquer outra medida idônea para asseguração do direito.

Ademais, independentemente da reparação por dano processual, a parte responde pelo prejuízo que a efetivação da tutela de urgência causar à parte adversa, se:

- a sentença lhe for desfavorável;
- obtida liminarmente a tutela em caráter antecedente, não fornecer os meios necessários para a citação do requerido no prazo de 5 (cinco) dias;
- ocorrer à cessação da eficácia da medida em qualquer hipótese legal;
- o juiz acolher a alegação de decadência ou prescrição da pretensão do autor.

LEMBRE!

A indenização será liquidada nos autos em que a medida tiver sido concedida, sempre que possível. Estudaremos a liquidação em outro capítulo da obra.

19.2.1. Tutela Antecipada

Já conhece a tutela antecipada antecedente?

Ela está disposta nos termos dos artigos 303 e 304 do CPC.

Nos casos em que a urgência for contemporânea à propositura da ação, a petição inicial pode limitar-se ao requerimento da tutela antecipada e à indicação do pedido de tutela final, com a exposição da lide, do direito que se busca realizar e do perigo de dano ou do risco ao resultado útil do processo.

Concedida a tutela antecipada:

- o autor deverá aditar a petição inicial, com a complementação de sua argumentação, a juntada de novos documentos e a confirmação do pedido de tutela final, em 15 (quinze) dias ou em outro prazo maior que o juiz fixar;
- o réu será citado e intimado para a audiência de conciliação ou de mediação na forma do art. 334;
- não havendo autocomposição, o prazo para contestação será contado na forma do art. 335.

Perceba que não realizado o aditamento, o processo será extinto sem resolução do mérito.

O aditamento acima mencionado dar-se-á nos mesmos autos, sem incidência de novas custas processuais.

CUIDADO!

Na petição inicial, o autor terá de indicar o valor da causa, que deve levar em consideração o pedido de tutela final. Ele indicará na petição inicial, ainda, que pretende valer-se do benefício previsto acima. Essa informação é indispensável.

IMPORTANTE!

Caso entenda que não há elementos para a concessão de tutela antecipada, o órgão jurisdicional determinará a emenda da petição inicial em até 5 (cinco) dias, sob pena de ser indeferida e de o processo ser extinto sem resolução de mérito.

ESTABILIDADE DA TUTELA

Eis mais uma novidade do CPC/15.

A tutela antecipada, concedida nos termos do art. 303 do CPC, torna-se estável se da decisão que a conceder não for interposto o respectivo recurso.

– **Sabrina, que recurso será interposto?**
– **Agravo de instrumento, nos moldes do art. 1015 do CPC.**

Importante sublinhar que a estabilização não se confunde com a coisa julgada. A lei assinala que qualquer das partes poderá demandar a outra com o intuito de rever, reformar ou invalidar a tutela antecipada estabilizada.

Ademais, a tutela antecipada conservará seus efeitos enquanto não revista, reformada ou invalidada por decisão de mérito proferida na ação.

No entanto, qualquer das partes poderá requerer o desarquivamento dos autos em que foi concedida a medida, para instruir a petição inicial da ação, prevento o juízo em que a tutela antecipada foi concedida.

O direito de rever, reformar ou invalidar a tutela antecipada, extingue-se após 2 (**dois**) **anos,** contados da ciência da decisão que extinguiu o processo. Esse prazo tem **natureza de decadencial.**

Por fim, a decisão que concede a tutela não fará coisa julgada, mas a estabilidade dos respectivos efeitos só será afastada por decisão que a revir, reformar ou invalidar, proferida em ação ajuizada por uma das partes. Entendemos que, passados os 2 anos acima indicados, ocorrerá a coisa julgada. Mas, o assunto é polêmico e há quem lecione que tal decisão, por estar lastreada numa cognição sumária, não poderia ser atingida pela coisa julgada.

Como decidiu o STJ:

> Tutela antecipada. Requerimento em sustentação oral. Viabilidade.
>
> É possível o requerimento de antecipação dos efeitos da tutela em sede de sustentação oral. REsp 1.332.766-SP, Rel. Min. Luis Felipe Salomão, por unanimidade, julgado em 1/6/2017, DJe 1/8/2017.

Saliente-se que através do REsp 1.760.966-SP, da 3ª Turma do STJ, passa-se a aceitar a contestação como ferramenta hábil a impedir a estabilização da tutela. Em que pese o dispositivo se referir apenas à interposição do recurso cabível, o STJ entendeu que a tutela antecipada, concedida nos termos do art. 303 do CPC/2015, tornar-se-á estável somente se não houver qualquer tipo de impugnação pela parte contrária, tal como através da contestação.

19.2.2. Tutela Cautelar

A petição inicial da ação que visa à prestação de tutela cautelar em caráter antecedente indicará a lide e seu fundamento, a exposição sumária do direito que se objetiva assegurar e o perigo de dano ou o risco ao resultado útil do processo.

Caso entenda que o pedido a cautelar tem natureza antecipada, o juiz observará o disposto no art. 303, que cuida do requerimento da antecipação dos efeitos da sentença. Ao que nos parece, aplicar-se-ão às tutelas de urgência **o princípio da fungibilidade.**

- **Sabrina, ele permite que o juiz receba uma medida como se outra fosse?**
- **Sim, queridos! Preenchidos os requisitos legais.**

Cuidemos do procedimento!

O réu será citado para, no prazo de 5 (cinco) dias, contestar o pedido e indicar as provas que pretende produzir.

Não sendo contestado o pedido, os fatos alegados pelo autor presumir-se-ão aceitos pelo réu como ocorridos, caso em que o juiz decidirá dentro de 5 (cinco) dias.

ANOTE!

Contestado o pedido no prazo legal, observar-se-á o procedimento comum. Estudaremos o procedimento em capítulo próprio do livro.

Efetivada a tutela cautelar, o pedido principal terá de ser formulado pelo autor no prazo de 30 (trinta) dias, caso em que será apresentado nos mesmos autos em que deduzido o pedido de tutela cautelar, não dependendo do adiantamento de novas custas processuais.

- O pedido principal pode ser formulado conjuntamente com o pedido de tutela cautelar.
- A causa de pedir poderá ser aditada no momento de formulação do pedido principal.
- Apresentado o pedido principal, as partes serão intimadas para a audiência de conciliação ou de mediação, na forma do art. 334, por seus advogados ou pessoalmente, sem necessidade de nova citação do réu.

Não havendo autocomposição, o prazo para contestação será contado na forma do art. 335[1].

Nos termos exatos do art. 309 do CPC, cessa a eficácia da tutela concedida em caráter antecedente, se:

- o autor não deduzir o pedido principal no prazo legal;
- não for efetivada dentro de 30 (trinta) dias;
- o juiz julgar improcedente o pedido principal formulado pelo autor ou extinguir o processo sem resolução de mérito.

Se por qualquer motivo cessar a eficácia da tutela cautelar, é vedado à parte renovar o pedido, salvo sob novo fundamento.

1. Art. 335. O réu poderá oferecer contestação, por petição, no prazo de 15 (quinze) dias, cujo termo inicial será a data:

I - da audiência de conciliação ou de mediação, ou da última sessão de conciliação, quando qualquer parte não comparecer ou, comparecendo, não houver autocomposição;

II - do protocolo do pedido de cancelamento da audiência de conciliação ou de mediação apresentado pelo réu, quando ocorrer a hipótese do art. 334, § 4º, inciso I;

III - prevista no art. 231, de acordo com o modo como foi feita a citação, nos demais casos.

§ 1º No caso de litisconsórcio passivo, ocorrendo a hipótese do art. 334, § 6º, o termo inicial previsto no inciso II será, para cada um dos réus, a data de apresentação de seu respectivo pedido de cancelamento da audiência.

§ 2º Quando ocorrer a hipótese do art. 334, § 4º, inciso II, havendo litisconsórcio passivo e o autor desistir da ação em relação a réu ainda não citado, o prazo para resposta correrá da data de intimação da decisão que homologar a desistência.

O indeferimento da tutela cautelar não obsta a que a parte formule o pedido principal, nem influi no julgamento desse, salvo se o motivo do indeferimento for o reconhecimento de decadência ou de prescrição. Assim, conclui-se que, regra geral, a coisa julgada das cautelares é formal, exceto quando houver reconhecimento de prescrição ou decadência.

19.3. TUTELA DA EVIDÊNCIA

A tutela da evidência é **aquela que se concede quando o direito que a lastreia é evidente. Pode ser provado por documentos ou está balizado numa súmula de efeito vinculante**, por exemplo. Ela está prevista no art. 311 do CPC. Conheçamos suas hipóteses:

A tutela da evidência será concedida, **independentemente da demonstração de perigo de dano ou de risco ao resultado útil do processo, quando:**

- ficar caracterizado o abuso do direito de defesa ou o manifesto propósito protelatório da parte;
- as alegações de fato puderem ser comprovadas apenas documentalmente e houver tese firmada em julgamento de casos repetitivos ou em súmula vinculante;
- se tratar de pedido reipersecutório fundado em prova documental adequada do contrato de depósito, caso em que será decretada a ordem de entrega do objeto custodiado, sob cominação de multa;
- a petição inicial for instruída com prova documental suficiente dos fatos constitutivos do direito do autor, a que o réu não oponha prova capaz de gerar dúvida razoável.

ATENÇÃO!

Nas hipóteses dos incisos II e III do art. 311 do CPC o juiz poderá decidir liminarmente.

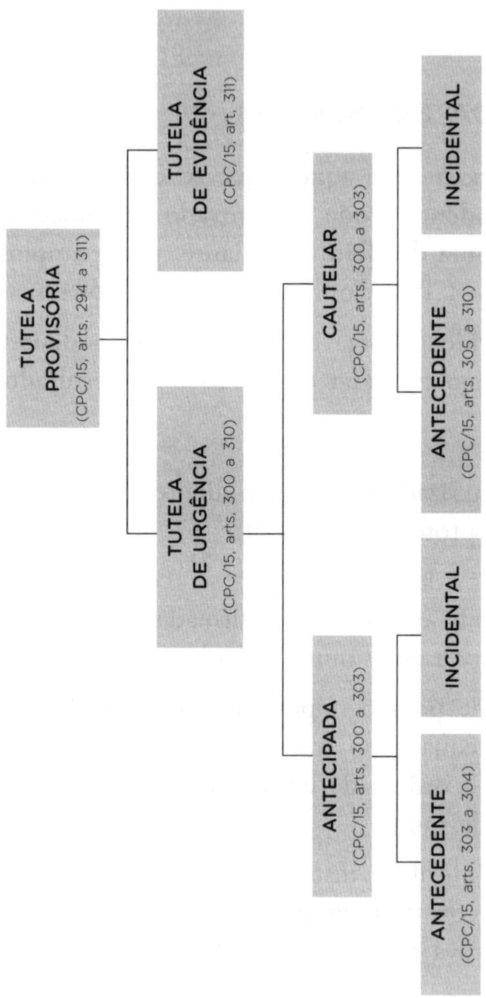

Fonte: *http://www.cpcnovo.com.br/blog/2015/06/17/tutela-provisoria-no-novo-cpc/*

20

PROCESSO DE CONHECIMENTO

O processo se revela por um procedimento.

PROCESSO → PROCEDIMENTO/RITO

Os procedimentos podem ser:

- **COMUM – ele é a regra!**
- **ESPECIAIS – os especiais estão elencados no CPC ou em leis extravagantes.**

Aplica-se a todas as causas o procedimento comum, salvo disposição em contrário do código de ritos ou de lei.

Não há mais a subdivisão em procedimentos ordinário e sumário. Os procedimentos passam a ser comuns ou especiais.

O procedimento comum aplica-se subsidiariamente aos demais procedimentos especiais e ao processo de execução. Logo, ele é fonte de aplicação subsidiária (parágrafo único do art. 318 do CPC).

20.1. FORMAÇÃO, SUSPENSÃO E EXTINÇÃO DO PROCESSO

20.1.1. Formação

O PROCESSO SE INICIARÁ → POR PROVOCAÇÃO DA PARTE

O artigo 2º do CPC/15 une dois princípios informativos do processo civil, quais sejam: **o dispositivo** (também chamado de princípio da iniciativa da parte ou da inércia da jurisdição) e o **impulso oficial.**

Na instalação da relação processual, prevalece o **princípio dispositivo.** Ele também é chamado de princípio da demanda.

O juiz age mediante provocação da parte ou do interessado, salvo em situações excepcionais, previstas e mencionadas em lei.

Não age de ofício, por conta própria, independentemente de formulação do pedido de alguém.

Sem a iniciativa da parte (ou do Ministério Público, arts. 177 e 720) não há processo, como regra geral.

Todavia, vencida essa fase de instalação da demanda, o processo passa a se desenvolver por impulso oficial do juiz. O magistrado tem por missão a direção do processo.

É que, estabelecida à relação processual, entra em atividade uma função pública – a jurisdição –, a qual atuará por meio de seus juízes e tribunais em todo território nacional.

Considera-se proposta a ação quando a petição inicial for protocolada, todavia, a propositura da ação só produz quanto ao réu os efeitos mencionados no art. 240[1] depois que for **validamente citado. A citação, como vimos, é vital para o procedimento.**

---

1. A citação válida, ainda quando ordenada por juízo incompetente, induz litispendência, torna litigiosa a coisa e constitui em mora o devedor, ressalvado o disposto nos arts. 397 e 398 da Lei nº 10.406, de 10 de janeiro de 2002 (Código Civil).

20.1.2. Suspensão do Processo

SUSPENSÃO → PARALIZAÇÃO TEMPORÁRIA DO PROCESSO

Compreende-se por suspensão do processo a sua paralização temporária. As hipóteses de suspensão estão estabelecidas em lei.

No novo texto, elas são encontradas no art. 313, vejamos:

Suspende-se o processo:

- pela morte ou pela perda da capacidade processual de qualquer das partes, de seu representante legal ou de seu procurador;
- pela convenção das partes;

Obs: Eis um típico exemplo de negócio jurídico processual.

- pela arguição de impedimento ou de suspeição;
- pela admissão de incidente de resolução de demandas repetitivas;
- quando a sentença de mérito:
  - depender do julgamento de outra causa ou da declaração de existência ou de inexistência de relação jurídica que constitua o objeto principal de outro processo pendente;
  - tiver de ser proferida somente após a verificação de determinado fato ou a produção de certa prova, requisitada a outro juízo;

---

§ 1º A interrupção da prescrição, operada pelo despacho que ordena a citação, ainda que proferido por juízo incompetente, retroagirá à data de propositura da ação.

§ 2º Incumbe ao autor adotar, no prazo de 10 (dez) dias, as providências necessárias para viabilizar a citação, sob pena de não se aplicar o disposto no § 1º.

§ 3º A parte não será prejudicada pela demora imputável exclusivamente ao serviço judiciário.

§ 4º O efeito retroativo a que se refere o § 1º aplica-se à decadência e aos demais prazos extintivos previstos em lei.

- por motivo de força maior;
- quando se discutir em juízo questão decorrente de acidentes e fatos da navegação de competência do Tribunal Marítimo;
- nos demais casos que o CPC regula.

ATENÇÃO MÁXIMA!

Com o advento da Lei 13.363/16, foram acrescidas 2 novas hipóteses de suspensão do processo, senão vejamos:

- pelo parto ou pela concessão de adoção, quando a advogada responsável pelo processo constituir a única patrona da causa;
- quando o advogado responsável pelo processo constituir o único patrono da causa e tornar-se pai.

Observações importantes:

Na hipótese da morte ou perda de capacidade processual de qualquer das partes, representantes ou procuradores, o juiz suspenderá o processo, nos termos do art. 689 do CPC/15.

Não ajuizada ação de habilitação, ao tomar conhecimento da morte, o juiz determinará a suspensão do processo e observará o seguinte:

- falecido o réu, ordenará a intimação do autor para que promova a citação do respectivo espólio, de quem for o sucessor ou, se for o caso, dos herdeiros, no prazo que designar, de no mínimo 2 (dois) e no máximo 6 (seis) meses;
- falecido o autor e sendo transmissível o direito em litígio, determinará a intimação de seu espólio, de quem for o sucessor ou, se for o caso, dos herdeiros, pelos meios de divulgação que reputar mais adequados, para que manifestem interesse na sucessão processual e promovam a respectiva habilitação no prazo designado, sob pena de extinção do processo sem resolução de mérito;
- No caso de morte do procurador de qualquer das partes, ainda que iniciada a audiência de instrução e julgamento, o juiz determinará que a parte constitua novo mandatário, no prazo

de 15 (quinze) dias, ao final do qual extinguirá o processo sem resolução de mérito, se o autor não nomear novo mandatário, ou ordenará o prosseguimento do processo à revelia do réu, se falecido o procurador deste.

O prazo de suspensão do processo nunca poderá **exceder 1 (um) ano** – quando a sentença de mérito: depender do julgamento de outra causa ou da declaração de existência ou de inexistência de relação jurídica que constitua o objeto principal de outro processo pendente ou tiver de ser proferida somente após a verificação de determinado fato ou a produção de certa prova, requisitada a outro juízo, como visto acima.

CUIDADO!

O prazo de suspensão do processo nunca poderá exceder **6 (seis) meses** quando se der por convenção entre as partes.

O juiz determinará o prosseguimento do processo assim que esgotados os prazos acima mencionados.

Nesse sentido, vejamos o enunciado abaixo do Fórum Permanente de Processualistas Civis.

A suspensão de processos prevista neste dispositivo é consequência da admissão do incidente de resolução de demandas repetitivas e não depende da demonstração dos requisitos para a tutela de urgência. (Grupo: Recursos Extraordinários e Incidente de Resolução de Demandas Repetitivas; redação revista no III FPPC-Rio)

Ademais, durante a suspensão é vedado praticar qualquer ato processual, podendo o juiz, todavia, determinar a realização de atos urgentes a fim de evitar dano irreparável, salvo no caso de arguição de impedimento e de suspeição.

Se o conhecimento do mérito depender de verificação da existência de fato delituoso, o juiz pode determinar a suspensão do processo até que se pronuncie a justiça criminal.

Se a ação penal não for proposta no prazo de 3 (três) meses, contado da intimação do ato de suspensão, cessará o efeito desse, incumbindo ao juiz cível examinar incidentemente a questão prévia.

Proposta a ação penal, o processo ficará suspenso pelo prazo máximo de 1 (um) ano, ao final do qual aplicar-se-á o disposto na parte final do art. 313, § 1º.

Como decidiu o STJ:

> Recuperação judicial. Suspensão do processo até o trânsito em julgado da ação de soerguimento. Não cabimento. Razoabilidade não verificada. Ofensa ao princípio da preservação da empresa. Inocorrência. Ação de compensação por danos morais movida contra empresa em recuperação judicial não deve permanecer suspensa até o trânsito em julgado da decisão final proferida no processo de soerguimento. REsp 1.710.750-DF, Rel. Min. Nancy Andrighi, por unanimidade, julgado em 15/05/2018, DJe 18/05/2018.

20.1.3. Extinção do Processo

A extinção do processo dar-se-á por sentença.

EXTINÇÃO DO PROCESSO → SENTENÇA

ATENÇÃO!

Antes de proferir decisão sem resolução de mérito, o juiz deverá conceder à parte oportunidade para, se possível, corrigir o vício. **Eis uma decorrência do princípio da primazia do julgamento de mérito.**

20.2. PETIÇÃO INICIAL

Ela é o primeiro ato do processo. Através dela o autor levará suas pretensões ao Estado-juiz. A lei exige o preenchimento de requisitos para a sua construção. Ela é, portanto, um ato solene. Seus requisitos estão dispostos nos arts. 319 e 320 do CPC, senão vejamos:

A petição inicial indicará:

- **o juízo a que é dirigida;**

ENDEREÇAMENTO → COMPETÊNCIA

Com o inciso I, aponta-se o órgão competente para conhecer da ação, primeira dificuldade com que se defronta o advogado, pois nem sempre de fácil determinação.

Através do endereçamento será delimitada a competência. Regra geral, ela será endereçada ao juízo de primeiro grau, mas, lembre que, excepcionalmente, será encaminhada aos tribunais, nas causas da sua competência originária. Eis o que se visualiza no ajuizamento de uma ação rescisória, por exemplo.

- **os nomes, os prenomes, o estado civil, a existência de união estável, a profissão, o número de inscrição no Cadastro de Pessoas Físicas ou no Cadastro Nacional da Pessoa Jurídica, o endereço eletrônico, o domicílio e a residência do autor e do réu**[2]**;**

QUALIFICAÇÃO → INDIVIDUALIZAÇÃO DAS PARTES

O inciso é muito mais moderno e completo quando comparado ao CPC/73. Passa-se a se exigir a declaração da existência da união estável, bem como CPF's ou CNPJ's e *e-mails* das partes.

- **o fato e os fundamentos jurídicos do pedido;**

---

2. Em demandas que visam à reintegração de posse, em casos como o de invasões de terras por integrantes do "Movimento dos Sem Terra", tem-se com razão dispensado a indicação do nome de cada um dos invasores, sendo a ação movida contra os invasores ou ocupantes, citando-se os líderes do movimento, ou todos, com o uso de megafone. É possível, ainda em outros casos, que o juiz haja de se contentar com a descrição física do réu e indicação do lugar em que se encontre.

FATOS → HISTÓRIA DA VIDA QUE ENSEJOU O AJUIZAMENTO DA DEMANDA

Determina-se a causa de pedir não apenas com a indicação da relação jurídica de que se trata (propriedade, por exemplo), mas também com a indicação do respectivo fato gerador (aquisição da propriedade por compra e venda, por doação, por sucessão *mortis causa* etc.).

Adotou, assim, o Código, não a teoria da individualização (bastaria à indicação da relação jurídica correspondente, especialmente nas ações reais – causa de pedir imediata), mas a da **substanciação** (os fatos integram a causa de pedir – causa de pedir mediata, fática ou remota).

Exige-se a indicação do fundamento jurídico do pedido (propriedade, por exemplo), não a indicação do dispositivo legal correspondente.

Logo,

FUNDAMENTO LEGAL # FUNDAMENTO JURÍDICO

– **o pedido com as suas especificações;**

É um dos mais importantes requisitos da exordial.

Distingue-se o pedido imediato do mediato. O pedido imediato indica a natureza da providência solicitada: declaração, condenação, constituição, mandamento, execução. Pedido mediato é o bem da vida pretendido (quantia em dinheiro, bem que se encontra em poder do réu etc.).

Estudaremos o pedido com mais detalhes.

– **o valor da causa;**

O valor da causa, a que se refere o inciso V, pode ser importante para fins de determinação do órgão competente, do procedimento a ser observado, dos recursos cabíveis e do valor da taxa judiciária, das custas, da condenação em honorários advocatícios e multas.

O valor da causa é o 'quanto' representativo' "quanto representativo", precisado e estipulado pelo autor em moeda corrente nacional, ao tempo do ajuizamento da demanda, e atribuído na petição inicial, considerando-se, para sua fixação, regras ditadas no CPC ou fazendo-se sua estipulação criteriosamente, quando assim é facultado.

Vejamos:

De acordo com a disposição do art. 291 do CPC, a **toda causa será atribuído valor certo, ainda que não tenha conteúdo econômico imediatamente aferível.**

- **Sério, Sabrina?**
- **Sim! #valordacausaébabado.**

O artigo 292 do CPC/15 relaciona os **valores da causa legais,** vejamos

- na ação de cobrança de dívida, a soma monetariamente corrigida do principal, dos juros de mora vencidos e de outras penalidades, se houver, até a data de propositura da ação;
- na ação que tiver por objeto a existência, a validade, o cumprimento, a modificação, a resolução, a resilição ou a rescisão de ato jurídico, o valor do ato ou o de sua parte controvertida;
- na ação de alimentos, a soma de 12 (doze) prestações mensais pedidas pelo autor;
- na ação de divisão, de demarcação e de reivindicação, o valor de avaliação da área ou do bem objeto do pedido;
- na ação indenizatória, inclusive a fundada em dano moral, o valor pretendido;
- na ação em que há cumulação de pedidos, a quantia correspondente à soma dos valores de todos eles;
- na ação em que os pedidos são alternativos, o de maior valor;
- na ação em que houver pedido subsidiário, o valor do pedido principal.

ATENÇÃO!

Quando se pedirem prestações vencidas e vincendas, considerar-se-á o valor de umas e outras.

O valor das prestações vincendas será igual a uma prestação anual, se a obrigação for por tempo indeterminado ou por tempo superior a 1 (um) ano, e, se por tempo inferior, será igual à soma das prestações.

O juiz corrigirá, de ofício e por arbitramento, o valor da causa quando verificar que não corresponde ao conteúdo patrimonial em discussão ou ao proveito econômico perseguido pelo autor, caso em que se procederá ao recolhimento das custas correspondentes.

O réu poderá impugnar, em preliminar da contestação, o valor atribuído à causa pelo autor, sob pena de preclusão, e o juiz decidirá a respeito, impondo, se for o caso, a complementação das custas.

– **as provas com que o autor pretende demonstrar a verdade dos fatos alegados;**

Na petição inicial deverá o autor indicar de maneira especificada as provas que pretende demonstrar o fato constitutivo do seu direito alegado, não bastando requerer ou muito menos protestar genericamente pela 'produção de todos os meios de prova admitidos em direito. O réu, por sua vez, fará o mesmo na contestação.

– **a opção do autor pela realização ou não de audiência de conciliação ou de mediação.**

Eis um requisito novo. O autor terá de indicar se pretende ou não comparecer em audiência de conciliação ou mediação, a depender do caso.

DICAS DESCOMPLICADAS:

Caso não disponha das informações relativas à qualificação das partes, poderá o autor, na petição inicial, requerer ao juiz diligências necessárias à sua obtenção (art. 319, parágrafo 1º).

A petição inicial não será indeferida se, a despeito da falta de informações relacionadas à qualificação, for possível a citação do réu. Ademais, ela não será indeferida pelo não atendimento ao disposto acima se a obtenção de tais informações tornar impossível ou excessivamente oneroso o acesso à justiça.

Entendemos como superpositivas as disposições acima. O CPC/15, como já vimos, adotou o princípio da supremacia do julgamento de mérito.

Ainda, a petição inicial será, todavia, instruída com os documentos indispensáveis à propositura da ação. Ressalte-se que a prova documental será produzida na fase postulatória, no entanto, há exceções, as quais estão dispostas no art. 434 do CPC.

20.3. EMENDA DA INICIAL

Nos termos do art. 321 do CPC, o juiz, ao verificar que a petição inicial não preenche os requisitos dos arts. 319 e 320 ou que apresenta defeitos e irregularidades capazes de dificultar o julgamento de mérito, determinará que o autor, **no prazo de 15 (quinze) dias**[3], a emende ou a complete, indicando com precisão o que deve ser corrigido ou completado.

Observe que o Código de ritos exige que o juiz indique o que deve ser emendado na peça inicial. Veda-se a ordem genérica de emenda.

Se ele for omisso, será cabível a oposição dos embargos de declaração.

EMENDA → VÍCIOS SANÁVEIS

PRAZO → 15 DIAS ÚTEIS

3. No CPC/73 o prazo era de dez dias.

ANOTE!

Se o autor não cumprir a diligência, o juiz indeferirá a petição inicial. #babado

Passemos a estudar o Pedido

PEDIDO → PRETENSÃO DO AUTOR

EIS O QUE ELE DESEJA

O pedido deve **ser certo, ou seja, expresso**[4].

Compreendem-se no principal os juros legais, a correção monetária e as verbas de sucumbência, **inclusive os honorários advocatícios. Eis uma novidade que estava consolidada na jurisprudência. Essas hipóteses são conhecidas como pedidos implícitos.**

O CPC/15 determina que a interpretação do pedido considerará o conjunto da postulação e observará o **princípio da boa-fé.** Dispositivo substancial e muito importante.

Reza o artigo 323 do CPC, que na ação que tiver por objeto cumprimento de obrigação em prestações sucessivas, essas serão consideradas incluídas no pedido, independentemente de declaração expressa do autor, e serão incluídas na condenação, enquanto durar a obrigação, se o devedor, no curso do processo, deixar de pagá-las ou de consigná-las.

O pedido deve **ser determinado, ou seja, deve conter quantidade e qualidade.**

4. O antigo artigo 286 do CPC anterior trazia uma grande anomalia. Sinalizava que o pedido seria certo ou determinado.

É lícito, porém, formular **pedido genérico:**

- nas ações universais, se o autor não puder individuar os bens demandados;
- quando não for possível determinar, desde logo, as consequências do ato ou do fato;
- quando a determinação do objeto ou do valor da condenação depender de ato que deva ser praticado pelo réu.

O pedido será alternativo quando, pela natureza da obrigação, o devedor puder cumprir a prestação de mais de um modo (art. 325 do CPC).

Saliente-se que quando, pela lei ou pelo contrato, a escolha couber ao devedor, o juiz lhe assegurará o direito de cumprir a prestação de um ou de outro modo, ainda que o autor não tenha formulado pedido alternativo.

O CPC autoriza a formulação de mais de um pedido em ordem subsidiária, a fim de que o juiz conheça do posterior, quando não acolher o anterior.

É lícito formular mais de um pedido, alternativamente, para que o juiz acolha um deles. Esse fenômeno é chamado de cumulação alternativa de pedidos.

PEDIDO ALTERNATIVO → CUMULAÇÃO ALTERNATIVA

Vejamos as regras para a cumulação de pedidos, tema muito recorrente em prova e importante para a prática forense. É lícita a cumulação, em um único processo, contra o mesmo réu, de vários pedidos, **ainda que entre eles não haja conexão**.

São requisitos de admissibilidade da cumulação que:

- os pedidos sejam compatíveis entre si;
- seja competente para conhecer deles o mesmo juízo;
- seja adequado para todos os pedidos o tipo de procedimento.

IMPORTANTE!

Quando, para cada pedido, corresponder tipo diverso de procedimento, será admitida a cumulação se o autor empregar o procedimento comum, sem prejuízo do emprego das técnicas processuais diferenciadas previstas nos procedimentos especiais a que se sujeitam um ou mais pedidos cumulados, que não forem incompatíveis com as disposições sobre o procedimento comum.

Na obrigação indivisível, prevista no art. 328 do CPC, com pluralidade de credores, aquele que não participou do processo receberá sua parte, deduzidas as despesas na proporção de seu crédito.

Alterabilidade da demanda de forma descomplicada

O autor poderá[5]**:**

- **até a citação,** aditar ou alterar o pedido ou a causa de pedir, independentemente de consentimento do réu;
- **até o saneamento do processo**, aditar ou alterar o pedido e a causa de pedir, com consentimento do réu, assegurado o contraditório mediante a possibilidade de manifestação deste no prazo mínimo de 15 (quinze) dias, facultado o requerimento de prova suplementar.[6]

20.4. INDEFERIMENTO DA INICIAL

INDEFERIMENTO DA INICIAL →
VÍCIOS INSANÁVEIS → SENTENÇA TERMINATIVA

O indeferimento está previsto nos artigos 330 e 331 do CPC.

5. Art. 329 do CPC.
6. Mesmas disposições se aplicam à reconvenção e à respectiva causa de pedir.

PETIÇÃO INICIAL PODE CONTER UM VÍCIO INSANÁVEL (exemplo: ilegitimidade de parte).

→ nesse caso, como o vício não pode ser regularizado, o JUIZ INDEFERIRÁ LIMINARMENTE a petição inicial, JULGANDO EXTINTO O PROCESSO, SEM RESOLUÇÃO DO MÉRITO. Ele aplicará o art. 485 do CPC.

O indeferimento importará na prolação de uma sentença, sendo o recurso cabível o de apelação, a ser interposto no prazo de quinze dias. Ao receber o recurso, o juiz poderá retratar-se, ou seja, poderá reformar a sua própria decisão e determinar a continuidade do processo, com a citação do requerido.

As hipóteses de indeferimento estão dispostas no art. 330, vejamos:

- for inepta;
- a parte for manifestamente ilegítima;
- o autor carecer de interesse processual;
- não atendidas as prescrições dos arts. 106 e 321.

Considera-se inepta a petição inicial[7] quando:

- lhe faltar pedido ou causa de pedir;
- o pedido for indeterminado, ressalvadas as hipóteses legais em que se permite o pedido genérico;
- da narração dos fatos não decorrer logicamente a conclusão;
- contiver pedidos incompatíveis entre si.

Indeferida a petição inicial, o autor poderá apelar, facultado ao juiz, no prazo de 5 (cinco) dias, retratar-se.

Se não houver retratação, o juiz mandará citar o réu para responder ao recurso. Em observância a garantia constitucional do contraditório que foi agigantada na nova legislação.

7. No CPC/73 seria inepta a inicial quando formulado pedido juridicamente impossível.

Sendo a sentença reformada pelo tribunal, o prazo para a contestação começará a correr da intimação do retorno dos autos, observado o disposto no art. 334 do CPC/15.

Não interposto o recurso de apelação, o réu será intimado do trânsito em julgado da sentença. Eis mais uma novidade.

> **ANOTE!**
>
> Nas ações que tenham por objeto a revisão de obrigação decorrente de empréstimo, de financiamento ou de alienação de bens, o autor terá de, sob pena de inépcia, discriminar na petição inicial, dentre as obrigações contratuais, aquelas que pretende controverter, além de quantificar o valor incontroverso do débito. O valor incontroverso deverá continuar a ser pago no tempo e modo contratados.

20.5. IMPROCEDÊNCIA LIMINAR DO PEDIDO

IMPROCEDÊNCIA LIMINAR DO PEDIDO → SENTENÇA DEFINITIVA

Saliente-se, desde logo, que o instituto fora reformulado no novo texto. Ele recebeu novos contornos, senão vejamos.

Nos termos do art.332 do CPC, nas causas que **dispensem a fase instrutória,** o juiz, independentemente da citação do réu, julgará liminarmente improcedente o pedido que contrariar:

- enunciado de súmula do Supremo Tribunal Federal ou do Superior Tribunal de Justiça;
- acórdão proferido pelo Supremo Tribunal Federal ou pelo Superior Tribunal de Justiça em julgamento de recursos repetitivos;
- entendimento firmado em incidente de resolução de demandas repetitivas ou de assunção de competência;
- enunciado de súmula de tribunal de justiça sobre direito local.

Observe-se que o juiz também poderá julgar liminarmente improcedente o pedido se verificar, desde logo, **a ocorrência de decadência ou de prescrição.** No CPC anterior, de forma equivocada, mesma hipótese dava espaço para o indeferimento da petição inicial.

Não interposta à apelação, o réu será intimado do trânsito em julgado da sentença, nos termos do art. 241.

Interposta a apelação, o juiz poderá retratar-se em 5 (cinco) dias.

Se houver retratação, o juiz determinará o prosseguimento do processo, com a citação do réu, e, se não houver retratação, determinará a citação do réu para apresentar contrarrazões, no prazo de 15 (quinze) dias.

20.6. AUDIÊNCIA DE CONCILIAÇÃO OU DE MEDIAÇÃO

AUDIÊNCIA DE AUTOCOMPOSIÇÃO → PASSA A SER A REGRA GERAL DO PROCEDIMENTO COMUM

A audiência de autocomposição está prevista no art. 334 do CPC.

Desataca-se que se a petição inicial preencher os requisitos essenciais e não for o caso de improcedência liminar do pedido, o juiz designará audiência de conciliação ou de mediação com antecedência mínima de **30 (trinta) dias,** devendo ser citado o réu com pelo menos **20 (vinte) dias de antecedência.**

O conciliador ou mediador, onde houver, atuará necessariamente na audiência de conciliação ou de mediação, levando em consideração às disposições do CPC, bem como as disposições da lei de organização judiciária.

Observe-se que poderá haver mais de uma sessão destinada à conciliação e à mediação, não podendo exceder a **2 (dois) meses** da data de realização da primeira sessão, desde que necessárias à composição das partes.

Vale lembrar ainda que a intimação do autor para a audiência será feita na pessoa de seu advogado.

CUIDADO!

A audiência não será realizada:

- se ambas as partes manifestarem, expressamente, desinteresse na composição consensual;
- **quando não se admitir a autocomposição**. Observe-se que o legislador não fez referência aos direitos indisponíveis, uma vez que há direitos indisponíveis que admitem autocomposição. P.ex.: alimentos.

Ademais, o autor deverá indicar, na petição inicial[8], seu desinteresse na autocomposição, e o réu deverá fazê-lo, por petição, apresentada com 10 (dez) dias de antecedência, contados da data da audiência.

ATENÇÃO MÁXIMA!

Havendo litisconsórcio, o desinteresse na realização da audiência deve ser manifestado por todos os litisconsortes.

– **Sabrina, é verdadeira a informação acima?**

– **Sim! Questionável, porém verdadeira.**

A audiência de conciliação ou de mediação pode realizar-se por meio eletrônico, nos termos da Lei 11.419/06[9].

O não comparecimento injustificado do autor ou do réu à audiência de conciliação é considerado ato atentatório à dignidade da

8. Eis um requisito que está presente no art. 319 do CPC.

9. Com o advento da Lei 13.994/20, passa-se a autorizar a realização da audiência de conciliação por videoconferência nos juizados, vejamos: "É cabível a conciliação não presencial conduzida pelo Juizado mediante o emprego dos recursos tecnológicos disponíveis de transmissão de sons e imagens em tempo real, devendo o resultado da tentativa de conciliação ser reduzido a escrito com os anexos pertinentes." Eis a nova redação do art. 22, parágrafo 2º da Lei 9099/95.

justiça e será sancionado com multa de até dois por cento da vantagem econômica pretendida ou do valor da causa, revertida em favor da União ou do Estado.

Não esqueça que as partes devem estar acompanhadas por seus advogados ou defensores públicos. A lei impede que as partes compareçam sozinhas nessa audiência preliminar do art. 334. Prestigia-se o chamado debate qualificado.

No entanto, a parte poderá constituir representante, por meio de procuração específica, com poderes para negociar e transigir.

A autocomposição obtida será reduzida a termo e homologada **por sentença. Trata-se de sentença definitiva.**

A pauta das audiências de conciliação ou de mediação será organizada de modo a respeitar o intervalo mínimo de **20 (vinte) minutos** entre o início de uma e o início da seguinte.

20.7. RESPOSTA DO RÉU

Eis uma garantia constitucionalmente assegurada ao réu. Trata-se do exercício efetivo do contraditório ou contraditório REAL.

CONTESTAÇÃO

A contestação é a peça de defesa por excelência.

O réu poderá oferecer contestação, por petição, no prazo de 15 (quinze) dias, cujo termo inicial será a data (art. 335 do CPC):

- **da audiência de conciliação ou de mediação**, ou da última sessão de conciliação, quando qualquer parte não comparecer ou, comparecendo, não houver autocomposição;
- **do protocolo do pedido de cancelamento da audiência de conciliação ou de mediação apresentado pelo réu**, quando ocorrer a hipótese do art. 334, § 4º, inciso I;
- **prevista no art. 231**, de acordo com o modo como foi feita a citação, nos demais casos.

Vale lembrar que incumbe ao réu alegar, na contestação, toda a matéria de defesa, expondo as razões de fato e de direito com que impugna o pedido do autor e especificando as provas que pretende produzir. Eis o que chamamos de princípio da **CONCENTRAÇÃO DA DEFESA.**

Tratemos das **preliminares** da peça contestatória, vamos juntos!

Elas estão elencadas no art. 337 e podem ser peremptórias ou dilatórias, vejamos.

Incumbe ao réu, antes de discutir o mérito, alegar:

- inexistência ou nulidade da citação;
- incompetência absoluta e relativa;
- incorreção do valor da causa;
- inépcia da petição inicial;
- perempção;
- litispendência;
- coisa julgada;
- conexão;
- incapacidade da parte, defeito de representação ou falta de autorização;
- convenção de arbitragem;
- ausência de legitimidade ou de interesse processual;
- falta de caução ou de outra prestação que a lei exige como preliminar;
- indevida concessão do benefício de gratuidade de justiça.

A preliminar será peremptória quando sua aceitação importar na extinção do processo sem resolução do mérito.

Ela será **dilatória** quando sua aceitação não extinguir o processo.

Noções importantes!

- Verifica-se a litispendência ou a coisa julgada quando se reproduz ação anteriormente ajuizada.
- Uma ação é idêntica à outra quando possui as mesmas partes, a mesma causa de pedir e o mesmo pedido.
- Há litispendência quando se repete ação **que está em curso.**
- Há coisa julgada quando se repete ação **que já foi decidida por decisão transitada em julgado.**
- Excetuadas a convenção de arbitragem e a incompetência relativa, o juiz conhecerá de ofício das matérias enumeradas acima.
- A ausência de alegação da existência de convenção de arbitragem, implica aceitação da jurisdição estatal e renúncia ao juízo arbitral.

NOVIDADE!

Alegando o réu, na contestação, ser parte ilegítima ou não ser o responsável pelo prejuízo invocado, o juiz facultará ao autor, em 15 (quinze) dias, a alteração da petição inicial para substituição do réu.

Realizada a substituição, o autor reembolsará as despesas e pagará os honorários ao procurador do réu excluído, que serão fixados entre três e cinco por cento do valor da causa ou, sendo este irrisório, nos termos do art. 85, § 8º.

Quando alegar sua ilegitimidade, incumbe ao réu indicar o sujeito passivo da relação jurídica discutida sempre que tiver conhecimento, sob pena de arcar com as despesas processuais e de indenizar o autor pelos prejuízos decorrentes da falta de indicação.

O autor, ao aceitar a indicação, procederá, no prazo de 15 (quinze) dias, à alteração da petição inicial para a substituição do réu, observando-se, ainda, o parágrafo único do art. 338.

No prazo de 15 (quinze) dias, o autor pode optar por alterar a petição inicial para incluir, como litisconsorte passivo, o sujeito indicado pelo réu.

ATENÇÃO MÁXIMA!

Havendo alegação de incompetência relativa ou absoluta, a contestação poderá ser protocolada no foro de domicílio do réu, fato que será imediatamente comunicado ao juiz da causa, preferencialmente por meio eletrônico.

A contestação será submetida a livre distribuição ou, se o réu houver sido citado por meio de carta precatória, juntada aos autos dessa carta, seguindo-se a sua imediata remessa para o juízo da causa.

Reconhecida a competência do foro indicado pelo réu, o juízo para o qual for distribuída a contestação ou a carta precatória será considerado prevento.

Alegada a incompetência será suspensa a realização da audiência de conciliação ou de mediação, se tiver sido designada.

Definida a competência, o juízo competente designará nova data para a audiência de conciliação ou de mediação.

Incumbe também ao réu, nos moldes do art. 341 do CPC, manifestar-se precisamente sobre as alegações de fato constantes da petição inicial, presumindo-se verdadeiras as não impugnadas, salvo se:

- não for admissível, a seu respeito, a confissão;
- a petição inicial não estiver acompanhada de instrumento que a lei considerar da substância do ato;
- estiverem em contradição com a defesa, considerada em seu conjunto.

O ônus da impugnação especificada dos fatos não se aplica ao defensor público, ao advogado dativo e ao curador especial.

Por fim, depois da contestação, só é lícito ao réu deduzir novas alegações quando:

- relativas a direito ou a fato superveniente;
- competir ao juiz conhecer delas de ofício;
- por expressa autorização legal, puderem ser formuladas em qualquer tempo e grau de jurisdição.

As disposições acima estão reguladas no art. 342 do CPC.

RECONVENÇÃO

Na contestação, é lícito ao réu propor reconvenção para manifestar pretensão própria, conexa com a ação principal ou com o fundamento da defesa. Observe-se que no CPC/73 a reconvenção era apresentada em peça separada. Com o CPC/15, a reconvenção deve ser, em regra, apresentada na própria contestação. Ela está prevista no art. 343 do CPC.

Proposta a reconvenção, o autor será intimado, na pessoa de seu advogado, para apresentar resposta no prazo de 15 (quinze) dias. Manifestação indispensável para o contraditório real.

A desistência da ação ou a ocorrência de causa extintiva que impeça o exame de seu mérito não obsta ao prosseguimento do processo quanto à reconvenção. Logo, ela é autônoma. Diferencia-se do intitulado pedido contraposto. Nos JEC's, a reconvenção não é admitida.

☺ NOVIDADE!

A reconvenção pode ser proposta contra o autor e terceiro.

Ademais, ela pode ser proposta pelo réu em litisconsórcio com terceiro.

Vaticina o texto processual que se o autor for substituto processual, o reconvinte deverá afirmar ser titular de direito em face do substituído, e a reconvenção deverá ser proposta em face do autor, também na qualidade de substituto processual.

Vale lembrar que o réu pode propor reconvenção independentemente de oferecer contestação. Apenas nesse caso, ela será oferecida autonomamente.

20.8. REVELIA

REVELIA → AUSÊNCIA DE CONTESTAÇÃO OU SEU OFERECIMENTO INTEMPESTIVO.

Sabe-se que se o réu não contestar a ação, será considerado revel e presumir-se-ão verdadeiras as alegações de fato formuladas pelo autor.

A revelia não produz o efeito mencionado no art. 344 se:

- havendo pluralidade de réus, algum deles contestar a ação;
- o litígio versar sobre direitos indisponíveis;
- a petição inicial não estiver acompanhada de instrumento que a lei considere indispensável à prova do ato;
- as alegações de fato formuladas pelo autor forem inverossímeis ou estiverem em contradição com prova constante dos autos.

LEMBRETES!

Os prazos contra o revel que não tenha patrono nos autos fluirão da data de publicação do ato decisório no órgão oficial.

O artigo 346, parágrafo único, sinaliza que o revel poderá intervir no processo em qualquer fase, recebendo-o no estado em que se encontrar.

20.9. JULGAMENTO CONFORME O ESTADO DO PROCESSO

Extinção do Processo

EXTINÇÃO PODE SE DAR → COM E SEM RESOLUÇÃO DO MÉRITO

Ocorrendo qualquer das hipóteses previstas nos arts. 485 e 487, incisos II e III, o juiz proferirá **sentença.**

CUIDADO!

A decisão acima pode, no entanto, dizer respeito a apenas parcela do processo, caso em que será impugnável por agravo de instrumento.

JULGAMENTO ANTECIPADO DO MÉRITO

PODE SER → TOTAL OU PARCIAL

O artigo 355 regula o chamado julgamento antecipado de mérito TOTAL.

O juiz julgará antecipadamente o pedido, proferindo sentença com resolução de mérito, quando:

- não houver necessidade de produção de outras provas;
- o réu for revel, ocorrer o efeito previsto no art. 344 e não houver requerimento de prova, na forma do art. 349.

JULGAMENTO ANTECIPADO PARCIAL DO MÉRITO

Eis uma novidade. Ela está prevista no art. 356 do CPC.

O juiz decidirá **parcialmente** o mérito quando um ou mais dos pedidos formulados ou parcela deles:

- mostrar-se incontroverso;
- estiver em condições de imediato julgamento, nos termos do art. 355, acima estudado.

A decisão que julgar parcialmente o mérito poderá reconhecer a existência de obrigação líquida ou ilíquida.

A parte poderá liquidar ou executar, desde logo, a obrigação reconhecida na decisão que julgar parcialmente o mérito, independentemente de caução, ainda que haja recurso contra essa interposto.

A liquidação e o cumprimento da decisão que julgar parcialmente o mérito poderão ser processados em autos suplementares, a requerimento da parte ou a critério do juiz.

A decisão proferida com base no mencionado art. 356 **é impugnável por agravo de instrumento.**

20.10. SANEAMENTO E DA ORGANIZAÇÃO DO PROCESSO

SANEAMENTO → ORGANIZAÇÃO E ESTABILIDADE DA DEMANDA

Não ocorrendo nenhuma das hipóteses já estudadas, deverá o juiz, em decisão de saneamento e de organização do processo, prevista no art. 357 do CPC:

- resolver as questões processuais pendentes, se houver;
- delimitar as questões de fato sobre as quais recairá a atividade probatória, especificando os meios de prova admitidos;
- definir a distribuição do ônus da prova, observado o art. 373;
- delimitar as questões de direito relevantes para a decisão do mérito;
- designar, se necessário, audiência de instrução e julgamento.

Realizado o saneamento, as partes têm o direito de pedir esclarecimentos ou solicitar ajustes, no prazo comum de 5 (cinco) dias, findo o qual a decisão se torna estável.

As partes podem apresentar ao juiz, para homologação, delimitação consensual das questões de fato e de direito, a qual, se homologada, vincula as partes e o juiz.

ATENÇÃO REDOBRADA!

Se a causa apresentar complexidade em matéria de fato ou de direito, deverá o juiz designar audiência para que o saneamento seja feito em cooperação com as partes, oportunidade em que o juiz, se for o caso, convidará as partes a integrar ou esclarecer suas alegações.

Caso tenha sido determinada a produção de prova testemunhal, o juiz fixará prazo comum não superior a 15 (quinze) dias para que as partes apresentem rol de testemunhas. As partes devem levar, para a audiência prevista, o respectivo rol de testemunhas.

Destaca-se que o número de testemunhas arroladas não pode ser superior a 10 (dez), sendo 3 (três), no máximo, para a prova de cada fato. O juiz poderá limitar o número de testemunhas levando em conta a complexidade da causa e dos fatos individualmente considerados.

Caso tenha sido determinada a produção de prova pericial, o juiz deve observar o disposto no art. 465 e, se possível, estabelecer, desde logo, calendário para sua realização.

VALE ANOTAR!

Para melhor desenvolvimento da audiência, as pautas deverão ser preparadas com intervalo mínimo de 1 (uma) hora entre as audiências.

21

PROVAS

21.1. NOÇÕES DA SUA TEORIA GERAL

Provas são os instrumentos utilizados pela parte para o convencimento do órgão julgador.

As partes têm o direito de empregar todos os meios legais, bem como os moralmente legítimos, ainda que não especificados no CPC, para provar a verdade dos fatos em que se funda o pedido ou a defesa e influir eficazmente na convicção do juiz.

PROVAS PODEM SER → TÍPICAS OU ATÍPICAS

Caberá ao juiz, de ofício ou a requerimento da parte, determinar as provas necessárias ao julgamento do mérito. Logo, mantida a possibilidade de determinação da produção de provas de ofício. Eis o disposto no artigo 370 do CPC.

Convém destacar que o juiz indeferirá, em decisão fundamentada, as diligências inúteis ou meramente protelatórias.

Ademais, o juiz apreciará a prova constante dos autos, independentemente do sujeito que a tiver promovido, e indicará na decisão as razões da formação de seu convencimento. Há quem diga que houve uma mitigação ao princípio do livre convencimento motivado.

Ele poderá admitir a utilização de prova produzida em outro processo, atribuindo-lhe o valor que considerar adequado, observado o contraditório. **Eis o que chamamos de prova emprestada.** Esse meio de prova será extraído de outro processo, no entanto será observada a garantia do contraditório.

Nos termos do Enunciado 30 do CJF, "É admissível a prova emprestada, ainda que não haja identidade de partes, nos termos do art. 372 do CPC."

Tratemos de um assunto muito importante, vejamos.

As regras de ônus da prova estão previstas no artigo 373 do CPC. O novo sistema processual adotou a teoria dinâmica de ônus da prova.

O ônus da prova incumbe:

- **ao autor,** quanto ao fato constitutivo de seu direito;
- **ao réu,** quanto à existência de fato impeditivo, modificativo ou extintivo do direito do autor.

Nos casos previstos em lei ou diante de peculiaridades da causa relacionadas à impossibilidade ou à excessiva dificuldade de cumprir o encargo ou à maior facilidade de obtenção da prova do fato contrário, poderá o juiz atribuir o ônus da prova de modo diverso, desde que o faça por decisão fundamentada, caso em que deverá dar à parte a oportunidade de se desincumbir do ônus que lhe foi atribuído. Eis o que convencionamos chamar de inversão do ônus da prova ou cargas probatórias dinâmicas.

A decisão acima mencionada, **não pode gerar situação em que a desincumbência do encargo pela parte seja impossível ou excessivamente difícil.** A prova não poderá se tornar "diabólica".

A distribuição diversa do ônus da prova também pode ocorrer por convenção das partes, salvo quando:

- recair sobre direito indisponível da parte;
- tornar excessivamente difícil a uma parte o exercício do direito.

A convenção pode ser celebrada antes ou durante o processo.

Sigamos estudando a teoria geral da prova

Regra geral, a prova recairá sobre os **FATOS**. No entanto, há fatos que não precisam ser provados, vejamos (374, CPC):

Não dependem de prova os fatos:

- notórios;
- afirmados por uma parte e confessados pela parte contrária;
- admitidos no processo como incontroversos;
- em cujo favor milita presunção legal de existência ou de veracidade.

Ademais, o juiz aplicará as regras de experiência comum subministradas pela observação do que ordinariamente acontece e, ainda, as regras de experiência técnica, ressalvado, quanto a estas, o exame pericial.

ATENÇÃO!

A parte que alegar **direito** municipal, estadual, estrangeiro ou consuetudinário provar-lhe-á o teor e a vigência, se assim o juiz determinar. Assim, excepcionalmente, o juiz poderá exigir a prova do direito, nas hipóteses acima.

NOTA IMPORTANTE!

A carta precatória, a carta rogatória e o auxílio direto suspenderão o julgamento da causa no caso previsto no art. 313, inciso V, alínea "b", quando, tendo sido requeridos antes da decisão de saneamento, a prova neles solicitada for imprescindível.

A carta precatória e a carta rogatória não devolvidas no prazo ou concedidas sem efeito suspensivo poderão ser juntadas aos autos a qualquer momento.

LEMBRE!

Ninguém se exime do dever de colaborar com o Poder Judiciário para o descobrimento da verdade.

Preservado o direito de não produzir prova contra si própria, incumbe à parte:

- comparecer em juízo, respondendo ao que lhe for interrogado;
- colaborar com o juízo na realização de inspeção judicial que for considerada necessária;
- praticar o ato que lhe for determinado.

Incumbe ao terceiro, em relação a qualquer causa:

- informar ao juiz os fatos e as circunstâncias de que tenha conhecimento;
- exibir coisa ou documento que esteja em seu poder.

Poderá o juiz, em caso de descumprimento, determinar, além da imposição de multa, outras medidas indutivas, coercitivas, mandamentais ou sub-rogatórias.

PRODUÇÃO ANTECIPADA DA PROVA

De acordo com o artigo 381 do CPC, a produção antecipada da prova será admitida nos casos em que:

- haja fundado receio de que venha a tornar-se impossível ou muito difícil a verificação de certos fatos na pendência da ação;
- a prova a ser produzida seja suscetível de viabilizar a autocomposição ou outro meio adequado de solução de conflito;
- o prévio conhecimento dos fatos possa justificar ou evitar o ajuizamento de ação.

A produção antecipada da prova é da competência do juízo do foro onde esta deva ser produzida ou do foro de domicílio do réu.

A produção antecipada da prova não previne a competência do juízo para a ação que venha a ser proposta.

O juízo estadual tem competência para produção antecipada de prova requerida em face da União, de entidade autárquica ou de empresa pública federal se, na localidade, não houver vara federal.

Aplicam-se às disposições acima àquele que pretender justificar a existência de algum fato ou relação jurídica para simples documento e sem caráter contencioso, que exporá, em petição circunstanciada, a sua intenção.

Na petição, o requerente apresentará as razões que justificam a necessidade de antecipação da prova e mencionará com precisão os fatos sobre os quais a prova há de recair.

O juiz determinará, de ofício ou a requerimento da parte, a citação de interessados na produção da prova ou no fato a ser provado, salvo se inexistente caráter contencioso. Ele não se pronunciará sobre a ocorrência ou a inocorrência do fato, nem sobre as respectivas consequências jurídicas.

Os interessados poderão requerer a produção de qualquer prova no mesmo procedimento, desde que relacionada ao mesmo fato, salvo se a sua produção conjunta acarretar excessiva demora.

Neste procedimento, não se admitirá defesa ou recurso, salvo contra decisão que indeferir totalmente a produção da prova pleiteada pelo requerente originário.

Os autos permanecerão em cartório durante 1 (um) mês para extração de cópias e certidões pelos interessados. Findo o prazo, os autos serão entregues ao promovente da medida.

Por fim, nos termos no Enunciado 50 do CJF, "A eficácia da produção antecipada de provas não está condicionada a prazo para a propositura de outra ação."

21.2. PROVAS EM ESPÉCIE

21.2.1. Ata notarial

SERÁ LAVRADA POR INSTRUMENTO PÚBLICO

De acordo com o art. 384 do CPC/15, a existência e o modo de existir de algum fato podem ser atestados ou documentados, a requerimento do interessado, mediante ata lavrada por tabelião.

Dados representados por imagem ou som gravados em arquivos eletrônicos poderão constar da ata notarial. As mais variadas situações podem ser atestadas por meio de uma ata. P. ex: diálogos travados através do *whatsapp*, informações publicadas em redes sociais ou *sites*.

21.2.2. Depoimento pessoal

DEPOIMENTO PESSOAL → OBJETIVA CONFISSÃO

Depoimento pessoal é o ato praticado pela parte, mediante provocação da parte contrária, de comparecer em juízo quando convocada pelo juiz, a fim de prestar esclarecimentos sobre os fatos de interesse da causa. Ele está previsto no artigo 385 e seguintes do CPC.

Impõe-se à parte requerer o depoimento pessoal da outra parte, a fim de que esta seja interrogada na audiência de instrução e julgamento, sem prejuízo do poder do juiz de ordená-lo de ofício.

Se a referida parte, pessoalmente intimada para prestar depoimento pessoal e advertida da pena de confesso, não comparecer ou, comparecendo, se recusar a depor, o juiz aplicar-lhe-á a pena.

ATENÇÃO!

É vedado a quem ainda não depôs assistir ao interrogatório da outra parte.

Nessa toada, o depoimento pessoal da parte que residir em comarca, seção ou subseção judiciária diversa daquela onde tramita o processo poderá ser colhido por meio de videoconferência ou outro recurso tecnológico de transmissão de sons e imagens em tempo real, o que poderá ocorrer, inclusive, durante a realização da audiência de instrução e julgamento.

CUIDADO!

Quando a parte, sem motivo justificado, deixar de responder ao que lhe for perguntado ou empregar evasivas, o juiz, apreciando as demais circunstâncias e os elementos de prova, declarará, na sentença, se houve recusa de depor.

A parte responderá pessoalmente sobre os fatos articulados, não podendo servir-se de escritos anteriormente preparados, permitindo-lhe o juiz, todavia, a consulta a notas breves, desde que objetivem completar esclarecimentos.

QUESTÃO DE PROVA!

Disciplina o artigo 388 do CPC que parte não é obrigada a depor sobre fatos:

- criminosos ou torpes que lhe forem imputados;
- a cujo respeito, por estado ou profissão, deva guardar sigilo;
- acerca dos quais não possa responder sem desonra própria, de seu cônjuge, de seu companheiro ou de parente em grau sucessível;
- que coloquem em perigo a vida do depoente ou das pessoas referidas acima.

EXCEÇÃO!

Esta disposição não se aplica às ações de estado e de família.

21.2.3. Confissão

Ela é considerada a rainha das provas.

Há confissão, judicial ou extrajudicial, quando a parte admite a verdade de fato contrário ao seu interesse e favorável ao do adversário.

Vale ressaltar que a confissão judicial pode ser espontânea ou provocada. Por sua vez, a confissão espontânea pode ser feita pela própria parte ou por representante com poder especial. Já a confissão provocada constará do termo de depoimento pessoal.

A confissão judicial faz prova contra o confitente, não prejudicando, todavia, os litisconsortes. Ela tem caráter personalíssimo.

Destaque-se que nas ações que versarem sobre bens imóveis ou direitos reais sobre imóveis alheios, a confissão de um cônjuge ou companheiro não valerá sem a do outro, salvo se o regime de casamento for o de separação absoluta de bens.

ANOTE!

Não vale como confissão a admissão, em juízo, de fatos relativos a direitos indisponíveis.

A confissão será ineficaz se feita por quem não for capaz de dispor do direito a que se referem os fatos confessados. Quando ela é feita por um representante somente é eficaz nos limites em que este pode vincular o representado.

Ainda, a confissão é irrevogável, mas pode ser anulada se decorreu de erro de fato ou de coação.

A legitimidade para a ação prevista acima é exclusiva do confitente e pode ser transferida a seus herdeiros se ele falecer após a propositura.

A confissão extrajudicial, quando feita oralmente, só terá eficácia nos casos em que a lei não exija prova literal. Ela é, em regra, indivisível, não podendo a parte que a quiser invocar como prova aceitá-la no tópico que a beneficiar e rejeitá-la no que lhe for desfavorável, porém cindir-se-á quando o confitente a ela aduzir fatos novos, capazes de constituir fundamento de defesa de direito material ou de reconvenção.

21.2.4. EXIBIÇÃO DE DOCUMENTO OU COISA

O juiz pode ordenar que a parte exiba documento ou coisa que se encontre em seu poder.

O pedido formulado pela parte conterá:

- a individuação, tão completa quanto possível, do documento ou da coisa;
- a finalidade da prova, indicando os fatos que se relacionam com o documento ou com a coisa;
- as circunstâncias em que se funda o requerente para afirmar que o documento ou a coisa existe e se acha em poder da parte contrária.

O requerido dará sua resposta nos 5 (cinco) dias subsequentes à sua intimação. Se o requerido afirmar que não possui o documento ou a coisa, o juiz permitirá que o requerente prove, por qualquer meio, que a declaração não corresponde à verdade.

O juiz não admitirá a recusa se (art. 399, CPC):

- o requerido tiver obrigação legal de exibir;
- o requerido tiver aludido ao documento ou à coisa, no processo, com o intuito de constituir prova;
- o documento, por seu conteúdo, for comum às partes.

Ao decidir o pedido, o juiz admitirá como verdadeiros os fatos que, por meio do documento ou da coisa, a parte pretendia provar se:

- o requerido não efetuar a exibição nem fizer nenhuma declaração no prazo do art. 398;
- a recusa for havida por ilegítima.

Sendo necessário, o juiz pode adotar medidas indutivas, coercitivas, mandamentais ou sub-rogatórias para que o documento seja exibido.

Quando o documento ou a coisa estiver em poder de terceiro, o juiz ordenará sua citação para responder no prazo de 15 (quinze) dias.

Se o terceiro negar a obrigação de exibir ou a posse do documento ou da coisa, o juiz designará audiência especial, tomando-lhe o depoimento, bem como o das partes e, se necessário, o de testemunhas, e em seguida proferirá decisão.

Nos termos do art. 403 do CPC, se o terceiro, sem justo motivo, se recusar a efetuar a exibição, o juiz ordenar-lhe-á que proceda ao respectivo depósito em cartório ou em outro lugar designado, no prazo de 5 (cinco) dias, impondo ao requerente que o ressarça pelas despesas que tiver.

Se ele descumprir a ordem, o juiz expedirá mandado de apreensão, requisitando, se necessário, força policial, sem prejuízo da responsabilidade por crime de desobediência, pagamento de multa e outras medidas indutivas, coercitivas, mandamentais ou sub-rogatórias necessárias para assegurar a efetivação da decisão.

CUIDADO!

A parte e o terceiro se escusam de exibir, em juízo, o documento ou a coisa se:

- concernente a negócios da própria vida da família;
- sua apresentação puder violar dever de honra;
- sua publicidade redundar em desonra à parte ou ao terceiro, bem como a seus parentes consanguíneos ou afins até o terceiro grau, ou lhes representar perigo de ação penal;
- sua exibição acarretar a divulgação de fatos a cujo respeito, por estado ou profissão, devam guardar segredo;
- subsistirem outros motivos graves que, segundo o prudente arbítrio do juiz, justifiquem a recusa da exibição;
- houver disposição legal que justifique a recusa da exibição.

21.2.5. PROVA DOCUMENTAL

Documento é todo e qualquer objeto **que possa** materializar uma informação através de sons, escritos ou imagens.

Lembre que o documento não é só o objeto formado pela palavra escrita, já que diversas são as formas de se proceder o registro de um fato. Assim, no direito processual, o conceito de documento é muito amplo.

FORÇA PROBANTE DOS DOCUMENTOS

O documento público faz prova não só da sua formação, mas também dos fatos que o escrivão, o chefe de secretaria, o tabelião ou o servidor declarar que ocorreram em sua presença.

Quando a lei exigir instrumento público como da substância do ato, nenhuma outra prova, por mais especial que seja, pode suprir-lhe a falta.

QUESTÃO DE PROVA!

O documento feito por oficial público incompetente ou sem a observância das formalidades legais, sendo subscrito pelas partes, tem a mesma eficácia probatória do documento particular.

As declarações constantes do documento particular escrito e assinado ou somente assinado presumem-se verdadeiras em relação ao signatário.

Quando, todavia, contiver declaração de ciência de determinado fato, o documento particular prova a ciência, mas não o fato em si, incumbindo o ônus de prová-lo ao interessado em sua veracidade.

A data do documento particular, quando a seu respeito surgir dúvida ou impugnação entre os litigantes, provar-se-á por todos os meios de direito.

Em relação a terceiros, considerar-se-á datado o documento particular:

- no dia em que foi registrado;
- desde a morte de algum dos signatários;
- a partir da impossibilidade física que sobreveio a qualquer dos signatários;
- da sua apresentação em repartição pública ou em juízo;
- do ato ou do fato que estabeleça, de modo certo, a anterioridade da formação do documento.

Considera-se autor do documento particular:

- aquele que o fez e o assinou;

- aquele por conta de quem ele foi feito, estando assinado;
- aquele que, mandando compô-lo, não o firmou porque, conforme a experiência comum, não se costuma assinar, como livros empresariais e assentos domésticos.

O art. 411 sinaliza que se considera autêntico o documento quando:

- o tabelião reconhecer a firma do signatário;
- a autoria estiver identificada por qualquer outro meio legal de certificação, inclusive eletrônico, nos termos da lei;
- não houver impugnação da parte contra quem foi produzido o documento.

O documento particular de cuja autenticidade não se duvida prova que o seu autor fez a declaração que lhe é atribuída.

Quando o documento for admitido expressa ou tacitamente é indivisível, sendo vedado à parte que pretende utilizar-se dele aceitar os fatos que lhe são favoráveis e recusar os que são contrários ao seu interesse, salvo se provar que estes não ocorreram.

O telegrama, o radiograma ou qualquer outro meio de transmissão tem a mesma força probatória do documento particular se o original constante da estação expedidora tiver sido assinado pelo remetente.

A firma do remetente poderá ser reconhecida pelo tabelião, declarando-se essa circunstância no original depositado na estação expedidora.

O telegrama ou o radiograma presume-se conforme com o original, provando as datas de sua expedição e de seu recebimento pelo destinatário.

VALE ANOTAR!

As cartas e os registros domésticos provam contra quem os escreveu quando:

- enunciam o recebimento de um crédito;

- contêm anotação que visa a suprir a falta de título em favor de quem é apontado como credor;
- expressam conhecimento de fatos para os quais não se exija determinada prova.

A nota escrita pelo credor em qualquer parte de documento representativo de obrigação, ainda que não assinada, faz prova em benefício do devedor.

Aplica-se essa regra tanto para o documento que o credor conservar em seu poder quanto para aquele que se achar em poder do devedor ou de terceiro.

Os livros empresariais provam contra seu autor, sendo lícito ao empresário, todavia, demonstrar, por todos os meios permitidos em direito, que os lançamentos não correspondem à verdade dos fatos.

Os livros empresariais que preencham os requisitos exigidos por lei provam a favor de seu autor no litígio entre empresários.

A escrituração contábil é indivisível, e, se dos fatos que resultam dos lançamentos, uns são favoráveis ao interesse de seu autor e outros lhe são contrários, ambos serão considerados em conjunto, como unidade.

Ademais, o juiz pode ordenar, a requerimento da parte, a exibição integral dos livros empresariais e dos documentos do arquivo:

- na liquidação de sociedade;
- na sucessão por morte de sócio;
- quando e como determinar a lei.

O juiz pode, de ofício, ordenar à parte a exibição parcial dos livros e dos documentos, extraindo-se deles a suma que interessar ao litígio, bem como reproduções autenticadas.

Qualquer reprodução mecânica, como a fotográfica, a cinematográfica, a fonográfica ou de outra espécie, tem aptidão para fazer prova dos fatos ou das coisas representadas, se a sua conformidade com o documento original não for impugnada por aquele contra quem foi produzida.

MUITO IMPORTANTE!

Modernidade processual descomplicada.

As fotografias digitais e as extraídas da rede mundial de computadores fazem prova das imagens que reproduzem, devendo, se impugnadas, ser apresentada a respectiva autenticação eletrônica ou, não sendo possível, realizada perícia.

Se se tratar de fotografia publicada em jornal ou revista, será exigido um exemplar original do periódico, caso impugnada a veracidade pela outra parte.

Aplica-se a disposição acima à forma impressa de mensagem eletrônica.

As reproduções dos documentos particulares, fotográficas ou obtidas por outros processos de repetição, valem como certidões sempre que o escrivão ou o chefe de secretaria certificar sua conformidade com o original.

A cópia de documento particular tem o mesmo valor probante que o original, cabendo ao escrivão, intimadas as partes, proceder à conferência e certificar a conformidade entre a cópia e o original.

Fazem a mesma prova que os originais:

- as certidões textuais de qualquer peça dos autos, do protocolo das audiências ou de outro livro a cargo do escrivão ou do chefe de secretaria, se extraídas por ele ou sob sua vigilância e por ele subscritas;
- os traslados e as certidões extraídas por oficial público de instrumentos ou documentos lançados em suas notas;
- as reproduções dos documentos públicos, desde que autenticadas por oficial público ou conferidas em cartório com os respectivos originais;
- as cópias reprográficas de peças do próprio processo judicial declaradas autênticas pelo advogado, sob sua responsabilidade pessoal, se não lhes for impugnada a autenticidade;

- os extratos digitais de bancos de dados públicos e privados, desde que atestado pelo seu emitente, sob as penas da lei, que as informações conferem com o que consta na origem;
- as reproduções digitalizadas de qualquer documento público ou particular, quando juntadas aos autos pelos órgãos da justiça e seus auxiliares, pelo Ministério Público e seus auxiliares, pela Defensoria Pública e seus auxiliares, pelas procuradorias, pelas repartições públicas em geral e por advogados, ressalvada a alegação motivada e fundamentada de adulteração.

Tratando-se de cópia digital de título executivo extrajudicial ou de documento relevante à instrução do processo, o juiz poderá determinar seu depósito em cartório ou secretaria.

O juiz apreciará fundamentadamente a fé que deva merecer o documento, quando em ponto substancial e sem ressalva contiver entrelinha, emenda, borrão ou cancelamento.

Cessa a fé do documento público ou particular sendo-lhe declarada judicialmente a falsidade.

A falsidade consiste em:

- formar documento não verdadeiro;
- alterar documento verdadeiro.

Cessa a fé do documento particular quando (art. 428, CPC):

- for impugnada sua autenticidade e enquanto não se comprovar sua veracidade;
- assinado em branco, for impugnado seu conteúdo, por preenchimento abusivo.

Dar-se-á abuso quando aquele que recebeu documento assinado com texto não escrito no todo ou em parte formá-lo ou completá-lo por si ou por meio de outrem, violando o pacto feito com o signatário.

Incumbe o ônus da prova quando:

- se tratar de falsidade de documento ou de preenchimento abusivo, à parte que a arguir;

– se tratar de impugnação da autenticidade, à parte que produziu o documento.

ARGUIÇÃO DE FALSIDADE - ARTS. 430 A 433, CPC.

A falsidade deve ser suscitada na contestação, na réplica ou no prazo de 15 (quinze) dias, contado a partir da intimação da juntada do documento aos autos. Uma vez arguida, a falsidade será resolvida como questão incidental, salvo se a parte requerer que o juiz a decida como questão principal, nos termos do inciso II do art. 19.

A parte arguirá a falsidade expondo os motivos em que funda a sua pretensão e os meios com que provará o alegado.

Depois de ouvida a outra parte no prazo de 15 (quinze) dias, será realizado o exame pericial. Não se procederá ao exame pericial se a parte que produziu o documento concordar em retirá-lo.

A declaração sobre a falsidade do documento, quando suscitada como questão principal, constará da parte dispositiva da sentença e sobre ela incidirá também a autoridade da coisa julgada.

PRODUÇÃO DA PROVA DOCUMENTAL

Incumbe à parte instruir a petição inicial ou a contestação com os documentos destinados a provar suas alegações. **Logo, a prova documental é produzida na fase postulatória.** Eis o que dispõe o art. 434 do CPC.

Quando o documento consistir em reprodução cinematográfica ou fonográfica, a parte deverá trazê-lo nos acima, mas sua exposição será realizada em audiência, intimando-se previamente as partes.

– **Sabrina, a parte não poderá juntar documentos em outro momento?**

– **Sim! Vejamos.**

É lícito às partes, em qualquer tempo, juntar aos autos documentos novos, quando destinados a fazer prova de fatos ocorridos depois dos articulados ou para contrapô-los aos que foram produzidos nos autos.

Admite-se também a juntada posterior de documentos formados após a petição inicial ou a contestação, bem como dos que se tornaram conhecidos, acessíveis ou disponíveis após esses atos, cabendo à parte que os produzir comprovar o motivo que a impediu de juntá-los anteriormente e incumbindo ao juiz, em qualquer caso, avaliar a conduta da parte.

SIGAMOS:

A parte, intimada a falar sobre documento constante dos autos, poderá:

- impugnar a admissibilidade da prova documental;
- impugnar sua autenticidade;
- suscitar sua falsidade, com ou sem deflagração do incidente de arguição de falsidade;
- manifestar-se sobre seu conteúdo.

O réu manifestar-se-á na contestação sobre os documentos anexados à inicial, e o autor manifestar-se-á na réplica sobre os documentos anexados à contestação. Sempre que uma das partes requerer a juntada de documento aos autos, o juiz ouvirá, a seu respeito, a outra parte, que disporá do prazo de 15 (quinze) dias para adotar qualquer das posturas indicadas no art. 436.

Poderá o juiz, a requerimento da parte, dilatar o prazo para manifestação sobre a prova documental produzida, levando em consideração a quantidade e a complexidade da documentação.

Estabelece, ainda, o CPC, que o juiz requisitará às repartições públicas, em qualquer tempo ou grau de jurisdição:

- as certidões necessárias à prova das alegações das partes;
- os procedimentos administrativos nas causas em que forem interessados a União, os Estados, o Distrito Federal, os Municípios ou entidades da administração indireta.

Recebidos os autos, o juiz mandará extrair, no prazo máximo e improrrogável de 1 (um) mês, certidões ou reproduções fotográficas das peças que indicar e das que forem indicadas pelas partes, e, em seguida, devolverá os autos à repartição de origem.

As repartições públicas poderão fornecer todos os documentos em meio eletrônico, conforme disposto em lei, certificando, pelo mesmo meio, que se trata de extrato fiel do que consta em seu banco de dados ou no documento digitalizado.

DOCUMENTOS ELETRÔNICOS

A modernidade está presente nos dias de hoje e com ela suas repercussões práticas.

A utilização de documentos eletrônicos no processo convencional dependerá de sua conversão à forma impressa e da verificação de sua autenticidade, na forma da lei.

O juiz apreciará o valor probante do documento eletrônico não convertido, assegurado às partes o acesso ao seu teor.

Serão admitidos documentos eletrônicos produzidos e conservados com a observância da legislação específica. Cito a Lei 11.419/06.

21.2.6. Prova testemunhal

Prova testemunhal corresponde à oitiva de terceiros que viram ou ouviram falar dos fatos articulados no processo.

Muitas foram às mudanças implementadas na prova testemunhal.

ADMISSIBILIDADE E DO VALOR DA PROVA TESTEMUNHAL

A prova testemunhal é sempre admissível, não dispondo a lei de modo diverso. Eis o que dispõe o art. 442 do CPC.

O juiz indeferirá a inquirição de testemunhas sobre fatos:

- já provados por documento ou confissão da parte;
- que só por documento ou por exame pericial puderem ser provados.

Nos casos em que a lei exigir prova escrita da obrigação, é admissível a prova testemunhal quando houver começo de prova por escrito, emanado da parte contra a qual se pretende produzir a prova.

Também se admite a prova testemunhal quando o credor não pode ou não podia, moral ou materialmente, obter a prova escrita da obrigação, em casos como o de parentesco, de depósito necessário ou de hospedagem em hotel ou em razão das práticas comerciais do local onde contraída a obrigação.

Permitir-se-á à parte provar com testemunhas:

- nos contratos simulados, a divergência entre a vontade real e a vontade declarada;
- nos contratos em geral, os vícios de consentimento.

Podem depor como testemunhas todas as pessoas, exceto as incapazes, impedidas ou suspeitas.

São incapazes:

- o interdito por enfermidade ou deficiência mental;
- o que, acometido por enfermidade ou retardamento mental, ao tempo em que ocorreram os fatos, não podia discerni-los, ou, ao tempo em que deve depor, não está habilitado a transmitir as percepções;

CUIDADO MÁXIMO!

De acordo com o art. 114 do EPD (Estatuto da pessoa do deficiência) a Lei nº 10.406, de 10 de janeiro de 2002 (Código Civil), passa a vigorar com as seguintes alterações:

Art. 228....

§ 2º A pessoa com deficiência poderá testemunhar em igualdade de condições com as demais pessoas, sendo-lhe assegurados todos os recursos de tecnologia assistiva." (NR)

Observa-se, portanto, que a pessoa com deficiência não é incapaz de depor. Essa essencial mudança impacta diretamente do rol dos incapazes estabelecidos no CPC/15.

- o que tiver menos de 16 (dezesseis) anos;
- o cego e o surdo, quando a ciência do fato depender dos sentidos que lhes faltam.

São impedidos:

- o cônjuge, o companheiro, o ascendente e o descendente em qualquer grau e o colateral, até o terceiro grau, de alguma das partes, por consanguinidade ou afinidade, salvo se o exigir o interesse público ou, tratando-se de causa relativa ao estado da pessoa, não se puder obter de outro modo a prova que o juiz repute necessária ao julgamento do mérito;
- o que é parte na causa;
- o que intervém em nome de uma parte, como o tutor, o representante legal da pessoa jurídica, o juiz, o advogado e outros que assistam ou tenham assistido as partes.

São suspeitos:

- o inimigo da parte ou o seu amigo íntimo;
- o que tiver interesse no litígio.

Sendo necessário, pode o juiz admitir o depoimento das testemunhas menores, impedidas ou suspeitas.

Os depoimentos referidos acima serão prestados independentemente de compromisso, e o juiz lhes atribuirá o valor que possam merecer.

VALE LEMBRAR!

A testemunha não é obrigada a depor sobre fatos:

- que lhe acarretem grave dano, bem como ao seu cônjuge ou companheiro e aos seus parentes consanguíneos ou afins, em linha reta ou colateral, até o terceiro grau;
- a cujo respeito, por estado ou profissão, deva guardar sigilo. P. ex.: médicos e advogados.

LEMBRE!

Salvo disposição especial em contrário, as testemunhas devem ser ouvidas na sede do juízo.

ATENÇÃO

Quando a parte ou a testemunha, por enfermidade ou por outro motivo relevante, estiver impossibilitada de comparecer, mas não de prestar depoimento, o juiz designará, conforme as circunstâncias, dia, hora e lugar para inquiri-la.

PRODUÇÃO DA PROVA TESTEMUNHAL

O rol de testemunhas conterá, sempre que possível, o nome, a profissão, o estado civil, a idade, o número de inscrição no Cadastro de Pessoas Físicas, o número de registro de identidade e o endereço completo da residência e do local de trabalho.

Depois de apresentado o rol de que tratam os §§ 4º e 5º do art. 357, a parte só pode substituir a testemunha:

- que falecer;
- que, por enfermidade, não estiver em condições de depor;
- que, tendo mudado de residência ou de local de trabalho, não for encontrada.

Quando for arrolado como testemunha, o juiz da causa:

- declarar-se-á impedido, se tiver conhecimento de fatos que possam influir na decisão, caso em que será vedado à parte que o incluiu no rol desistir de seu depoimento;
- se nada souber, mandará excluir o seu nome.

As testemunhas depõem, na audiência de instrução e julgamento, perante o juiz da causa, exceto:

- as que prestam depoimento antecipadamente;
- as que são inquiridas por carta.

CUIDADO!

A oitiva de testemunha que residir em comarca, seção ou subseção judiciária diversa daquela onde tramita o processo poderá ser realizada por meio de videoconferência ou outro recurso tecnológico de transmissão e recepção de sons e imagens em tempo real, o que poderá ocorrer, inclusive, durante a audiência de instrução e julgamento.

Os juízos deverão manter equipamento para a transmissão e recepção de sons e imagens referidas acima.

De acordo com o art. 454, são inquiridos em sua residência ou onde exercem sua função:

- o presidente e o vice-presidente da República;
- os ministros de Estado;
- os ministros do Supremo Tribunal Federal, os conselheiros do Conselho Nacional de Justiça e os ministros do Superior Tribunal de Justiça, do Superior Tribunal Militar, do Tribunal Superior Eleitoral, do Tribunal Superior do Trabalho e do Tribunal de Contas da União;
- o procurador-geral da República e os conselheiros do Conselho Nacional do Ministério Público;
- o advogado-geral da União, o procurador-geral do Estado, o procurador-geral do Município, o defensor público-geral federal e o defensor público-geral do Estado;
- os senadores e os deputados federais;
- os governadores dos Estados e do Distrito Federal;
- o prefeito;
- os deputados estaduais e distritais;
- os desembargadores dos Tribunais de Justiça, dos Tribunais Regionais Federais, dos Tribunais Regionais do Trabalho e dos Tribunais Regionais Eleitorais e os conselheiros dos Tribunais de Contas dos Estados e do Distrito Federal;
- o procurador-geral de justiça;
- o embaixador de país que, por lei ou tratado, concede idêntica prerrogativa a agente diplomático do Brasil.

O juiz solicitará à autoridade que indique dia, hora e local a fim de ser inquirida, remetendo-lhe cópia da petição inicial ou da defesa oferecida pela parte que a arrolou como testemunha.

Passado 1 (um) mês sem manifestação da autoridade, o juiz designará dia, hora e local para o depoimento, preferencialmente na sede do juízo.

O juiz também designará dia, hora e local para o depoimento, quando a autoridade não comparecer, injustificadamente, à sessão agendada para a colheita de seu testemunho no dia, hora e local por ela mesma indicados.

☺ SUPER NOVIDADE!

Nos termos do art. 455 do CPC, compete ao advogado da parte informar ou intimar a testemunha por ele arrolada do dia, da hora e do local da audiência designada, dispensando-se a intimação do juízo.

A intimação deverá ser realizada por carta com aviso de recebimento, cumprindo ao advogado juntar aos autos, com antecedência de pelo menos 3 (três) dias da data da audiência, cópia da correspondência de intimação e do comprovante de recebimento.

A parte pode comprometer-se a levar a testemunha à audiência, independentemente da intimação de que trata o § 1º, presumindo-se, caso a testemunha não compareça, que a parte desistiu de sua inquirição.

A inércia na realização da intimação importa desistência da inquirição da testemunha.

A intimação será feita pela via judicial quando:

- for frustrada a intimação prevista no art. 455, § 1º;
- sua necessidade for devidamente demonstrada pela parte ao juiz;
- figurar no rol de testemunhas servidor público ou militar, hipótese em que o juiz o requisitará ao chefe da repartição ou ao comando do corpo em que servir;

– a testemunha houver sido arrolada pelo Ministério Público ou pela Defensoria Pública;

– a testemunha for uma daquelas previstas no art. 454.

A testemunha que, intimada, deixar de comparecer sem motivo justificado será conduzida e responderá pelas despesas do adiamento.

O juiz inquirirá as testemunhas separada e sucessivamente, primeiro as do autor e depois as do réu, e providenciará para que uma não ouça o depoimento das outras.

Lembre que o juiz poderá alterar a ordem estabelecida acima se as partes concordarem.

Antes de depor, a testemunha será qualificada, declarará ou confirmará seus dados e informará se tem relações de parentesco com a parte ou interesse no objeto do processo.

É lícito à parte contraditar a testemunha, arguindo-lhe a incapacidade, o impedimento ou a suspeição, bem como, caso a testemunha negue os fatos que lhe são imputados, provar a contradita com documentos ou com testemunhas, até 3 (três), apresentadas no ato e inquiridas em separado.

Sendo provados ou confessados os fatos acima indicados, o juiz dispensará a testemunha ou lhe tomará o depoimento como informante.

A testemunha pode requerer ao juiz que a escuse de depor, alegando os motivos previstos neste Código, decidindo o juiz de plano após ouvidas as partes.

Ao início da inquirição, a testemunha prestará o compromisso de dizer a verdade do que souber e lhe for perguntado.

O juiz advertirá à testemunha que incorre em sanção penal quem faz afirmação falsa, cala ou oculta à verdade.

As perguntas serão formuladas pelas partes diretamente à testemunha, começando pela que a arrolou, não admitindo o juiz aquelas que puderem induzir a resposta, não tiverem relação com as questões de fato objeto da atividade probatória ou importarem repetição de outra já respondida.

O juiz poderá inquirir a testemunha tanto antes quanto depois da inquirição feita pelas partes.

As testemunhas devem ser tratadas com urbanidade, não se lhes fazendo perguntas ou considerações impertinentes, capciosas ou vexatórias.

As perguntas que o juiz indeferir serão transcritas no termo, se a parte o requerer.

☺ NOVIDADE!

O depoimento poderá ser documentado por meio de gravação.

Quando digitado ou registrado por taquigrafia, estenotipia ou outro método idôneo de documentação, o depoimento será assinado pelo juiz, pelo depoente e pelos procuradores.

Se houver recurso em processo em autos não eletrônicos, o depoimento somente será digitado quando for impossível o envio de sua documentação eletrônica.

Tratando-se de autos eletrônicos, observar-se-á o disposto no CPC e na legislação específica sobre a prática eletrônica de atos processuais.

O juiz pode ordenar, de ofício ou a requerimento da parte:

- a inquirição de testemunhas referidas nas declarações da parte ou das testemunhas;
- a acareação de 2 (duas) ou mais testemunhas ou de alguma delas com a parte, quando, sobre fato determinado que possa influir na decisão da causa, divergirem as suas declarações.

Os acareados serão reperguntados para que expliquem os pontos de divergência, reduzindo-se a termo o ato de acareação.

A acareação pode ser realizada por videoconferência ou por outro recurso tecnológico de transmissão de sons e imagens em tempo real.

A testemunha pode requerer ao juiz o pagamento da despesa que efetuou para comparecimento à audiência, devendo a parte pagá-la logo que arbitrada ou depositá-la em cartório dentro de 3 (três) dias.

O depoimento prestado em juízo é considerado serviço público.

A testemunha, quando sujeita ao regime da legislação trabalhista, não sofre, por comparecer à audiência, perda de salário nem desconto no tempo de serviço.

21.2.7. Prova Pericial

PROVA PERICIAL → AVALIAÇÃO, EXAME OU VISTORIA.

A prova pericial consiste em exame, vistoria ou avaliação. Ela foi muito modificada com o novo código. Ela é chamada de prova técnica.

Vale lembrar que o juiz indeferirá a perícia quando (parágrafo 1º, do art. 464, CPC):

- a prova do fato não depender de conhecimento especial de técnico;
- for desnecessária em vista de outras provas produzidas;
- a verificação for impraticável.

☺ NOVIDADE!

De ofício ou a requerimento das partes, o juiz poderá, em substituição à perícia, determinar a produção de prova técnica simplificada, quando o ponto controvertido for de menor complexidade. Eis uma facilitação de procedimento que merece nossas considerações elogiosas.

ANOTE!

A prova técnica simplificada consistirá apenas na inquirição de especialista, pelo juiz, sobre ponto controvertido da causa que demande especial conhecimento científico ou técnico.

Durante a arguição, o especialista, que deverá ter formação acadêmica específica na área objeto de seu depoimento, poderá valer-se de qualquer recurso tecnológico de transmissão de sons e imagens com o fim de esclarecer os pontos controvertidos da causa.

Consoante dispõe o artigo 465 do CPC, o juiz nomeará perito especializado no objeto da perícia e fixará de imediato o prazo para a entrega do laudo.

Incumbe às partes, dentro de 15 (quinze) dias contados da intimação do despacho de nomeação do perito:

- arguir o impedimento ou a suspeição do perito, se for o caso;
- indicar assistente técnico;
- apresentar quesitos.

Nessa toada, ciente da nomeação, o perito apresentará em 5 (cinco) dias:

- proposta de honorários;
- currículo, com comprovação de especialização;
- contatos profissionais, em especial o endereço eletrônico, para onde serão dirigidas as intimações pessoais.

As partes serão intimadas da proposta de honorários para, querendo, manifestar-se no prazo comum de 5 (cinco) dias, após o que o juiz arbitrará o valor, intimando-se as partes para os fins do art. 95.

Ressalve-se que o juiz poderá autorizar o pagamento de até cinquenta por cento dos honorários arbitrados a favor do perito no início dos trabalhos, devendo o remanescente ser pago apenas ao final, depois de entregue o laudo e prestados todos os esclarecimentos necessários.

Quando a perícia for inconclusiva ou deficiente, o juiz poderá reduzir a remuneração inicialmente arbitrada para o trabalho.

Quando tiver de realizar-se por carta, poder-se-á proceder à nomeação de perito e à indicação de assistentes técnicos no juízo ao qual se requisitar a perícia.

O perito cumprirá escrupulosamente o encargo que lhe foi cometido, independentemente de termo de compromisso.

QUESTÃO DE PROVA!

Os assistentes técnicos são de confiança da parte e não estão sujeitos a impedimento ou suspeição.

O perito deve assegurar aos assistentes das partes o acesso e o acompanhamento das diligências e dos exames que realizar, com prévia comunicação, comprovada nos autos, com antecedência mínima de 5 (cinco) dias.

O perito pode escusar-se ou ser recusado por impedimento ou suspeição.

O juiz, ao aceitar a escusa ou ao julgar procedente a impugnação, nomeará novo perito.

- **O perito poderá ser substituído?**
- **Sim! Vejamos!**

O perito pode ser substituído quando:

- faltar-lhe conhecimento técnico ou científico;
- sem motivo legítimo, deixar de cumprir o encargo no prazo que lhe foi assinado.

Se ele deixar de cumprir o encargo no prazo assinalado, o juiz comunicará a ocorrência à corporação profissional respectiva, podendo, ainda, impor multa ao perito, fixada tendo em vista o valor da causa e o possível prejuízo decorrente do atraso no processo.

O perito substituído restituirá, no prazo de 15 (quinze) dias, os valores recebidos pelo trabalho não realizado, sob pena de ficar impedido de atuar como perito judicial pelo prazo de 5 (cinco) anos.

Não ocorrendo a restituição voluntária, a parte que tiver realizado o adiantamento dos honorários poderá promover execução contra o perito, na forma dos arts. 513 e seguintes do **código, com fundamento na decisão que determinar a devolução do numerário.**

As partes poderão apresentar quesitos suplementares durante a diligência, que poderão ser respondidos pelo perito previamente ou na audiência de instrução e julgamento.

O escrivão dará à parte contrária ciência da juntada dos quesitos aos autos.

Incumbe ao juiz:

- indeferir quesitos impertinentes;
- formular os quesitos que entender necessários ao esclarecimento da causa.

★ NOVIDADE IMPORTANTE!

As partes podem, de comum acordo, escolher o perito, indicando-o mediante requerimento, desde que:

- sejam plenamente capazes;
- a causa possa ser resolvida por autocomposição.

Em respeito ao prestígio à autonomia da vontade, permite-se que as partes, ao escolher o perito, já indiquem os respectivos assistentes técnicos para acompanhar a realização da perícia, que se realizará em data e local previamente anunciados.

O perito e os assistentes técnicos devem entregar, respectivamente, laudo e pareceres em prazo fixado pelo juiz.

A perícia consensual substitui, para todos os efeitos, a que seria realizada por perito nomeado pelo juiz.

O juiz poderá dispensar prova pericial quando as partes, na inicial e na contestação, apresentarem, sobre as questões de fato, pareceres técnicos ou documentos elucidativos que considerar suficientes.

O laudo pericial deverá conter:

- a exposição do objeto da perícia;
- a análise técnica ou científica realizada pelo perito;
- a indicação do método utilizado, esclarecendo-o e demonstrando ser predominantemente aceito pelos especialistas da área do conhecimento da qual se originou;
- resposta conclusiva a todos os quesitos apresentados pelo juiz, pelas partes e pelo órgão do Ministério Público.

No laudo, o perito deve apresentar sua fundamentação em linguagem simples e com coerência lógica, indicando como alcançou suas conclusões.

É vedado ao perito ultrapassar os limites de sua designação, bem como emitir opiniões pessoais que excedam o exame técnico ou científico do objeto da perícia.

Para o desempenho de sua função, o perito e os assistentes técnicos podem valer-se de todos os meios necessários, ouvindo testemunhas, obtendo informações, solicitando documentos que estejam em poder da parte, de terceiros ou em repartições públicas, bem como instruir o laudo com planilhas, mapas, plantas, desenhos, fotografias ou outros elementos necessários ao esclarecimento do objeto da perícia.

As partes terão ciência da data e do local designados pelo juiz ou indicados pelo perito para ter início à produção da prova.

Tratando-se de perícia complexa que abranja mais de uma área de conhecimento especializado, o juiz poderá nomear mais de um perito, e a parte, indicar mais de um assistente técnico.

Se o perito, por motivo justificado, não puder apresentar o laudo dentro do prazo, o juiz poderá conceder-lhe, por uma vez, prorrogação pela metade do prazo originalmente fixado.

O perito protocolará o laudo em juízo, no prazo fixado pelo juiz, pelo menos 20 (vinte) dias antes da audiência de instrução e julgamento.

As partes serão intimadas para, querendo, manifestar-se sobre o laudo do perito do juízo no prazo comum de 15 (quinze) dias, podendo o assistente técnico de cada uma das partes, em igual prazo, apresentar seu respectivo parecer.

O perito do juízo tem o dever de, no prazo de 15 (quinze) dias, esclarecer ponto:

- sobre o qual exista divergência ou dúvida de qualquer das partes, do juiz ou do órgão do Ministério Público;
- divergente apresentado no parecer do assistente técnico da parte.

Se ainda houver necessidade de esclarecimentos, a parte requererá ao juiz que mande intimar o perito ou o assistente técnico a comparecer à audiência de instrução e julgamento, formulando, desde logo, as perguntas, sob forma de quesitos.

O perito ou o assistente técnico será intimado por meio eletrônico, com pelo menos 10 (dez) dias de antecedência da audiência.

Quando o exame tiver por objeto a autenticidade ou a falsidade de documento ou for de natureza médico-legal, o perito será escolhido, de preferência, entre os técnicos dos estabelecimentos oficiais especializados, a cujos diretores o juiz autorizará a remessa dos autos, bem como do material sujeito a exame.

Nas hipóteses de gratuidade de justiça, os órgãos e as repartições oficiais deverão cumprir a determinação judicial com preferência, no prazo estabelecido.

Quando o exame tiver por objeto a autenticidade da letra e da firma, o perito poderá requisitar, para efeito de comparação, documentos existentes em repartições públicas e, na falta destes, poderá requerer ao juiz que a pessoa a quem se atribuir a autoria do documento lance em folha de papel, por cópia ou sob ditado, dizeres diferentes, para fins de comparação.

O juiz apreciará a prova pericial de acordo com o disposto no art. 371, indicando na sentença os motivos que o levaram a considerar ou a deixar de considerar as conclusões do laudo, levando em conta o método utilizado pelo perito.

O juiz determinará, de ofício ou a requerimento da parte, a realização de nova perícia quando a matéria não estiver suficientemente esclarecida.

A segunda perícia tem por objeto os mesmos fatos sobre os quais recaiu a primeira e destina-se a corrigir eventual omissão ou inexatidão dos resultados a que esta conduziu.

A segunda perícia rege-se pelas disposições estabelecidas para a primeira.

A segunda perícia não substitui a primeira, cabendo ao juiz apreciar o valor de uma e de outra.

21.2.8. Inspeção judicial

INSPEÇÃO JUDICIAL → TEM POR OBJETO PESSOAS OU COISAS

A inspeção judicial, como dita o próprio CPC, o juiz inspeciona pessoalmente pessoa ou coisa a fim de se esclarecer sobre fato, que interesse à decisão da causa.

O juiz, de ofício ou a requerimento da parte, pode, **em qualquer fase do processo,** inspecionar pessoas ou coisas, com o fito de buscar esclarecimentos sobre situações fáticas que sejam relevantes para a demanda.

Vale lembrar que ao realizar a inspeção, o juiz poderá ser assistido por um ou mais peritos.

O juiz irá ao local onde se encontre a pessoa ou a coisa quando:

- julgar necessário para a melhor verificação ou interpretação dos fatos que deva observar;
- a coisa não puder ser apresentada em juízo sem consideráveis despesas ou graves dificuldades;
- determinar a reconstituição dos fatos.

As partes têm sempre direito a assistir à inspeção, prestando esclarecimentos e fazendo observações que considerem de interesse para a causa. Proíbe-se a chamada **visita surpresa.**

Concluída a diligência, o juiz mandará lavrar auto circunstanciado, mencionando nele tudo quanto for útil ao julgamento da causa.

Por fim, o auto poderá ser instruído com desenho, gráfico ou fotografia, nos termos do disposto no art. 484, parágrafo único.

21.3 AUDIÊNCIA DE INSTRUÇÃO E JULGAMENTO

AUDIÊNCIA DE INSTRUÇÃO E JULGAMENTO →
PRODUÇÃO DE PROVAS ORAIS

A audiência de instrução e julgamento visa à produção de provas orais. Destaca o art. 358 que no dia e na hora designados, o juiz declarará aberta a audiência de instrução e julgamento e mandará apregoar as partes e os respectivos advogados, bem como outras pessoas que dela devam participar.

CUIDADO!

Instalada a audiência, o juiz tentará conciliar as partes, independentemente do emprego anterior de outros métodos de solução consensual de conflitos, como a mediação e a arbitragem.

O juiz exerce o poder de polícia, incumbindo-lhe:

- manter a ordem e o decoro na audiência;
- ordenar que se retirem da sala de audiência os que se comportarem inconvenientemente;
- requisitar, quando necessário, força policial;
- tratar com urbanidade as partes, os advogados, os membros do Ministério Público e da Defensoria Pública e qualquer pessoa que participe do processo; – registrar em ata, com exatidão, todos os requerimentos apresentados em audiência.

As provas orais serão produzidas em audiência, ouvindo-se nesta ordem, **preferencialmente:**

- o perito e os assistentes técnicos, que responderão aos quesitos de esclarecimentos requeridos no prazo e na forma do art. 477, caso não respondidos anteriormente por escrito;
- o autor e, em seguida, o réu, que prestarão depoimentos pessoais;
- as testemunhas arroladas pelo autor e pelo réu, que serão inquiridas.

Enquanto depuserem o perito, os assistentes técnicos, as partes e as testemunhas, não poderão os advogados e o Ministério Público intervir ou apartear, sem licença do juiz.

A audiência poderá ser adiada:

- por convenção das partes;
- se não puder comparecer, por motivo justificado, qualquer pessoa que dela deva necessariamente participar;
- por atraso injustificado de seu início em tempo superior a 30 (trinta) minutos do horário marcado.

O impedimento deverá ser comprovado até a abertura da audiência, e, não o sendo, o juiz procederá à instrução.

O juiz poderá dispensar a produção das provas requeridas pela parte cujo advogado ou defensor público não tenha comparecido à audiência, aplicando-se a mesma regra ao Ministério Público.

Quem der causa ao adiamento responderá pelas despesas acrescidas.

Havendo antecipação ou adiamento da audiência, o juiz, de ofício ou a requerimento da parte, determinará a intimação dos advogados ou da sociedade de advogados para ciência da nova designação.

Finda a instrução, o juiz dará a palavra ao advogado do autor e do réu, bem como ao membro do Ministério Público, se for o caso de sua intervenção, sucessivamente, pelo prazo de 20 (vinte) minutos para cada um, prorrogável por 10 (dez) minutos, a critério do juiz.

Havendo litisconsorte ou terceiro interveniente, o prazo, que formará com o da prorrogação um só todo, dividir-se-á entre os do mesmo grupo, se não convencionarem de modo diverso.

Quando a causa apresentar questões complexas de fato ou de direito, o debate oral poderá ser substituído por razões finais escritas, que serão apresentadas pelo autor e pelo réu, bem como pelo Ministério Público, se for o caso de sua intervenção, em prazos sucessivos de 15 (quinze) dias, assegurada vista dos autos.

A **audiência é una e contínua,** podendo ser excepcional e justificadamente cindida na ausência de perito ou de testemunha, desde que haja concordância das partes.

Diante da impossibilidade de realização da instrução, do debate e do julgamento no mesmo dia, o juiz marcará seu prosseguimento para a data mais próxima possível, em pauta preferencial.

Encerrado o debate ou oferecidas as razões finais, o juiz proferirá sentença em audiência ou no prazo de 30 (trinta) dias.

O servidor lavrará, sob ditado do juiz, termo que conterá, em resumo, o ocorrido na audiência, bem como, por extenso, os despachos, as decisões e a sentença, se proferida no ato.

Quando o termo não for registrado em meio eletrônico, o juiz rubricar-lhe-á as folhas, que serão encadernadas em volume próprio.

Subscreverão o termo o juiz, os advogados, o membro do Ministério Público e o escrivão ou chefe de secretaria, dispensadas as partes, exceto quando houver ato de disposição para cuja prática os advogados não tenham poderes.

O escrivão ou chefe de secretaria trasladará para os autos cópia autêntica do termo de audiência.

INFORMATIZAÇÃO DESCOMPLICADA!

Tratando-se de autos eletrônicos, observar-se-á o disposto no CPC, em legislação específica e nas normas internas dos tribunais.

A audiência poderá ser integralmente gravada em imagem e em áudio, em meio digital ou analógico, desde que assegure o rápido acesso das partes e dos órgãos julgadores, observada a legislação específica.

A gravação também pode ser realizada diretamente por qualquer das partes, independentemente de autorização judicial.

A audiência será pública, ressalvadas as exceções legais, as quais estudamos. Elas estão dispostas no art. 189 do CPC.

22

SENTENÇA E COISA JULGADA

Não podemos definir mais a sentença como um ato que extingue processo, mas sim como um pronunciamento judicial que contém uma das hipóteses dos arts. 485 ou 487, incisos e parágrafos, do novo CPC, e que poderá ou não extinguir o processo. Ela também é o ato que importará na extinção da execução.

Vejamos as hipóteses de **extinção sem julgamento de mérito (art. 485, CPC):**

O juiz não resolverá o mérito quando:

- indeferir a petição inicial;
- o processo ficar parado durante mais de 1 (um) ano por negligência das partes;
- por não promover os atos e as diligências que lhe incumbir, o autor abandonar a causa por mais de 30 (trinta) dias;
- verificar a ausência de pressupostos de constituição e de desenvolvimento válido e regular do processo;
- reconhecer a existência de perempção, de litispendência ou de coisa julgada;
- verificar ausência de legitimidade ou de interesse processual;

- acolher a alegação de existência de convenção de arbitragem ou quando o juízo arbitral reconhecer sua competência;
- homologar a desistência da ação;
- em caso de morte da parte, a ação for considerada intransmissível por disposição legal; e
- nos demais casos prescritos no CPC.

CUIDADO!

Oferecida à contestação, o autor não poderá, sem o consentimento do réu, desistir da ação.

A desistência da ação pode ser apresentada até a sentença.

Oferecida à contestação, a extinção do processo por abandono da causa pelo autor depende de requerimento do réu.

Interposta a apelação em qualquer dos casos acima indicados, o juiz terá 5 (cinco) dias para retratar-se.

Eis uma grande novidade. Já que foram ampliadas as hipóteses de retratação na apelação.

ATENÇÃO!

O pronunciamento judicial que não resolve o mérito não obsta a que a parte proponha de novo a ação.

No caso de extinção em razão de litispendência e nos casos dos incisos I, IV, VI e VII do art. 485, a propositura da nova ação depende da correção do vício que levou à sentença sem resolução do mérito.

A petição inicial, todavia, não será despachada sem a prova do pagamento ou do depósito das custas e dos honorários de advogado.

Se o autor der causa, por 3 (três) vezes, a sentença fundada em abandono da causa, não poderá propor nova ação contra o réu com o mesmo objeto, ficando-lhe ressalvada, entretanto, a possibilidade de alegar em defesa o seu direito.

Haverá resolução de mérito quando o juiz (art. 487, CPC):

- acolher ou rejeitar o pedido formulado na ação ou na reconvenção;
- decidir, de ofício ou a requerimento, sobre a ocorrência de decadência ou prescrição;
- **homologar:**

  a) o reconhecimento da procedência do pedido formulado na ação ou na reconvenção;

  b) a transação;

  c) a renúncia à pretensão formulada na ação ou na reconvenção.

Ressalvada a hipótese do § 1º do art. 332, a prescrição e a decadência não serão reconhecidas sem que antes seja dada às partes oportunidade de manifestar-se.

Desde que possível, o juiz resolverá o mérito sempre que a decisão for favorável à parte a quem aproveitaria eventual pronunciamento nos termos do art. 485.

22.1. ELEMENTOS E DOS EFEITOS DA SENTENÇA

São elementos essenciais da sentença:

- **o relatório**, que conterá os nomes das partes, a identificação do caso, com a suma do pedido e da contestação, e o registro das principais ocorrências havidas no andamento do processo;
- **os fundamentos**, em que o juiz analisará as questões de fato e de direito;
- **o dispositivo**, em que o juiz resolverá as questões principais que as partes lhe submeterem.

Ademais, as decisões devem ser assinadas, inclusive digitalmente.

NOVIDADE!

O CPC/15 se preocupa em indicar quando uma decisão não estará fundamentada. Percebe-se uma exigência peculiar quanto à qualidade da fundamentação.

Não se considera fundamentada qualquer decisão judicial, seja ela interlocutória, sentença ou acórdão, que (art. 489, parágrafo 1º, do CPC):

- se limitar à indicação, à reprodução ou à paráfrase de ato normativo, sem explicar sua relação com a causa ou a questão decidida;
- empregar conceitos jurídicos indeterminados, sem explicar o motivo concreto de sua incidência no caso;
- invocar motivos que se prestariam a justificar qualquer outra decisão;
- não enfrentar todos os argumentos deduzidos no processo capazes de, em tese, infirmar a conclusão adotada pelo julgador;
- se limitar a invocar precedente ou enunciado de súmula, sem identificar seus fundamentos determinantes nem demonstrar que o caso sob julgamento se ajusta àqueles fundamentos;
- deixar de seguir enunciado de súmula, jurisprudência ou precedente invocado pela parte, sem demonstrar a existência de distinção no caso em julgamento ou a superação do entendimento.

No caso de colisão entre normas, o juiz deve justificar o objeto e os critérios gerais da ponderação efetuada, enunciando as razões que autorizam a interferência na norma afastada e as premissas fáticas que fundamentam a conclusão.

SIGAMOS!

A decisão judicial deve ser interpretada a partir da conjugação de todos os seus elementos e em conformidade com o princípio da boa-fé. Como já visto, a boa-fé é uma norma fundamental do sistema pátrio.

Ademais, o juiz resolverá o mérito acolhendo ou rejeitando, no todo ou em parte, os pedidos formulados pelas partes.

CUIDADO!

Na ação relativa à obrigação de pagar quantia, ainda que formulado pedido genérico, a decisão definirá desde logo a extensão da obrigação, o índice de correção monetária, a taxa de juros, o termo inicial de ambos e a periodicidade da capitalização dos juros, se for o caso, salvo quando:

- não for possível determinar, de modo definitivo, o montante devido;
- a apuração do valor devido depender da produção de prova de realização demorada ou excessivamente dispendiosa, assim reconhecida na sentença.

Nos termos do art. 492 do CPC, vedado ao juiz proferir decisão de natureza diversa da pedida, bem como condenar a parte em quantidade superior ou em objeto diverso do que lhe foi demandado. Trata-se do princípio da congruência ou correlação.

Ademais, sabe-se que a decisão deve ser certa, ainda que resolva relação jurídica condicional.

Se, depois da propositura da ação, algum fato constitutivo, modificativo ou extintivo do direito influir no julgamento do mérito, caberá ao juiz tomá-lo em consideração, de ofício ou a requerimento da parte, no momento de proferir a decisão.

Se constatar de ofício o fato novo, o juiz ouvirá as partes sobre ele antes de decidir.

Cuidemos da publicação da sentença, vejamos (art. 494, CPC).

Publicada a sentença, o juiz só poderá alterá-la:

- para lhe corrigir, de ofício ou a requerimento da parte, inexatidões materiais ou erros de cálculo;
- por meio de embargos de declaração, os quais serão estudados mais adiante.

Observe-se, ainda que a decisão que condenar o réu ao pagamento de prestação consistente em dinheiro e a que determinar a conversão de prestação de fazer, de não fazer ou de dar coisa em prestação pecuniária valerão como título constitutivo de hipoteca judiciária.

Já ouviu falar em **HIPOTECA JUDICIÁRIA?**

Ela está prevista no art. 495 do CPC.

A decisão produz a hipoteca judiciária:

- embora a condenação seja genérica;
- ainda que o credor possa promover o cumprimento provisório da sentença ou esteja pendente arresto sobre bem do devedor;
- mesmo que impugnada por recurso dotado de efeito suspensivo.

A hipoteca judiciária poderá ser realizada mediante apresentação de cópia da sentença perante o cartório de registro imobiliário, independentemente de ordem judicial, de declaração expressa do juiz ou de demonstração de urgência.

No prazo de até 15 (quinze) dias da data de realização da hipoteca, a parte informá-la-á ao juízo da causa, que determinará a intimação da outra parte para que tome ciência do ato.

A hipoteca judiciária, uma vez constituída, implicará, para o credor hipotecário, o direito de preferência, quanto ao pagamento, em relação a outros credores, observada a prioridade no registro.

Sobrevindo a reforma ou a invalidação da decisão que impôs o pagamento de quantia, a parte responderá, independentemente de culpa, pelos danos que a outra parte tiver sofrido em razão da constituição da garantia, devendo o valor da indenização ser liquidado e executado nos próprios autos.

22.2. DA REMESSA NECESSÁRIA

Eis uma condição de eficácia da sentença que impõe condenação à FAZENDA PÚBLICA. Ela está prevista no art. 496 do CPC/15.

No CPC/15, está sujeita ao duplo grau de jurisdição, não produzindo efeito senão depois de confirmada pelo tribunal, a sentença:

- proferida contra a União, os Estados, o Distrito Federal, os Municípios e suas respectivas autarquias e fundações de direito público;
- que julgar procedentes, no todo ou em parte, os embargos à execução fiscal.

Nos casos previstos acima, não interposta a apelação no prazo legal, o juiz ordenará a remessa dos autos ao tribunal, e, se não o fizer, o presidente do respectivo tribunal avocá-los-á.

Não se aplica o disposto acima quando a condenação ou o proveito econômico obtido na causa for de valor certo e líquido inferior a:

- **1.000 (mil) salários-mínimos** para a União e as respectivas autarquias e fundações de direito público;
- **500 (quinhentos) salários-mínimos** para os Estados, o Distrito Federal, as respectivas autarquias e fundações de direito público e os Municípios que constituam capitais dos Estados;
- **100 (cem) salários-mínimos** para todos os demais Municípios e respectivas autarquias e fundações de direito público.

Também não se aplica o disposto neste artigo quando a sentença estiver fundada em:

- súmula de tribunal superior;
- acórdão proferido pelo Supremo Tribunal Federal ou pelo Superior Tribunal de Justiça em julgamento de recursos repetitivos;
- entendimento firmado em incidente de resolução de demandas repetitivas ou de assunção de competência;
- entendimento coincidente com orientação vinculante firmada no âmbito administrativo do próprio ente público, consolidada em manifestação, parecer ou súmula administrativa.

22.3. DAS AÇÕES RELATIVAS ÀS PRESTAÇÕES DE FAZER, DE NÃO FAZER E DE ENTREGAR COISA

Reza o artigo 497 do CPC/15 que na ação que tenha por objeto a prestação de fazer ou de não fazer, o juiz, se procedente o pedido, concederá a tutela específica ou determinará providências que assegurem a obtenção de tutela pelo resultado prático equivalente.

Para a concessão da **tutela específica** destinada a inibir a prática, a reiteração ou a continuação de um ilícito, ou a sua remoção, é irrelevante a demonstração da ocorrência de dano ou da existência de culpa ou dolo.

Na ação que tenha por objeto a entrega de coisa, o juiz, ao conceder a tutela específica, fixará o prazo para o cumprimento da obrigação.

Tratando-se de entrega de coisa determinada pelo gênero e pela quantidade, o autor individualizá-la-á na petição inicial, se lhe couber à escolha, ou, se a escolha couber ao réu, este a entregará individualizada, no prazo fixado pelo juiz. Eis um prazo judicial.

A obrigação somente será convertida em perdas e danos se o autor o requerer ou se impossível a tutela específica ou a obtenção de tutela pelo resultado prático equivalente.

Lembre que a indenização por perdas e danos dar-se-á sem prejuízo da multa fixada periodicamente para compelir o réu ao cumprimento específico da obrigação.

CUIDADO!

Na ação que tenha por objeto a emissão de declaração de vontade, a sentença que julgar procedente o pedido, uma vez transitada em julgado, produzirá todos os efeitos da declaração não emitida.

22.4. COISA JULGADA

Compreende-se como coisa julgada material a **autoridade** que torna imutável e indiscutível a **decisão de mérito** não mais sujeita a recurso, nos termos do art. 502 do CPC.

O CPC de 1973, por seu turno, conceituava, no revogado art. 467, a coisa julgada material como sendo a **eficácia**, que tornava imutável e indiscutível a **sentença**, não mais sujeita a recurso **ordinário ou extraordinário**.

Assim, o termo "sentença", previsto na legislação pretérita, foi oportunamente trocado pela expressão "decisão de mérito", a qual abrange também as decisões interlocutórias de mérito.

Assim:

Denomina-se coisa julgada material a autoridade que torna imutável e indiscutível a decisão de mérito não mais sujeita a recurso.

Lembre que a decisão que julgar total ou parcialmente o mérito tem força de lei nos limites da questão principal expressamente decidida.

A disposição acima aplica-se à resolução de questão prejudicial, decidida expressa e incidentemente no processo, se:

- dessa resolução depender o julgamento do mérito;
- a seu respeito tiver havido contraditório prévio e efetivo, não se aplicando no caso de revelia;
- o juízo tiver competência em razão da matéria e da pessoa para resolvê-la como questão principal.

Não fazem coisa julgada:

- **os motivos,** ainda que importantes para determinar o alcance da parte dispositiva da sentença;
- **a verdade dos fatos,** estabelecida como fundamento da sentença.

Ademais, nenhum juiz decidirá novamente as questões já decididas relativas à mesma lide, salvo:

- se, tratando-se de relação jurídica de trato continuado, sobreveio modificação no estado de fato ou de direito, caso em que poderá a parte pedir a revisão do que foi estatuído na sentença;
- nos demais casos prescritos em lei.

Já conhece os limites subjetivos da decisão? Eles estão dispostos no artigo 506 do CPC. Vejamos!

A sentença faz coisa julgada às partes entre as quais é dada, não prejudicando terceiros.

Observe-se ainda que é vedado à parte discutir no curso do processo as questões já decididas a cujo respeito se operou a preclusão.

Por fim, transitada em julgado a decisão de mérito, considerar-se-ão deduzidas e repelidas todas as alegações e as defesas que a parte poderia opor tanto ao acolhimento quanto à rejeição do pedido.

23

LIQUIDAÇÃO DE SENTENÇA

23.1. INTRODUÇÃO

Somente a obrigação líquida pode ser objeto de ação executiva.

Líquida é a obrigação que tem determinado e mensurado o objeto da prestação, ou seja, quando já se encontra definido o "quantum debeatur" (valor da dívida), nas obrigações de pagar quantia, ou o fato a ser prestado, nas obrigações de fazer, ou ainda o objeto a ser entregue, nas obrigações de entregar coisa.

Nos termos do art. 509, a liquidação terá lugar quando "a sentença condenar ao pagamento de quantia ilíquida". Ou seja, pela literal aplicação do dispositivo, quando a posterior execução tiver por objeto prestações pecuniárias, visando às dívidas em dinheiro.

É necessário ressaltar que o procedimento de liquidação destina-se exclusivamente aos títulos executivos judiciais, motivo pelo qual se conclui que a iliquidez dos títulos executivos extrajudiciais impede, por completo, sua execução, pois deixará de ser considerado título executivo. Eis o que dispõe o art. 803 do CPC.

Na liquidação também é vedado rediscutir a lide ou modificar a sentença que a julgou (CPC, art. 509, parágrafo 4º).

A jurisprudência também tem se orientado no sentido de que a necessidade de se calcular juros e correção monetária não torna ilíquido o crédito, uma vez que a obrigação cujo montante possa se apurar por meio de cálculos aritméticos é considerada líquida.

Ademais, de acordo com o art. 491 do CPC, na ação relativa à obrigação de pagar quantia, ainda que formulado pedido genérico, a decisão definirá desde logo a extensão da obrigação, o índice de correção monetária, a taxa de juros, o termo inicial de ambos e a periodicidade da capitalização dos juros, se for o caso, salvo quando:

- não for possível determinar, de modo definitivo, o montante devido;
- a apuração do valor devido depender da produção de prova de realização demorada ou excessivamente dispendiosa, assim reconhecida na sentença.

Nos casos acima, seguir-se-á a apuração do valor devido por liquidação.

Com relação ao procedimento da liquidação, temos que antes da Lei 11.232/2005, que alterou o CPC/73, a liquidação se fazia por meio de um processo autônomo de conhecimento, a ser encerrado por sentença, que também poderia ser impugnada por meio de recurso de apelação.

- Sabrina, qual a natureza jurídica da liquidação hoje?

Atualmente, a liquidação é considerada, pelo art. 509 do CPC, **como uma fase do processo original**, a ser instaurada depois da prolação da sentença na fase de conhecimento, com vistas a complementá-la, declarando o *"quantum debeatur"* ou o objeto a ser entregue.

A liquidação, ademais, será encerrada por decisão contra a qual caberá agravo de instrumento, e não mais apelação.

Porém, a despeito de a liquidação não mais ter a natureza jurídica de processo autônomo, e sim de fase ou incidente processual, há diversos doutrinadores, como Cândido Rangel Dinamarco e Luiz Rodrigues Wambier, que classificam como sentença a decisão que encerra a fase liquidatória, embora desafiada por agravo de instrumento. Isto porque a decisão da liquidação resolveria nova questão de mérito controvertida, relativa ao valor da dívida ou a definição do objeto a ser entregue, e não mera questão incidente. Não concordamos com a disposição acima.

23.2. FASE DE LIQUIDAÇÃO

Tratando-se de fase do mesmo processo, a liquidação, em regra, deve ser requerida no mesmo juízo em que proferida a sentença ilíquida. Porém, com relação à sentença penal condenatória, sentença arbitral e sentença estrangeira, a competência será relativa, e deverá observar o critério territorial previsto para o processo de conhecimento, uma vez que não há processo cível de conhecimento prévio.

A liquidação individual da sentença coletiva, pela vítima ou seu sucessor, também não ocorrerá no mesmo juízo do processo coletivo, mas deverá ser distribuída livremente e conforme as regras de competência próprias, as quais já foram estudadas.

Eventualmente poderá a liquidação ser processada em autos apartados do processo de conhecimento, quando requerida na pendência da tramitação de recurso interposto conta a sentença, e tramitará no juízo de origem e não perante o tribunal (CPC, 512), caso em que será denominada de liquidação provisória.

Admite-se também que se inicie a fase de liquidação ainda que a sentença ilíquida tenha sido objeto de recurso recebido no efeito suspensivo.

Porém, a execução provisória somente é admitida quando a sentença tiver sido impugnada por recurso recebido no efeito meramente devolutivo.

Sendo a sentença apenas parcialmente ilíquida, o credor poderá simultaneamente promover a execução da parte líquida, em autos apartados, e dar início à fase de liquidação, nos mesmos autos. Referida medida visa concretizar a efetividade como norma fundamental.

23.3. ESPÉCIES DE LIQUIDAÇÃO

> SÃO DUAS → ARBITRAMENTO E POR PROCEDIMENTO COMUM

Atualmente, temos duas espécies de liquidação previstas no CPC: por arbitramento e por procedimento comum.

Não mais temos a chamada liquidação por cálculo de contador. Com efeito, se a determinação do valor da condenação depender apenas de cálculo aritmético, não haverá liquidação, e o credor desde já poderá requerer o cumprimento da sentença, instruindo o pedido com a memória discriminada e atualizada do cálculo (CPC, art. 509, parágrafo 2º).

E se algum dado faltar ao credor para elaboração do cálculo, poderá requerer ao juiz que o requisite do devedor ou de terceiro, os quais terão prazo de até trinta dias para cumprir a diligência.

Se, injustificadamente, o devedor não apresentar os dados requisitados, reputar-se-ão corretos os cálculos apresentados pelo credor; se for o terceiro quem descumpriu a ordem, o juiz expedirá mandado de apreensão, requisitando, se necessário, força policial, tudo sem prejuízo da responsabilidade por crime de desobediência.

O contador apenas será chamado para auxiliar o juízo se a memória de cálculo apresentada pelo credor aparentemente exceder os limites da decisão exequenda, ou nos casos de assistência judiciária, a fim de auxiliar o hipossuficiente na condução do processo.

O credor, porém, poderá discordar dos cálculos apresentados pelo contador, ocasião em que a execução prosseguirá pelo valor que o credor indicar, mas a penhora, no entanto, ficará restrita ao valor que o juiz entender adequada. (CPC, 524).

Há quem classifique a liquidação individual da sentença coletiva genérica, prevista no CDC, como sendo outra espécie de liquidação. Porém, ainda que movida por pessoa diversa daquela que ajuizou a ação coletiva – uma vez que a liquidação individual será requerida pela vítima – a liquidação se processará por uma das modalidades acima indicadas (por arbitramento ou por artigos, normalmente por esta última).

23.3.1. Liquidação por arbitramento (art. 510)

LIQUIDAÇÃO POR ARBITRAMENTO → CÁLCULOS COMPLEXOS

A liquidação por arbitramento será necessária quando, para apuração do *"quantum debeatur"*, for exigida a produção de prova pericial.

Na liquidação por arbitramento, o juiz intimará as partes para a apresentação de pareceres ou documentos elucidativos, no prazo que fixar, e, caso não possa decidir de plano, nomeará perito, observando-se, no que couber, o procedimento da prova pericial.

23.3.2. Por procedimento comum (art. 511)

LIQUIDAÇÃO POR PROCEDIMENTO COMUM → PROVA DE FATO NOVO

Ela substituiu àquela que chamávamos de liquidação por artigos.

Na liquidação pelo procedimento comum, o juiz determinará a intimação do requerido, na pessoa de seu advogado ou da sociedade de advogados a que estiver vinculado, para, querendo, apresentar contestação no prazo de 15 (quinze) dias, observando-se, a seguir, no que couber, o disposto no Livro I da Parte Especial do CPC.

Através dela se apuram valores da condenação, permitindo as partes a prova de fatos novos.

Ressalte-se que **fato novo** é aquele ocorrido posteriormente à sentença e fundamental para a apuração do valor e extensão da obrigação. Também é considerado fato novo aquele que, embora ocorrido antes da sentença, não foi objeto de alegação e de prova no processo e que se mostra fundamental para a determinação do "quantum" devido.

A título de exemplo, é considerado fato novo a prova do montante dos danos materiais e o grau de incapacidade da vítima de acidente de trânsito que ainda se encontrava hospitalizada quando do início do processo de conhecimento visando à indenização dos danos sofridos.

Sendo acolhido o pedido indenizatório, o montante dos danos materiais sofridos durante o processo, ou mesmo posteriores à sentença, desde que relativos ao mesmo acidente (remédios e despesas com internação, por exemplo), poderão ser apurados em liquidação e cobrados nos mesmos autos.

23.4. PROCEDIMENTO

A fase de liquidação por arbitramento inicia-se com o requerimento da parte, por simples petição, que não necessita ter os requisitos de uma petição inicial elencados no art. 319.

Em seguida, será a parte contrária intimada, na pessoa de seu advogado.

Não tendo havido prévio processo cível de conhecimento (nos casos de sentença penal condenatória, por exemplo), a liquidação será iniciada e o réu será citado para responder, no prazo de 15 dias, sob pena de revelia (CPC, art. 515, parágrafo 1º).

O rito procedimental a ser adotado será o mesmo que foi observado no processo de conhecimento (procedimento comum – art. 511).

Em relação à liquidação por arbitramento, a prova pericial a ser produzida observará as mesmas regras previstas para o processo de conhecimento, previstas nos artigos 464 e seguintes do CPC.

Deverá o juiz, portanto, nomear o perito e fixar prazo para a entrega do laudo; depois de apresentado o laudo, as partes poderão manifestar-se e, se necessário, poderá também ser designada audiência, antes da decisão.

Quanto à **liquidação por procedimento comum** deverá a parte alegar e provar os fatos novos relacionados diretamente ao "quantum debeatur" e, para tanto, poderá produzir qualquer tipo de prova (documental, testemunhal, inclusive a pericial).

Relativamente aos efeitos da revelia neste tipo de liquidação, a presunção de veracidade incidirá sobre os fatos novos que foram alegados no requerimento inicial.

Ao final da liquidação, é possível que a parte interessada não tenha conseguido provar os fatos novos alegados ou mesmo que, após exaustiva produção probatória, tenha se concluído não haver qualquer saldo devedor.

Neste último caso, não há dúvida de ter ocorrido a chamada "liquidação zero", e de que será julgada improcedente a liquidação.

Por fim, a decisão que julga a liquidação poderá ser impugnada por agravo de instrumento (CPC, 1015, parágrafo único).

LIÇÕES DESCOMPLICADAS DE LIQUIDAÇÃO.

PARA MEMORIZAR!

Quando a sentença condenar ao pagamento de quantia ilíquida, proceder-se-á à sua liquidação, a requerimento do credor ou do devedor:

- **por arbitramento,** quando determinado pela sentença, convencionado pelas partes ou exigido pela natureza do objeto da liquidação;
- **pelo procedimento comum,** quando houver necessidade de alegar e provar fato novo.

Quando na sentença houver uma parte líquida e outra ilíquida, ao credor é lícito promover simultaneamente a execução daquela e, em autos apartados, a liquidação desta.

Quando a apuração do valor depender apenas de cálculo aritmético, o credor poderá promover, desde logo, o cumprimento da sentença.

O Conselho Nacional de Justiça desenvolverá e colocará à disposição dos interessados programa de atualização financeira.

Na liquidação, é vedado discutir de novo a lide ou modificar a sentença que a julgou.

Na liquidação por arbitramento, o juiz intimará as partes para a apresentação de pareceres ou documentos elucidativos, no prazo que fixar, e, caso não possa decidir de plano, nomeará perito, observando-se, no que couber, o procedimento da prova pericial.

Na liquidação pelo procedimento comum, o juiz determinará a intimação do requerido, na pessoa de seu advogado ou da sociedade de advogados a que estiver vinculado, para, querendo, apresentar contestação no prazo de 15 (quinze) dias, observando-se, a seguir, no que couber, o disposto no Livro I da Parte Especial do CPC/15.

A liquidação poderá ser realizada na pendência de recurso, processando-se em autos apartados no juízo de origem, cumprindo ao liquidante instruir o pedido com cópias das peças processuais pertinentes.

24

CUMPRIMENTO DE SENTENÇA

24.1. NOÇÕES INICIAIS

Consoante às modificações promovidas no CPC revogado através da Lei 11.232/05, as obrigações de pagar quantia consubstanciadas em título executivo judicial não mais serão executadas em processo autônomo de execução, mas sim em fase do mesmo processo, denominada de fase de cumprimento de sentença. O CPC/15, por seu turno, fortalece o sistema do sincretismo processual.

As demais espécies de obrigações previstas em títulos executivos judiciais, como a de fazer, não fazer e entregar coisa, igualmente necessitam de fase de cumprimento de sentença, pois se efetivam por meio da concessão de tutela específica ou por determinação de providências que asseguram o resultado prático equivalente ao do adimplemento, conforme regra prevista nos artigos 497 e ss., bem como 536 e 498 do CPC.

Até mesmo a Fazenda Pública sujeita-se ao regramento do cumprimento de sentença, consoante dispõe o art. 534, que será estudado na sequência.

O cumprimento da sentença que reconhece o dever de pagar quantia, provisório ou definitivo, far-se-á a requerimento do exequente.

O devedor será intimado para cumprir a sentença:

– pelo Diário da Justiça, na pessoa de seu advogado constituído nos autos;

- por carta com aviso de recebimento, quando representado pela Defensoria Pública ou quando não tiver procurador constituído nos autos, ressalvada a hipótese do inciso IV;
- por meio eletrônico, quando, no caso do § 1º do art. 246, não tiver procurador constituído nos autos;
- por edital, quando, citado na forma do art. 256, tiver sido revel na fase de conhecimento.

ANOTE!

Se o requerimento acima indicado for formulado **após 1 (um) ano** do trânsito em julgado da sentença, a intimação será feita na pessoa do devedor, por meio de carta com aviso de recebimento encaminhada ao endereço constante dos autos, observado o disposto no parágrafo único do art. 274 e no § 3º do artigo 513.

MUITO IMPORTANTE!

O cumprimento da sentença não poderá ser promovido em face do fiador, do coobrigado ou do corresponsável que não tiver participado da fase de conhecimento.

Quando o juiz decidir relação jurídica sujeita a condição ou termo, o cumprimento da sentença dependerá de demonstração de que se realizou a condição ou de que ocorreu o termo.

Conheçamos os **TÍTULOS EXECUTIVOS JUDICIAIS! Eles estão previstos no art. 515 do CPC.**

São títulos executivos judiciais, cujo cumprimento dar-se-á de acordo com as disposições aqui estudadas:

- as decisões proferidas no processo civil que reconheçam a exigibilidade de obrigação de pagar quantia, de fazer, de não fazer ou de entregar coisa;
- a decisão homologatória de autocomposição judicial;
- a decisão homologatória de autocomposição extrajudicial de qualquer natureza;

- o formal e a certidão de partilha, exclusivamente em relação ao inventariante, aos herdeiros e aos sucessores a título singular ou universal;
- o crédito de auxiliar da justiça, quando as custas, emolumentos ou honorários tiverem sido aprovados por decisão judicial;
- a sentença penal condenatória transitada em julgado;
- a sentença arbitral;
- a sentença estrangeira homologada pelo Superior Tribunal de Justiça;
- a decisão interlocutória estrangeira, após a concessão do exequatur à carta rogatória pelo Superior Tribunal de Justiça;

LEMBRE!

A sentença arbitral é título executivo **JUDICIAL.**

CUIDADO!

A autocomposição judicial pode envolver sujeito estranho ao processo e versar sobre relação jurídica que não tenha sido deduzida em juízo.

Tratemos de competência, vejamos:

O cumprimento da sentença efetuar-se-á perante (art. 516, CPC):

- os tribunais, nas causas de sua competência originária;
- o juízo que decidiu a causa no primeiro grau de jurisdição;
- o juízo cível competente, quando se tratar de sentença penal condenatória, de sentença arbitral, de sentença estrangeira ou de acórdão proferido pelo Tribunal Marítimo.

Nas hipóteses de decisão homologatória de autocomposição judicial ou de decisão homologatória de autocomposição extrajudicial de qualquer natureza, o exequente poderá optar pelo juízo do atual domicílio do executado, pelo juízo do local onde se encontrem os bens sujeitos à execução ou pelo juízo do local onde deva ser executada a obrigação de fazer ou de não fazer, casos em que a remessa dos autos do processo será solicitada ao juízo de origem.

Já ouviu falar do protesto de decisão judicial?

Ele está disposto no art. 517 do CPC.

A decisão judicial transitada em julgado poderá ser levada a protesto, nos termos da lei, depois de transcorrido o prazo para pagamento voluntário previsto no art. 523, já mencionado acima.

Para efetivar o protesto, incumbe ao exequente apresentar certidão de teor da decisão.

A certidão de teor da decisão deverá ser fornecida no prazo de 3 (três) dias e indicará o nome e a qualificação do exequente e do executado, o número do processo, o valor da dívida e a data de decurso do prazo para pagamento voluntário.

CUIDADO!

O executado que tiver proposto ação rescisória para impugnar a decisão exequenda pode requerer, a suas expensas e sob sua responsabilidade, a anotação da propositura da ação à margem do título protestado.

A requerimento do executado, o protesto será cancelado por determinação do juiz, mediante ofício a ser expedido ao cartório, no prazo de 3 (três) dias, contado da data de protocolo do requerimento, desde que comprovada a satisfação integral da obrigação.

Todas as questões relativas à validade do procedimento de cumprimento da sentença e dos atos executivos subsequentes poderão ser arguidas pelo executado nos próprios autos e nestes serão decididas pelo juiz.

REGRA DE APLICAÇÃO SUBSIDIÁRIA

Aplicam-se as disposições relativas ao cumprimento da sentença, provisório ou definitivo, e à liquidação, no que couber às decisões que concederem tutela provisória.

24.2. DO CUMPRIMENTO PROVISÓRIO DA SENTENÇA QUE RECONHECE A EXIGIBILIDADE DE OBRIGAÇÃO DE PAGAR QUANTIA CERTA

SUPÕE UMA DECISÃO JUDICIAL → PENDENTE DE RECURSO → SEM EFEITO SUSPENSIVO

O cumprimento de sentença foi instaurado no CPC/73 através da Lei 11.232/05. Esta lei trouxe a separação dos procedimentos ao estabelecer que as obrigações de pagar quantia definidas em título executivo judicial agora não mais são executadas em relação processual executiva autônoma, mas sim por meio de atos executivos a serem realizados em fase do mesmo processo, denominada de fase de "**cumprimento da sentença**". Eis um módulo processual do mesmo processo.

Diante desta modificação, passou-se também a denominar de "sincrético" este processo que unificou duas ações, a de conhecimento e a de execução, permitindo que a efetivação forçada do julgado seja feita como mera fase processual.

Tratemos do **CUMPRIMENTO PROVISÓRIO** da decisão. Ele está previsto no artigo 520 do CPC, vejamos.

O cumprimento provisório da sentença impugnada por recurso desprovido de efeito suspensivo será realizado da mesma forma que o cumprimento definitivo, sujeitando-se ao seguinte regime:

- corre por iniciativa e responsabilidade do exequente, que se obriga, se a sentença for reformada, a reparar os danos que o executado haja sofrido;
- fica sem efeito, sobrevindo decisão que modifique ou anule a sentença objeto da execução, restituindo-se as partes ao estado anterior e liquidando-se eventuais prejuízos nos mesmos autos;

- se a sentença objeto de cumprimento provisório for modificada ou anulada apenas em parte, somente nesta ficará sem efeito a execução;
- o levantamento de depósito em dinheiro e a prática de atos que importem transferência de posse ou alienação de propriedade ou de outro direito real, ou dos quais possa resultar grave dano ao executado, dependem de caução suficiente e idônea, arbitrada de plano pelo juiz e prestada nos próprios autos.

LEMBRE!

A caução será prestada nos próprios autos.

No cumprimento provisório da sentença, o executado poderá apresentar impugnação, se quiser, nos termos do art. 525 do CPC/15.

A multa e os honorários são devidos no cumprimento provisório de sentença condenatória ao pagamento de quantia certa.

Se o executado comparecer tempestivamente e depositar o valor, com a finalidade de isentar-se da multa, o ato não será havido como incompatível com o recurso por ele interposto.

A restituição ao estado anterior não implica o desfazimento da transferência de posse ou da alienação de propriedade ou de outro direito real eventualmente já realizada, ressalvado, sempre, o direito à reparação dos prejuízos causados ao executado.

Ao cumprimento provisório de sentença que reconheça obrigação de fazer, de não fazer ou de dar coisa aplica-se, no que couber, as disposições deste cumprimento.

- **Sabrina, o juiz poderá dispensar a exigência da caução?**
- **Sim!**

A caução acima mencionada poderá ser dispensada nos casos em que:

- o crédito for de natureza alimentar, independentemente de sua origem;

- o credor demonstrar situação de necessidade;
- pender o agravo do art. 1042;
- a sentença a ser provisoriamente cumprida estiver em consonância com súmula da jurisprudência do Supremo Tribunal Federal ou do Superior Tribunal de Justiça ou em conformidade com acórdão proferido no julgamento de casos repetitivos.

ANOTE!

A exigência de caução será mantida quando da dispensa possa resultar manifesto risco de grave dano de difícil ou incerta reparação.

SIGAMOS!

O cumprimento provisório da sentença será requerido por petição dirigida ao juízo competente.

Não sendo eletrônicos os autos, a petição será acompanhada de cópias das seguintes peças do processo, cuja autenticidade poderá ser certificada pelo próprio advogado, sob sua responsabilidade pessoal:

- decisão exequenda;
- certidão de interposição do recurso não dotado de efeito suspensivo;
- procurações outorgadas pelas partes;
- decisão de habilitação, se for o caso;
- **facultativamente,** outras peças processuais consideradas necessárias para demonstrar a existência do crédito.

24.3. CUMPRIMENTO DEFINITIVO DA SENTENÇA QUE RECONHECE A EXIGIBILIDADE DE OBRIGAÇÃO DE PAGAR QUANTIA CERTA

SUPÕE DECISÃO JUDICIAL → TRANSITADA EM JULGADO

APLICA-SE TAMBÉM AOS DEMAIS TÍTULOS EXECUTIIVOS JUDICIAIS QUE IMPONHAM PAGAMENTO DE QUANTIA.

Nos termos do artigo 523 do CPC, no caso de condenação em quantia certa, ou já fixada em liquidação, e no caso de decisão sobre parcela incontroversa, o cumprimento definitivo da sentença far-se-á a requerimento do exequente, sendo o executado intimado para pagar o débito, **no prazo de 15 (quinze) dias, acrescido de custas,** se houver.

Não ocorrendo pagamento voluntário no prazo do caput, o débito será acrescido de multa de dez por cento e, também, de honorários de advogado de dez por cento.

Efetuado o pagamento parcial no prazo de 15 dias, a multa e os honorários previstos incidirão sobre o restante.

Não efetuado tempestivamente o pagamento voluntário, será expedido, desde logo, mandado de penhora e avaliação, seguindo-se os atos de expropriação.

O requerimento previsto no art. 523 será instruído com demonstrativo discriminado e atualizado do crédito, devendo a petição conter:

- o nome completo, o número de inscrição no Cadastro de Pessoas Físicas ou no Cadastro Nacional da Pessoa Jurídica do exequente e do executado, observado o disposto no art. 319, §§ 1º a 3º do CPC;
- o índice de correção monetária adotado;
- os juros aplicados e as respectivas taxas;
- o termo inicial e o termo final dos juros e da correção monetária utilizados;
- a periodicidade da capitalização dos juros, se for o caso;
- especificação dos eventuais descontos obrigatórios realizados;
- indicação dos bens passíveis de penhora, sempre que possível.

Quando o valor apontado no demonstrativo aparentemente exceder os limites da condenação, a execução será iniciada pelo valor pretendido, mas a penhora terá por base a importância que o juiz entender adequada.

Para a verificação dos cálculos, o juiz poderá valer-se de contabilista do juízo, que terá o prazo máximo de 30 (trinta) dias para efetuá-la, exceto se outro lhe for determinado.

Quando a elaboração do demonstrativo depender de dados em poder de terceiros ou do executado, o juiz poderá requisitá-los, sob cominação do crime de desobediência.

Quando a complementação do demonstrativo depender de dados adicionais em poder do executado, o juiz poderá, a requerimento do exequente, requisitá-los, fixando prazo de até 30 (trinta) dias para o cumprimento da diligência.

Se os dados adicionais a que se refere o § 4º não forem apresentados pelo executado, sem justificativa, no prazo designado, reputar-se-ão corretos os cálculos apresentados pelo exequente apenas com base nos dados de que dispõe.

Tratemos da **IMPUGNAÇÃO AO CUMPRIMENTO DA SENTENÇA.**

A impugnação **constitui o meio de defesa** do devedor na fase do cumprimento da sentença condenatória que prevê obrigação de pagar quantia.

Quanto à natureza jurídica da impugnação, o CPC a considera como mero incidente da fase de cumprimento da sentença e não como ação autônoma de conhecimento, como são considerados os embargos à execução.

Porém, é inconteste a natureza de ação da impugnação fundada na hipótese prevista no incido VI do art. 525 ("qualquer causa, modificativa ou extintiva da obrigação, como pagamento, novação, compensação, transação ou prescrição, desde que superveniente à sentença"), por visar à declaração de extinção da própria obrigação. Eis uma situação excepcional.

Transcorrido o prazo previsto no art. 523 sem o pagamento voluntário, inicia-se o prazo de 15 (quinze) dias para que o executado,

independentemente de penhora ou nova intimação[1], apresente, nos próprios autos, sua impugnação.

A impugnação poderá ser apresentada por meio de simples petição, sem os requisitos dos artigos 319 e 320.

Na impugnação, o executado poderá alegar (art. 525, parágrafo 1º):

- falta ou nulidade da citação se, na fase de conhecimento, o processo correu à revelia;
- ilegitimidade de parte;
- inexequibilidade do título ou inexigibilidade da obrigação;
- penhora incorreta ou avaliação errônea;
- excesso de execução ou cumulação indevida de execuções;
- incompetência absoluta ou relativa do juízo da execução;
- qualquer causa modificativa ou extintiva da obrigação, como pagamento, novação, compensação, transação ou prescrição, desde que supervenientes à sentença.

A alegação de impedimento ou suspeição observará o disposto nos arts. 146 e 148.

CUIDADO!

Aplica-se à impugnação o disposto no art. 229[2], ou seja, preenchidos os seus requisitos contar-se-á em dobro o prazo para seu oferecimento.

1. O entendimento prevalecente à luz do CPC/73 era o da necessidade de garantia do juízo para o oferecimento da impugnação. A impugnação poderia ser oferecida pelo devedor no prazo preclusivo de 15 (quinze) dias, contados da juntada aos autos da intimação do auto de penhora e avaliação (CPC/73, art. 475-J, § 1º). Portanto, a realização da penhora era pressuposto necessário para a oposição da impugnação, diversamente do que ocorria com os embargos à execução da obrigação prevista em título executivo extrajudicial.
2. Os litisconsortes que tiverem diferentes procuradores, de escritórios de advocacia distintos, terão prazos contados em dobro para todas as suas manifestações, em qualquer juízo ou tribunal, independentemente de requerimento.

Quando o executado alegar que o exequente, em excesso de execução, pleiteia quantia superior à resultante da sentença, cumprir-lhe-á declarar de imediato o valor que entende correto, apresentando demonstrativo discriminado e atualizado de seu cálculo.

Na hipótese acima, não apontado o valor correto ou não apresentado o demonstrativo, a impugnação será liminarmente rejeitada, se o excesso de execução for o seu único fundamento, ou, se houver outro, a impugnação será processada, mas o juiz não examinará a alegação de excesso de execução.

A apresentação de impugnação **não impede a prática dos atos executivos, inclusive os de expropriação, podendo o juiz, a requerimento do executado e desde que garantido o juízo com penhora, caução ou depósito suficientes, atribuir-lhe efeito suspensivo, se seus fundamentos forem relevantes e se o prosseguimento da execução for manifestamente suscetível de causar ao executado grave dano de difícil ou incerta reparação. Para a concessão do mencionado efeito, se faz indispensável a garantia do juízo.**

ANOTE!

A concessão de efeito suspensivo a que se refere o § 6º do art. 525 não impedirá a efetivação dos atos de substituição, de reforço ou de redução da penhora e de avaliação dos bens.

Quando o efeito suspensivo atribuído à impugnação disser respeito apenas a parte do objeto da execução, esta prosseguirá quanto à parte restante.

A concessão de efeito suspensivo à impugnação deduzida por um dos executados não suspenderá a execução contra os que não impugnaram, quando o respectivo fundamento disser respeito exclusivamente ao impugnante.

Ainda que atribuído efeito suspensivo à impugnação, é lícito ao exequente requerer o prosseguimento da execução, oferecendo e prestando, nos próprios autos, caução suficiente e idônea a ser arbitrada pelo juiz.

As questões relativas a fato superveniente ao término do prazo para apresentação da impugnação, assim como aquelas relativas à validade e à adequação da penhora, da avaliação e dos atos executivos subsequentes, podem ser arguidas por simples petição, tendo o executado, em qualquer dos casos, o prazo de 15 (quinze) dias para formular esta arguição, contado da comprovada ciência do fato ou da intimação do ato.

CUIDADO!

Considera-se também inexigível a obrigação reconhecida em título executivo judicial fundado em lei ou ato normativo considerado inconstitucional pelo Supremo Tribunal Federal, ou fundado em aplicação ou interpretação da lei ou do ato normativo tido pelo Supremo Tribunal Federal como incompatível com a Constituição Federal, em controle de constitucionalidade concentrado ou difuso. Os efeitos da decisão do Supremo Tribunal Federal poderão ser modulados no tempo, em atenção à segurança jurídica.

A decisão do Supremo Tribunal Federal acima referida deve ser anterior ao trânsito em julgado da decisão exequenda. Se a decisão for proferida após o trânsito em julgado da decisão exequenda, caberá ação rescisória, cujo prazo será contado do trânsito em julgado da decisão proferida pelo Supremo Tribunal Federal.

NÃO ESQUEÇA!

É lícito ao réu, antes de ser intimado para o cumprimento da sentença, comparecer em juízo e oferecer em pagamento o valor que entender devido, apresentando memória discriminada do cálculo.

O autor será ouvido no prazo de 5 (cinco) dias, podendo impugnar o valor depositado, sem prejuízo do levantamento do depósito a título de parcela incontroversa.

Concluindo o juiz pela insuficiência do depósito, sobre a diferença incidirão multa de dez por cento e honorários advocatícios, também fixados em dez por cento, seguindo-se a execução com penhora e atos subsequentes.

Se o autor não se opuser, o juiz declarará satisfeita a obrigação e extinguirá o processo.

Por fim, aplicam-se as disposições acima ao cumprimento provisório da sentença, no que couber.

Como decidiu o STJ:

Cumprimento de sentença. Devedor representado por defensor público. Prazo em dobro para o adimplemento da obrigação.

Deve ser contado em dobro o prazo para o cumprimento voluntário de sentença no caso de réu assistido pela Defensoria Pública. REsp 1.261.856-DF, Rel. Min. Marco Buzzi, por unanimidade, julgado em 22/11/2016, DJe 29/11/2016.

Recurso especial. Processual civil. Recursos. CPC/2015. Decisão que encerra fase processual. Sentença, contestada por apelação. Decisões interlocutórias proferidas na fase executiva, sem extinção da execução. Agravo de instrumento. 1. Dispõe o parágrafo único do art. 1015 do CPC/2015 que caberá agravo de instrumento contra decisões interlocutórias proferidas na fase de liquidação de sentença ou de cumprimento de sentença, no processo de execução e no processo de inventário. Por sua vez, o art. 1.009, do mesmo diploma, informa que caberá apelação em caso de "sentença". 2. Na sistemática processual atual, dois são os critérios para a definição de "sentença": (I) conteúdo equivalente a uma das situações previstas nos arts. 485 ou 489 do CPC/2015; e (II) determinação do encerramento de uma das fases do processo, conhecimento ou execução. 3. Acerca dos meios de satisfação do direito, sabe-se que o processo de execução será o adequado para as situações em que houver título extrajudicial (art. 771, CPC/2015) e, nos demais casos, ocorrerá numa fase posterior à sentença, denominada cumprimento de sentença (art. 513, CPC/2015), no bojo do qual será processada a impugnação oferecida pelo executado. 4. A impugnação ao cumprimento de sentença se resolverá a partir de pronunciamento judicial, que pode ser sentença ou decisão interlocutória, a depender de seu conteúdo e efeito: se extinguir a execução, será sentença, conforme o citado artigo 203, §1º, parte final; caso contrário, será decisão interlocutória, conforme art. 203, §2º, CPC/2015. 5. A execução será extinta sempre que o executado obtiver, por qualquer meio, a supressão total da dívida (art. 924, CPC/2015), que ocorrerá com o reconhecimento de que não há obrigação a ser exigida, seja porque adimplido o débito, seja pelo reconhecimento de que ele não existe ou se extinguiu. 6. No sistema regido pelo CPC/15, o recurso cabível da decisão que acolhe impugnação ao cumprimento de sentença e extingue a execução é a apelação. As decisões que acolherem parcialmente a impugnação ou a ela negarem provimento, por não acarretarem a extinção da fase executiva em andamento, tem natureza jurídica de decisão interlocutória, sendo o agravo de instrumento o recurso adequado ao seu enfrentamento. 7. Não evidenciado o caráter protelatório dos embargos de declaração, impõe-se a inaplicabilidade da multa prevista no § 2º do art. 1.026 do CPC/2015. Incidência da Súmula n. 98/STJ. 8. Recurso especial provido. (RESP - Recurso especial - 1698344 2017.02.31166-2, Luis Felipe Salomão, STJ - Quarta Turma, DJE Data: 01/08/2018. DTPB)

24.4. CUMPRIMENTO DE SENTENÇA QUE RECONHEÇA A EXIGIBILIDADE DE OBRIGAÇÃO DE PAGAR QUANTIA CERTA PELA FAZENDA PÚBLICA

No revogado CPC/73, figurando a Fazenda Pública (Municipal, Estadual ou Federal) como devedora de obrigação de pagar quantia, definida em título executivo judicial ou prevista em título executivo extrajudicial, ela seria executada **por meio de processo autônomo** cujo procedimento estava estabelecido nos artigos 730 e 731 do CPC.

No que se refere à possibilidade de a Fazenda Pública ser executada por título executivo extrajudicial, consolidou-se a jurisprudência no sentido de considerá-la admissível, nos termos da Súmula 279 do STJ.

Conheçamos o procedimento!

No CPC/15, **ainda que a Fazenda Pública seja condenada por sentença a pagar determinada quantia, não seria executada pelo procedimento relativo ao cumprimento de sentença.**

No cumprimento de sentença que impuser à Fazenda Pública o dever de pagar quantia certa, o exequente apresentará demonstrativo discriminado e atualizado do crédito contendo:

- o nome completo e o número de inscrição no Cadastro de Pessoas Físicas ou no Cadastro Nacional da Pessoa Jurídica do exequente;
- o índice de correção monetária adotado;
- os juros aplicados e as respectivas taxas;

- o termo inicial e o termo final dos juros e da correção monetária utilizados;
- a periodicidade da capitalização dos juros, se for o caso;
- a especificação dos eventuais descontos obrigatórios realizados.

Havendo pluralidade de exequentes, cada um deverá apresentar o seu próprio demonstrativo, aplicando-se à hipótese, se for o caso, o disposto nos §§ 1º e 2º do art. 113.

CUIDADO!

A multa prevista no § 1º do art. 523 não se aplica à Fazenda Pública.

A Fazenda Pública será intimada na pessoa de seu representante judicial, por carga, remessa ou meio eletrônico, para, querendo, no prazo de 30 (trinta) dias e nos próprios autos, impugnar a execução, podendo arguir:

- falta ou nulidade da citação se, na fase de conhecimento, o processo correu à revelia;
- ilegitimidade de parte;
- inexequibilidade do título ou inexigibilidade da obrigação;
- excesso de execução ou cumulação indevida de execuções;
- incompetência absoluta ou relativa do juízo da execução;
- qualquer causa modificativa ou extintiva da obrigação, como pagamento, novação, compensação, transação ou prescrição, desde que supervenientes ao trânsito em julgado da sentença.

A alegação de impedimento ou suspeição observará o disposto nos arts. 146 e 148.

Quando se alegar que o exequente, em excesso de execução, pleiteia quantia superior à resultante do título, cumprirá à executada declarar de imediato o valor que entende correto, sob pena de não conhecimento da arguição.

CUIDADO!

Não impugnada a execução ou rejeitadas as arguições da executada:

- expedir-se-á, por intermédio do presidente do tribunal competente, precatório em favor do exequente, observando-se o disposto na Constituição Federal;
- por ordem do juiz, dirigida à autoridade na pessoa de quem o ente público foi citado para o processo, o pagamento de obrigação de pequeno valor será realizado no prazo de 2 (dois) meses contado da entrega da requisição, mediante depósito na agência de banco oficial mais próxima da residência do exequente.

Tratando-se de impugnação parcial, a parte não questionada pela executada será, desde logo, objeto de cumprimento.

Considera-se também inexigível a obrigação reconhecida em título executivo judicial fundado em lei ou ato normativo considerado inconstitucional pelo Supremo Tribunal Federal, ou fundado em aplicação ou interpretação da lei ou do ato normativo tido pelo Supremo Tribunal Federal como incompatível com a Constituição Federal, em controle de constitucionalidade concentrado ou difuso.

24.5. CUMPRIMENTO DE SENTENÇA QUE RECONHEÇA A EXIGIBILIDADE DE OBRIGAÇÃO DE FAZER, DE NÃO FAZER OU DE ENTREGAR COISA

No cumprimento de sentença que reconheça a exigibilidade de obrigação de fazer ou de não fazer, o juiz poderá, de ofício ou a requerimento, para a efetivação da tutela específica ou a obtenção de tutela pelo resultado prático equivalente, determinar as medidas necessárias à satisfação do exequente. Eis uma decorrência do seu poder geral de efetivação.

Para atender as disposições acima mencionadas, o juiz poderá determinar, entre outras medidas, **a imposição de multa, a busca e apreensão, a remoção de pessoas e coisas, o desfazimento de obras e o**

impedimento de atividade nociva, podendo, caso necessário, requisitar o auxílio de força policial. Entendemos que o rol é explicativo. O juiz poderá, à luz do caso concreto, determinar que outras medidas sejam tomadas.

O mandado de busca e apreensão de pessoas e coisas será cumprido por 2 (dois) oficiais de justiça, observando-se o disposto no art. 846, §§ 1º a 4º, se houver necessidade de arrombamento.

O executado incidirá nas penas de litigância de má-fé quando injustificadamente descumprir a ordem judicial, sem prejuízo de sua responsabilização por crime de desobediência. No cumprimento de sentença que reconheça a exigibilidade de obrigação de fazer ou de não fazer, aplica-se o art. 525, no que couber.

Tratemos da **ASTREINTES.**

A multa independe de requerimento da parte e poderá ser aplicada na fase de conhecimento, em tutela provisória ou na sentença, ou na fase de execução, desde que seja suficiente e compatível com a obrigação e que se determine prazo razoável para cumprimento do preceito.

O juiz poderá, de ofício ou a requerimento, modificar o valor ou a periodicidade da multa vincenda ou excluí-la, caso verifique que:

- se tornou insuficiente ou excessiva;
- o obrigado demonstrou cumprimento parcial superveniente da obrigação ou justa causa para o descumprimento.

O valor da multa será devido ao exequente. A decisão que fixa a multa é passível de cumprimento provisório, devendo ser depositada em juízo, permitido o levantamento do valor após o trânsito em julgado da sentença favorável à parte.

Ela será devida desde o dia em que se configurar o descumprimento da decisão e incidirá enquanto não for cumprida a decisão que a tiver cominado.[3]

---

3. V. art. 12, parágrafo 2º, da Lei de Ação Civil Pública (Lei 7347/85).

A multa cominada liminarmente só será exigível do réu após o trânsito em julgado da decisão favorável ao autor, mas será devida desde o dia em que se houver configurado o descumprimento.

Como decidiu o STJ:

> Família. Direito de visitação. Obrigação de fazer. Fixação preventiva de astreintes para a hipótese de eventual descumprimento imotivado do regime de visitação. Possibilidade. REsp 1.481.531-SP, Rel. Min. Moura Ribeiro, por unanimidade, julgado em 16/2/2017, DJe 7/3/2017.

24.6. CUMPRIMENTO DE SENTENÇA QUE RECONHEÇA A EXIGIBILIDADE DE OBRIGAÇÃO DE ENTREGAR COISA

Não cumprida à obrigação de entregar coisa no prazo estabelecido na sentença, será expedido mandado de busca e apreensão ou de imissão na posse em favor do credor, conforme se tratar de coisa móvel ou imóvel.

A busca e apreensão será utilizada para BENS MÓVEIS e a imissão na posse para BENS IMÓVEIS.

CUIDADO!

A existência de benfeitorias deve ser alegada na fase de conhecimento, em contestação, de forma discriminada e com atribuição, sempre que possível e justificadamente, do respectivo valor.

O direito de retenção por benfeitorias deve ser exercido na contestação, na fase de conhecimento. Aplicam-se ao procedimento previsto neste artigo, no que couber, as disposições sobre o cumprimento de obrigação de fazer ou de não fazer.

24.7. CUMPRIMENTO DE SENTENÇA QUE RECONHEÇA A EXIGIBILIDADE DE OBRIGAÇÃO DE PRESTAR ALIMENTOS

No cumprimento de sentença que condene ao pagamento de prestação alimentícia ou de decisão interlocutória que fixe alimentos, o juiz, a requerimento do exequente, mandará intimar o executado pessoalmente para, **em 3 (três) dias**, pagar o débito, provar que o fez ou justificar a impossibilidade de efetuá-lo. Eis o disposto no art. 528 do CPC.

Caso o executado, no prazo de três dias não efetue o pagamento, não prove que o efetuou ou não apresente justificativa da impossibilidade de efetuá-lo, o juiz mandará protestar o pronunciamento judicial, aplicando-se, no que couber, o disposto no art. 517.

Somente a comprovação de fato que gere a impossibilidade absoluta de pagar justificará o inadimplemento. Estamos ante um conceito jurídico indeterminado. Só as situações concretas poderão definir o que se compreenderá como impossibilidade absoluta.

Caso o devedor não pague a dívida, mas comprove a impossibilidade de efetuar o pagamento, a pena coercitiva de prisão não será imposta[4].

A dívida, por sua vez, não se extinguirá, devendo a execução prosseguir apenas para sua cobrança, igualmente às demais dívidas de pagar quantia estabelecidas em título executivo judicial.

Igualmente não se declarará extinta a dívida se o devedor cumprir todo o tempo de prisão fixado, prosseguindo-se o feito para sua cobrança. Porém, pelas mesmas parcelas não poderá o devedor ser preso duas vezes.

Se o executado não pagar ou se a justificativa apresentada não for aceita, o juiz, além de mandar protestar o pronunciamento judicial decretar-lhe-á a **prisão pelo prazo de 1 (um) a 3 (três) meses. Eis a única prisão cível estabelecida no sistema em vigor.**

A Constituição Federal admite a prisão civil do responsável pelo inadimplemento voluntário e inescusável de obrigação alimentícia (CF, art. 5º, inciso LXVII).

A prisão será cumprida em regime fechado, **devendo o preso ficar separado dos presos comuns.** O cumprimento da pena não exime o executado do pagamento das prestações vencidas e vincendas.

Vale lembrar que paga a prestação alimentícia, o juiz suspenderá o cumprimento da ordem de prisão.

4. De acordo com o art. 15 da Lei 14.010/20, "até 30 de outubro de 2020, a prisão civil por dívida alimentícia, prevista no art. 528, § 3º e seguintes da Lei nº 13.105, de 16 de março de 2015 (Código de Processo Civil), deverá ser cumprida exclusivamente sob a modalidade domiciliar, sem prejuízo da exigibilidade das respectivas obrigações."

O débito alimentar que autoriza a prisão civil do alimentante é o que compreende até as 3 (três) prestações anteriores ao ajuizamento da execução e as que se vencerem no curso do processo.

Essa disposição reforça e, ao mesmo tempo, amplia a dicção da Súmula 309 do STJ, vejamos: "O débito alimentar que autoriza a prisão civil do alimentante é o que compreende as três prestações anteriores ao ajuizamento da execução e as que se vencerem no curso do processo."

O exequente pode optar por promover o cumprimento da sentença ou decisão desde logo, caso em que não será admissível a prisão do executado, e, recaindo a penhora em dinheiro, a concessão de efeito suspensivo à impugnação não obsta a que o exequente levante mensalmente a importância da prestação.

Além das opções previstas no art. 516, já estudadas, o exequente pode promover o cumprimento da sentença ou decisão que condena ao pagamento de prestação alimentícia no juízo de seu domicílio.

ANOTE!

Quando o executado for funcionário público, militar, diretor ou gerente de empresa ou empregado sujeito à legislação do trabalho, o exequente poderá requerer o desconto em folha de pagamento da importância da prestação alimentícia.

Ao proferir a decisão, o juiz oficiará à autoridade, à empresa ou ao empregador, determinando, sob pena de crime de desobediência, o desconto a partir da primeira remuneração posterior do executado, a contar do protocolo do ofício.

O ofício conterá o nome e o número de inscrição no Cadastro de Pessoas Físicas do exequente e do executado, a importância a ser descontada mensalmente, o tempo de sua duração e a conta na qual deve ser feito o depósito.

Sem prejuízo do pagamento dos alimentos vincendos, o débito objeto de execução pode ser descontado dos rendimentos ou rendas do executado, de forma parcelada, contanto que, somado à parcela devida, não ultrapasse cinquenta por cento de seus ganhos líquidos.

As disposições acima aplicam-se aos alimentos definitivos ou provisórios.

DICA PROCEDIMENTAL

A execução dos alimentos provisórios, bem como a dos alimentos fixados em sentença ainda não transitada em julgado, se processa em autos apartados.

O cumprimento definitivo da obrigação de prestar alimentos será processado nos mesmos autos em que tenha sido proferida a sentença.

Verificada a conduta procrastinatória do executado, o juiz deverá, se for o caso, dar ciência ao Ministério Público dos indícios da prática do crime de abandono material.

Quando a indenização por ato ilícito incluir prestação de alimentos, caberá ao executado, a requerimento do exequente, constituir capital cuja renda assegure o pagamento do valor mensal da pensão.

O capital representado por imóveis ou por direitos reais sobre imóveis suscetíveis de alienação, títulos da dívida pública ou aplicações financeiras em banco oficial, será inalienável e impenhorável enquanto durar a obrigação do executado, além de constituir-se em patrimônio de afetação.

O juiz poderá substituir a constituição do capital pela inclusão do exequente em folha de pagamento de pessoa jurídica de notória capacidade econômica ou, a requerimento do executado, por fiança bancária ou garantia real, em valor a ser arbitrado de imediato pelo juiz.

Nessa toada, se sobrevier modificação nas condições econômicas, poderá a parte requerer, conforme as circunstâncias, redução ou aumento da prestação. A prestação alimentícia poderá ser fixada tomando por base o salário-mínimo.

Finda a obrigação de prestar alimentos, o juiz mandará liberar o capital, cessar o desconto em folha ou cancelar as garantias prestadas.

25

PROCEDIMENTOS ESPECIAIS

PROCEDIMENTOS ESPECIAIS → TEM ALGUMA REGRA OU PECULIARIDADES PRÓPRIAS

25.1. NOÇÕES INICIAIS

Conforme ensina Alexandre Freitas Câmara, o processo jurisdicional, como se sabe, é uma entidade complexa, que se revela sob dois aspectos: internamente, o processo se manifesta como uma relação jurídica de direito público entre o Estado-juiz e as partes. Contém, pois, o processo, uma relação jurídica, tradicionalmente designada de relação processual (*aspecto intrínseco do processo*).

Externamente, porém, o processo manifesta-se com outro aspecto, revelando-se como um procedimento que se desenvolve em contraditório (*aspecto extrínseco do processo*). Entretanto, há diversos tipos de processo jurisdicional: cognitivo/conhecimento, executivo e cautelar, e cada um deles pode se manifestar extrinsecamente de diversas formas.

Especificamente para o processo de conhecimento, o CPC prevê os procedimentos comum e especiais.

Pode-se definir procedimento especial como àquele que contém regras diferenciadas para conferir tratamento adequado a determinadas demandas materiais.

Técnicas de Especialização e Características dos Procedimentos Especiais

Antônio Carlos Marcato, por sua vez, apresenta uma série de características capazes de distinguir os procedimentos especiais do procedimento comum, a saber:

1. Alteração de Prazos.
2. Alteração de Regras Relativas à Legitimidade e Iniciativa das Partes.
3. Existência de Ações Dúplices.
4. Fixação de Regras Especiais de Competência.
5. Fixação de Regras Especiais Relativas à Citação e suas Finalidades.
6. Derrogação dos Princípios da Inalterabilidade do Pedido e da Legalidade Estrita.
7. Fusão de Providências de Natureza Cognitiva.
8. Concessão de Medidas Inaudita Altera Parte.
9. Limitações e Condicionamentos ao Direito de Defesa.

Aplicação Subsidiária do Procedimento Comum

Conforme regra insculpida no art. 318 do CPC, o procedimento especial rege-se pelas disposições que lhes são próprias, aplicando-se, subsidiariamente, as disposições gerais do procedimento comum.

Classificação dos Procedimentos Especiais

O CPC divide os procedimentos especiais em dois grupos: procedimentos de jurisdição contenciosa e procedimentos de jurisdição voluntária.

25.2. PROCEDIMENTOS ESPECIAIS EM ESPÉCIE

25.2.1. Procedimentos especiais de jurisdição contenciosa

25.2.1.1. Consignação em pagamento

Arts. 539 a 549.

Conforme dispõem os arts. 334 a 336 do Código Civil, e 539 do Código de Processo Civil, a consignação em pagamento é uma das formas de extinção das obrigações. Compreende-se, em linhas de gerais, de um meio através do qual o devedor busca a quitação de sua dívida, isso porque não só o credor tem o direito de exigir o cumprimento da obrigação, como também o devedor tem o direito de se liberar das obrigações por ele contraídas.

Como bem assevera Luiz Rodrigues Wambier, ao devedor não interessa, em regra, a incômoda situação de ver-se constituído em mora.

Quando alguém assume uma obrigação, tem-se, como regra geral, que é de seu interesse cumpri-la, na forma e tempo pactuados. Por isso, na hipótese de não conseguir que o credor aceite o pagamento, cabe ao devedor a ação de consignação em pagamento, que tem a precípua função de desobrigá-lo do pacto assumido e constituir o credor em mora.

Trata-se de procedimento especial de jurisdição contenciosa por meio do qual o devedor se desobriga de prestação assumida, e constitui o credor em mora.

A doutrina classifica as dívidas em quesível/*querable* e portável/*portable*.

Estabelecida essa premissa de direito material, torna-se mais tranquila a abordagem das hipóteses de cabimento da consignação em pagamento. Segundo o art. 335 do CC, a consignação terá lugar:

- se o credor não puder, ou, sem justa causa, recusar receber o pagamento, ou dar quitação na devida forma (ou seja, naquelas obrigações em que o devedor deve procurar o credor, para efetuar o pagamento, na forma e lugar estipulados no pacto, e o credor não pode, ou, sem razão plausível, não aceita receber);
- se o credor não for, nem mandar receber a coisa no lugar, tempo e condição devidos (vale dizer, nas obrigações quesíveis – com pagamento no domicílio do devedor –, ou naquelas em que se pactuou caber ao credor buscar o pagamento em lugar e tempo indicados pelo devedor);
- se o credor for incapaz de receber, for desconhecido, declarado ausente, ou residir em lugar incerto (na hipótese de dívida portável) ou de acesso perigoso ou difícil (casos em que, após o pacto, houve alteração no estado e residência do credor);

- se ocorrer dúvida sobre quem deva legitimamente receber o objeto do pagamento (como o crédito é circulável, pode ocorrer de, em sucessivas transferências, vários serem os que se intitulam credores, não sabendo o devedor a quem deva efetuar o pagamento);
- se pender litígio sobre o objeto do pagamento (situação na qual, após o pacto, a coisa, em que consiste o pagamento, vem a ser disputada, tornando incerto seu destino).

Em síntese são, pois, circunstâncias nas quais o devedor, com a intenção de desobrigar-se, não consegue obter o recebimento da quitação.

SIGAMOS!

Tratando-se de obrigação em dinheiro, poderá o valor ser depositado em estabelecimento bancário, oficial onde houver, situado no lugar do pagamento, cientificando-se o credor por carta com aviso de recebimento, assinado o prazo de 10 (dez) dias para a manifestação de recusa.

Decorrido o prazo de 10 dias, contado do retorno do aviso de recebimento, sem a manifestação de recusa, considerar-se-á o devedor liberado da obrigação, ficando à disposição do credor a quantia depositada.

Ocorrendo a recusa, manifestada por escrito ao estabelecimento bancário, poderá ser proposta, dentro de 1 (um) mês, a ação de consignação, instruindo-se a inicial com a prova do depósito e da recusa.

Não proposta a ação no prazo de um mês ficará sem efeito o depósito, podendo levantá-lo o depositante.

Competência da demanda, vejamos:

Requerer-se-á a consignação no lugar do pagamento, cessando para o devedor, à data do depósito, os juros e os riscos, salvo se a demanda for julgada improcedente.

ANOTE!

Tratando-se de prestações sucessivas, consignada uma delas, pode o devedor continuar a depositar, no mesmo processo e sem mais formalidades, as que se forem vencendo, desde que o faça em até 5 (cinco) dias contados da data do respectivo vencimento.

Por ser um procedimento especial, além das disposições exigidas para a elaboração da inicial presentes no art. 319, devem ser observados os seguintes:

- o depósito da quantia ou da coisa devida, a ser efetivado no prazo de 5 (cinco) dias contados do deferimento, ressalvada a hipótese do art. 539, § 3º;
- a citação do réu para levantar o depósito ou oferecer contestação.

Não realizado o depósito em 5 (cinco) dias, o processo será extinto sem resolução do mérito.

Se o objeto da prestação for coisa indeterminada e a escolha couber ao credor, será este citado para exercer o direito dentro de 5 (cinco) dias, se outro prazo não constar de lei ou do contrato, ou para aceitar que o devedor a faça, devendo o juiz, ao despachar a petição inicial, fixar lugar, dia e hora em que se fará a entrega, sob pena de depósito.

Na contestação, o réu poderá alegar que:

- não houve recusa ou mora em receber a quantia ou a coisa devida;
- foi justa a recusa;
- o depósito não se efetuou no prazo ou no lugar do pagamento;
- o depósito não é integral.

A alegação de que o depósito não foi integral somente será admissível se o réu indicar o montante que entende devido.

Alegada a insuficiência do depósito, é lícito ao autor completá-lo, em 10 (dez) dias, salvo se corresponder a prestação cujo inadimplemento acarrete a rescisão do contrato.

A sentença que concluir pela insuficiência do depósito determinará, sempre que possível, o montante devido e valerá como título executivo, facultado ao credor promover-lhe o cumprimento nos mesmos autos, após liquidação, se necessária.

Julgado procedente o pedido, o juiz declarará extinta a obrigação e condenará o réu ao pagamento de custas e honorários advocatícios. Proceder-se-á do mesmo modo se o credor receber e der quitação.

CUIDADO!

Se ocorrer dúvida sobre quem deva legitimamente receber o pagamento, o autor requererá o depósito e a citação dos possíveis titulares do crédito para provarem o seu direito.

25.2.1.2. Ação de exigir contas

Arts. 550 a 553.

O CPC/15 cuida da demanda especial de exigir contas (artigos 550 a 553), afastando **a ação de prestação de contas**, a qual estava regrada no revogado artigo 914, do CPC de 1973.

Cuidemos de seus importantes aspectos, vejamos:

Aquele que afirmar ser titular do direito de exigir contas requererá a citação do réu para que as preste ou ofereça contestação no prazo de 15 (quinze) dias.

Na petição inicial, o autor especificará, detalhadamente, as razões pelas quais exige as contas, instruindo-a com documentos comprobatórios dessa necessidade, se existirem.

Prestadas as contas, o autor terá 15 (quinze) dias para se manifestar, prosseguindo-se o processo.

ATENÇÃO!

A impugnação das contas apresentadas pelo réu deverá ser fundamentada e específica, com referência expressa ao lançamento questionado.

Se o réu não contestar o pedido, observar-se-á o disposto no art. 355 do CPC, ou seja, será julgado antecipadamente mérito.

A decisão que julgar procedente o pedido condenará o réu a prestar as contas no prazo de 15 (quinze) dias, sob pena de não lhe ser lícito impugnar as que o autor apresentar.

Se o réu apresentar as contas no prazo, seguir-se-á o procedimento acima indicado, caso contrário, o autor apresentá-las-á no prazo de 15 (quinze) dias, podendo o juiz determinar a realização de exame pericial, se necessário.

As contas do réu serão apresentadas na forma adequada, especificando-se as receitas, a aplicação das despesas e os investimentos, se houver.

Havendo impugnação específica e fundamentada pelo autor, o juiz estabelecerá prazo razoável para que o réu apresente os documentos justificativos dos lançamentos individualmente impugnados.

As contas do autor, serão apresentadas na forma adequada, já instruídas com os documentos justificativos, especificando-se as receitas, a aplicação das despesas e os investimentos, se houver, bem como o respectivo saldo.

CUIDADO!

A sentença apurará o saldo e constituirá título executivo judicial.

De acordo com o art. 553 do CPC, as contas do inventariante, do tutor, do curador, do depositário e de qualquer outro administrador serão prestadas em apenso aos autos do processo em que tiver sido nomeado.

Se qualquer dos referidos acima for condenado a pagar o saldo e não o fizer no prazo legal, o juiz poderá destituí-lo, sequestrar os bens sob sua guarda, glosar o prêmio ou a gratificação a que teria direito e determinar as medidas executivas necessárias à recomposição do prejuízo.

Como decide o STJ:

> Ação de prestação de contas. Revisão de cláusulas contratuais. Impossibilidade. Recurso repetitivo. Tema 908. Impossibilidade de revisão de cláusulas contratuais em ação de prestação de contas. REsp 1.497.831-

PR, Rel. Min. Paulo de Tarso Sanseverino, Rel. para acórdão Min. Maria Isabel Gallotti, Segunda Seção, por maioria, julgado em 14/9/2016, DJe 7/11/2016.

25.2.1.3 Possessórias

Arts. 554 a 568.

Eis um procedimento especial que visa tutelar a posse de bens móveis e/ou imóveis.

De acordo com o artigo 554, a propositura de uma ação possessória em vez de outra não obstará a que o juiz conheça do pedido e outorgue a proteção legal correspondente àquela cujos pressupostos estejam provados. **Eis o que chamamos de fungibilidade.**

NOVIDADE!

No caso de ação possessória em que figure no polo passivo grande número de pessoas, serão feitas a citação pessoal dos ocupantes que forem encontrados no local e a citação por edital dos demais, determinando-se, ainda, a intimação do Ministério Público e, se envolver pessoas em situação de hipossuficiência econômica, da Defensoria Pública.

Para fim da citação pessoal, o oficial de justiça procurará os ocupantes no local por uma vez, citando-se por edital os que não forem encontrados.

O juiz deverá determinar que se dê ampla publicidade da existência da ação e dos respectivos prazos processuais, podendo, para tanto, valer-se de anúncios em jornal ou rádio locais, da publicação de cartazes na região do conflito e de outros meios.

Tratemos da CUMULAÇÃO DE PEDIDOS. Ela está disposta no art. 555 do CPC

É lícito ao autor cumular ao pedido possessório o de:

- condenação em perdas e danos;
- indenização dos frutos.

Pode o autor requerer, ainda, imposição de medida necessária e adequada para:

- evitar nova turbação ou esbulho;
- cumprir-se a tutela provisória ou final.

ANOTE!

É lícito ao réu, na contestação, alegando que foi o ofendido em sua posse, demandar a proteção possessória e a indenização pelos prejuízos resultantes da turbação ou do esbulho cometido pelo autor.

REGRA DE OURO:

Na pendência de ação possessória, é vedado, tanto ao autor quanto ao réu, propor ação de reconhecimento do domínio, exceto se a pretensão for deduzida em face de terceira pessoa.

Não obsta à manutenção ou à reintegração de posse a alegação de propriedade ou de outro direito sobre a coisa.

Regem o procedimento de manutenção e de reintegração de posse as normas aqui estudadas quando a ação for proposta dentro de ano e dia da turbação ou do esbulho afirmado na petição inicial. Logo, aplicar-se-ão as disposições do procedimento especial da possessória quando estivermos ante a posse nova.

Passado o prazo acima mencionado, será comum o procedimento, não perdendo, contudo, o caráter possessório.

Se o réu provar, em qualquer tempo, que o autor provisoriamente mantido ou reintegrado na posse carece de idoneidade financeira para, no caso de sucumbência, responder por perdas e danos, o juiz designar-lhe-á o prazo de 5 (cinco) dias para requerer caução, real ou fidejussória, sob pena de ser depositada a coisa litigiosa, ressalvada a impossibilidade da parte economicamente hipossuficiente.

Manutenção e da Reintegração de Posse

O cabimento de cada ação possessória vincula-se ao tipo de incômodo gerado à posse.

a) **Esbulho:** configura-se na situação de perda total da posse, por parte do possuidor originário. Exemplo: invasão de uma propriedade rural com expulsão do possuidor.

Nesse caso, será cabível a ação de reintegração de posse.

b) **Turbação:** configura-se a partir da perda de algum dos poderes fáticos sobre a coisa, mas não da totalidade da posse, como acontece no esbulho. Exemplo: invasão de uma propriedade rural com consequente plantio em sua área, mas sem a expulsão do possuidor originário.

Nesse caso, será cabível a ação de manutenção de posse.

O possuidor tem direito a ser mantido na posse em caso de turbação e reintegrado em caso de esbulho.

Incumbe ao autor provar:

- a sua posse;
- a turbação ou o esbulho praticado pelo réu;
- a data da turbação ou do esbulho;
- a continuação da posse, embora turbada, na ação de manutenção, ou a perda da posse, na ação de reintegração.

LIMINAR

Estando a petição inicial devidamente instruída, o juiz deferirá, sem ouvir o réu, a expedição do mandado liminar de manutenção ou de reintegração, caso contrário, determinará que o autor justifique previamente o alegado, citando-se o réu para comparecer à audiência que for designada.

Contra as pessoas jurídicas de direito público não será deferida a manutenção ou a reintegração liminar sem prévia audiência dos respectivos representantes judiciais.

Considerada suficiente à justificação, o juiz fará logo expedir mandado de manutenção ou de reintegração.

Concedido ou não o mandado liminar de manutenção ou de reintegração, o autor promoverá, nos 5 (cinco) dias subsequentes, a citação do réu para, querendo, contestar a ação no prazo de 15 (quinze) dias.

Quando for ordenada a justificação prévia, o prazo para contestar será contado da intimação da decisão que deferir ou não a medida liminar.

☺ NOVIDADE!

No litígio coletivo pela posse de imóvel, quando o esbulho ou a turbação afirmado na petição inicial houver ocorrido há mais de ano e dia, o juiz, antes de apreciar o pedido de concessão da medida liminar, deverá designar audiência de mediação, a realizar-se em até 30 (trinta) dias.

Concedida a liminar, se essa não for executada no prazo de 1 (um) ano, a contar da data de distribuição, caberá ao juiz designar audiência de mediação.

O Ministério Público será intimado para comparecer à audiência, e a Defensoria Pública será intimada sempre que houver parte beneficiária de gratuidade da justiça.

O juiz poderá comparecer à área objeto do litígio quando sua presença se fizer necessária à efetivação da tutela jurisdicional.

Os órgãos responsáveis pela política agrária e pela política urbana da União, de Estado ou do Distrito Federal e de Município onde se situe a área objeto do litígio poderão ser intimados para a audiência, a fim de se manifestarem sobre seu interesse no processo e sobre a existência de possibilidade de solução para o conflito possessório.

Por fim, aplica-se, quanto ao mais, o procedimento comum.

Interdito Proibitório

O possuidor direto ou indireto que tenha justo receio de ser molestado na posse poderá requerer ao juiz que o segure da turbação ou esbulho iminente, mediante mandado proibitório em que se comine ao réu determinada pena pecuniária caso transgrida o preceito.

Como decidiu o STJ:

> Ação de reintegração de posse. Notificação prévia dos ocupantes. Condição da ação. Desnecessidade. DESTAQUE A notificação prévia dos ocupantes não é documento essencial à propositura da ação possessória. REsp 1.263.164-DF, Rel. Min. Marco Buzzi, por unanimidade, julgado em 22/11/2016, DJe 29/11/2016.
>
> REsp 1.296.964-DF, Rel. Min. Luis Felipe Salomão, por unanimidade, julgado em 18/10/2016, DJe 7/12/2016. Posse. Bem público dominical. Litígio entre particulares. Interdito possessório. Possibilidade.
>
> É possível o manejo de interditos possessórios em litígio entre particulares sobre bem público dominical.

25.2.1.4 Divisão e demarcação de terras

Arts. 569 a 598.

Eis um procedimento especial que visa dividir ou demarcar terras.

Cabe:

- ao proprietário a ação de demarcação, para obrigar o seu confinante a estremar os respectivos prédios, fixando-se novos limites entre eles ou aviventando-se os já apagados;
- ao condômino a ação de divisão, para obrigar os demais consortes a estremar os quinhões.

É lícita a cumulação dessas ações, caso em que deverá processar-se primeiramente a demarcação total ou parcial da coisa comum, citando-se os confinantes e os condôminos.

A demarcação e a divisão poderão ser realizadas por escritura pública, desde que maiores, capazes e concordes todos os interessados, observando-se, no que couber, as disposições aqui estudadas.

Fixados os marcos da linha de demarcação, os confinantes considerar-se-ão terceiros quanto ao processo divisório, ficando-lhes, porém, ressalvado o direito de vindicar os terrenos de que se julguem despojados por invasão das linhas limítrofes constitutivas do perímetro ou de reclamar indenização correspondente ao seu valor.

Serão citados para a ação todos os condôminos, se a sentença homologatória da divisão ainda não houver transitado em julgado, e todos os quinhoeiros dos terrenos vindicados, se a ação for proposta posteriormente.

Neste último caso, a sentença que julga procedente a ação, condenando a restituir os terrenos ou a pagar a indenização, valerá como título executivo em favor dos quinhoeiros para haverem dos outros condôminos que forem parte na divisão ou de seus sucessores a título universal, na proporção que lhes tocar, a composição pecuniária do desfalque sofrido.

Tratando-se de imóvel georreferenciado, com averbação no registro de imóveis, pode o juiz dispensar a realização de prova pericial.

Demarcação

Na petição inicial, instruída com os títulos da propriedade, designar-se-á o imóvel pela situação e pela denominação, descrever-se-ão os limites por constituir, aviventar ou renovar e nomear-se-ão todos os confinantes da linha demarcanda.

Qualquer condômino é parte legítima para promover a demarcação do imóvel comum, requerendo a intimação dos demais para, querendo, intervir no processo.

De acordo com o art. 576, a citação dos réus será feita por correio. Feitas as citações, terão os réus o prazo comum de 15 (quinze) dias para contestar. Após o prazo de resposta do réu, observar-se-á o procedimento comum.

Antes de proferir a sentença, o juiz nomeará um ou mais peritos para levantar o traçado da linha demarcanda.

Concluídos os estudos, os peritos apresentarão minucioso laudo sobre o traçado da linha demarcanda, considerando os títulos, os marcos, os rumos, a fama da vizinhança, as informações de antigos moradores do lugar e outros elementos que coligirem.

A sentença que julgar procedente o pedido determinará o traçado da linha demarcanda. Já a sentença proferida na ação demarcatória determinará a restituição da área invadida, se houver, declarando o domínio ou a posse do prejudicado, ou ambos.

Transitada em julgado a sentença, o perito efetuará a demarcação e colocará os marcos necessários.

Todas as operações serão consignadas em planta e memorial descritivo com as referências convenientes para a identificação, em qualquer tempo, dos pontos assinalados, observada a legislação especial que dispõe sobre a identificação do imóvel rural.

As plantas serão acompanhadas das cadernetas de operações de campo e do memorial descritivo, que conterá:

- o ponto de partida, os rumos seguidos e a aviventação dos antigos com os respectivos cálculos;
- os acidentes encontrados, as cercas, os valos, os marcos antigos, os córregos, os rios, as lagoas e outros;
- a indicação minuciosa dos novos marcos cravados, dos antigos aproveitados, das culturas existentes e da sua produção anual;
- a composição geológica dos terrenos, bem como a qualidade e a extensão dos campos, das matas e das capoeiras;
- as vias de comunicação;
- as distâncias a pontos de referência, tais como rodovias federais e estaduais, ferrovias, portos, aglomerações urbanas e polos comerciais;
- a indicação de tudo o mais que for útil para o levantamento da linha ou para a identificação da linha já levantada.

NÃO ESQUEÇA!

É obrigatória a colocação de marcos tanto na estação inicial, dita marco primordial, quanto nos vértices dos ângulos, salvo se algum desses últimos pontos for assinalado por acidentes naturais de difícil remoção ou destruição.

A linha será percorrida pelos peritos, que examinarão os marcos e os rumos, consignando em relatório escrito a exatidão do memorial e da planta apresentados pelo agrimensor ou as divergências porventura encontradas.

Juntado aos autos o relatório dos peritos, o juiz determinará que as partes se manifestem sobre ele no prazo comum de 15 (quinze) dias.

Executadas as correções e as retificações que o juiz determinar, lavrar-se-á, em seguida, o auto de demarcação em que os limites demarcandos serão minuciosamente descritos de acordo com o memorial e a planta.

Assinado o auto pelo juiz e pelos peritos, será proferida a sentença homologatória da demarcação.

Divisão

A petição inicial será instruída com os títulos de domínio do promovente e conterá:

- a indicação da origem da comunhão e a denominação, a situação, os limites e as características do imóvel;
- o nome, o estado civil, a profissão e a residência de todos os condôminos, especificando-se os estabelecidos no imóvel com benfeitorias e culturas;
- as benfeitorias comuns.

O juiz nomeará um ou mais peritos para promover a medição do imóvel e as operações de divisão, observada a legislação especial que dispõe sobre a identificação do imóvel rural.

O perito deverá indicar as vias de comunicação existentes, as construções e as benfeitorias, com a indicação dos seus valores e dos respectivos proprietários e ocupantes, as águas principais que banham o imóvel e quaisquer outras informações que possam concorrer para facilitar a partilha.

Todos os condôminos serão intimados a apresentar, dentro de 10 (dez) dias, os seus títulos, se ainda não o tiverem feito, e a formular os seus pedidos sobre a constituição dos quinhões.

O juiz ouvirá as partes no prazo comum de 15 (quinze) dias.

Não havendo impugnação, o juiz determinará a divisão geodésica do imóvel.

Havendo impugnação, o juiz proferirá, no prazo de 10 (dez) dias, decisão sobre os pedidos e os títulos que devam ser atendidos na formação dos quinhões.

Se qualquer linha do perímetro atingir benfeitorias permanentes dos confinantes feitas há mais de 1 (um) ano, serão elas respeitadas, bem como os terrenos onde estiverem, os quais não se computarão na área dividenda.

Os confinantes do imóvel dividendo podem demandar a restituição dos terrenos que lhes tenham sido usurpados.

Serão citados para a ação todos os condôminos, se a sentença homologatória da divisão ainda não houver transitado em julgado, e todos os quinhoeiros dos terrenos vindicados, se a ação for proposta posteriormente.

Nesse último caso, terão os quinhoeiros o direito, pela mesma sentença que os obrigar à restituição, a haver dos outros condôminos do processo divisório ou de seus sucessores a título universal a composição pecuniária proporcional ao desfalque sofrido.

Os peritos proporão, em laudo fundamentado, a forma da divisão, devendo consultar, quanto possível, a comodidade das partes, respeitar, para adjudicação a cada condômino, a preferência dos terrenos contíguos às suas residências e benfeitorias e evitar o retalhamento dos quinhões em glebas separadas.

Ouvidas as partes, no prazo comum de 15 (quinze) dias, sobre o cálculo e o plano da divisão, o juiz deliberará a partilha.

Em cumprimento dessa decisão, o perito procederá à demarcação dos quinhões, observando, além do disposto nos arts. 584 e 585 do CPC, as seguintes regras:

- as benfeitorias comuns que não comportarem divisão cômoda serão adjudicadas a um dos condôminos mediante compensação;
- instituir-se-ão as servidões que forem indispensáveis em favor de uns quinhões sobre os outros, incluindo o respectivo valor no orçamento para que, não se tratando de servidões naturais, seja compensado o condômino aquinhoado com o prédio serviente;

- as benfeitorias particulares dos condôminos que excederem à área a que têm direito serão adjudicadas ao quinhoeiro vizinho mediante reposição;
- se outra coisa não acordarem as partes, as compensações e as reposições serão feitas em dinheiro.

Terminados os trabalhos e desenhados na planta os quinhões e as servidões aparentes, o perito organizará o memorial descritivo.

Assinado o auto pelo juiz e pelo perito, será proferida sentença homologatória da divisão.

O auto conterá:

- a confinação e a extensão superficial do imóvel;
- a classificação das terras com o cálculo das áreas de cada consorte e com a respectiva avaliação ou, quando a homogeneidade das terras não determinar diversidade de valores, a avaliação do imóvel na sua integridade;
- o valor e a quantidade geométrica que couber a cada condômino, declarando-se as reduções e as compensações resultantes da diversidade de valores das glebas componentes de cada quinhão.

Cada folha de pagamento conterá:

- a descrição das linhas divisórias do quinhão, mencionadas as confinantes;
- a relação das benfeitorias e das culturas do próprio quinhoeiro e das que lhe foram adjudicadas por serem comuns ou mediante compensação;
- a declaração das servidões instituídas, especificados os lugares, a extensão e o modo de exercício.

25.2.1.5 Dissolução Parcial de Sociedade

Arts. 599 a 609.

A ação de dissolução parcial de sociedade pode ter por objeto:

- a resolução da sociedade empresária contratual ou simples em relação ao sócio falecido, excluído ou que exerceu o direito de retirada ou recesso; e
- a apuração dos haveres do sócio falecido, excluído ou que exerceu o direito de retirada ou recesso; ou
- somente a resolução ou a apuração de haveres.

A petição inicial será necessariamente instruída com o contrato social consolidado.

A ação de dissolução parcial de sociedade pode ter também por objeto a sociedade anônima de capital fechado quando demonstrado, por acionista ou acionistas que representem cinco por cento ou mais do capital social, que não pode preencher o seu fim.

Vejamos sua legitimidade:

A ação pode ser proposta:

- pelo espólio do sócio falecido, quando a totalidade dos sucessores não ingressar na sociedade;
- pelos sucessores, após concluída a partilha do sócio falecido;
- pela sociedade, se os sócios sobreviventes não admitirem o ingresso do espólio ou dos sucessores do falecido na sociedade, quando esse direito decorrer do contrato social;
- pelo sócio que exerceu o direito de retirada ou recesso, se não tiver sido providenciada, pelos demais sócios, a alteração contratual consensual formalizando o desligamento, depois de transcorridos 10 (dez) dias do exercício do direito;
- pela sociedade, nos casos em que a lei não autoriza a exclusão extrajudicial; ou
- pelo sócio excluído.

O cônjuge ou companheiro do sócio cujo casamento, união estável ou convivência terminou poderá requerer a apuração de seus haveres na sociedade, que serão pagos à conta da quota social titulada por este sócio.

Os sócios e a sociedade serão citados para, no prazo de 15 (quinze) dias, concordar com o pedido ou apresentar contestação.

A sociedade não será citada se todos os seus sócios o forem, mas ficará sujeita aos efeitos da decisão e à coisa julgada.

A sociedade poderá formular pedido de indenização compensável com o valor dos haveres a apurar.

Havendo manifestação expressa e unânime pela concordância da dissolução, o juiz a decretará, passando-se imediatamente à fase de liquidação.

ANOTE!

Havendo contestação, observar-se-á o procedimento comum, mas a liquidação da sentença seguirá o disposições específicas desta demanda especial.

Para apuração dos haveres, o juiz:

- fixará a data da resolução da sociedade;
- definirá o critério de apuração dos haveres à vista do disposto no contrato social; e
- nomeará o perito.

O juiz determinará à sociedade ou aos sócios que nela permanecerem que depositem em juízo a parte incontroversa dos haveres devidos.

O depósito poderá ser, desde logo, levantando pelo ex-sócio, pelo espólio ou pelos sucessores.

Se o contrato social estabelecer o pagamento dos haveres, será observado o que nele se dispôs no depósito judicial da parte incontroversa.

De acordo com o art. 605 do CPC, a data da resolução da sociedade será:

- no caso de falecimento do sócio, a do óbito;
- na retirada imotivada, o sexagésimo dia seguinte ao do recebimento, pela sociedade, da notificação do sócio retirante;
- no recesso, o dia do recebimento, pela sociedade, da notificação do sócio dissidente;
- na retirada por justa causa de sociedade por prazo determinado e na exclusão judicial de sócio, a do trânsito em julgado da decisão que dissolver a sociedade; e
- na exclusão extrajudicial, a data da assembleia ou da reunião de sócios que a tiver deliberado.

Em caso de omissão do contrato social, o juiz definirá, como critério de apuração de haveres, o valor patrimonial apurado em balanço de determinação, tomando-se por referência a data da resolução e avaliando-se bens e direitos do ativo, tangíveis e intangíveis, a preço de saída, além do passivo também a ser apurado de igual forma.

Em todos os casos em que seja necessária a realização de perícia, a nomeação do perito recairá preferencialmente sobre especialista em avaliação de sociedades.

Nessa toada, a data da resolução e o critério de apuração de haveres podem ser revistos pelo juiz, a pedido da parte, a qualquer tempo antes do início da perícia.

Até a data da resolução, integram o valor devido ao ex-sócio, ao espólio ou aos sucessores a participação nos lucros ou os juros sobre o capital próprio declarados pela sociedade e, se for o caso, a remuneração como administrador.

Após a data da resolução, o ex-sócio, o espólio ou os sucessores terão direito apenas à correção monetária dos valores apurados e aos juros contratuais ou legais.

Por fim, uma vez apurados, os haveres do sócio retirante serão pagos conforme disciplinar o contrato social e, no silêncio deste, nos termos do § 2º do art. 1.031 da Lei no 10.406, de 10 de janeiro de 2002 (Código Civil).

25.2.1.6 Inventário e Partilha

Arts. 610 a 673.

Trata-se de procedimento especial de jurisdição contenciosa por meio do qual se busca a partilha de um patrimônio após a abertura da sucessão.

De acordo com o art. 610 do CPC, havendo testamento ou interessado incapaz, proceder-se-á ao inventário judicial.

ATENÇÃO!

Se todos forem capazes e concordes, o inventário e a partilha poderão ser feitos por escritura pública, a qual constituirá documento hábil para qualquer ato de registro, bem como para levantamento de importância depositada em instituições financeiras.

O tabelião somente lavrará a escritura pública se todas as partes interessadas estiverem assistidas por advogado ou por defensor público, cuja qualificação e assinatura constarão do ato notarial. Eis o que chamamos de inventário extrajudicial.

Tratemos do prazo para seu ajuizamento:

O processo de inventário e de partilha deve ser instaurado dentro de 2 (dois) meses, a contar da abertura da sucessão, ultimando-se nos 12 (doze) meses subsequentes, podendo o juiz prorrogar esses prazos, de ofício ou a requerimento de parte.[1]

1. De acordo com o art. 16 da Lei 14.010/20, que instituiu um conjunto de normas de caráter transitório e emergencial para a regulação de relações jurídicas de Direito Privado em virtude da pandemia do coronavírus (Covid-19), o prazo do art. 611 do Código de Processo Civil para sucessões abertas a partir de 1º de fevereiro de 2020 terá seu termo inicial dilatado para 30 de outubro de 2020. O prazo de 12 (doze) meses do já referido art. 611 do Código de Processo Civil, para que seja ultimado o processo de inventário e de partilha, caso iniciado antes de 1º de fevereiro de 2020, ficará suspenso a partir da entrada em vigor desta Lei até 30 de outubro de 2020.

O juiz decidirá todas as questões de direito desde que os fatos relevantes estejam provados por documento, só remetendo para as vias ordinárias as questões que dependerem de outras provas. (art. 612)

Até que o inventariante preste o compromisso, continuará o espólio na posse do administrador provisório. Ele representa ativa e passivamente o espólio, é obrigado a trazer ao acervo os frutos que desde a abertura da sucessão percebeu, tem direito ao reembolso das despesas necessárias e úteis que fez e responde pelo dano a que, por dolo ou culpa, der causa.

Legitimidade para Requerer o Inventário

O requerimento de inventário e de partilha incumbe a quem estiver na posse e na administração do espólio. Será instruído com a certidão de óbito do autor da herança. Trata-se de documento indispensável para a propositura da demanda.

Têm, contudo, legitimidade concorrente:

- o cônjuge ou companheiro supérstite;
- o herdeiro;
- o legatário;
- o testamenteiro;
- o cessionário do herdeiro ou do legatário;
- o credor do herdeiro, do legatário ou do autor da herança;
- o Ministério Público, havendo herdeiros incapazes;
- a Fazenda Pública, quando tiver interesse;
- o administrador judicial da falência do herdeiro, do legatário, do autor da herança ou do cônjuge ou companheiro supérstite.

Tratemos do Inventariante e das suas primeiras declarações

O juiz nomeará inventariante na seguinte ordem:

- o cônjuge ou companheiro sobrevivente, desde que estivesse convivendo com o outro ao tempo da morte deste;

- o herdeiro que se achar na posse e na administração do espólio, se não houver cônjuge ou companheiro sobrevivente ou se estes não puderem ser nomeados;
- qualquer herdeiro, quando nenhum deles estiver na posse e na administração do espólio;
- o herdeiro menor, por seu representante legal;
- o testamenteiro, se lhe tiver sido confiada a administração do espólio ou se toda a herança estiver distribuída em legados;
- o cessionário do herdeiro ou do legatário;
- o inventariante judicial, se houver;
- pessoa estranha idônea, quando não houver inventariante judicial.

O inventariante, intimado da nomeação, prestará, dentro de 5 (cinco) dias, o compromisso de bem e fielmente desempenhar a função.

Incumbe ao inventariante:

- representar o espólio ativa e passivamente, em juízo ou fora dele, observando-se, quanto ao dativo, o disposto no art. 75, § 1º;
- administrar o espólio, velando-lhe os bens com a mesma diligência que teria se seus fossem;
- prestar as primeiras e as últimas declarações pessoalmente ou por procurador com poderes especiais;
- exibir em cartório, a qualquer tempo, para exame das partes, os documentos relativos ao espólio;
- juntar aos autos certidão do testamento, se houver;
- trazer à colação os bens recebidos pelo herdeiro ausente, renunciante ou excluído;
- prestar contas de sua gestão ao deixar o cargo ou sempre que o juiz lhe determinar;
- requerer a declaração de insolvência.

Dentro de 20 (vinte) dias contados da data em que prestou o compromisso, o inventariante fará as primeiras declarações, das quais se lavrará termo circunstanciado, assinado pelo juiz, pelo escrivão e pelo inventariante, no qual serão exarados:

- o nome, o estado, a idade e o domicílio do autor da herança, o dia e o lugar em que faleceu e se deixou testamento;
- o nome, o estado, a idade, o endereço eletrônico e a residência dos herdeiros e, havendo cônjuge ou companheiro supérstite, além dos respectivos dados pessoais, o regime de bens do casamento ou da união estável;
- a qualidade dos herdeiros e o grau de parentesco com o inventariado;
- a relação completa e individualizada de todos os bens do espólio, inclusive aqueles que devem ser conferidos à colação, e dos bens alheios que nele forem encontrados, descrevendo-se:
  - os imóveis, com as suas especificações, nomeadamente local em que se encontram, extensão da área, limites, confrontações, benfeitorias, origem dos títulos, números das matrículas e ônus que os gravam;
  - os móveis, com os sinais característicos;
  - os semoventes, seu número, suas espécies, suas marcas e seus sinais distintivos;
  - o dinheiro, as joias, os objetos de ouro e prata e as pedras preciosas, declarando-se-lhes especificadamente a qualidade, o peso e a importância;
  - os títulos da dívida pública, bem como as ações, as quotas e os títulos de sociedade, mencionando-se-lhes o número, o valor e a data;
  - as dívidas ativas e passivas, indicando-se-lhes as datas, os títulos, a origem da obrigação e os nomes dos credores e dos devedores;
  - direitos e ações;
  - o valor corrente de cada um dos bens do espólio.

Ademais, o juiz determinará que se proceda:

- ao balanço do estabelecimento, se o autor da herança era empresário individual;
- à apuração de haveres, se o autor da herança era sócio de sociedade que não anônima.

OBS:

As declarações podem ser prestadas mediante petição, firmada por procurador com poderes especiais, à qual o termo se reportará.

Só se pode arguir sonegação ao inventariante depois de encerrada a descrição dos bens, com a declaração, por ele feita, de não existirem outros por inventariar.

Remoção do inventariante, vejamos:

O inventariante será removido de ofício ou a requerimento:

- se não prestar, no prazo legal, as primeiras ou as últimas declarações;
- se não der ao inventário andamento regular, se suscitar dúvidas infundadas ou se praticar atos meramente protelatórios;
- se, por culpa sua, bens do espólio se deteriorarem, forem dilapidados ou sofrerem dano;
- se não defender o espólio nas ações em que for citado, se deixar de cobrar dívidas ativas ou se não promover as medidas necessárias para evitar o perecimento de direitos;
- se não prestar contas ou se as que prestar não forem julgadas boas;
- se sonegar, ocultar ou desviar bens do espólio.

Requerida a remoção com fundamento em qualquer dos incisos do art. 622, será intimado o inventariante para, no prazo de 15 (quinze) dias, defender-se e produzir provas. Eis uma decorrência da garantia constitucional do contraditório.

O incidente da remoção correrá em apenso aos autos do inventário.

Decorrido o prazo, com a defesa do inventariante ou sem ela, o juiz decidirá. Se remover o inventariante, o juiz nomeará outro, observada a ordem estabelecida no art. 617 do CPC.

Por fim, inventariante removido entregará imediatamente ao substituto os bens do espólio e, caso deixe de fazê-lo, será compelido mediante mandado de busca e apreensão ou de imissão na posse, conforme se tratar de bem móvel ou imóvel, sem prejuízo da multa a ser fixada pelo juiz em montante não superior a três por cento do valor dos bens inventariados.

SIGAMOS, MEUS CAROS!

Feitas as primeiras declarações, o juiz mandará citar, para os termos do inventário e da partilha, o cônjuge, o companheiro, os herdeiros e os legatários e intimar a Fazenda Pública, o Ministério Público, se houver herdeiro incapaz ou ausente, e o testamenteiro, se houver testamento.

O cônjuge ou o companheiro, os herdeiros e os legatários serão citados pelo correio. Das primeiras declarações extrair-se-ão tantas cópias quantas forem as partes.

Concluídas as citações, abrir-se-á vista às partes, em cartório e pelo prazo comum de 15 (quinze) dias, para que se manifestem sobre as primeiras declarações, incumbindo às partes:

- arguir erros, omissões e sonegação de bens;
- reclamar contra a nomeação de inventariante;
- contestar a qualidade de quem foi incluído no título de herdeiro.

Aquele que se julgar preterido poderá demandar sua admissão no inventário, requerendo-a antes da partilha. Ouvidas as partes no prazo de 15 (quinze) dias, o juiz decidirá.

Se para solução da questão for necessária a produção de provas que não a documental, o juiz remeterá o requerente às vias ordinárias, mandando reservar, em poder do inventariante, o quinhão do herdeiro excluído até que se decida o litígio.

A Fazenda Pública, no prazo de 15 (quinze) dias, após a vista de que trata o art. 627, informará ao juízo, de acordo com os dados que constam de seu cadastro imobiliário, o valor dos bens de raiz descritos nas primeiras declarações.

Avaliação e Cálculo do Imposto

Findo o prazo previsto no art. 627 sem impugnação ou decidida a impugnação que houver sido oposta, o juiz nomeará, se for o caso, perito para avaliar os bens do espólio, se não houver na comarca avaliador judicial.

Na hipótese prevista no art. 620, § 1º, o juiz nomeará perito para avaliação das quotas sociais ou apuração dos haveres.

Não se expedirá carta precatória para a avaliação de bens situados fora da comarca onde corre o inventário se eles forem de pequeno valor ou perfeitamente conhecidos do perito nomeado.

ANOTE!

Sendo capazes todas as partes, não se procederá à avaliação se a Fazenda Pública, intimada pessoalmente, concordar de forma expressa com o valor atribuído, nas primeiras declarações, aos bens do espólio.

Se os herdeiros concordarem com o valor dos bens declarados pela Fazenda Pública, a avaliação cingir-se-á aos demais.

Entregue o laudo de avaliação, o juiz mandará que as partes se manifestem no prazo de 15 (quinze) dias, que correrá em cartório. Versando a impugnação sobre o valor dado pelo perito, o juiz a decidirá de plano, à vista do que constar dos autos.

Julgando procedente a impugnação, o juiz determinará que o perito retifique a avaliação, observando os fundamentos da decisão.

Aceito o laudo ou resolvidas às impugnações suscitadas a seu respeito, lavrar-se-á em seguida o termo de últimas declarações, no qual o inventariante poderá emendar, aditar ou completar as primeiras. Ouvidas as partes sobre as últimas declarações no prazo comum de 15 (quinze) dias, proceder-se-á ao cálculo do tributo.

Feito o cálculo, sobre ele serão ouvidas todas as partes no prazo comum de 5 (cinco) dias, que correrá em cartório, e, em seguida, a Fazenda Pública.

Se acolher eventual impugnação, o juiz ordenará nova remessa dos autos ao contabilista, determinando as alterações que devam ser feitas no cálculo. Cumprido o despacho, o juiz julgará o cálculo do tributo.

Co9Onheçamos as principais disposições das Colações

No prazo estabelecido no art. 627, o herdeiro obrigado à colação conferirá por termo nos autos ou por petição à qual o termo se reportará os bens que recebeu ou, se já não os possuir, trar-lhes-á o valor.

Os bens a serem conferidos na partilha, assim como as acessões e as benfeitorias que o donatário fez, calcular-se-ão pelo valor que tiverem ao tempo da abertura da sucessão.

O herdeiro que renunciou à herança ou o que dela foi excluído não se exime, pelo fato da renúncia ou da exclusão, de conferir, para o efeito de repor a parte inoficiosa, as liberalidades que obteve do doador.

É lícito ao donatário escolher, dentre os bens doados, tantos quantos bastem para perfazer a legítima e a metade disponível, entrando na partilha o excedente para ser dividido entre os demais herdeiros. Se a parte inoficiosa da doação recair sobre bem imóvel que não comporte divisão cômoda, o juiz determinará que sobre ela se proceda a licitação entre os herdeiros.

Se o herdeiro negar o recebimento dos bens ou a obrigação de os conferir, o juiz, ouvidas as partes no prazo comum de 15 (quinze) dias, decidirá à vista das alegações e das provas produzidas. Declarada improcedente a oposição, se o herdeiro, no prazo improrrogável de 15 (quinze) dias, não proceder à conferência, o juiz mandará sequestrar-lhe, para serem inventariados e partilhados, os bens sujeitos à colação ou imputar ao seu quinhão hereditário o valor deles, se já não os possuir.

Se a matéria exigir dilação probatória diversa da documental, o juiz remeterá as partes às vias ordinárias, não podendo o herdeiro receber o seu quinhão hereditário, enquanto pender a demanda, sem prestar caução correspondente ao valor dos bens sobre os quais versar a conferência.

Pagamento das Dívidas

Antes da partilha, **poderão os credores do espólio requerer ao juízo do inventário o pagamento das dívidas vencidas e exigíveis.**

A petição, acompanhada de prova literal da dívida, será distribuída por dependência e autuada em apenso aos autos do processo de inventário. Concordando as partes com o pedido, o juiz, ao declarar habilitado o credor, mandará que se faça a separação de dinheiro ou, em sua falta, de bens suficientes para o pagamento.

Separados os bens, tantos quantos forem necessários para o pagamento dos credores habilitados, o juiz mandará aliená-los, observando-se as disposições deste Código relativas à expropriação.

Se o credor requerer que, em vez de dinheiro, lhe sejam adjudicados, para o seu pagamento, os bens já reservados, o juiz deferir-lhe-á o pedido, concordando todas as partes.

Os donatários serão chamados a pronunciar-se sobre a aprovação das dívidas, sempre que haja possibilidade de resultar delas a redução das liberalidades.

Não havendo concordância de todas as partes sobre o pedido de pagamento feito pelo credor, será o pedido remetido às vias ordinárias.

O juiz mandará, porém, reservar, em poder do inventariante, bens suficientes para pagar o credor quando a dívida constar de documento que comprove suficientemente a obrigação e a impugnação não se fundar em quitação.

O credor de dívida líquida e certa, ainda não vencida, pode requerer habilitação no inventário. Concordando as partes com o pedido acima o juiz, ao julgar habilitado o crédito, mandará que se faça separação de bens para o futuro pagamento.

Partilha

De acordo com o art. 647 do CPC, o juiz facultará às partes que, no prazo comum de 15 (quinze) dias, formulem o pedido de quinhão e, em seguida, proferirá a decisão de deliberação da partilha, resolvendo os pedidos das partes e designando os bens que devam constituir quinhão de cada herdeiro e legatário.

O juiz poderá, em decisão fundamentada, deferir antecipadamente a qualquer dos herdeiros o exercício dos direitos de usar e de fruir de determinado bem, com a condição de que, ao término do inventário, tal bem integre a cota desse herdeiro, cabendo a este, desde o deferimento, todos os ônus e bônus decorrentes do exercício daqueles direitos.

Principais regras da partilha

- a máxima igualdade possível quanto ao valor, à natureza e à qualidade dos bens;
- a prevenção de litígios futuros;
- a máxima comodidade dos coerdeiros, do cônjuge ou do companheiro, se for o caso.

CUIDADO!

Os bens insuscetíveis de divisão cômoda que não couberem na parte do cônjuge ou companheiro supérstite ou no quinhão de um só herdeiro serão licitados entre os interessados ou vendidos judicialmente, partilhando-se o valor apurado, salvo se houver acordo para que sejam adjudicados a todos.

Se um dos interessados for nascituro, o quinhão que lhe caberá será reservado em poder do inventariante até o seu nascimento.

De acordo com o que dispõe o art. 651 do CPC o partidor organizará o esboço da partilha de acordo com a decisão judicial, observando nos pagamentos a seguinte ordem:

- dívidas atendidas;
- meação do cônjuge;
- meação disponível;
- quinhões hereditários, a começar pelo coerdeiro mais velho.

Feito o esboço, as partes manifestar-se-ão sobre esse no prazo comum de 15 (quinze) dias, e, resolvidas as reclamações, a partilha será lançada nos autos.

Pago o imposto de transmissão a título de morte e juntada aos autos certidão ou informação negativa de dívida para com a Fazenda Pública, o juiz julgará por sentença a partilha. A existência de dívida para com a Fazenda Pública não impedirá o julgamento da partilha, desde que o seu pagamento esteja devidamente garantido.

A partilha, mesmo depois de transitada em julgado a sentença, pode ser emendada nos mesmos autos do inventário, convindo todas as partes, quando tenha havido erro de fato na descrição dos bens, podendo o juiz, de ofício ou a requerimento da parte, a qualquer tempo, corrigir lhe as inexatidões materiais.

ATENÇÃO MÁXIMA!

A partilha amigável, lavrada em instrumento público, reduzida a termo nos autos do inventário ou constante de escrito particular homologado pelo juiz, pode ser anulada por dolo, coação, erro essencial ou intervenção de incapaz, observado o disposto no § 4º do art. 966.

O direito à anulação de partilha amigável extingue-se em 1 (um) ano, contado esse prazo:

- no caso de coação, do dia em que ela cessou;
- no caso de erro ou dolo, do dia em que se realizou o ato;
- quanto ao incapaz, do dia em que cessar a incapacidade.

É rescindível a partilha julgada por sentença:

- nos casos mencionados no art. 657;
- se feita com preterição de formalidades legais;
- se preteriu herdeiro ou incluiu quem não o seja.

Arrolamento

A partilha amigável, celebrada entre partes capazes, nos termos da lei, será homologada de plano pelo juiz, com observância dos arts. 660 a 663.

A disposição acima aplica-se, também, ao pedido de adjudicação, quando houver herdeiro único.

Transitada em julgado a sentença de homologação de partilha ou de adjudicação, será lavrado o formal de partilha ou elaborada a carta de adjudicação e, em seguida, serão expedidos os alvarás referentes aos bens e às rendas por ele abrangidos, intimando-se o fisco para lançamento administrativo do imposto de transmissão e de outros tributos porventura incidentes, conforme dispuser a legislação tributária, nos termos do § 2º do art. 662.

Na petição de inventário, que se processará na forma de arrolamento sumário, independentemente da lavratura de termos de qualquer espécie, os herdeiros:

- requererão ao juiz a nomeação do inventariante que designarem;
- declararão os títulos dos herdeiros e os bens do espólio, observado o disposto no art. 630;
- atribuirão valor aos bens do espólio, para fins de partilha.

No arrolamento, não serão conhecidas ou apreciadas questões relativas ao lançamento, ao pagamento ou à quitação de taxas judiciárias e de tributos incidentes sobre a transmissão da propriedade dos bens do espólio.

A taxa judiciária, se devida, será calculada com base no valor atribuído pelos herdeiros, cabendo ao fisco, se apurar em processo administrativo valor diverso do estimado, exigir a eventual diferença pelos meios adequados ao lançamento de créditos tributários em geral.

O imposto de transmissão será objeto de lançamento administrativo, conforme dispuser a legislação tributária, não ficando as autoridades fazendárias adstritas aos valores dos bens do espólio atribuídos pelos herdeiros.

A existência de credores do espólio não impedirá a homologação da partilha ou da adjudicação, se forem reservados bens suficientes para o pagamento da dívida.

A reserva de bens será realizada pelo valor estimado pelas partes, salvo se o credor, regularmente notificado, impugnar a estimativa, caso em que se promoverá a avaliação dos bens a serem reservados.

> ☺ **NOVIDADE!**
>
> Quando o valor dos bens do espólio for igual ou inferior a 1.000 (mil) salários-mínimos, o inventário processar-se-á na forma de arrolamento, cabendo ao inventariante nomeado, independentemente de assinatura de termo de compromisso, apresentar, com suas declarações, a atribuição de valor aos bens do espólio e o plano da partilha. Eis uma grande inovação, a qual visa facilitar o procedimento que é, por vezes, lento, custoso e burocrático.
>
> Se qualquer das partes ou o Ministério Público impugnar a estimativa, o juiz nomeará avaliador, que oferecerá laudo em 10 (dez) dias. Apresentado o laudo, o juiz, em audiência que designar, deliberará sobre a partilha, decidindo de plano todas as reclamações e mandando pagar as dívidas não impugnadas.
>
> A lei sinaliza que lavrar-se-á de tudo um só termo, assinado pelo juiz, pelo inventariante e pelas partes presentes ou por seus advogados.
>
> Aplicam-se a essa espécie de arrolamento, no que couber, as disposições do art. 672 do CPC, relativamente ao lançamento, ao pagamento e à quitação da taxa judiciária e do imposto sobre a transmissão da propriedade dos bens do espólio. Provada a quitação dos tributos relativos aos bens do espólio e às suas rendas, o juiz julgará a partilha.
>
> O inventário processar-se-á também na forma do art. 664, ainda que haja interessado incapaz, desde que concordem todas as partes e o Ministério Público.
>
> **Independerá de inventário ou de arrolamento o pagamento dos valores previstos na** Lei no 6.858, de 24 de novembro de 1980.

25.2.1.7 Embargos de Terceiro

Arts. 674 a 681.

Quem, não sendo parte no processo, sofrer constrição ou ameaça de constrição sobre bens que possua ou sobre os quais tenha direito incompatível com o ato constritivo, poderá requerer seu desfazimento ou sua inibição por meio de embargos de terceiro.

Os embargos de terceiro passam ser utilizados como medida preventiva, uma vez que podem ser opostos também ante a ameaça de constrição. O proprietário, inclusive o fiduciário, passa a ter legitimidade para se utilizar da medida.

Ademais, amplia-se o rol dos sujeitos que são considerados como terceiros, senão vejamos: o cônjuge ou **companheiro** quando defende a posse de bens próprios ou de sua meação, ressalvado o disposto no art. 859 do CPC, o adquirente de bens que foram constritos em razão de decisão que declara a ineficácia da alienação em fraude à execução, quem sofre constrição judicial de seus bens por força de desconsideração da personalidade jurídica, de cujo incidente não fez parte, bem como o credor com garantia real para obstar expropriação judicial do objeto de direito real de garantia, caso não tenha sido intimado, nos termos legais dos atos expropriatórios respectivos.

ATENÇÃO!

Os embargos podem ser de terceiro proprietário, inclusive fiduciário, ou possuidor.

Considera-se terceiro, para ajuizamento dos embargos:

- o cônjuge ou companheiro, quando defende a posse de bens próprios ou de sua meação, ressalvado o disposto no art. 843;
- o adquirente de bens cuja constrição decorreu de decisão que declara a ineficácia da alienação realizada em fraude à execução;
- quem sofre constrição judicial de seus bens por força de desconsideração da personalidade jurídica, de cujo incidente não fez parte;
- o credor com garantia real para obstar expropriação judicial do objeto de direito real de garantia, caso não tenha sido intimado, nos termos legais dos atos expropriatórios respectivos.

Tratemos do seu Prazo:

Os embargos podem ser opostos a qualquer tempo no processo de conhecimento enquanto não transitada em julgado a sentença e, no cumprimento de sentença ou no processo de execução, até 5 (cinco) dias depois da adjudicação, da alienação por iniciativa particular ou da arrematação, mas sempre antes da assinatura da respectiva carta.

Caso identifique a existência de terceiro titular de interesse em embargar o ato, o juiz mandará intimá-lo pessoalmente.

De acordo com o art. 676 do CPC, os embargos serão distribuídos por dependência ao juízo que ordenou a constrição e autuados em apartado.

Nos casos de ato de constrição realizado por carta, os embargos serão oferecidos no juízo deprecado, salvo se indicado pelo juízo deprecante o bem constrito ou se já devolvida a carta.

Na petição inicial, o embargante fará a prova sumária de sua posse ou de seu domínio e da qualidade de terceiro, oferecendo documentos e rol de testemunhas.

É facultada a prova da posse em audiência preliminar designada pelo juiz. O possuidor direto pode alegar, além da sua posse, o domínio alheio.

A citação será pessoal, se o embargado não tiver procurador constituído nos autos da ação principal.

ANOTE!

Será legitimado passivo o sujeito a quem o ato de constrição aproveita, assim como o será seu adversário no processo principal quando for sua a indicação do bem para a constrição judicial.

A decisão que reconhecer suficientemente provado o domínio ou a posse determinará a suspensão das medidas constritivas sobre os bens litigiosos objeto dos embargos, bem como a manutenção ou a reintegração provisória da posse, se o embargante a houver requerido.

O juiz poderá condicionar a ordem de manutenção ou de reintegração provisória de posse à prestação de caução pelo requerente, ressalvada a impossibilidade da parte economicamente hipossuficiente.

Os embargos de terceiro não correspondem à demanda possessória, mas possuem características semelhantes. Assim, o terceiro que pretende com referida demanda a liberação de seu bem da constrição judicial, poderá pleitear a reintegração ou a manutenção na posse de seus bens.

A natureza dessa liminar é de tutela antecipada, sendo necessária, para a sua efetivação, a prestação de caução quando se tratar de reintegração de posse. Perceba-se a possibilidade que foi ofertada ao juiz de dispensar a caução ante a impossibilidade da parte economicamente hipossuficiente de oferecê-la.

Os embargos poderão ser contestados no prazo de 15 (quinze) dias, findo o qual se seguirá o procedimento comum.

Contra os embargos do credor com garantia real, o embargado somente poderá alegar que:

- o devedor comum é insolvente;
- o título é nulo ou não obriga a terceiro;
- outra é a coisa dada em garantia.

Acolhido o pedido inicial, o ato de constrição judicial indevida será cancelado, com o reconhecimento do domínio, da manutenção da posse ou da reintegração definitiva do bem ou do direito ao embargante.

25.2.1.8 Oposição

Arts. 682 a 686.

Vale salientar que a oposição era tratada como modalidade de intervenção de terceiro. Sempre se discutiu na doutrina qual seria sua razoável natureza jurídica.

No novo texto, ela é compreendida como verdadeiro procedimento especial. A oposição pode ser total ou parcial. **Ela pode se dar no todo ou em parte quanto ao direito discutido no processo em curso.**

Quem pretender, no todo ou em parte, a coisa ou o direito sobre que controvertem autor e réu poderá até ser proferida a sentença, oferecer oposição contra ambos.

A oposição é instituto diverso dos embargos de terceiro.

Como já visto, a oposição tem natureza jurídica de uma nova demanda. Dessa forma, para a sua propositura devem ser respeitados todos os pressupostos de admissibilidade de julgamento do mérito, inclusive quanto à construção da petição inicial.

A oposição, por ser nova demanda, impõe ser distribuída, por dependência, tendo em vista a existência de forte relação entre a demanda originária.

Uma vez autuada, devem-se citar autor e réu da demanda anterior pendente (os opostos), na pessoa de seus advogados já constituídos no litígio em curso, para contestar.

Na hipótese do réu da primeira demanda ser revel, deve sua citação ocorrer de forma pessoal; e não sendo possível proceder dessa forma, sua citação se dará de forma ficta ou presumida.

O opoente deduzirá o pedido em observação aos requisitos exigidos para propositura de uma demanda, quais sejam, os requisitos presentes nos arts. 319 e 320.

Distribuída a oposição por dependência, serão os opostos citados, na pessoa de seus respectivos advogados, para contestar o pedido no prazo comum de 15 (quinze) dias.

Se um dos opostos reconhecer a procedência do pedido, contra o outro prosseguirá o opoente.

Admitido o processamento, a oposição será apensada aos autos e tramitará simultaneamente à ação originária, sendo ambas julgadas pela mesma sentença.

Se a oposição for proposta após o início da audiência de instrução, **o juiz suspenderá o curso do processo ao fim da produção das provas, salvo se concluir que a unidade da instrução atende melhor ao princípio da duração razoável do processo.**

Cabendo ao juiz decidir simultaneamente a ação originária e a oposição, desta conhecerá em primeiro lugar.

A relação existente entre a demanda originária e a oposição é de verdadeira prejudicialidade, na qual a decisão de uma influenciará diretamente na decisão da outra. Nesse sentido, a oposição constituirá premissa a ser ultrapassada pelo magistrado até chegar à decisão final sobre a demanda que já era pendente. Caso a oposição seja julgada procedente, a demanda inicial será rejeitada. Percebe-se que não houve mudança alguma no dispositivo em tela.

25.2.1.9 Habilitação

Arts. 687 a 692.

A habilitação ocorre quando, por falecimento de qualquer das partes, os interessados houverem de suceder-lhe no processo.

LEGITIMADOS:

A habilitação pode ser requerida:

- pela parte, em relação aos sucessores do falecido;
- pelos sucessores do falecido, em relação à parte.

Proceder-se-á à habilitação nos autos do processo principal, na instância em que estiver, suspendendo-se, a partir de então, o processo.

PROCEDIMENTO:

Recebida a petição, o juiz ordenará a citação dos requeridos para se pronunciarem no prazo de 5 (cinco) dias.

DESCOMPLICANDO:

A citação será pessoal, se a parte não tiver procurador constituído nos autos.

O juiz decidirá o pedido de habilitação imediatamente, salvo se este for impugnado e houver necessidade de dilação probatória diversa da documental, caso em que determinará que o pedido seja autuado em apartado e disporá sobre a instrução.

Transitada em julgado a sentença de habilitação, o processo principal retomará o seu curso, e cópia da sentença será juntada aos autos respectivos.

25.2.1.10 Ações de Família

Arts. 693 a 699.

Procedimento que não encontra correspondente no CPC/73. Registramos, desde logo, a sua importância.

Através dele será possível regulamentar as regras correlatas as ações de família, as quais avolumam o Poder Judiciário deste país continental.

As regras constantes desse procedimento especial serão aplicáveis aos processos contenciosos de divórcio, separação, reconhecimento e extinção de união estável, guarda visitação e filiação.

Observe-se ainda que o CPC remete a utilização da lei de alimentos, qual seja, a Lei 5.478/68, nas demandas alimentares que versem sobre o interesse da criança ou adolescente, sem deixar aberta a possibilidade de aplicação, no que couber, nas disposições abaixo.

As disposições aqui estudadas aplicam-se aos processos contenciosos de:

- divórcio;
- separação;
- reconhecimento e extinção de união estável;
- guarda;
- visitação;
- filiação.

A ação de alimentos e a que versar sobre interesse de criança ou de adolescente observará o procedimento previsto em legislação específica, aplicando-se, no que couber, as disposições do capítulo das ações de família.

Nas ações de família, todos os esforços serão empreendidos para a solução consensual da controvérsia, devendo o juiz dispor do auxílio de profissionais de outras áreas de conhecimento para a mediação e conciliação.

Perceba-se que nas ações de família, declara o legislador à necessidade inconteste de que todos os esforços serão empreendidos para a solução consensual da controvérsia, devendo o juiz dispor do auxílio de profissionais de outras áreas de conhecimento para a mediação e conciliação.

Eis um grande avanço, já que o suporte de profissionais qualificados tende a facilitar o êxito da mediação e conciliação.

Outra novidade oportuna se estabelece com a possibilidade de determinação da suspensão do processo enquanto os litigantes se submetem a mediação extrajudicial ou a atendimento multidisciplinar. Essas medidas são extremamente vantajosas e permitiram à resolução da contenda sem maiores desgastes.

A requerimento das partes, o juiz pode determinar a suspensão do processo enquanto os litigantes se submetem a mediação extrajudicial ou a atendimento multidisciplinar.

Recebida a petição inicial e, se for o caso, tomadas as providências referentes à tutela provisória, o juiz ordenará a citação do réu para comparecer à audiência de mediação e conciliação, observado o disposto no art. 694.

O mandado de citação conterá apenas os dados necessários à audiência e deverá estar desacompanhado de cópia da petição inicial, assegurado ao réu o direito de examinar seu conteúdo a qualquer tempo.

A citação ocorrerá com antecedência mínima de 15 (quinze) dias da data designada para a audiência. A citação será feita na pessoa do réu. Na audiência, as partes deverão estar acompanhadas de seus advogados ou de defensores públicos.

Perceba-se que iniciada a demanda, o juiz determinará a citação do réu para comparecer à audiência de mediação e conciliação. O réu não receberá a cópia da petição inicial.

A intenção do legislador é evitar um desgaste inicial do polo passivo que já crie resistência à mediação ou conciliação. Entretanto, nada impede que o réu tenha acesso ao conteúdo da peça vestibular a qualquer tempo, até mesmo para assegurar a obediência ao contraditório substancial.

A citação, como já se fazia no CPC vigente, será pessoal. Por fim, exige o novo texto que as partes devem estar acompanhadas de seus advogados. Se forem hipossuficientes, serão acompanhadas de defensores públicos.

De acordo com o disposto no art. 696, audiência de mediação e conciliação poderá dividir-se em tantas sessões quantas sejam necessárias para viabilizar a solução consensual, sem prejuízo de providências jurisdicionais para evitar o perecimento do direito.

Como se percebe, a audiência de mediação e conciliação poderá ser fracionada.

O objetivo do referido fracionamento é permitir que a solução consensual seja efetivada.

Sabe-se que em conflitos dessa natureza, faz-se necessário o diálogo e um zelo especial para que se alcance o tão esperado ajuste entre as partes. O próprio dispositivo não impede que sejam praticados atos processuais que impeçam a ocorrência do perecimento do direito.

Não realizado o acordo, passarão a incidir, a partir de então, as normas do procedimento comum, observado o art. 335.

Nas ações de família, o Ministério Público somente intervirá quando houver interesse de incapaz e deverá ser ouvido previamente à homologação de acordo. Ademais, conforme previsto na Lei 13.694/2019 que alterou o art. 698 do CPC, o Ministério Público intervirá, quando não for parte, nas ações de família em que figure como parte vítima de violência doméstica e familiar, nos termos da Lei nº 11.340, de 7 de agosto de 2006 (Lei Maria da Penha).

O CPC traz nova feição para a participação do Ministério Público no processo civil. Ele não quer a participação do MP, como regra, nas ações de família.

Perceba-se que ele só terá legitimidade para intervir nos feitos quando houver interesse de incapaz. O momento da sua oitiva é muito oportuno. Ele deverá ser ouvido antes da homologação do acordo possivelmente celebrado.

Quando o processo envolver discussão sobre fato relacionado a abuso ou a alienação parental, o juiz, ao tomar o depoimento do incapaz, deverá estar acompanhado por especialista. Eis o disposto no art. 699 do CPC.

O CPC anterior não se referia, em passagem alguma, a alienação parental.

A alienação parental, por sua vez, está regulada por meio da Lei 12.318/10.

Considera-se ato de alienação parental a interferência na formação psicológica da criança ou do adolescente promovida ou induzida por um dos genitores, pelos avós ou pelos que tenham a criança ou adolescente sob a sua autoridade, guarda ou vigilância para que repudie genitor ou que cause prejuízo ao estabelecimento ou à manutenção de vínculos com aquele.

De acordo com o art. 2º da lei acima:

São formas exemplificativas de alienação parental, além dos atos assim declarados pelo juiz ou constatados por perícia, praticados diretamente ou com auxílio de terceiros:

- realizar campanha de desqualificação da conduta do genitor no exercício da paternidade ou maternidade;
- dificultar o exercício da autoridade parental;
- dificultar contato de criança ou adolescente com genitor;
- dificultar o exercício do direito regulamentado de convivência familiar;
- omitir deliberadamente a genitor informações pessoais relevantes sobre a criança ou adolescente, inclusive escolares, médicas e alterações de endereço;
- apresentar falsa denúncia contra genitor, contra familiares deste ou contra avós, para obstar ou dificultar a convivência deles com a criança ou adolescente;
- mudar o domicílio para local distante, sem justificativa, visando a dificultar a convivência da criança ou adolescente com o outro genitor, com familiares deste ou com avós.

A prática de ato de alienação parental fere direito fundamental da criança ou do adolescente quanto à convivência familiar saudável, prejudica a realização de afeto nas relações com genitor e com o grupo familiar, constitui abuso moral contra a criança ou o adolescente e descumprimento dos deveres inerentes à autoridade parental ou decorrentes de tutela ou guarda.

No CPC/15, o juiz, ao colher o depoimento do incapaz, autorizado por meio da lei já referida, deverá estar acompanhado de especialista. Entendemos louvável essa disposição, já que muitos magistrados não têm conhecimento especializado em psicologia e outras áreas importantes para que a prova seja bem produzida.

Como decide o STJ:

A Emenda à Constituição n. 66/2010 não revogou os artigos do Código Civil que tratam da separação judicial. REsp 1.247.098. MS, Rel. Min. Maria Isabel Gallotti, por maioria, julgado em 14/3/2017, DJe 16/5/2017.

O bem imóvel adquirido a título oneroso na constância da união estável regida pelo estatuto da comunhão parcial, mas recebido individualmente por um dos companheiros, através de doação pura e simples realizada pelo outro, deve ser excluído do monte partilhável, nos termos do art. 1.659, I, do CC/2002. REsp 1.171.488-RS, Rel. Min. Raul Araújo, por unanimidade, julgado em 4/4/2017, DJe 11/5/2017.

Súmula 600:

Para a configuração da violência doméstica e familiar prevista no artigo 5º da Lei n. 11.340/2006 (Lei Maria da Penha) não se exige a coabitação entre autor e vítima.

25.2.1.11 Ação Monitória

Arts. 700 a 702.

A Ação Monitória é procedimento especial que tem por objetivo a **constituição de um título executivo.**

O credor através de prova documental poderá propor a referida demanda para o pagamento de quantia em dinheiro, a entrega de coisa fungível ou infungível ou de bem móvel ou imóvel, bem como o adimplemento de obrigação de fazer ou de não fazer.

No CPC revogado, a ação monitória só era cabível para o recebimento de quantia, entrega de bem móvel e bens fungíveis. Note-se, por conseguinte, a ampliação nítida de seu objeto.

Ademais, o CPC/15 passa a admitir expressamente a propositura da ação monitória em face da Fazenda Pública. Entendimento já consagrado na Súmula 339 do STJ.

Houve também normatização oportuna sobre a admissibilidade da citação por qualquer um dos meios admitidos para o procedimento comum.

Destacou-se que a prova escrita pode consistir em prova oral documentada, produzida antecipadamente.

Uma importante inovação foi feita no antigo artigo 1102-B. O prazo para o cumprimento da obrigação se manteve. Ele permanece de 15 dias. Entretanto, a nova lei, no artigo 701, faz referência ao pagamento de honorários de 5 % sobre o valor da causa. Se o réu cumprir a ordem judicial no prazo acima assinalado, ficará dispensado de pagar custas.

O CPC /15 estabelece ainda a hipótese de cabimento de ação rescisória quando for constituído de pleno direito o título executivo judicial, independentemente de qualquer formalidade, se não realizado o pagamento e não apresentados os embargos previstos no art. 702, a seguir comentado.

O artigo 702 do novo texto trouxe vários acréscimos. Ele passa a contar com 11 parágrafos. Sinalize-se, desde logo, que o réu poderá oferecer os embargos monitórios independentemente de prévia segurança do juízo. Os embargos serão oferecidos nos próprios autos, no prazo de 15 dias.

Uma importante novidade é a possibilidade que tem o juiz de condenar o réu que de má-fé oponha embargos à ação monitória. Ele se sujeitará ao pagamento de multa de até dez por cento sobre o valor atribuído à causa. Essa multa será revertida em benefício do autor.

Outra importante e louvável novidade é encontrada no parágrafo 6º do artigo em comento. Ele passa a regrar a possibilidade de oferecimento de reconvenção na ação monitória.

Permissão essa que já estava consagrada no STJ através da Súmula 292 do STJ.

Nesta toada, cabe apelação contra a sentença que acolhe ou rejeita os embargos.

Como visto, a ação monitória teve seu cabimento ampliado na nova legislação.

Esperamos que ela sirva de eficaz instrumento para a concretização de direitos elementares de forma rápida e eficaz.

Súmulas relacionadas

> É admissível a ação monitória fundada em cheque prescrito. (Súmula 299/STJ);
>
> O prazo para ajuizamento de ação monitória em face do emitente de cheque se força executiva é quinquenal, a contar do dia seguinte à data de emissão estampada na cártula. (Súmula 503/STJ);

> O prazo para ajuizamento de ação monitória em face do emitente de nota promissória sem força executiva é quinquenal, a contar do dia seguinte ao vencimento do título. (Súmula 504/STJ);
>
> A reconvenção é cabível na ação monitória, após a conversão do procedimento em ordinário. (Súmula 292/STJ).
>
> É cabível ação monitória contra a Fazenda Pública. (Súmula 339/STJ);
>
> Cabe a citação por edital em ação monitória. (Súmula 282/STJ).

Como decide o STJ:

> Considera-se como prova escrita apta à instrução da ação monitória todo e qualquer documento que sinalize o direito à cobrança e que seja hábil a convencer o juiz da pertinência da dívida, independentemente de modelo predefinido.
>
> Precedentes: REsp 866205/RN, Rel. Ministro VILLAS BÔAS CUEVA, TERCEIRA TURMA, julgado em 25/03/2014, DJe 06/05/2014; AgRg no REsp 1402170/RS, Rel. Ministro RAUL ARAÚJO, QUARTA TURMA, julgado em 11/02/2014, DJe 14/03/2014; REsp 1101412/SP, Rel. Ministro LUIS FELIPE SALOMÃO, QUARTA TURMA, julgado em 11/12/2013, DJe 03/02/2014; REsp 1025377/RJ, Rel. Ministra NANCY ANDRIGHI, TERCEIRA TURMA, julgado em 03/03/2009, DJe 04/08/2009;

A prova escrita hábil a instruir a ação monitória não precisa ter sido emitida pelo devedor ou nela constar sua assinatura.

25.2.1.12 Homologação de penhor legal

Arts. 703 a 706.

Saliente-se que a homologação do penhor legal estava regulada do capítulo das cautelares em espécie. O artigo 703 do CPC/15 é muito mais moderno e completo que o anterior 874 do CPC/73.

A petição inicial passa a poder ser instruída com a cópia do contrato de locação ou a conta pormenorizada das despesas, a tabela dos preços e a relação dos objetos retidos, o credor pedirá a citação do devedor para pagar ou contestar na audiência preliminar que for designada.

Perceba-se que a contestação será oferecida em audiência preliminar. A grande novidade do texto se dá com a homologação do penhor legal promovida pela via extrajudicial mediante requerimento, que conterá os requisitos acima mencionados, do credor a notário de sua livre escolha.

O CPC/15 objetiva claramente a desjudicialização de diversos procedimentos, a fim de desafogar o Poder Judiciário.

Nesse contexto, a chamada desjudicialização é tema de suma importância para a plena, rápida e eficaz realização do Direito.

Tomado o penhor legal nos casos previstos em lei, requererá o credor, ato contínuo, a homologação.

Na petição inicial, instruída com o contrato de locação ou a conta pormenorizada das despesas, a tabela dos preços e a relação dos objetos retidos, o credor pedirá a citação do devedor para pagar ou contestar na audiência preliminar que for designada.

A homologação do penhor legal poderá ser promovida pela via extrajudicial mediante requerimento, que conterá os requisitos previstos acima, do credor a notário de sua livre escolha.

Recebido o requerimento, o notário promoverá a notificação extrajudicial do devedor para, no prazo de 5 (cinco) dias, pagar o débito ou impugnar sua cobrança, alegando por escrito uma das causas previstas no art. 704, hipótese em que o procedimento será encaminhado ao juízo competente para decisão.

Transcorrido o prazo sem manifestação do devedor, o notário formalizará a homologação do penhor legal por escritura pública.

A defesa só pode consistir em:

- nulidade do processo;
- extinção da obrigação;
- não estar a dívida compreendida entre as previstas em lei ou não estarem os bens sujeitos a penhor legal;

Homologado judicialmente o penhor legal, consolidar-se-á a posse do autor sobre o objeto. Negada a homologação, o objeto será entregue ao réu, ressalvado ao autor o direito de cobrar a dívida pelo procedimento comum, salvo se acolhida a alegação de extinção da obrigação. Por fim, contra a sentença caberá apelação, e, na pendência de recurso, poderá o relator ordenar que a coisa permaneça depositada ou em poder do autor.

25.2.1.13 Regulação de avaria grossa

Arts. 707 a 711.

Instituto que não estava previsto no CPC anterior.

Quando inexistir consenso acerca da nomeação de um regulador de avarias, o juiz de direito da comarca do primeiro porto onde o navio houver chegado, provocado por qualquer parte interessada, nomeará um de notório conhecimento.

O regulador declarará justificadamente se os danos são passíveis de rateio na forma de avaria grossa e exigirá das partes envolvidas a apresentação de garantias idôneas para que possam ser liberadas as cargas aos consignatários.

A parte que não concordar com o regulador quanto à declaração de abertura da avaria grossa deverá justificar suas razões ao juiz, que decidirá no prazo de 10 (dez) dias.

Se o consignatário não apresentar garantia idônea a critério do regulador, este fixará o valor da contribuição provisória com base nos fatos narrados e nos documentos que instruírem a petição inicial, que deverá ser caucionado sob a forma de depósito judicial ou de garantia bancária.

É permitido o levantamento, por alvará, das quantias necessárias ao pagamento das despesas da alienação a serem arcadas pelo consignatário, mantendo-se o saldo remanescente em depósito judicial até o encerramento da regulação.

As partes deverão apresentar nos autos os documentos necessários à regulação da avaria grossa em prazo razoável a ser fixado pelo regulador. O regulador apresentará o regulamento da avaria grossa no prazo de até 12 (doze) meses, contado da data da entrega dos documentos nos autos pelas partes, podendo o prazo ser estendido a critério do juiz.

Oferecido o regulamento da avaria grossa, dele terão vista as partes pelo prazo comum de 15 (quinze) dias, e, não havendo impugnação, o regulamento será homologado por sentença.

Havendo impugnação ao regulamento, o juiz decidirá no prazo de 10 (dez) dias, após a oitiva do regulador.

25.2.1.14 Restauração de autos

Arts. 712 a 718.

A restauração de autos é um importante instrumento processual. Ele será utilizado quando se verificar o desaparecimento dos autos. No CPC revogado só se fazia referência à restauração de autos físicos. Já no CPC/15, ela pode ser instaurada para autos eletrônicos.

Caso os autos do processo venham a desaparecer qualquer das partes pode requerer a sua restauração, sendo que se houver autos suplementares, desnecessária a restauração. Os atos processuais passarão a ser processados nestes.

Verificado o desaparecimento dos autos, eletrônicos ou não, pode o juiz, de ofício, qualquer das partes ou o Ministério Público, se for o caso, promover-lhes a restauração.

Havendo autos suplementares, nesses prosseguirá o processo.

O procedimento é marcado por algumas peculiaridades, senão vejamos:

- Na petição inicial, declarará a parte o estado do processo ao tempo do desaparecimento dos autos, oferecendo:
  - certidões dos atos constantes do protocolo de audiências do cartório por onde haja corrido o processo;
  - cópia das peças que tenha em seu poder;

- qualquer outro documento que facilite a restauração.

- A parte contrária será citada para contestar o pedido no prazo de 5 (cinco) dias, cabendo-lhe exibir as cópias, as contrafés e as reproduções dos atos e dos documentos que estiverem em seu poder.
- Se a parte concordar com a restauração, lavrar-se-á o auto que, assinado pelas partes e homologado pelo juiz, suprirá o processo desaparecido.
- Se a parte não contestar ou se a concordância for parcial, observar-se-á o procedimento comum.

CUIDADO!

Se a perda dos autos tiver ocorrido depois da produção das provas em audiência, o juiz, se necessário, mandará repeti-las.

Serão reinquiridas as mesmas testemunhas, que, em caso de impossibilidade, poderão ser substituídas de ofício ou a requerimento.

Não havendo certidão ou cópia do laudo, far-se-á nova perícia, sempre que possível pelo mesmo perito.

Não havendo certidão de documentos, esses serão reconstituídos mediante cópias ou, na falta dessas, pelos meios ordinários de prova.

Os serventuários e os auxiliares da justiça não podem eximir-se de depor como testemunhas a respeito de atos que tenham praticado ou assistido. Se o juiz houver proferido sentença da qual ele próprio ou o escrivão possua cópia, esta será juntada aos autos e terá a mesma autoridade da original.

Julgada a restauração, seguirá o processo os seus termos. Eis o disposto no art. 716, CPC.

CUIDADO!

Aparecendo os autos originais, neles se prosseguirá, sendo-lhes apensados os autos da restauração.

Se o desaparecimento dos autos tiver ocorrido no tribunal, o processo de restauração será distribuído, sempre que possível, ao relator do processo.

A restauração far-se-á no juízo de origem quanto aos atos nele realizados. Remetidos os autos ao tribunal, nele completar-se-á a restauração e proceder-se-á ao julgamento.

ATENÇÃO!

Quem houver dado causa ao desaparecimento dos autos responderá pelas custas da restauração e pelos honorários de advogado, sem prejuízo da responsabilidade civil ou penal em que incorrer.

25.2.2. PROCEDIMENTOS ESPECIAIS DE JURISDIÇÃO VOLUNTÁRIA

NOÇÕES DESCOMPLICADAS

O art. 719 anuncia os procedimentos especiais de jurisdição voluntária. A referida jurisdição é aquela que não é conflituosa. Vejamos algumas das suas regras.

O procedimento terá início por provocação do interessado, do Ministério Público ou da Defensoria Pública, cabendo-lhes formular o pedido devidamente instruído com os documentos necessários e com a indicação da providência judicial.

Serão citados todos os interessados, bem como intimado o Ministério Público, nos casos do art. 178, para que se manifestem, querendo, no prazo de 15 (quinze) dias. Eis a disposição do art. 721.

ANOTE!

A Fazenda Pública será sempre ouvida nos casos em que tiver interesse.

O juiz decidirá o pedido no prazo de 10 (dez) dias.

Da sentença caberá apelação.

QUESTÃO DE PROVA!

O juiz não é obrigado a observar critério de legalidade estrita, podendo adotar em cada caso a solução que considerar mais conveniente ou oportuna.

O CPC regula os seguintes procedimentos especiais, vejamos:

- emancipação;
- sub-rogação;
- alienação, arrendamento ou oneração de bens de crianças ou adolescentes, de órfãos e de interditos;
- alienação, locação e administração da coisa comum;
- alienação de quinhão em coisa comum;
- extinção de usufruto, quando não decorrer da morte do usufrutuário, do termo da sua duração ou da consolidação, e de fideicomisso, quando decorrer de renúncia ou quando ocorrer antes do evento que caracterizar a condição resolutória;
- expedição de alvará judicial;
- homologação de autocomposição extrajudicial, de qualquer natureza ou valor.

Passemos a conhecê-los um a um.

25.2.3. PROCEDIMENTOS ESPECIAIS DE JURISDIÇÃO VOLUNTÁRIA EM ESPÉCIE

25.2.3.1 Notificação e interpelação

Arts. 726 a 729.

Referido procedimento estava regulado no livro das cautelares em espécie. Entendemos positiva a mudança feita pelo legislador.

Quem tiver interesse em manifestar formalmente sua vontade a outrem sobre assunto juridicamente relevante poderá notificar pessoas participantes da mesma relação jurídica para dar-lhes ciência de seu propósito.

Se a pretensão for a de dar conhecimento geral ao público, mediante edital, o juiz só a deferirá se a tiver por fundada e necessária ao resguardo de direito[2].

Também poderá o interessado interpelar o requerido que faça ou deixe de fazer o que o requerente entenda ser de seu direito.

O requerido será previamente ouvido antes do deferimento da notificação ou do respectivo edital:

- se houver suspeita de que o requerente, por meio da notificação ou do edital, pretende alcançar fim ilícito;
- se tiver sido requerida a averbação da notificação em registro público.

Deferida e realizada a notificação ou interpelação, os autos serão entregues ao requerente.

25.2.3.2 Alienação Judicial

Art. 730.

De acordo com o art. 730 do CPC, nos casos expressos em lei, não havendo acordo entre os interessados sobre o modo como se deve realizar a alienação do bem, o juiz, de ofício ou a requerimento dos interessados ou do depositário, mandará aliená-lo em leilão, observando-se o disposto na Seção I deste Capítulo e, no que couber, o disposto nos arts. 879 a 903.

A alienação judicial ganhou tratamento mais enxuto no CPC/15. O juiz poderá determinar que se realize a alienação do bem em leilão de ofício, inclusive. A nova redação do artigo 730 faz referência à alienação na pretensão executiva.

2. No que couber, são aplicáveis as disposições da notificação e interpelação para o protesto judicial.

25.2.3.3 Divórcio e separação consensuais, extinção consensual da União Estável e Alteração do Regime de Bens do Matrimônio

Arts. 731 a 734.

Num momento oportuno, o CPC/15 passa a regulamentar as regras processuais que devem ser aplicadas no processo de homologação da extinção consensual da união estável. União estável é a relação de convivência entre duas pessoas (pois não necessariamente são cidadãos) que é duradoura e estabelecida com o objetivo de constituição familiar.

Não é necessário que morem juntos, isto é, podem até ter domicílios diversos, mas será considerada união estável, desde que existam elementos que o provem, como por exemplo, a existência de filhos.

Na união estável prevalece o regime da comunhão parcial de bens, mas pode haver um contrato entre as partes sobre os bens dos companheiros com a mesma flexibilidade admitida no pacto antenupcial.

De acordo com o disposto no art. 732, disposições relativas ao processo de homologação judicial de divórcio ou de separação consensuais aplicam-se, no que couber, ao processo de homologação da extinção consensual de união estável.

Em caso de divórcio consensual em que não existam filhos menores ou incapazes, poderá ser feito por meio de escritura pública, em que ficarão consignados:

- partilha de bens;
- pensão alimentícia;
- nome dos cônjuges.

Para que o divórcio surta efeitos não é necessária à homologação judicial, podendo inclusive ser registrado no cartório de registro civil e nos cartórios de registro de imóveis.

A escritura passa a constituir título hábil para levantamento de importância depositada em instituições financeiras. Eis uma importante inovação.

É indispensável que os cônjuges estejam acompanhados de advogado, podendo um único procurador representar ambos os cônjuges, já que não há conflito de interesses. Se forem hipossuficientes serão assistidos por Defensor Público.

A alteração do regime de bens do casamento, observados os requisitos legais, poderá ser requerida, motivadamente, em petição assinada por ambos os cônjuges, na qual serão expostas as razões que justificam a alteração, ressalvados os direitos de terceiros.

O MP será intimado pessoalmente. Ademais, serão publicados editais que tenham por objetivo a divulgação da pretendida alteração. Importante salientar que os cônjuges poderão, na petição inicial ou em petição avulsa, propor ao juiz meio alternativo de divulgação da alteração do regime de bens, a fim de resguardar direitos de terceiros.

Eis uma importante e moderna regra, a qual prestigia o diálogo com o magistrado e a facilitação da prática de atos processuais.

Por fim, transitada em julgado a decisão, serão expedidos mandados de averbação aos cartórios de registro civil e de imóveis e, caso qualquer dos cônjuges seja empresário, ao Registro Público de Empresas Mercantis e Atividades Afins. Eis um efeito anexo da decisão.

Para memorizar!

Ao receber a petição inicial, o juiz determinará a intimação do Ministério Público e a publicação de edital que divulgue a pretendida alteração de bens, somente podendo decidir depois de decorrido o prazo de 30 (trinta) dias da publicação do edital.

Os cônjuges, na petição inicial ou em petição avulsa, podem propor ao juiz meio alternativo de divulgação da alteração do regime de bens, a fim de resguardar direitos de terceiros.

Após o trânsito em julgado da sentença, serão expedidos mandados de averbação aos cartórios de registro civil e de imóveis e, caso qualquer dos cônjuges seja empresário, ao Registro Público de Empresas Mercantis e Atividades Afins.

25.2.3.4 Testamentos e Codicilos

Arts. 735 a 737.

O artigo 735 do CPC/15 condensa as informações antes contidas em três dispositivos no CPC revogado. Estamos diante de um dos institutos mais solenes do ordenamento jurídico brasileiro.

Recebendo testamento cerrado, o juiz, se não achar vício externo que o torne suspeito de nulidade ou falsidade, o abrirá e mandará que o escrivão o leia em presença do apresentante.

Do termo de abertura constarão o nome do apresentante e como ele obteve o testamento, a data e o lugar do falecimento do testador, com as respectivas provas, e qualquer circunstância digna de nota.

Depois de ouvido o Ministério Público, não havendo dúvidas a serem esclarecidas, o juiz mandará registrar, arquivar e cumprir o testamento.

Feito o registro, será intimado o testamenteiro para assinar o termo da testamentária.

Se não houver testamenteiro nomeado ou se ele estiver ausente ou não aceitar o encargo, o juiz nomeará testamenteiro dativo, observando-se a preferência legal.

O testamenteiro deverá cumprir as disposições testamentárias e prestar contas em juízo do que recebeu e despendeu, observando-se o disposto em lei.

Qualquer interessado, exibindo o traslado ou a certidão de testamento público, poderá requerer ao juiz que ordene o seu cumprimento, observando-se, no que couber, o disposto nos parágrafos do art. 735.

A publicação do testamento particular poderá ser requerida, depois da morte do testador, pelo herdeiro, pelo legatário ou pelo testamenteiro, bem como pelo terceiro detentor do testamento, se impossibilitado de entregá-lo a algum dos outros legitimados para requerê-la.

Serão intimados os herdeiros que não tiverem requerido a publicação do testamento.

Verificando a presença dos requisitos da lei, ouvido o Ministério Público, o juiz confirmará o testamento.

Ademais, aplica-se o disposto acima, ao codicilo e aos testamentos marítimo, aeronáutico, militar e nuncupativo.

Observar-se-á, no cumprimento do testamento, o disposto nos parágrafos do art. 735.

25.2.3.5 Herança Jacente

Arts. 738 a 743.

Nos casos em que a lei considere jacente a herança, o juiz em cuja comarca tiver domicílio o falecido procederá imediatamente à arrecadação dos respectivos bens.

A herança jacente ficará sob a guarda, a conservação e a administração de um curador até a respectiva entrega ao sucessor legalmente habilitado ou até a declaração de vacância.

Incumbe ao curador:

- representar a herança em juízo ou fora dele, com intervenção do Ministério Público;
- ter em boa guarda e conservação os bens arrecadados e promover a arrecadação de outros porventura existentes;
- executar as medidas conservatórias dos direitos da herança;
- apresentar mensalmente ao juiz balancete da receita e da despesa;
- prestar contas ao final de sua gestão.

CUIDADO!

Aplica-se ao curador o disposto nos arts. 159 a 161.

O juiz ordenará que o oficial de justiça, acompanhado do escrivão ou do chefe de secretaria e do curador, arrole os bens e descreva-os em auto circunstanciado.

Não podendo comparecer ao local, o juiz requisitará à autoridade policial que proceda à arrecadação e ao arrolamento dos bens, com 2 (duas) testemunhas, que assistirão às diligências.

Não estando ainda nomeado o curador, o juiz designará depositário e lhe entregará os bens, mediante simples termo nos autos, depois de compromissado.

Durante a arrecadação, o juiz ou a autoridade policial inquirirá os moradores da casa e da vizinhança sobre a qualificação do falecido, o paradeiro de seus sucessores e a existência de outros bens, lavrando-se de tudo auto de inquirição e informação.

O juiz examinará reservadamente os papéis, as cartas missivas e os livros domésticos e, verificando que não apresentam interesse, mandará empacotá-los e lacrá-los para serem assim entregues aos sucessores do falecido ou queimados quando os bens forem declarados vacantes.

Se constar ao juiz a existência de bens em outra comarca, mandará expedir carta precatória a fim de serem arrecadados.

Não se fará a arrecadação, ou essa será suspensa, quando, iniciada, apresentarem-se para reclamar os bens o cônjuge ou companheiro, o herdeiro ou o testamenteiro notoriamente reconhecido e não houver oposição motivada do curador, de qualquer interessado, do Ministério Público ou do representante da Fazenda Pública.

Ultimada a arrecadação, o juiz mandará expedir edital, que será publicado na rede mundial de computadores, no sítio do tribunal a que estiver vinculado o juízo e na plataforma de editais do Conselho Nacional de Justiça, onde permanecerá por 3 (três) meses, ou, não havendo sítio, no órgão oficial e na imprensa da comarca, por 3 (três) vezes com intervalos de 1 (um) mês, para que os sucessores do falecido venham a habilitar-se no prazo de 6 (seis) meses contado da primeira publicação.

Verificada a existência de sucessor ou de testamenteiro em lugar certo, far-se-á a sua citação, sem prejuízo do edital.

Quando o falecido for estrangeiro, será também comunicado o fato à autoridade consular.

Julgada a habilitação do herdeiro, reconhecida a qualidade do testamenteiro ou provada a identidade do cônjuge ou companheiro, a arrecadação converter-se-á em inventário.

Os credores da herança poderão habilitar-se como nos inventários ou propor a ação de cobrança.

O juiz poderá autorizar a alienação:

- de bens móveis, se forem de conservação difícil ou dispendiosa;
- de semoventes, quando não empregados na exploração de alguma indústria;
- de títulos e papéis de crédito, havendo fundado receio de depreciação;
- de ações de sociedade quando, reclamada a integralização, não dispuser a herança de dinheiro para o pagamento;
- de bens imóveis:
  - se ameaçarem ruína, não convindo a reparação;
  - se estiverem hipotecados e vencer-se a dívida, não havendo dinheiro para o pagamento.

Não se procederá, entretanto, à venda se a Fazenda Pública ou o habilitando adiantar a importância para as despesas.

Os bens com valor de afeição, como retratos, objetos de uso pessoal, livros e obras de arte, só serão alienados depois de declarada a vacância da herança.

Passado 1 (um) ano da primeira publicação do edital e não havendo herdeiro habilitado nem habilitação pendente, será a herança declarada vacante.

Pendendo habilitação, a vacância será declarada pela mesma sentença que a julgar improcedente, aguardando-se, no caso de serem diversas as habilitações, o julgamento da última.

Transitada em julgado a sentença que declarou a vacância, o cônjuge, o companheiro, os herdeiros e os credores só poderão reclamar o seu direito por ação direta.

25.2.3.6 Bens dos Ausentes

Arts. 744 a 745.

Compreende-se como ausente a pessoa que desaparece de seu domicílio deixando dúvida sobre sua existência e sendo desconhecido o seu paradeiro.

Declarada a ausência nos casos previstos em lei, o juiz mandará arrecadar os bens do ausente e nomear-lhes-á curador.

Feita a arrecadação, o juiz mandará publicar editais na rede mundial de computadores, no sítio do tribunal a que estiver vinculado e na plataforma de editais do Conselho Nacional de Justiça, onde permanecerá por 1 (um) ano, ou, não havendo sítio, no órgão oficial e na imprensa da comarca, durante 1 (um) ano, reproduzida de 2 (dois) em 2 (dois) meses, anunciando a arrecadação e chamando o ausente a entrar na posse de seus bens.

Findo o prazo previsto no edital, poderão os interessados requerer a abertura da sucessão provisória, observando-se o disposto em lei.

O interessado, ao requerer a abertura da sucessão provisória, pedirá a citação pessoal dos herdeiros presentes e do curador e, por editais, a dos ausentes para requererem habilitação, na forma dos arts. 689 a 692.

Presentes os requisitos legais, poderá ser requerida a conversão da sucessão provisória em definitiva.

Regressando o ausente ou algum de seus descendentes ou ascendentes para requerer ao juiz a entrega de bens, serão citados para contestar o pedido os sucessores provisórios ou definitivos, o Ministério Público e o representante da Fazenda Pública, seguindo-se o procedimento comum.

25.2.3.7 Coisas Vagas

Art. 746.

Recebendo do descobridor coisa alheia perdida, o juiz mandará lavrar o respectivo auto, do qual constará a descrição do bem e as declarações do descobridor.

Recebida a coisa por autoridade policial, esta a remeterá em seguida ao juízo competente.

Depositada a coisa, o juiz mandará publicar edital na rede mundial de computadores, no sítio do tribunal a que estiver vinculado e na plataforma de editais do Conselho Nacional de Justiça ou, não havendo sítio, no órgão oficial e na imprensa da comarca, para que o dono ou o legítimo possuidor a reclame, salvo se se tratar de coisa de pequeno valor e não for possível a publicação no sítio do tribunal, caso em que o edital será apenas afixado no átrio do edifício do fórum.

Observar-se-á, quanto ao mais, o disposto em lei.

25.2.3.8 Interdição

Arts. 747 a 758.

Interdição é o ato ou o efeito que incapacita a pessoa para cuidar de seus próprios bens e direitos, declarados por sentença. Eis uma medida excepcional.

A ação tem duplo objetivo: a interdição do incapaz e, por conseguinte, a nomeação de seu curador. A doutrina liga a interdição à incapacidade real e efetiva de pessoa maior, mas também pode atingir um menor. A capacidade do maior é presumida.

Entretanto, quando a pessoa não pode cuidar de seu interesse próprio, por doença ou problemática incapacitante, deve ser interditada. A interdição é o instrumento processual pelo qual se tem a declaração de incapacidade da pessoa natural.

Saliente-se que não existe mais, no ordenamento privado pátrio, pessoa absolutamente incapaz que seja maior de idade, como já mencionamos em outro ponto do presente livro. Como consequência, não há que se falar mais em ação de interdição absoluta no nosso sistema civil, pois os menores não são interditados[3].

3. Flávio Tartuce assinala que pode ser feita uma crítica inicial em relação à mudança do sistema. Para ele a mudança foi pensada para a inclusão das pessoas com deficiência,

Mas, com a edição do Estatuto da pessoa com deficiência[4] ainda haveria de se pensar em procedimento de interdição? Eis uma divagação feita por muitos, vejamos.

Prof. Paulo Lôbo, em excelente artigo, sustenta que, a partir da entrada em vigor do Estatuto:

> "não há que se falar mais de 'interdição', que, em nosso direito, sempre teve por finalidade vedar o exercício, pela pessoa com deficiência mental ou intelectual, de todos os atos da vida civil, impondo-se a mediação de seu curador. Cuidar-se-á, apenas, de curatela específica, para determinados atos".

Para Pablo Stolze na medida em que o Estatuto é expresso ao afirmar que a curatela é extraordinária e restrita a atos de conteúdo patrimonial ou econômico, desaparece a figura da "interdição completa" e do "curador todo-poderoso e com poderes indefinidos, gerais e ilimitados".

Entendemos que é clara a mantença do instituto da interdição, ao qual foram conferidos novos contornos. Essa nova moldura lhe fora concedida através dos dois diplomas legais objetos do breve estudo.

De acordo com o Estatuto em comento a curatela, restrita a atos relacionados aos direitos de natureza patrimonial e negocial, passa a ser uma medida extraordinária (art. 85):

> *Art. 85.A curatela afetará tão somente os atos relacionados aos direitos de natureza patrimonial e negocial.*
>
> *§ 1º A definição da curatela não alcança o direito ao próprio corpo, à sexualidade, ao matrimônio, à privacidade, à educação, à saúde, ao trabalho e ao voto.*

---

o que é um justo motivo, sem dúvidas. Porém, acabou por desconsiderar muitas outras situações concretas, como a dos psicopatas, que não serão mais enquadrados como absolutamente incapazes no sistema civil. Será necessário um grande esforço doutrinário e jurisprudencial para conseguir situá-los no inciso III do art. 4º do Código Civil, tratando-os como relativamente incapazes.

4. Pela extensão do alcance de suas normas, o Estatuto contempla uma inconteste conquista social, ao inaugurar um sistema normativo inclusivo, que homenageia o princípio da dignidade da pessoa humana em diversos aspectos e graus.

> *§ 2 º A curatela constitui medida extraordinária, devendo constar da sentença as razões e motivações de sua definição, preservados os interesses do curatelado.*
>
> *§ 3 º No caso de pessoa em situação de institucionalização, ao nomear curador, o juiz deve dar preferência a pessoa que tenha vínculo de natureza familiar, afetiva ou comunitária com o curatelado.*

Observe-se que a lei não diz que se trata de uma medida "especial", mas sim, "extraordinária", o que reforça a sua excepcionalidade.

O CPC/15apesar de destacar pela primeira vez as ações de família como uma importante novidade, manteve o procedimento especial da interdição e lançou nova perspectiva sobre o instituto.

Vejamos suas principais disposições:

O novo artigo 747 indica os legitimados ativos da interdição e põe entre eles o companheiro, bem como o representante da entidade em que se encontra abrigado o interditando. Eis uma importante inovação. Há que se ressaltar que, por "parente", entende-se, na linha dos colaterais, aqueles que podem suceder o interditando, ou seja, os abrangidos até o quarto grau.

O Ministério Público só promoverá interdição em caso de doença mental grave. O antigo 1.178 do CPC/73 fazia referência aos portadores de anomalia psíquica. Houve, portanto, mudança redacional impactante.

Percebe-se a preocupação do legislador com a preservação da dignidade da pessoa humana. Ele também possui legitimidade extraordinária concorrente nas demais hipóteses do artigo em destaque.

O Ministério Público participará de todas as fases do processo de interdição, porém, para promovê-la, só poderá nos casos elencados na lei. **Percebe-se que no CPC/15** há uma nova feição para a participação do MP.

O artigo 749 do CPC cuida dos requisitos específicos da petição inicial da interdição. A parte interessada deverá ingressar com o pedido fundamentando os motivos da interdição e também a sua legitimidade para o ato.

É competente o foro do domicílio do interditando. Se o interditando for menor, o pedido deverá ser endereçado ao Juízo da Infância e da Juventude.

Uma salutar novidade é a exigência da especificação do momento em que a incapacidade se revelou. **Esse requisito não era exigido expressamente no CPC revogado.**

Acresce-se ainda um parágrafo único ao artigo, através do qual, justificada a urgência, o juiz pode nomear curador provisório ao interditando para a prática de determinados atos.

As provas como grau de parentesco e incapacidade devem acompanhar a inicial. Deve-se ser juntado aos autos certidões de nascimento ou casamento que provem o vínculo de parentesco. Quanto à incapacidade, os laudos médicos e até periciais deverão ser acostados.

Eis documentos indispensáveis para a propositura da demanda. Saliente-se que se esses documentos não forem acostados, deverá o requerente informar ao juízo a impossibilidade de fazê-lo.

Privar alguém de administrar os seus bens e tomar decisões da sua vida civil é ato que merece toda cautela possível e imaginária. Neste sentido, é extremamente necessário que o juiz tenha um contato pessoal com o interditando para se convencer sobre o pedido.

O interditando não será mais interrogado. Oportuna à troca da expressão por entrevista, já que ele é o principal protagonista do procedimento especial, em tela e não deve ser visto como réu.

Há nítida preocupação com o SER no dispositivo, em comento. Na redação do revogado artigo 1.181 do CPC/73, o juiz interrogaria o interditando sobre sua vida, negócios, bens e mais o que lhe parecesse necessário.

No CPC/15, o juiz entrevistará minuciosamente o interditando acerca de sua vida, negócios, bens, vontades, preferências e **laços familiares e afetivos.** O entrevistará sobre o que mais lhe parecer indispensável para convencimento quanto à sua capacidade para praticar atos da vida civil.

A interdição se mostra humanizada e dignificada no CPC na medida em que passa a prever a necessidade do judiciário considerar as vontades e as relações de afeto do interditando no comando das decisões sobre a própria interdição.

Não se pode olvidar que a decretação da interdição é medida grave, pois limita de forma absoluta ou relativa o interditando da prática dos atos da vida civil. O direito a defesa é constitucional, previsto no artigo 5º, inciso LV da Carta Magna. **O prazo de impugnação do interditando que era de 5 dias foi ampliado para 15, na nova redação do art. 752.**

Ademais, o MP não representará o interditando. Ele atuará como fiscal da ordem jurídica. Nada impede que o interditando constitua advogado para defender-se. Se ele não o fizer, deverá ser nomeado curador especial.

Viabiliza-se que o interditando afirme ao juiz da causa quem gostaria que fosse o seu curador de acordo com seus gostos e afetos. Sem dúvida isto deverá ser analisado pelo Estado-juiz. Aliás, o CPC assegura o emprego de recursos tecnológicos capazes de permitir ou auxiliar o interditando a expressar suas vontades, preferências e a responder às perguntas formuladas.

O CPC/15 altera a expressão interrogatório por entrevista de modo que o interditando passa a ser melhor compreendido e interpretado[5], como já visto. Exclui-se a ideia de réu acusado (interrogado) e se lança um olhar humanizado ao sujeito de direito mais importante desta demanda, o interditando (entrevistado)[6]. Para os que acreditam em uma sociedade mais justa e solidária, trata-se de notável inovação no referido procedimento especial.

O solicitante deve colacionar à inicial, provas que atestem a incapacidade do interdito. No entanto, o processo de interdição impõe a produção de prova pericial/técnica, sob pena de nulidade. O perito deverá ser nomeado pelo juiz e apresentará aos autos um laudo com dados técnicos não vinculados à prova ou laudos apresentados pelo dito solicitante.

> "O atestado médico não supre a necessidade de que seja realizada prova pericial" (RT 675/174). "É imprescindível à realização de exame pericial para detectar a existência de incapacidade do interditando e sua extensão". (RJTJSP 126/165).

5. Roberto Figueiredo faz o destaque de tais avanços de forma clara e didática.
6. No mesmo sentido, entende Roberto Figueiredo, já mencionado, dentre outros.

Estando o juiz convencido, este decretará através de sentença a interdição. A sentença produz efeito imediato, embora sujeita a recurso de apelação somente no efeito devolutivo. Em razão disso, na própria sentença o juiz nomeará curador para o interditando. A curatela será regida nos mesmos moldes da tutela.

Além de se determinar o registro da sentença no cartório de pessoas naturais, o CPC/15 prevê que a decisão seja publicada na rede mundial de computadores, bem como no sítio do tribunal a que estiver vinculado o juízo e na plataforma de editais do Conselho Nacional de Justiça.

São múltiplos e diversos os efeitos da sentença de interdição, dentre eles declarar a incapacidade de um indivíduo, bem como providenciar a nomeação do curador. Há quem entenda que a natureza da sentença é constitutiva.

O princípio da publicidade tem por escopo prefacial a conferência e a mantença de direitos de terceiros, viabiliza eficácia *erga omnes*, porém, a sentença que decretou a interdição só alcançará este efeito após ser registrada no Registro Civil das Pessoas Naturais do 1º subdistrito do domicílio do interditando, notadamente, será aberto um assento a que chamamos de registro de interdição, o qual será feito no livro de registros especiais. O mencionado registro será procedido mediante ordem judicial bem como, havendo recurso e o posterior levantamento da interdição, o cancelamento também será averbado através de uma ordem judicial.

A interdição poderá ser decretada também sob a avaliação de condições transitórias. Ao findar a dita condição, poderá ser solicitado o cancelamento da multicitada interdição.

Será feito nos mesmos autos que decretou a interdição e também deverá estar acompanhado de provas, inclusive pericial. O cancelamento da interdição seguirá o mesmo rito da decretação.

Desta feita, como se publicou e registrou a sentença que decretou a interdição, o cancelamento também se submeterá aos mesmos mecanismos. A única diferença no cancelamento é que ao invés do Oficial do Registro Civil das Pessoas Naturais cumprir com o registro da interdição, ele procederá a averbação à margem do assento que já se encontra registrado.

É precípua função do curador de zelar pela conquista da autonomia do curatelado. Prestigiam-se, desta maneira, a dignidade da pessoa humana e a autodeterminação. Eis uma norma que destaca a humanização do instituto.

Andou bem o CPC/15, que já é realidade, ao reconhecer a importância da rede mundial de computadores na publicidade dos atos da justiça. Eis uma notável inovação.

Sem dúvida alguma a nova legislação processual lança uma nova perspectiva sobre a interdição, a qual tem por escopo dignificar o interditando, no que merece elogios de todos aqueles que acreditam em um direito mais preocupado com o SER.

Há nítida concepção de prestígio à pessoa, em decorrência da própria dignidade da pessoa humana. Ademais, no nosso entender, o procedimento de interdição (ou de curatela) continuará existindo, ainda que em uma nova perspectiva, limitada aos atos de conteúdo econômico ou patrimonial à luz do estatuto da pessoa com deficiência.

25.2.3.9 Tutela e Curatela

Arts. 759 a 763.

São institutos relacionados ao direito familiaristas. Cuidemos dos seus aspectos processuais, vejamos:

O tutor ou o curador será intimado a prestar compromisso no prazo de 5 (cinco) dias contado da:

- nomeação feita em conformidade com a lei;
- intimação do despacho que mandar cumprir o testamento ou o instrumento público que o houver instituído.

O tutor ou o curador prestará o compromisso por termo em livro rubricado pelo juiz.

Prestado o compromisso, o tutor ou o curador assume a administração dos bens do tutelado ou do interditado.

O tutor ou o curador poderá eximir-se do encargo apresentando escusa ao juiz no prazo de 5 (cinco) dias contado:

- antes de aceitar o encargo, da intimação para prestar compromisso;
- depois de entrar em exercício, do dia em que sobrevier o motivo da escusa.

Não sendo requerida a escusa no prazo estabelecido neste artigo, considerar-se-á renunciado o direito de alegá-la.

O juiz decidirá de plano o pedido de escusa, e, não o admitindo, exercerá o nomeado a tutela ou a curatela enquanto não for dispensado por sentença transitada em julgado.

Incumbe ao Ministério Público ou a quem tenha legítimo interesse requerer, nos casos previstos em lei, a remoção do tutor ou do curador.

O tutor ou o curador será citado para contestar a arguição no prazo de 5 (cinco) dias, findo o qual observar-se-á o procedimento comum.

Em caso de extrema gravidade, o juiz poderá suspender o tutor ou o curador do exercício de suas funções, nomeando substituto interino.

Cessando as funções do tutor ou do curador pelo decurso do prazo em que era obrigado a servir, ser-lhe-á lícito requerer a exoneração do encargo.

Caso o tutor ou o curador não requeira a exoneração do encargo dentro dos 10 (dez) dias seguintes à expiração do termo, entender-se-á reconduzido, salvo se o juiz o dispensar.

Cessada a tutela ou a curatela, é indispensável a prestação de contas pelo tutor ou pelo curador, na forma da lei civil.

25.2.3.10 Organização e da Fiscalização das Fundações

Arts. 764 e 765.

O juiz decidirá sobre a aprovação do estatuto das fundações e de suas alterações sempre que o requeira o interessado, quando:

- ela for negada previamente pelo Ministério Público ou por este forem exigidas modificações com as quais o interessado não concorde;

- o interessado discordar do estatuto elaborado pelo Ministério Público.

O estatuto das fundações deve observar o disposto na Lei nº 10.406, de 10 de janeiro de 2002 (Código Civil).

Antes de suprir a aprovação, o juiz poderá mandar fazer no estatuto modificações a fim de adaptá-lo ao objetivo do instituidor.

Qualquer interessado ou o Ministério Público promoverá em juízo a extinção da fundação quando:

- se tornar ilícito o seu objeto;
- for impossível a sua manutenção;
- vencer o prazo de sua existência.

25.2.3.11 Ratificação dos Protestos Marítimos e dos Processos testemunháveis formados a bordo

Arts. 766 a 770.

Todos os protestos e os processos testemunháveis formados a bordo e lançados no livro Diário da Navegação deverão ser apresentados pelo comandante ao juiz de direito do primeiro porto, nas primeiras 24 (vinte e quatro) horas de chegada da embarcação, para sua ratificação judicial.

A petição inicial conterá a transcrição dos termos lançados no livro Diário da Navegação e deverá ser instruída com cópias das páginas que contenham os termos que serão ratificados, dos documentos de identificação do comandante e das testemunhas arroladas, do rol de tripulantes, do documento de registro da embarcação e, quando for o caso, do manifesto das cargas sinistradas e a qualificação de seus consignatários, traduzidos, quando for o caso, de forma livre para o português.

A petição inicial deverá ser distribuída com urgência e encaminhada ao juiz, que ouvirá, sob compromisso a ser prestado no mesmo dia, o comandante e as testemunhas em número mínimo de 2 (duas) e máximo de 4 (quatro), que deverão comparecer ao ato independentemente de intimação.

Tratando-se de estrangeiros que não dominem a língua portuguesa, o autor deverá fazer-se acompanhar por tradutor, que prestará compromisso em audiência.

Caso o autor não se faça acompanhar por tradutor, o juiz deverá nomear outro que preste compromisso em audiência.

Aberta a audiência, o juiz mandará apregoar os consignatários das cargas indicados na petição inicial e outros eventuais interessados, nomeando para os ausentes curador para o ato.

LEMBRE!

Inquiridos o comandante e as testemunhas, o juiz, convencido da veracidade dos termos lançados no Diário da Navegação, em audiência, ratificará por sentença o protesto ou o processo testemunhável lavrado a bordo, dispensado o relatório.

Por fim, independentemente do trânsito em julgado, o juiz determinará a entrega dos autos ao autor ou ao seu advogado, mediante a apresentação de traslado.

26

EXECUÇÃO

SE RELACIONA AOS → TÍTULOS EXECUTIVOS EXTRAJUDICIAIS

26.1. NOÇÕES GERAIS

A execução, em suas diversas modalidades, objetiva satisfazer a obrigação definida em título executivo.

EXECUÇÃO → SATISFAÇÃO

Esse título executivo, por sua vez, pode ter sido formado tanto em juízo, por meio de uma sentença ou decisão interlocutória, ou fora dele, em razão da eficácia executiva de que são dotados alguns títulos de crédito ou contratos, como o de locação, por exemplo.

A execução inicia-se e desenvolve-se sempre em benefício do credor da obrigação, por meio de atos de coerção, com a possibilidade de se impor multa ao devedor pelo não cumprimento da obrigação no prazo, ou ainda com a apropriação e eventual disposição dos bens do devedor, entre outras medidas.

Porém, não são todas as obrigações que necessitam de um processo executivo autônomo para serem satisfeitas.

Isto porque, a partir da modificação do CPC promovida pela Lei 8.953/94, o cumprimento das obrigações de fazer ou não fazer e de entregar coisa, definidas em títulos executivos judiciais (sentenças ou decisões interlocutórias, ainda que liminares) passaram a ser implementadas nos próprios autos.

Ou seja, depois de prolatada a decisão que fixou a obrigação, desnecessária será a formação de nova relação processual porque a efetivação da obrigação ocorrerá no mesmo processo e de forma diversa da execução tradicional, pois poderá ser iniciada até mesmo de ofício pelo juiz.

Não se tratando, portanto, de obrigações de fazer ou não fazer e entregar coisa previstas em título judicial, a execução das demais obrigações previstas em títulos executivos pode se dar tanto em processo executivo específico, como em fase do processo de conhecimento.

O sistema executivo originalmente previsto no Código de Processo Civil/73 estabelecia um procedimento único de execução para os títulos executivos extrajudiciais e para as sentenças. Em ambos era necessário o ajuizamento de ação autônoma, o que causava uma demora excessiva, em flagrante prejuízo ao exequente.

Foi a alteração promovida no CPC pela Lei 11.232/05 que trouxe a separação dos procedimentos ao estabelecer que as obrigações de pagar quantia definidas em título executivo judicial agora não mais são executadas em relação processual executiva autônoma, mas sim por meio de atos executivos a serem realizados em fase do mesmo processo, denominada de fase de "cumprimento da sentença". Diante desta modificação, passou-se também a denominar de "sincrético" este processo que unificou o processo de conhecimento e o de execução, permitindo que a efetivação forçada do julgado seja feita como fase do mesmo processo.

Porém, os títulos executivos que não foram formados em juízo, denominados de extrajudiciais (ainda que estipulem obrigação de fazer e não fazer ou entregar coisa), assim como alguns títulos judiciais (como a sentença penal condenatória, a sentença arbitral, a sentença estrangeira continuam a ser executadas por meio de processo executivo autônomo, mas, seguindo as regras de cumprimento de sentença).

26.2. PRINCÍPIOS DA AÇÃO EXECUTIVA

Além dos princípios gerais do direito processual, notadamente aqueles de previsão constitucional como o do devido processo legal, do contraditório e ampla defesa, entre outros, o procedimento executivo, por sua especificidade em relação aos demais procedimentos, ostenta princípios próprios, a saber: princípio da patrimonialidade, princípio da efetividade ou utilidade, princípio da disponibilidade e princípio da menor onerosidade.

26.2.1. Princípio da patrimonialidade

De acordo com o art. 789 do CPC, o devedor responde, para o cumprimento de suas obrigações, com todos os seus bens, presentes e futuros, salvo as restrições estabelecidas em lei.

Portanto, o devedor não poderá, salvo na hipótese de inadimplemento voluntário e inescusável de prestação alimentícia, como se verá adiante, sofrer qualquer restrição à sua liberdade em razão de descumprimento de suas obrigações, pois para a satisfação delas será atingido apenas o seu patrimônio.

A responsabilidade patrimonial pelo cumprimento das obrigações será originária, quando for o patrimônio do próprio devedor que responderá pela dívida.

Será, porém, secundária, quando o patrimônio de terceiros for atingido para satisfazer a obrigação do devedor. No entanto, por se tratar de medida excepcional, somente será atingido o patrimônio de terceiros nas hipóteses taxativamente previstas no art. 790 do CPC.

Neste caso, mesmo não sendo devedores e não fazendo parte da relação executiva, os terceiros ali relacionados poderão ter seus bens atingidos.

Como ressalva o art. 789 do CPC, a hipótese de responsabilidade patrimonial secundária configura exceção ao princípio da patrimonialidade, a qual, como todas as restrições de direitos, deve estar expressamente previstas em lei e ser interpretada restritivamente.

Como exceção ao princípio da patrimonialidade, temos a possibilidade de haver prisão civil por dívida nas hipóteses previstas no art.

5º, inciso LXVII, da Constituição Federal, relativas ao responsável pelo inadimplemento voluntário e inescusável de obrigação alimentícia e a do depositário infiel.

O STF, no entanto, proibiu uma das hipóteses de prisão acima. Ele editou a Súmula Vinculante nº 25, pacificando a questão: "É ilícita a prisão civil de depositário infiel, qualquer que seja a modalidade do depósito".

Há ainda algumas categorias de bens que não podem ser objeto de expropriação em execução. Com efeito, o art. 833 do CPC e a Lei 8.009/90 relacionam diversos bens considerados impenhoráveis.

Do mesmo modo, os bens públicos são também considerados impenhoráveis, devendo a execução contra a Fazenda Pública seguir o regime de precatórios, a ser estudado oportunamente.

26.2.2. Princípio da efetividade e utilidade da execução

Conforme já dito, a execução inicia-se e desenvolve-se sempre em benefício do credor da obrigação definida em título executivo.

Desse modo, no curso da execução, deverão ser penhorados tantos bens quantos bastem para o pagamento do principal atualizado, juros, custas e honorários advocatícios (CPC, art. 831).

Porém, com o intuito de não tornar inútil o procedimento e apenas trazer prejuízo ao devedor, ressalva o art. 836 que não se levará a efeito a penhora, quando for evidente que o produto da execução dos bens encontrados será totalmente absorvido pelo pagamento das custas da execução.

A fim de se trazer efetividade ao procedimento executivo, autoriza-se que o credor também execute provisoriamente os títulos executivos judiciais ainda não transitados em julgado, bem como a solicite a aplicação de multa diária na hipótese de não cumprimento da obrigação de fazer e não fazer e entregar coisa previstas em título executivo extrajudicial, dentre outras medidas.

26.2.3. Princípio da disponibilidade

Considerando que a execução é instaurada a pedido e em benefício do credor, inevitável que dela possa dispor, quando for de seu interesse.

Poderá também dispor apenas de algumas medidas executivas, como a penhora de determinado bem, por exemplo, sem que acarrete a extinção do feito. Essa permissão, ademais, consta expressamente do art. 775 do CPC, que prevê: *o exequente tem o direito de desistir de toda a execução ou de apenas algumas medidas executivas.*

Na desistência da execução, observar-se-á o seguinte:

- serão extintos a impugnação e os embargos que versarem apenas sobre questões processuais, pagando o exequente as custas processuais e os honorários advocatícios;
- nos demais casos, a extinção dependerá da concordância do impugnante ou do embargante.

26.2.4. Princípio da menor onerosidade

Princípio que está inserto no art. 805 do CPC e determina que se houver vários meios de o credor promover a execução, o juiz mandará que se faça pelo modo menos gravoso para o devedor, mas desde que a execução não se torne mais gravosa para o credor.

26.3. LEGITIMIDADE *AD CAUSAM* PARA A EXECUÇÃO

26.3.1. Legitimidade ativa - art. 778, CPC

Pode promover a execução forçada o credor a quem a lei confere título executivo.

Podem promover a execução forçada ou nela prosseguir, em sucessão ao exequente originário:

- o Ministério Público, nos casos previstos em lei;
- o espólio, os herdeiros ou os sucessores do credor, sempre que, por morte deste, lhes for transmitido o direito resultante do título executivo;
- o cessionário, quando o direito resultante do título executivo lhe for transferido por ato entre vivos;
- o sub-rogado, nos casos de sub-rogação legal ou convencional.

A sucessão prevista acima independe de consentimento do executado.

26.3.2. Legitimidade passiva - art. 779, CPC

Em regra, terá legitimidade para figurar no polo passivo da ação de execução o devedor, assim reconhecido como tal no título executivo, bem como os demais sujeitos abaixo.

A execução pode ser promovida contra:

- o devedor, reconhecido como tal no título executivo;
- o espólio, os herdeiros ou os sucessores do devedor;
- o novo devedor que assumiu, com o consentimento do credor, a obrigação resultante do título executivo;
- o fiador do débito constante em título extrajudicial;
- o responsável titular do bem vinculado por garantia real ao pagamento do débito;
- o responsável tributário, assim definido em lei.

ANOTE!

O exequente pode cumular várias execuções, ainda que fundadas em títulos diferentes, quando o executado for o mesmo e desde que para todas elas seja competente o mesmo juízo e idêntico o procedimento.

26.3.3. Litisconsórcio

É plenamente admissível na execução a formação de litisconsórcio, seja ativo, passivo ou misto, assim como originário ou superveniente.

Embora seja normalmente facultativa a formação de litisconsórcio na execução, não há qualquer impedimento na formação de litisconsórcio necessário, se o tipo da obrigação o exigir.

26.3.4. Intervenção de terceiros na execução

Considerando que a denunciação da lide e o chamamento ao processo são hipóteses de intervenção de terceiro utilizáveis na formação do título executivo judicial, não têm cabimento na execução.

Com relação à assistência, sua admissibilidade é polêmica na doutrina pois não haverá sentença a beneficiar juridicamente o terceiro.

Porém, diante da redação do art. 834 do Código Civil, há quem admita o ingresso do fiador como assistente do credor (*"Quando o credor, sem justa causa, demorar a execução iniciada contra o devedor, poderá o fiador promover-lhe o andamento"*).

26.4. PRESSUPOSTOS PROCESSUAIS DO PROCESSO EXECUTIVO

De acordo com o art. 786 do CPC, somente pode ser instaurado procedimento executivo quando visar satisfazer obrigação certa, líquida, exigível e consubstanciada em título executivo.

Certa é a obrigação que apresenta claramente definidos quem são seus sujeitos (credor e devedor), a natureza da prestação (que pode ser de pagar quantia, de fazer ou não fazer, ou de entregar coisa), bem como o objeto desta prestação.

Líquida é a obrigação que tem determinado e mensurado o objeto da prestação ("quantum debeatur"), por meio da indicação da quantidade ou valor, por exemplo. Ademais, também será líquida a obrigação cujo objeto possa ser apurável por meio de cálculos aritméticos (como o saldo devedor de aluguel não pago, que é acrescido de multa e juros predefinidos no contrato). Ilíquida, por outro lado, é a obrigação que depende da prova de fatos para sua mensuração.

Neste sentido a Súmula 233 do STJ: *"o contrato de abertura de crédito, ainda que acompanhado de extrato da conta-corrente, não é título executivo"*.

O título executivo, por sua vez, será exigível, com o inadimplemento da obrigação ou com a constituição em mora do devedor, quando esta for imprescindível (mora "ex persona").

O art. 788 do CPC ainda autoriza o credor a iniciar a execução quando a prestação oferecida não corresponder ao direito ou à obrigação, ou seja, quando houver cumprimento imperfeito.

Porém, não será permitida a execução do cumprimento de uma obrigação recíproca se a parte que a requerer não tiver cumprido sua contraprestação (neste sentido o art. 787 do CPC: "Se o devedor não for obrigado a satisfazer sua prestação senão mediante a contraprestação do credor, este deverá provar que a adimpliu ao requerer a execução, sob pena de extinção do processo").

O executado poderá eximir-se da obrigação, depositando em juízo a prestação ou a coisa, caso em que o juiz não permitirá que o credor a receba sem cumprir a contraprestação que lhe tocar.

Necessário também que referidos pressupostos sejam identificáveis no título executivo, motivo pelo qual se exige a apresentação do instrumento respectivo para que se inicie a execução.

Por fim, não estando preenchidos os pressupostos para a execução, acima estudados, a execução deve ser declarada nula, nos termos do art. 803 do CPC, que dispõe:

É nula a execução se:

- o título executivo extrajudicial não corresponder a obrigação certa, líquida e exigível;
- o executado não for regularmente citado;
- for instaurada antes de se verificar a condição ou de ocorrer o termo.

A nulidade de que cuida este artigo será pronunciada pelo juiz, de ofício ou a requerimento da parte, independentemente de embargos à execução.

Repassando:

A execução pode ser instaurada caso o devedor não satisfaça a obrigação certa, líquida e exigível consubstanciada em título executivo.

A necessidade de simples operações aritméticas para apurar o crédito exequendo não retira a liquidez da obrigação constante do título.

Se o devedor não for obrigado a satisfazer sua prestação senão mediante a contraprestação do credor, este deverá provar que a adimpliu ao requerer a execução, sob pena de extinção do processo. O executado poderá eximir-se da obrigação, depositando em juízo a prestação ou a coisa, caso em que o juiz não permitirá que o credor a receba sem cumprir a contraprestação que lhe tocar.

O credor não poderá iniciar a execução ou nela prosseguir se o devedor cumprir a obrigação, mas poderá recusar o recebimento da prestação se ela não corresponder ao direito ou à obrigação estabelecidos no título executivo, caso em que poderá requerer a execução forçada, ressalvado ao devedor o direito de embargá-la.

26.5. TÍTULO EXECUTIVO

De saída, destaque-se que **título executivo não se confunde com título de crédito.**

TÍTULO EXECUTIVO ≠ TÍTULO DE CRÉDITO

Título executivo é o documento que autoriza que se promova a demanda executiva ou que se inicie a fase do cumprimento de sentença, tendo, portanto, natureza processual.

Título de crédito, por seu turno, são os documentos representativos de uma obrigação de direito material e conceituados por Cesare Vivante como o documento necessário para o exercício do direito, literal e autônomo, nele mencionado. Nem todos os títulos executivos, porém, são títulos de crédito, da mesma forma que nem todos os títulos de créditos podem ser considerados títulos executivos.

Os títulos executivos, por sua origem, são classificados como títulos judiciais ou extrajudiciais.

Títulos executivos podem ser: → judicias ou extrajudiciais

26.5.1. Títulos Executivos Judiciais

Os títulos executivos judiciais originam-se de pronunciamento judicial, que impõe uma obrigação ao devedor que, não sendo cumprida, enseja execução sincrética.

O art. 515 do CPC relaciona os títulos executivos judiciais.

– **Sabrina, onde estão listados os referidos títulos?**

– **Estão elencados no art. 515, vejamos:**

> Art. 515. São títulos executivos judiciais, cujo cumprimento dar-se-á de acordo com os artigos previstos neste Título:
>
> I – as decisões proferidas no processo civil que reconheçam a exigibilidade de obrigação de pagar quantia, de fazer, de não fazer ou de entregar coisa;
>
> II – a decisão homologatória de autocomposição judicial;
>
> III – a decisão homologatória de autocomposição extrajudicial de qualquer natureza;
>
> IV – o formal e a certidão de partilha, exclusivamente em relação ao inventariante, aos herdeiros e aos sucessores a título singular ou universal;
>
> V – o crédito de auxiliar da justiça, quando as custas, emolumentos ou honorários tiverem sido aprovados por decisão judicial;
>
> VI – a sentença penal condenatória transitada em julgado;
>
> VII – a sentença arbitral;
>
> VIII – a sentença estrangeira homologada pelo Superior Tribunal de Justiça;
>
> IX – a decisão interlocutória estrangeira, após a concessão do exequatur à carta rogatória pelo Superior Tribunal de Justiça;
>
> X – a decisão interlocutória estrangeira, após a concessão do exequatur à carta rogatória pelo Superior Tribunal de Justiça;

26.5.2. Títulos Executivos Extrajudiciais

De acordo com o art. 784 do CPC, são títulos executivos extrajudiciais:

– *a letra de câmbio, a nota promissória, a duplicata, a debênture e o cheque;*

Os títulos de crédito referidos são considerados títulos executivos extrajudiciais e, desde que satisfeitos os requisitos específicos de prazo e forma previstos na legislação própria, poderão embasar ação executiva. Relativamente ao cheque e a nota promissória, regulados respectivamente pela Lei 7.357/85 e pela Lei Uniforme – Dec. nº 57.663/66, não há necessidade de prévio protesto para serem executados, a menos que se pretenda cobrá-los de endossadores ou avalistas.

Quanto à duplicata, regulada pela Lei 5.474/68, necessita da aceitação do sacado para que tenha força executiva. Do contrário, deverá estar protestada e acompanhada do comprovante de entrega da mercadoria ou da prestação do serviço, desde que não tenha havido recusa. Também a letra de câmbio deve ser aceita pelo sacado para que, contra ele, seja movida a ação executiva; não havendo aceite, a cobrança contra o sacador e endossadores dependerá de prévio protesto, nos termos previstos na Lei Uniforme.

– *a escritura pública ou outro documento público assinado pelo devedor; o documento particular assinado pelo devedor e por duas testemunhas; o instrumento de transação referendado pelo Ministério Público, pela Defensoria Pública ou pelos advogados dos transatores ou por conciliador ou mediador credenciado por tribunal;*

Tratando-se de escritura pública, bastará a assinatura do devedor, assumindo o dever de cumprir a prestação (seja de pagar quantia, entregar coisa fungível ou infungível, ou de fazer e não fazer), para que seja considerado título executivo. Tratando-se de documento particular, exige-se também a assinatura de duas testemunhas. Quando a transação extrajudicial for referendada pelo Ministério Público, pela Defensoria Pública ou pelos advogados das partes, desnecessária será a assinatura de testemunhas.

- *o contrato garantido por hipoteca, penhor, anticrese ou outro direito real de garantia e aquele garantido por caução;*
- *o contrato de seguro de vida em caso de morte;*
- *o crédito decorrente de foro e laudêmio;*
- *o crédito, documentalmente comprovado, decorrente de aluguel de imóvel, bem como de encargos acessórios, tais como taxas e despesas de condomínio;*
- *a certidão de dívida ativa da Fazenda Pública da União, dos Estados, do Distrito Federal e dos Municípios, correspondente aos créditos inscritos na forma da lei;*
- *o crédito referente às contribuições ordinárias ou extraordinárias de condomínio edilício, previstas na respectiva convenção ou aprovadas em assembleia geral, desde que documentalmente comprovadas;*
- *a certidão expedida por serventia notarial ou de registro relativa a valores de emolumentos e demais despesas devidas pelos atos por ela praticados, fixados nas tabelas estabelecidas em lei;*
- *todos os demais títulos aos quais, por disposição expressa, a lei atribuir força executiva.*

NOTAS DESCOMPLICADAS!

A propositura de qualquer ação relativa a débito constante de título executivo não inibe o credor de promover-lhe a execução.

Os títulos executivos extrajudiciais oriundos de país estrangeiro não dependem de homologação para serem executados.

Título estrangeiro só terá eficácia executiva quando satisfeitos os requisitos de formação exigidos pela lei do lugar de sua celebração e quando o Brasil for indicado como o lugar de cumprimento da obrigação.

A existência de título executivo extrajudicial não impede a parte de optar pelo processo de conhecimento, a fim de obter título executivo judicial.

26.6. RESPONSABILIDADE PATRIMONIAL

Nos termos do art. 789 do CPC, é o patrimônio do devedor que responderá pelo cumprimento de suas obrigações, não se olvidando que há certos bens que não podem ser penhorados, a exemplo daqueles relacionados no art. 833 de obrigação **originária.**

Será, porém, **secundária** a responsabilidade patrimonial quando o patrimônio de terceiros vem a ser atingido para satisfazer a obrigação do devedor. As hipóteses de responsabilidade patrimonial secundária estão relacionadas no art. 790 do CPC. Vejamos.

São sujeitos à execução os bens:

- do sucessor a título singular, tratando-se de execução fundada em direito real ou obrigação reipersecutória;
- do sócio, nos termos da lei;
- do devedor, ainda que em poder de terceiros;
- do cônjuge ou companheiro, nos casos em que seus bens próprios ou de sua meação respondem pela dívida;
- alienados ou gravados com ônus real em fraude à execução;
- cuja alienação ou gravação com ônus real tenha sido anulada em razão do reconhecimento, em ação autônoma, de fraude contra credores;
- do responsável, nos casos de desconsideração da personalidade jurídica.

Também ficam sujeitos à penhora os bens que foram vendidos pelo devedor em fraude à execução, frustrando, portanto, o pagamento da dívida, ainda que estes bens estejam na posse de terceiros.

Considera-se em fraude à execução a alienação ou oneração de bens que ocorrerem nas hipóteses do art. 792 do CPC, ou seja:

A alienação ou a oneração de bem é considerada fraude à execução:

- quando sobre o bem pender ação fundada em direito real ou com pretensão reipersecutória, desde que a pendência do processo tenha sido averbada no respectivo registro público, se houver;

- quando tiver sido averbada, no registro do bem, a pendência do processo de execução, na forma do art. 828;
- quando tiver sido averbado, no registro do bem, hipoteca judiciária ou outro ato de constrição judicial originário do processo onde foi arguida a fraude;
- quando, ao tempo da alienação ou da oneração, tramitava contra o devedor ação capaz de reduzi-lo à insolvência;
- nos demais casos expressos em lei.

A alienação em fraude à execução é ineficaz em relação ao exequente.

No caso de aquisição de bem não sujeito a registro, o terceiro adquirente tem o ônus de provar que adotou as cautelas necessárias para a aquisição, mediante a exibição das certidões pertinentes, obtidas no domicílio do vendedor e no local onde se encontra o bem.

Nos casos de desconsideração da personalidade jurídica, a fraude à execução verifica-se a partir da citação da parte cuja personalidade se pretende desconsiderar.

Antes de declarar a fraude à execução, o juiz deverá intimar o terceiro adquirente, que, se quiser, poderá opor embargos de terceiro, no prazo de 15 (quinze) dias.

Não se deve confundir também a fraude à execução com a fraude contra credores (prevista nos artigos 158 e seguintes do Código Civil), a qual deve ser reconhecida em ação própria (chamada ação pauliana), a ser movida pelo credor tanto contra o devedor alienante como contra o terceiro adquirente, e que exige a comprovação não só do fato de a alienação ter reduzido o devedor à insolvência ("eventus damni"), quando da ciência do adquirente desta intenção do devedor de prejudicar o credor ("consilium fraudis").

Mais detalhes importantes da execução, vamos lá!

O exequente que estiver, por direito de retenção, na posse de coisa pertencente ao devedor não poderá promover a execução sobre outros bens senão depois de excutida a coisa que se achar em seu poder.

O fiador, quando executado, tem o direito de exigir que primeiro sejam executados os bens do devedor situados na mesma comarca, livres e desembargados, indicando-os pormenorizadamente à penhora.

Os bens do fiador ficarão sujeitos à execução se os do devedor, situados na mesma comarca que os seus, forem insuficientes à satisfação do direito do credor.

O fiador que pagar a dívida poderá executar o afiançado nos autos do mesmo processo.

A disposição acima não se aplica se o fiador houver renunciado ao benefício de ordem.

Os bens particulares dos sócios não respondem pelas dívidas da sociedade, senão nos casos previstos em lei.

O sócio réu, quando responsável pelo pagamento da dívida da sociedade, tem o direito de exigir que primeiro sejam excutidos os bens da sociedade.

Incumbe ao sócio que alegar o benefício nomear quantos bens da sociedade situados na mesma comarca, livres e desembargados, bastem para pagar o débito.

O sócio que pagar a dívida poderá executar a sociedade nos autos do mesmo processo.

Para a desconsideração da personalidade jurídica, é obrigatória a observância do incidente previsto neste Código.

O espólio responde pelas dívidas do falecido, mas, feita a partilha, cada herdeiro responde por elas dentro das forças da herança e na proporção da parte que lhe coube.

26.7. ESPÉCIES DE EXECUÇÃO

A execução é classificada como definitiva ou provisória, conforme veremos separadamente.

26.7.1. Definitiva

Definitiva é a execução cujo título executivo não corre risco de se tornar inexigível por força de reforma de decisão anterior que autorizou o início da execução.

26.7.2. Provisória

No entanto, provisória será a execução de título executivo judicial ainda não transitado em julgado, ou seja, cuja sentença foi impugnada por recurso ao qual não foi atribuído efeito suspensivo, consoante dispõe o art. 513 e suas disposições já estudadas.

26.8. CUMULAÇÃO DE EXECUÇÕES

De acordo com o art. 780 do CPC: É lícito ao exequente, sendo o mesmo o executado, cumular várias execuções, ainda que fundadas em títulos diferentes, desde que para todas elas seja competente o juízo e idêntica a forma do processo.

Portanto, para que haja cumulação de execuções, o credor e o devedor devem ser os mesmos, o juízo competente para o processamento de todas, assim como idêntico o procedimento executivo.

Desse modo, é possível o mesmo credor executar, contra o mesmo devedor, dois títulos executivos extrajudiciais que contenham previsão de pagar quantia. Se um dos títulos, porém, contiver obrigação de entregar coisa, por exemplo, incabível será a cumulação.

Também não se admite cumulação de execuções quando se tratar de título executivo judicial, diante da competência funcional que apresentam.

26.9. ATOS ATENTATÓRIOS À DIGNIDADE DA JUSTIÇA

O art. 774 do CPC prevê diversas hipóteses de atos que são considerados atentatórios à dignidade da justiça que podem ser praticados pelos executados durante a execução, motivo pelo qual devemos observá-los.

O referido artigo prevê as seguintes hipóteses de atos do executado que são considerados atentatórios à dignidade da justiça:

- **fraude a execução;**
- **se opõe maliciosamente à execução, empregando ardis e meios artificiosos;**

- **dificulta ou embaraça a realização da penhora;**
- **resiste injustificadamente às ordens judiciais;**
- **intimado, não indica ao juiz quais são e onde estão os bens sujeitos à penhora e os respectivos valores, nem exibe prova de sua propriedade e, se for o caso, certidão negativa de ônus.**

Nos casos previstos acima, o juiz fixará multa em montante não superior a vinte por cento do valor atualizado do débito em execução, a qual será revertida em proveito do exequente, exigível nos próprios autos do processo, sem prejuízo de outras sanções de natureza processual ou material.

26.10. COMPETÊNCIA

A execução fundada em título extrajudicial será processada perante o juízo competente, observando-se o seguinte:

- a execução poderá ser proposta no foro de domicílio do executado, de eleição constante do título ou, ainda, de situação dos bens a ela sujeitos;
- tendo mais de um domicílio, o executado poderá ser demandado no foro de qualquer deles;
- sendo incerto ou desconhecido o domicílio do executado, a execução poderá ser proposta no lugar onde for encontrado ou no foro de domicílio do exequente;
- havendo mais de um devedor, com diferentes domicílios, a execução será proposta no foro de qualquer deles, à escolha do exequente;
- a execução poderá ser proposta no foro do lugar em que se praticou o ato ou em que ocorreu o fato que deu origem ao título, mesmo que nele não mais resida o executado.

Não dispondo a lei de modo diverso, o juiz determinará os atos executivos, e o oficial de justiça os cumprirá.

O oficial de justiça poderá cumprir os atos executivos determinados pelo juiz também nas comarcas contíguas, de fácil comunicação, e nas que se situem na mesma região metropolitana. Sempre que, para efetivar a execução, for necessário o emprego de força policial, o juiz a requisitará.

☺ **NOVIDADE!**

A requerimento da parte, o juiz pode determinar a inclusão do nome do executado em cadastros de inadimplentes.

A inscrição será cancelada imediatamente se for efetuado o pagamento, se for garantida a execução ou se a execução for extinta por qualquer outro motivo.

As disposições acima, aplicam-se à execução definitiva de título judicial.

26.11. DIVERSAS ESPÉCIES DE EXECUÇÃO

26.11.1. Noções gerais

Ressalvado o caso de insolvência do devedor, em que tem lugar o concurso universal, realiza-se a execução no interesse do exequente que adquire, pela penhora, o direito de preferência sobre os bens penhorados.

Recaindo mais de uma penhora sobre o mesmo bem, cada exequente conservará o seu título de preferência.

Ao propor a execução, incumbe ao exequente, nos termos do art. 798 do CPC:

– **instruir a petição inicial com:**

a) o título executivo extrajudicial;

b) o demonstrativo do débito atualizado até a data de propositura da ação, quando se tratar de execução por quantia certa;

c) a prova de que se verificou a condição ou ocorreu o termo, se for o caso;

d) a prova se for o caso, de que adimpliu a contraprestação que lhe corresponde ou que lhe assegura o cumprimento, se o executado não for obrigado a satisfazer a sua prestação senão mediante a contraprestação do exequente;

– **indicar:**

a) a espécie de execução de sua preferência, quando por mais de um modo puder ser realizada;

b) os nomes completos do exequente e do executado e seus números de inscrição no Cadastro de Pessoas Físicas ou no Cadastro Nacional da Pessoa Jurídica;

c) os bens suscetíveis de penhora, sempre que possível.

Parágrafo único. O demonstrativo do débito deverá conter:

– o índice de correção monetária adotado;
– a taxa de juros aplicada;
– os termos inicial e final de incidência do índice de correção monetária e da taxa de juros utilizados;
– a periodicidade da capitalização dos juros, se for o caso;
– a especificação de desconto obrigatório realizado.

Nos termos do art. 799 do CPC, incumbe ainda ao exequente:

– requerer a intimação do credor pignoratício, hipotecário, anticrético ou fiduciário, quando a penhora recair sobre bens gravados por penhor, hipoteca, anticrese ou alienação fiduciária;
– requerer a intimação do titular de usufruto, uso ou habitação, quando a penhora recair sobre bem gravado por usufruto, uso ou habitação;
– requerer a intimação do promitente comprador, quando a penhora recair sobre bem em relação ao qual haja promessa de compra e venda registrada;
– requerer a intimação do promitente vendedor, quando a penhora recair sobre direito aquisitivo derivado de promessa de compra e venda registrada;

- requerer a intimação do superficiário, enfiteuta ou concessionário, em caso de direito de superfície, enfiteuse, concessão de uso especial para fins de moradia ou concessão de direito real de uso, quando a penhora recair sobre imóvel submetido ao regime do direito de superfície, enfiteuse ou concessão;
- requerer a intimação do proprietário de terreno com regime de direito de superfície, enfiteuse, concessão de uso especial para fins de moradia ou concessão de direito real de uso, quando a penhora recair sobre direitos do superficiário, do enfiteuta ou do concessionário;
- requerer a intimação da sociedade, no caso de penhora de quota social ou de ação de sociedade anônima fechada, para o fim previsto no art. 876, § 7º;
- pleitear, se for o caso, medidas urgentes;
- proceder à averbação em registro público do ato de propositura da execução e dos atos de constrição realizados, para conhecimento de terceiros.

ATENÇÃO!

A Lei 13.465/2017 trouxe novas disposições sobre o tema em tela, senão vejamos:

- Pleitear a intimação do titular da construção-base, bem como, se for o caso, do titular de lajes anteriores, quando a penhora recair sobre o direito real de laje, bem como requerer a correspondente intimação do titular das lajes, quando a penhora recair sobre a construção-base.

ANOTE!

O artigo 800 do CPC, dispõe que nas obrigações alternativas, quando a escolha couber ao devedor, esse será citado para exercer a opção e realizar a prestação dentro de 10 (dez) dias, se outro prazo não lhe foi determinado em lei ou em contrato.

Devolver-se-á ao credor a opção, se o devedor não a exercer no prazo determinado.

A escolha será indicada na petição inicial da execução quando couber ao credor exercê-la.

EMENDA DA INICIAL - ART. 801 DO CPC.

Verificando que a petição inicial está incompleta ou que não está acompanhada dos documentos indispensáveis à propositura da execução, o juiz determinará que o exequente a corrija, **no prazo de 15 (quinze) dias**, sob pena de indeferimento.

Na execução, o despacho que ordena a citação, desde que realizada em observância ao disposto no § 2º **do art. 240, interrompe a prescrição, ainda que proferido por juízo incompetente.**

A interrupção da prescrição retroagirá à data de propositura da ação.

De acordo com o art. 803 é nula a execução se:

- o título executivo extrajudicial não corresponder a obrigação certa, líquida e exigível;
- o executado não for regularmente citado;
- for instaurada antes de se verificar a condição ou de ocorrer o termo.

A nulidade será pronunciada pelo juiz, de ofício ou a requerimento da parte, independentemente de embargos à execução.

26.11.2. Execução para a entrega de coisa

Entrega de Coisa Certa

O devedor de obrigação de entrega de coisa certa, constante de título executivo extrajudicial, será citado para, em 15 (quinze) dias, satisfazer a obrigação.

Ao despachar a inicial, o juiz poderá fixar multa por dia de atraso no cumprimento da obrigação, ficando o respectivo valor sujeito a alteração, caso se revele insuficiente ou excessivo.

Do mandado de citação constará ordem para imissão na posse ou busca e apreensão, conforme se tratar de bem imóvel ou móvel, cujo cumprimento se dará de imediato, se o executado não satisfizer a obrigação no prazo que lhe foi designado.

Se o executado entregar a coisa, será lavrado o termo respectivo e considerada satisfeita a obrigação, prosseguindo-se a execução para o pagamento de frutos ou o ressarcimento de prejuízos, se houver.

Alienada a coisa quando já litigiosa, será expedido mandado contra o terceiro adquirente, que somente será ouvido após depositá-la.

O exequente tem direito a receber, além de perdas e danos, o valor da coisa, quando essa se deteriorar, não lhe for entregue, não for encontrada ou não for reclamada do poder de terceiro adquirente.

Não constando do título o valor da coisa e sendo impossível sua avaliação, o exequente apresentará estimativa, sujeitando-a ao arbitramento judicial.

Serão apurados em liquidação o valor da coisa e os prejuízos.

Havendo benfeitorias indenizáveis feitas na coisa pelo executado ou por terceiros de cujo poder ela houver sido tirada, a liquidação prévia é obrigatória.

Havendo saldo:

- em favor do executado ou de terceiros, o exequente o depositará ao requerer a entrega da coisa;
- em favor do exequente, esse poderá cobrá-lo nos autos do mesmo processo.

Entrega de Coisa Incerta

De acordo com o art. 811, se a execução recair sobre coisa determinada pelo gênero e pela quantidade, o executado será citado para entregá-la individualizada, se lhe couber a escolha.

Se a escolha couber ao exequente, esse deverá indicá-la na petição inicial.

> Art. 812. Qualquer das partes poderá, no prazo de 15 (quinze) dias, impugnar a escolha feita pela outra, e o juiz decidirá de plano ou, se necessário, ouvindo perito de sua nomeação.

26.11.3. Execução das obrigações de fazer ou de não fazer

Na execução de obrigação de fazer ou de não fazer fundada em título extrajudicial, ao despachar a inicial, o juiz fixará multa por período de atraso no cumprimento da obrigação e a data a partir da qual será devida.

Se o valor da multa estiver previsto no título e for excessivo, o juiz poderá reduzi-lo.

Obrigação de Fazer

Quando o objeto da execução for obrigação de fazer, o executado será citado para satisfazê-la no prazo que o juiz lhe designar, se outro não estiver determinado no título executivo.

Se o executado não satisfizer a obrigação no prazo designado, é lícito ao exequente, nos próprios autos do processo, requerer a satisfação da obrigação à custa do executado ou perdas e danos, hipótese em que se converterá em indenização. O valor das perdas e danos será apurado em liquidação, seguindo-se a execução para cobrança de quantia certa.

Se a obrigação puder ser satisfeita por terceiro, é lícito ao juiz autorizar, a requerimento do exequente, que aquele a satisfaça à custa do executado.

O exequente adiantará as quantias previstas na proposta que, ouvidas as partes, o juiz houver aprovado.

Realizada a prestação, o juiz ouvirá as partes no prazo de 10 (dez) dias e, não havendo impugnação, considerará satisfeita a obrigação. Caso haja impugnação, o juiz a decidirá.

ANOTE!

Se o terceiro contratado não realizar a prestação no prazo ou se o fizer de modo incompleto ou defeituoso, poderá o exequente requerer ao juiz, no prazo de 15 (quinze) dias, que o autorize a concluí-la ou a repará-la à custa do contratante.

Ouvido o contratante no prazo de 15 (quinze) dias, o juiz mandará avaliar o custo das despesas necessárias e o condenará a pagá-lo.

Se o exequente quiser executar ou mandar executar, sob sua direção e vigilância, as obras e os trabalhos necessários à realização da prestação, terá preferência, em igualdade de condições de oferta, em relação ao terceiro. O direito de preferência deverá ser exercido no prazo de 5 (cinco) dias, após aprovada a proposta do terceiro.

De acordo com o art. 821, a obrigação de fazer, quando se convencionar que o executado a satisfaça pessoalmente, o exequente poderá requerer ao juiz que lhe assine prazo para cumpri-la.

Havendo recusa ou mora do executado, sua obrigação pessoal será convertida em perdas e danos, caso em que se observará o procedimento de execução por quantia certa.

Se o executado praticou ato a cuja abstenção estava obrigado por lei ou por contrato, o exequente requererá ao juiz que assine prazo ao executado para desfazê-lo.

Havendo recusa ou mora do executado, o exequente requererá ao juiz que mande desfazer o ato à custa daquele, que responderá por perdas e danos.

Não sendo possível desfazer-se o ato, a obrigação resolve-se em perdas e danos, caso em que, após a liquidação, se observará o procedimento de execução por quantia certa.

26.11.4. Da execução por quantia certa

A execução por quantia certa realiza-se pela expropriação de bens do executado, ressalvadas as execuções especiais.

A expropriação consiste em (art. 825, CPC):

- adjudicação;
- alienação;
- apropriação de frutos e rendimentos de empresa ou de estabelecimentos e de outros bens.

Antes de adjudicados ou alienados os bens, o executado pode, a todo tempo, remir a execução, pagando ou consignando a importância atualizada da dívida, acrescida de juros, custas e honorários advocatícios.

Citação do Devedor e do Arresto

Nos termos do art. 827 do CPC, ao despachar a inicial, o juiz fixará, de plano, os honorários advocatícios de dez por cento, a serem pagos pelo executado.

No caso de integral pagamento no prazo de 3 (três) dias, o valor dos honorários advocatícios será reduzido pela metade.

O valor dos honorários poderá ser elevado até vinte por cento, quando rejeitados os embargos à execução, podendo a majoração, caso não opostos os embargos, ocorrer ao final do procedimento executivo, levando-se em conta o trabalho realizado pelo advogado do exequente.

IMPORTANTE!

Nos termos do art. 828 do CPC, o exequente poderá obter certidão de que a execução foi admitida pelo juiz, com identificação das partes e do valor da causa, para fins de averbação no registro de imóveis, de veículos ou de outros bens sujeitos a penhora, arresto ou indisponibilidade.

No prazo de 10 (dez) dias de sua concretização, o exequente deverá comunicar ao juízo as averbações efetivadas.

Formalizada penhora sobre bens suficientes para cobrir o valor da dívida, o exequente providenciará, no prazo de 10 (dez) dias, o cancelamento das averbações relativas àqueles não penhorados.

O juiz determinará o cancelamento das averbações, de ofício ou a requerimento, caso o exequente não o faça no prazo.

Presume-se em fraude à execução a alienação ou a oneração de bens efetuada após a averbação.

O exequente que promover averbação manifestamente indevida ou não cancelar as averbações nos termos do § 2º **indenizará a parte contrária, processando-se o incidente em autos apartados.**

O executado será citado para pagar a dívida no prazo de 3 (três) dias, contado da citação. Do mandado de citação constarão, também, a ordem de penhora e a avaliação a serem cumpridas pelo oficial de justiça tão logo verificado o não pagamento no prazo assinalado, de tudo lavrando-se auto, com intimação do executado.

A penhora recairá sobre os bens indicados pelo exequente, salvo se outros forem indicados pelo executado e aceitos pelo juiz, mediante demonstração de que a constrição proposta lhe será menos onerosa e não trará prejuízo ao exequente.

Se o oficial de justiça não encontrar o executado, arrestar-lhe-á tantos bens quantos bastem para garantir a execução.

Nos 10 (dez) dias seguintes à efetivação do arresto, o oficial de justiça procurará o executado 2 (duas) vezes em dias distintos e, havendo suspeita de ocultação, realizará a citação com hora certa, certificando pormenorizadamente o ocorrido.

Incumbe ao exequente requerer a citação por edital, uma vez frustradas a pessoal e a com hora certa.

Aperfeiçoada a citação e transcorrido o prazo de pagamento, o arresto converter-se-á em penhora, independentemente de termo.

Penhora, do Depósito e da Avaliação

Objeto da Penhora

De acordo com a disposição do art. 831, a penhora deverá recair sobre tantos bens quantos bastem para o pagamento do principal atualizado, dos juros, das custas e dos honorários advocatícios.

Não estão sujeitos à execução os bens que a lei considera impenhoráveis ou inalienáveis.

Os bens absolutamente impenhoráveis estão dispostos no art. 833 do CPC. Já os relativamente impenhoráveis estão relacionados no art. 834 do mesmo diploma legal.

São ABSOLUTAMENTE impenhoráveis:

- os bens inalienáveis e os declarados, por ato voluntário, não sujeitos à execução;

- os móveis, os pertences e as utilidades domésticas que guarnecem a residência do executado, salvo os de elevado valor ou os que ultrapassem as necessidades comuns correspondentes a um médio padrão de vida;
- os vestuários, bem como os pertences de uso pessoal do executado, salvo se de elevado valor;
- os vencimentos, os subsídios, os soldos, os salários, as remunerações, os proventos de aposentadoria, as pensões, os pecúlios e os montepios, bem como as quantias recebidas por liberalidade de terceiro e destinadas ao sustento do devedor e de sua família, os ganhos de trabalhador autônomo e os honorários de profissional liberal, ressalvado o § 2º;
- os livros, as máquinas, as ferramentas, os utensílios, os instrumentos ou outros bens móveis necessários ou úteis ao exercício da profissão do executado;
- o seguro de vida;
- os materiais necessários para obras em andamento, salvo se essas forem penhoradas;
- a pequena propriedade rural, assim definida em lei, desde que trabalhada pela família;
- os recursos públicos recebidos por instituições privadas para aplicação compulsória em educação, saúde ou assistência social;
- a quantia depositada em caderneta de poupança, até o limite de 40 (quarenta) salários-mínimos;
- os recursos públicos do fundo partidário recebidos por partido político, nos termos da lei;
- os créditos oriundos de alienação de unidades imobiliárias, sob regime de incorporação imobiliária, vinculados à execução da obra.

ANOTE!

A impenhorabilidade não é oponível à execução de dívida relativa ao próprio bem, inclusive àquela contraída para sua aquisição.

CUIDADO!

O disposto nos incisos IV e X do art. 835 não se aplica à hipótese de penhora para pagamento de prestação alimentícia, independentemente de sua origem, bem como às importâncias excedentes a 50 (cinquenta) salários-mínimos mensais, devendo a constrição observar o disposto no art. 528, § 8º, e no art. 529, § 3º.

Incluem-se na impenhorabilidade prevista no inciso V do artigo acima mencionado os equipamentos, os implementos e as máquinas agrícolas pertencentes a pessoa física ou a empresa individual produtora rural, exceto quando tais bens tenham sido objeto de financiamento e estejam vinculados em garantia a negócio jurídico ou quando respondam por dívida de natureza alimentar, trabalhista ou previdenciária.

Podem ser penhorados, à falta de outros bens, os frutos e os rendimentos dos bens inalienáveis. Tratam-se de bens **RELATIVAMENTE IMPENHORÁVEIS.**

A penhora observará, preferencialmente, a seguinte ordem:

- dinheiro, em espécie ou em depósito ou aplicação em instituição financeira;
- títulos da dívida pública da União, dos Estados e do Distrito Federal com cotação em mercado;
- títulos e valores mobiliários com cotação em mercado;
- veículos de via terrestre;
- bens imóveis;
- bens móveis em geral;
- semoventes;
- navios e aeronaves;
- ações e quotas de sociedades simples e empresárias;
- percentual do faturamento de empresa devedora;

- pedras e metais preciosos;
- direitos aquisitivos derivados de promessa de compra e venda e de alienação fiduciária em garantia;
- outros direitos.

É prioritária a penhora em dinheiro, podendo o juiz, nas demais hipóteses, alterar a ordem prevista no caput de acordo com as circunstâncias do caso concreto.

Para fins de substituição da penhora, equiparam-se a dinheiro a fiança bancária e o seguro garantia judicial, desde que em valor não inferior ao do débito constante da inicial, acrescido de trinta por cento.

Na execução de crédito com garantia real, a penhora recairá sobre a coisa dada em garantia, e, se a coisa pertencer a terceiro garantidor, este também será intimado da penhora.

QUESTÃO DE PROVA!

Não se levará a efeito a penhora quando ficar evidente que o produto da execução dos bens encontrados será totalmente absorvido pelo pagamento das custas da execução.

Quando não encontrar bens penhoráveis, independentemente de determinação judicial expressa, o oficial de justiça descreverá na certidão os bens que guarnecem a residência ou o estabelecimento do executado, quando este for pessoa jurídica.

Elaborada a lista, o executado ou seu representante legal será nomeado depositário provisório de tais bens até ulterior determinação do juiz.

Formalizada a penhora por qualquer dos meios legais, dela será imediatamente intimado o executado.

A intimação da penhora será feita ao advogado do executado ou à sociedade de advogados a que aquele pertença. Se não houver constituído advogado nos autos, o executado será intimado pessoalmente, de preferência por via postal.

Recaindo a penhora sobre bem imóvel ou direito real sobre imóvel, será intimado também o cônjuge do executado, salvo se forem casados em regime de separação absoluta de bens.

Tratando-se de penhora de bem indivisível, o equivalente à quota-parte do coproprietário ou do cônjuge alheio à execução recairá sobre o produto da alienação do bem.

É reservada ao coproprietário ou ao cônjuge não executado a preferência na arrematação do bem em igualdade de condições.

Não será levada a efeito expropriação por preço inferior ao da avaliação na qual o valor auferido seja incapaz de garantir, ao coproprietário ou ao cônjuge alheio à execução, o correspondente à sua quota-parte calculado sobre o valor da avaliação.

Para presunção absoluta de conhecimento por terceiros, cabe ao exequente providenciar a averbação do arresto ou da penhora no registro competente, mediante apresentação de cópia do auto ou do termo, independentemente de mandado judicial.

Lugar de Realização da Penhora

Efetuar-se-á a penhora onde se encontrem os bens, ainda que sob a posse, a detenção ou a guarda de terceiros.

A penhora de imóveis, independentemente de onde se localizem, quando apresentada certidão da respectiva matrícula, e a penhora de veículos automotores, quando apresentada certidão que ateste a sua existência, serão realizadas por termo nos autos.

Se o executado não tiver bens no foro do processo, não sendo possível a realização da penhora nos termos acima, a execução será feita por carta, penhorando-se, avaliando-se e alienando-se os bens no foro da situação.

Se o executado fechar as portas da casa a fim de obstar a penhora dos bens, o oficial de justiça comunicará o fato ao juiz, solicitando-lhe ordem de arrombamento.

Deferido o pedido, 2 (dois) oficiais de justiça cumprirão o mandado, arrombando cômodos e móveis em que se presuma estarem os bens, e lavrarão de tudo auto circunstanciado, que será assinado por 2 (duas) testemunhas presentes à diligência. Sempre que necessário, o juiz requisitará força policial, a fim de auxiliar os oficiais de justiça na penhora dos bens.

Os oficiais de justiça lavrarão em duplicata o auto da ocorrência, entregando uma via ao escrivão ou ao chefe de secretaria, para ser juntada aos autos, e a outra à autoridade policial a quem couber a apuração criminal dos eventuais delitos de desobediência ou de resistência.

Modificações da Penhora

De acordo com o art. 847 do CPC, o executado pode, no prazo de 10 (dez) dias contado da intimação da penhora, requerer a substituição do bem penhorado, desde que comprove que lhe será menos onerosa e não trará prejuízo ao exequente.

Reza o artigo 848 do CPC que as partes poderão requerer a substituição da penhora se:

- ela não obedecer à ordem legal;
- ela não incidir sobre os bens designados em lei, contrato ou ato judicial para o pagamento;
- havendo bens no foro da execução, outros tiverem sido penhorados;
- havendo bens livres, ela tiver recaído sobre bens já penhorados ou objeto de gravame;
- ela incidir sobre bens de baixa liquidez;
- fracassar a tentativa de alienação judicial do bem; ou
- o executado não indicar o valor dos bens ou omitir qualquer das indicações previstas em lei.

A penhora pode ser substituída por fiança bancária ou por seguro garantia judicial, em valor não inferior ao do débito constante da inicial, acrescido de trinta por cento.

Sempre que ocorrer a substituição dos bens inicialmente penhorados, será lavrado novo termo.

Será admitida a redução ou a ampliação da penhora, bem como sua transferência para outros bens, se, no curso do processo, o valor de mercado dos bens penhorados sofrer alteração significativa.

Já ouviu falar em segunda penhora?

Não se procede à segunda penhora, salvo se:

- a primeira for anulada;
- executados os bens, o produto da alienação não bastar para o pagamento do exequente;
- o exequente desistir da primeira penhora, por serem litigiosos os bens ou por estarem submetidos a constrição judicial.

O juiz determinará a alienação antecipada dos bens penhorados quando:

- se tratar de veículos automotores, de pedras e metais preciosos e de outros bens móveis sujeitos à depreciação ou à deterioração;
- houver manifesta vantagem.

Penhora de Dinheiro em Depósito ou em Aplicação Financeira

Para possibilitar a penhora de dinheiro em depósito ou em aplicação financeira, o juiz, a requerimento do exequente, sem dar ciência prévia do ato ao executado, determinará às instituições financeiras, por meio de sistema eletrônico gerido pela autoridade supervisora do sistema financeiro nacional, que torne indisponíveis ativos financeiros existentes em nome do executado, limitando-se a indisponibilidade ao valor indicado na execução. Eis as lições extraídas do texto do art. 854 do CPC.

INFORMATIZAÇÃO DESCOMPLICADA

No prazo de 24 (vinte e quatro) horas a contar da resposta, de ofício, o juiz determinará o cancelamento de eventual indisponibilidade excessiva, o que deverá ser cumprido pela instituição financeira em igual prazo.

Tornados indisponíveis os ativos financeiros do executado, este será intimado na pessoa de seu advogado ou, não o tendo, pessoalmente.

Incumbe ao executado, no prazo de 5 (cinco) dias, comprovar que:

- as quantias tornadas indisponíveis são impenhoráveis;
- ainda remanesce indisponibilidade excessiva de ativos financeiros.

Rejeitada ou não apresentada a manifestação do executado, converter-se-á a indisponibilidade em penhora, sem necessidade de lavratura de termo, devendo o juiz da execução determinar à instituição financeira depositária que, no prazo de 24 (vinte e quatro) horas, transfira o montante indisponível para conta vinculada ao juízo da execução.

Realizado o pagamento da dívida por outro meio, o juiz determinará, imediatamente, por sistema eletrônico gerido pela autoridade supervisora do sistema financeiro nacional, a notificação da instituição financeira para que, em até 24 (vinte e quatro) horas, cancele a indisponibilidade.

As transmissões das ordens de indisponibilidade, de seu cancelamento e de determinação de penhora previstas neste artigo far-se-ão por meio de sistema eletrônico gerido pela autoridade supervisora do sistema financeiro nacional.

A instituição financeira será responsável pelos prejuízos causados ao executado em decorrência da indisponibilidade de ativos financeiros em valor superior ao indicado na execução ou pelo juiz, bem como na hipótese de não cancelamento da indisponibilidade no prazo de 24 (vinte e quatro) horas, quando assim determinar o juiz.

Quando se tratar de execução contra partido político, o juiz, a requerimento do exequente, determinará às instituições financeiras, por meio de sistema eletrônico gerido por autoridade supervisora do sistema bancário, que tornem indisponíveis ativos financeiros somente em nome do órgão partidário que tenha contraído a dívida executada ou que tenha dado causa à violação de direito ou ao dano, ao qual cabe exclusivamente a responsabilidade pelos atos praticados, na forma da lei.

Penhora de Empresa, de Outros Estabelecimentos e de Semoventes

Consoante dispõe o art. 862 do CPC, quando a penhora recair em estabelecimento comercial, industrial ou agrícola, bem como em semoventes, plantações ou edifícios em construção, o juiz nomeará administrador-depositário, determinando-lhe que apresente em 10 (dez) dias o plano de administração.

Ouvidas as partes, o juiz decidirá. É lícito às partes ajustar a forma de administração e escolher o depositário, hipótese em que o juiz homologará por despacho a indicação.

Em relação aos edifícios em construção sob regime de incorporação imobiliária, a penhora somente poderá recair sobre as unidades imobiliárias ainda não comercializadas pelo incorporador.

Sendo necessário afastar o incorporador da administração da incorporação, será ela exercida pela comissão de representantes dos adquirentes ou, se se tratar de construção financiada, por empresa ou profissional indicado pela instituição fornecedora dos recursos para a obra, devendo ser ouvida, neste último caso, a comissão de representantes dos adquirentes.

A penhora de empresa que funcione mediante concessão ou autorização far-se-á, conforme o valor do crédito, sobre a renda, sobre determinados bens ou sobre todo o patrimônio, e o juiz nomeará como depositário, de preferência, um de seus diretores.

Quando a penhora recair sobre a renda ou sobre determinados bens, o administrador-depositário apresentará a forma de administração e o esquema de pagamento, observando-se, quanto ao mais, o disposto em relação ao regime de penhora de frutos e rendimentos de coisa móvel e imóvel.

Recaindo a penhora sobre todo o patrimônio, prosseguirá a execução em seus ulteriores termos, ouvindo-se, antes da arrematação ou da adjudicação, o ente público que houver outorgado a concessão.

A penhora de navio ou de aeronave não obsta que continuem navegando ou operando até a alienação, mas o juiz, ao conceder a autorização para tanto, não permitirá que saiam do porto ou do aeroporto antes que o executado faça o seguro usual contra riscos.

A penhora aqui estudada somente será determinada se não houver outro meio eficaz para a efetivação do crédito.

Penhora de Percentual de Faturamento de Empresa

Se o executado não tiver outros bens penhoráveis ou se, tendo-os, esses forem de difícil alienação ou insuficientes para saldar o crédito executado, o juiz poderá ordenar a penhora de percentual de faturamento de empresa.

O juiz fixará percentual que propicie a satisfação do crédito exequendo em tempo razoável, mas que não torne inviável o exercício da atividade empresarial.

O juiz nomeará administrador-depositário, o qual submeterá à aprovação judicial a forma de sua atuação e prestará contas mensalmente, entregando em juízo as quantias recebidas, com os respectivos balancetes mensais, a fim de serem imputadas no pagamento da dívida.

Na penhora de percentual de faturamento de empresa, observar-se-á, no que couber, o disposto quanto ao regime de penhora de frutos e rendimentos de coisa móvel e imóvel.

Penhora de Frutos e Rendimentos de Coisa Móvel ou Imóvel

O juiz pode ordenar a penhora de frutos e rendimentos de coisa móvel ou imóvel quando a considerar mais eficiente para o recebimento do crédito e menos gravosa ao executado.

Ordenada a penhora de frutos e rendimentos, o juiz nomeará administrador-depositário, que será investido de todos os poderes que concernem à administração do bem e à fruição de seus frutos e utilidades, perdendo o executado o direito de gozo do bem, até que o exequente seja pago do principal, dos juros, das custas e dos honorários advocatícios.

Avaliação

A avaliação será feita pelo oficial de justiça.

> **ATENÇÃO!**
>
> Se forem necessários conhecimentos especializados e o valor da execução o comportar, o juiz nomeará avaliador, fixando-lhe prazo não superior a 10 (dez) dias para entrega do laudo.

Não se procederá à avaliação quando:

– uma das partes aceitar a estimativa feita pela outra;

- se tratar de títulos ou de mercadorias que tenham cotação em bolsa, comprovada por certidão ou publicação no órgão oficial;
- se tratar de títulos da dívida pública, de ações de sociedades e de títulos de crédito negociáveis em bolsa, cujo valor será o da cotação oficial do dia, comprovada por certidão ou publicação no órgão oficial;
- se tratar de veículos automotores ou de outros bens cujo preço médio de mercado possa ser conhecido por meio de pesquisas realizadas por órgãos oficiais ou de anúncios de venda divulgados em meios de comunicação, caso em que caberá a quem fizer a nomeação o encargo de comprovar a cotação de mercado.

A avaliação realizada pelo oficial de justiça constará de vistoria e de laudo anexados ao auto de penhora ou, em caso de perícia realizada por avaliador, de laudo apresentado no prazo fixado pelo juiz, devendo-se, em qualquer hipótese, especificar:

- os bens, com as suas características, e o estado em que se encontram;
- o valor dos bens.

Quando o imóvel for suscetível de cômoda divisão, a avaliação, tendo em conta o crédito reclamado, será realizada em partes, sugerindo-se, com a apresentação de memorial descritivo, os possíveis desmembramentos para alienação.

Realizada a avaliação e, sendo o caso, apresentada a proposta de desmembramento, as partes serão ouvidas no prazo de 5 (cinco) dias.

É admitida nova avaliação quando:

- qualquer das partes arguir, fundamentadamente, a ocorrência de erro na avaliação ou dolo do avaliador;
- se verificar, posteriormente à avaliação, que houve majoração ou diminuição no valor do bem;
- o juiz tiver fundada dúvida sobre o valor atribuído ao bem na primeira avaliação.

Realizadas a penhora e a avaliação, o juiz dará início aos atos de expropriação do bem.

Expropriação de Bens

Adjudicação

A adjudicação é uma forma indireta de satisfação do crédito consistente na transferência do bem penhorado para o patrimônio do exequente.

É lícito ao exequente, oferecendo preço não inferior ao da avaliação, requerer que lhe sejam adjudicados os bens penhorados.

Se o valor do crédito for:

- inferior ao dos bens, o requerente da adjudicação depositará de imediato a diferença, que ficará à disposição do executado;
- superior ao dos bens, a execução prosseguirá pelo saldo remanescente.

Idêntico direito pode ser exercido por aqueles indicados no art. 889, incisos II a VIII, pelos credores concorrentes que hajam penhorado o mesmo bem, pelo cônjuge, pelo companheiro, pelos descendentes ou pelos ascendentes do executado.

Se houver mais de um pretendente, proceder-se-á a licitação entre eles, tendo preferência, em caso de igualdade de oferta, o cônjuge, o companheiro, o descendente ou o ascendente, nessa ordem.

No caso de penhora de quota social ou de ação de sociedade anônima fechada realizada em favor de exequente alheio à sociedade, esta será intimada, ficando responsável por informar aos sócios a ocorrência da penhora, assegurando-se a estes a preferência.

Transcorrido o prazo de 5 (cinco) dias, contado da última intimação, e decididas eventuais questões, o juiz ordenará a lavratura do auto de adjudicação.

Considera-se perfeita e acabada a adjudicação com a lavratura e a assinatura do auto pelo juiz, pelo adjudicatário, pelo escrivão ou chefe de secretaria, e, se estiver presente, pelo executado, expedindo-se:

- a carta de adjudicação e o mandado de imissão na posse, quando se tratar de bem imóvel;
- a ordem de entrega ao adjudicatário, quando se tratar de bem móvel.

ANOTE!

A carta de adjudicação conterá a descrição do imóvel, com remissão à sua matrícula e aos seus registros, a cópia do auto de adjudicação e a prova de quitação do imposto de transmissão.

No caso de penhora de bem hipotecado, o executado poderá remi-lo até a assinatura do auto de adjudicação, oferecendo preço igual ao da avaliação, se não tiver havido licitantes, ou ao do maior lance oferecido.

Frustradas as tentativas de alienação do bem, será reaberta oportunidade para requerimento de adjudicação, caso em que também se poderá pleitear a realização de nova avaliação.

Alienação

Conheçamos suas principais disposições

A alienação far-se-á:

- por iniciativa particular;
- em leilão judicial eletrônico ou presencial.

Não efetivada a adjudicação, o exequente poderá requerer a alienação por sua própria iniciativa ou por intermédio de corretor ou leiloeiro público credenciado perante o órgão judiciário. O juiz fixará o prazo em que a alienação deve ser efetivada, a forma de publicidade, o preço mínimo, as condições de pagamento, as garantias e, se for o caso, a comissão de corretagem.

A alienação por iniciativa particular é modalidade nova de expropriação, criada pela reforma feita pela Lei 11.382/06.

Nesta modalidade, faculta-se que o credor providencie a venda do bem penhorado sem as formalidades do leilão judicial.

A alienação será formalizada por termo nos autos, com a assinatura do juiz, do exequente, do adquirente e, se estiver presente, do executado, expedindo-se:

- a carta de alienação e o mandado de imissão na posse, quando se tratar de bem imóvel;
- a ordem de entrega ao adquirente, quando se tratar de bem móvel.

Os tribunais poderão editar disposições complementares sobre o procedimento da alienação prevista acima, admitindo, quando for o caso, o concurso de meios eletrônicos, e dispor sobre o credenciamento dos corretores e leiloeiros públicos, os quais deverão estar em exercício profissional por não menos que 3 (três) anos.

A alienação far-se-á em leilão judicial se não efetivada a adjudicação ou a alienação por iniciativa particular.

O leilão do bem penhorado será realizado por leiloeiro público.

Ressalvados os casos de alienação a cargo de corretores de bolsa de valores, todos os demais bens serão alienados em leilão público.

Não sendo possível a sua realização por meio eletrônico, o leilão será presencial.

A alienação judicial por meio eletrônico será realizada, observando-se as garantias processuais das partes, de acordo com regulamentação específica do Conselho Nacional de Justiça.

A alienação judicial por meio eletrônico deverá atender aos requisitos de ampla publicidade, autenticidade e segurança, com observância das regras estabelecidas na legislação sobre certificação digital.

O leilão presencial será realizado no local designado pelo juiz.

Caberá ao juiz a designação do leiloeiro público, que poderá ser indicado pelo exequente.

Incumbe ao leiloeiro público:

- publicar o edital, anunciando a alienação;

- realizar o leilão onde se encontrem os bens ou no lugar designado pelo juiz;
- expor aos pretendentes os bens ou as amostras das mercadorias;
- receber e depositar, dentro de 1 (um) dia, à ordem do juiz, o produto da alienação;
- prestar contas nos 2 (dois) dias subsequentes ao depósito.

O leiloeiro tem o direito de receber do arrematante a comissão estabelecida em lei ou arbitrada pelo juiz.

O juiz da execução estabelecerá o preço mínimo, as condições de pagamento e as garantias que poderão ser prestadas pelo arrematante.

O leilão será precedido de publicação de edital, que conterá:

- a descrição do bem penhorado, com suas características, e, tratando-se de imóvel, sua situação e suas divisas, com remissão à matrícula e aos registros;
- o valor pelo qual o bem foi avaliado, o preço mínimo pelo qual poderá ser alienado, as condições de pagamento e, se for o caso, a comissão do leiloeiro designado;
- o lugar onde estiverem os móveis, os veículos e os semoventes e, tratando-se de créditos ou direitos, a identificação dos autos do processo em que foram penhorados;
- o sítio, na rede mundial de computadores, e o período em que se realizará o leilão, salvo se este se der de modo presencial, hipótese em que serão indicados o local, o dia e a hora de sua realização;
- a indicação de local, dia e hora de segundo leilão presencial, para a hipótese de não haver interessado no primeiro;
- menção da existência de ônus, recurso ou processo pendente sobre os bens a serem leiloados.

No caso de títulos da dívida pública e de títulos negociados em bolsa, constará do edital o valor da última cotação.

O leiloeiro público designado adotará providências para a ampla divulgação da alienação.

A publicação do edital deverá ocorrer pelo menos 5 (cinco) dias antes da data marcada para o leilão.

O edital será publicado na rede mundial de computadores, em sítio designado pelo juízo da execução, e conterá descrição detalhada e, sempre que possível, ilustrada dos bens, informando expressamente se o leilão se realizará de forma eletrônica ou presencial.

Não sendo possível a publicação na rede mundial de computadores ou considerando o juiz, em atenção às condições da sede do juízo, que esse modo de divulgação é insuficiente ou inadequado, o edital será afixado em local de costume e publicado, em resumo, pelo menos uma vez em jornal de ampla circulação local.

Atendendo ao valor dos bens e às condições da sede do juízo, o juiz poderá alterar a forma e a frequência da publicidade na imprensa, mandar publicar o edital em local de ampla circulação de pessoas e divulgar avisos em emissora de rádio ou televisão local, bem como em sítios distintos dos indicados acima.

Os editais de leilão de imóveis e de veículos automotores serão publicados pela imprensa ou por outros meios de divulgação, preferencialmente na seção ou no local reservados à publicidade dos respectivos negócios.

Satisfação do Crédito

A satisfação do crédito exequendo far-se-á:

- pela entrega do dinheiro;
- pela adjudicação dos bens penhorados.

O juiz autorizará que o exequente levante, até a satisfação integral de seu crédito, o dinheiro depositado para segurar o juízo ou o produto dos bens alienados, bem como do faturamento de empresa ou de outros frutos e rendimentos de coisas ou empresas penhoradas, quando:

- a execução for movida só a benefício do exequente singular, a quem, por força da penhora, cabe o direito de preferência sobre os bens penhorados e alienados;
- não houver sobre os bens alienados outros privilégios ou preferências instituídos anteriormente à penhora.

Durante o plantão judiciário, veda-se a concessão de pedidos de levantamento de importância em dinheiro ou valores ou de liberação de bens apreendidos.

De acordo com o disposto no art. 906, ao receber o mandado de levantamento, o exequente dará ao executado, por termo nos autos, quitação da quantia paga.

A expedição de mandado de levantamento poderá ser substituída pela transferência eletrônica do valor depositado em conta vinculada ao juízo para outra indicada pelo exequente.

26.11.5. Execução contra a Fazenda Pública

Na execução fundada em título extrajudicial, a Fazenda Pública será citada para opor embargos em 30 (trinta) dias.

Não opostos embargos ou transitada em julgado a decisão que os rejeitar, expedir-se-á precatório ou requisição de pequeno valor em favor do exequente, observando-se o disposto no art. 100 da Constituição Federal.

Nos embargos, a Fazenda Pública poderá alegar qualquer matéria que lhe seria lícito deduzir como defesa no processo de conhecimento.

Posição do STJ:

> É permitida a imposição de multa diária (astreintes) a ente público para compeli-lo a fornecer medicamento a pessoa desprovida de recursos financeiros. Ação de obrigação de fazer. Fornecimento de medicamento para o tratamento de moléstia. Imposição de multa diária (astreintes) como meio de compelir o devedor a adimplir a obrigação. Fazenda Pública. Possibilidade. REsp 1.474.665-RS, Rel. Min. Benedito Gonçalves, Primeira Seção, por unanimidade, julgado em 26/4/2017, DJe 22/6/2017. (Tema 98)

26.11.6. Execução de alimentos

Ela está prevista nos arts. 911 a 913 do CPC.

Na execução fundada em título executivo extrajudicial que contenha obrigação alimentar, o juiz mandará citar o executado para, em 3 (três) dias, efetuar o pagamento das parcelas anteriores ao início da execução e das que se vencerem no seu curso, provar que o fez ou justificar a impossibilidade de fazê-lo.

Nas hipóteses em que o executado for funcionário público, militar, diretor ou gerente de empresa, bem como empregado sujeito à legislação do trabalho, o exequente poderá requerer o desconto em folha de pagamento de pessoal da importância da prestação alimentícia.

Nessa toada, ao despachar a inicial, o juiz oficiará à autoridade, à empresa ou ao empregador, determinando, sob pena de crime de desobediência, o desconto a partir da primeira remuneração posterior do executado, a contar do protocolo do ofício.

O dito ofício conterá os nomes e o número de inscrição no Cadastro de Pessoas Físicas do exequente e do executado, a importância a ser descontada mensalmente, a conta na qual deve ser feito o depósito e, se for o caso, o tempo de sua duração.

Não requerida à execução, em tela, observar-se-á o disposto no art. 824 e seguintes, com a ressalva de que, recaindo a penhora em dinheiro, a concessão de efeito suspensivo aos embargos à execução não obsta a que o exequente levante mensalmente a importância da prestação.

26.12. EMBARGOS À EXECUÇÃO

EMBARGOS À EXECUÇÃO → DEFESA NA EXECUÇÃO AUTÔNOMA

Consoante dispõe o art. 914 o executado, independentemente de penhora, depósito ou caução, poderá se opor à execução por meio de embargos.

Os embargos à execução serão distribuídos por dependência, autuados em apartado e instruídos com cópias das peças processuais relevantes, que poderão ser declaradas autênticas pelo próprio advogado, sob sua responsabilidade pessoal.

Na execução por carta, os embargos serão oferecidos no juízo deprecante ou no juízo deprecado, mas a competência para julgá-los é do juízo deprecante, salvo se versarem unicamente sobre vícios ou defeitos da penhora, da avaliação ou da alienação dos bens efetuadas no juízo deprecado.

Tratemos do seu prazo, vejamos – art. 915 do CPC:

Os embargos serão oferecidos no prazo de 15 (quinze) dias, contado, conforme o caso, na forma do art. 231.

Quando houver mais de um executado, o prazo para cada um deles embargar conta-se a partir da juntada do respectivo comprovante da citação, salvo no caso de cônjuges ou de companheiros, quando será contado a partir da juntada do último.

Nas execuções por carta, o prazo para embargos será contado:

– da juntada, na carta, da certificação da citação, quando versarem unicamente sobre vícios ou defeitos da penhora, da avaliação ou da alienação dos bens;

– da juntada, nos autos de origem, do comunicado de que trata o § 4º **do art. 915 ou, não havendo este, da juntada da carta devidamente cumprida, quando versarem sobre questões diversas da prevista no inciso I deste parágrafo.**

Em relação ao prazo para oferecimento dos embargos à execução, não se aplica o disposto no art. 229 do CPC, ou seja, não será aplicável a regra de prazos diferenciados destacados no dispositivo.

Nos atos de comunicação por carta precatória, rogatória ou de ordem, a realização da citação será imediatamente informada, por meio eletrônico, pelo juiz deprecado ao juiz deprecante.

Nos embargos à execução, o executado poderá alegar - art. 917 do CPC:

- inexequibilidade do título ou inexigibilidade da obrigação;
- penhora incorreta ou avaliação errônea;
- excesso de execução ou cumulação indevida de execuções;
- retenção por benfeitorias necessárias ou úteis, nos casos de execução para entrega de coisa certa;
- incompetência absoluta ou relativa do juízo da execução;
- qualquer matéria que lhe seria lícito deduzir como defesa em processo de conhecimento.

A incorreção da penhora ou da avaliação poderá ser impugnada por simples petição, no prazo de 15 (quinze) dias, contado da ciência do ato.

Há excesso de execução quando:

- o exequente pleiteia quantia superior à do título;
- ela recai sobre coisa diversa daquela declarada no título;
- ela se processa de modo diferente do que foi determinado no título;
- o exequente, sem cumprir a prestação que lhe corresponde, exige o adimplemento da prestação do executado;
- o exequente não prova que a condição se realizou.

Quando alegar que o exequente, em excesso de execução, pleiteia quantia superior a do título, o embargante declarará na petição inicial o valor que entende correto, apresentando demonstrativo discriminado e atualizado de seu cálculo.

Não apontado o valor correto ou não apresentado o demonstrativo, os embargos à execução:

- serão liminarmente rejeitados, sem resolução de mérito, se o excesso de execução for o seu único fundamento;

- serão processados, se houver outro fundamento, mas o juiz não examinará a alegação de excesso de execução.

Nos embargos de retenção por benfeitorias, o exequente poderá requerer a compensação de seu valor com o dos frutos ou dos danos considerados devidos pelo executado, cumprindo ao juiz, para a apuração dos respectivos valores, nomear perito, observando-se, então, o art. 464.

O exequente poderá a qualquer tempo ser imitido na posse da coisa, prestando caução ou depositando o valor devido pelas benfeitorias ou resultante da compensação.

A arguição de impedimento e suspeição observará o disposto nos arts. 146 e 148.

O juiz rejeitará liminarmente os embargos, nos termos do art.918 do CPC:

- quando intempestivos;
- nos casos de indeferimento da petição inicial e de improcedência liminar do pedido;
- manifestamente protelatórios.

Considera-se conduta atentatória à dignidade da justiça o oferecimento de embargos manifestamente protelatórios.

Efeito Suspensivo

Ele está disposto no art. 919 do CPC.

Os embargos à execução não terão efeito suspensivo.

O juiz poderá, a requerimento do embargante, atribuir efeito suspensivo aos embargos quando verificados os requisitos para a concessão da tutela provisória e desde que a execução já esteja garantida por penhora, depósito ou caução suficientes.

Cessando as circunstâncias que a motivaram, a decisão relativa aos efeitos dos embargos poderá, a requerimento da parte, ser modificada ou revogada a qualquer tempo, em decisão fundamentada.

Quando o efeito suspensivo atribuído aos embargos disser respeito apenas a parte do objeto da execução, esta prosseguirá quanto à parte restante.

A concessão de efeito suspensivo aos embargos oferecidos por um dos executados não suspenderá a execução contra os que não embargaram quando o respectivo fundamento disser respeito exclusivamente ao embargante.

A concessão de efeito suspensivo não impedirá a efetivação dos atos de substituição, de reforço ou de redução da penhora e de avaliação dos bens.

Recebidos os embargos:

- o exequente será ouvido no prazo de 15 (quinze) dias;
- a seguir, o juiz julgará imediatamente o pedido ou designará audiência;
- encerrada a instrução, o juiz proferirá sentença.

Moratória executiva

No prazo para embargos, reconhecendo o crédito do exequente e comprovando o depósito de trinta por cento do valor em execução, acrescido de custas e de honorários de advogado, o executado poderá requerer que lhe seja permitido pagar o restante em até 6 (seis) parcelas mensais, acrescidas de correção monetária e de juros de um por cento ao mês.

O exequente será intimado para manifestar-se sobre o preenchimento dos pressupostos do caput, e o juiz decidirá o requerimento em 5 (cinco) dias.

Enquanto não apreciado o requerimento, o executado terá de depositar as parcelas vincendas, facultado ao exequente seu levantamento.

Deferida a proposta, o exequente levantará a quantia depositada, e serão suspensos os atos executivos.

Indeferida a proposta, seguir-se-ão os atos executivos, mantido o depósito, que será convertido em penhora.

ANOTE!

O não pagamento de qualquer das prestações acarretará cumulativamente:

- o vencimento das prestações subsequentes e o prosseguimento do processo, com o imediato reinício dos atos executivos;
- a imposição ao executado de multa de dez por cento sobre o valor das prestações não pagas.

A opção pelo parcelamento de que trata este artigo importa renúncia ao direito de opor embargos.

As disposições da moratória não se aplicam ao cumprimento da sentença. O STJ já tinha se posicionado neste sentido.

26.13. SUSPENSÃO DO PROCESSO EXECUTIVO

26.13.1. Suspensão

A execução será suspensa nas hipóteses previstas no art. 921 do CPC, que são:

- nas hipóteses dos arts. 313 e 315, no que couber;
- no todo ou em parte, quando recebidos com efeito suspensivo os embargos à execução;
- quando o executado não possuir bens penhoráveis;
- se a alienação dos bens penhorados não se realizar por falta de licitantes e o exequente, em 15 (quinze) dias, não requerer a adjudicação nem indicar outros bens penhoráveis;
- quando concedido o parcelamento de que trata o art. 916 do CPC.

Na hipótese do executado não possuir bens o juiz suspenderá a execução pelo prazo de 1 (um) ano, durante o qual se suspenderá a prescrição.

Decorrido o prazo máximo de 1 (um) ano sem que seja localizado o executado ou que sejam encontrados bens penhoráveis, o juiz ordenará o arquivamento dos autos.

Os autos serão desarquivados para prosseguimento da execução se a qualquer tempo forem encontrados bens penhoráveis.

Decorrido o prazo de um ano sem manifestação do exequente, começa a correr o prazo de prescrição intercorrente.

O juiz, depois de ouvidas as partes, no prazo de 15 (quinze) dias, poderá, de ofício, reconhecer a **prescrição intercorrente** e extinguir o processo.

Convindo as partes, o juiz declarará suspensa a execução durante o prazo concedido pelo exequente para que o executado cumpra voluntariamente a obrigação. Findo o prazo sem cumprimento da obrigação, o processo retomará o seu curso.

Suspensa a execução, não serão praticados atos processuais, podendo o juiz, entretanto, salvo no caso de arguição de impedimento ou de suspeição, ordenar providências urgentes.

26.13.2. Extinção do processo executivo

O art. 924 do CPC prevê que a execução será extinta quando:

- a petição inicial for indeferida;
- a obrigação for satisfeita;
- o executado obtiver, por qualquer outro meio, a extinção total da dívida;
- o exequente renunciar ao crédito;
- ocorrer a prescrição intercorrente.

Esse artigo elenca as causas de extinção da execução relacionadas à própria obrigação exequenda, exceto na hipótese do inciso I que cuida de indeferimento da inicial.

Com efeito, o inciso II prevê a forma normal de extinção da execução, que ocorre quando o procedimento executivo cumpriu seu objetivo de satisfazer o credor.

O inciso III elenca hipótese em que as partes resolveram a pendência existente entre elas por meio de transação ou qualquer outro meio que acarrete a remissão total da dívida.

Por fim, o inciso IV prevê uma hipótese de disposição de direito, por parte do credor, que renuncia ao crédito.

Além dessas hipóteses, a execução também pode ser extinta nos casos previstos no art. 485 do CPC, no que for aplicável ao processo de execução, haja vista que se aplicam subsidiariamente à execução as disposições que regem o processo de conhecimento. O procedimento comum é fonte de aplicação subsidiária para a execução e, como já visto, para os procedimentos especiais.

Por fim, de acordo com o art. 925 do CPC a extinção só produz efeito quando declarada por sentença. A prolação da decisão judicial é fundamental para a concessão dos efeitos da execução.

Como decidiu o STJ:

> Execução. Fazenda Pública credora. Medidas expropriatórias. Arts. 647 e 685-C do CPC/73. Adjudicação do bem. Alienação particular. Desinteresse da parte exequente. Hasta pública. Possibilidade. REsp 1.312.509-RN, Rel. Min. Sérgio Kukina, por unanimidade.
>
> Execução de título extrajudicial. Mensalidades escolares. Dívidas contraídas em nome dos filhos da executada. Ausência de bens em nome da mãe para a satisfação do débito. Pretensão de inclusão do pai na relação jurídica processual. Possibilidade. Sustento e manutenção do menor matriculado em ensino regular. Responsável solidário. Legitimidade extraordinária. REsp 1.472.316-SP, Rel. Min. Paulo de Tarso Sanseverino.

27

ORDEM DOS PROCESSOS E DOS PROCESSOS DE COMPETÊNCIA ORIGINÁRIA DOS TRIBUNAIS

27.1. ORDEM DOS PROCESSOS NOS TRIBUNAIS

Consoante dispõe o art. 929 do CPC, os autos serão registrados no protocolo do tribunal no dia de sua entrada, cabendo à secretaria ordená-los, com imediata distribuição.

A critério do tribunal, os serviços de protocolo poderão ser descentralizados, mediante delegação a ofícios de justiça de primeiro grau.

Far-se-á a distribuição de acordo com o regimento interno do tribunal, observando-se a alternatividade, o sorteio eletrônico e a publicidade.

O primeiro recurso protocolado no tribunal tornará prevento o relator para eventual recurso subsequente interposto no mesmo processo ou em processo conexo.

Distribuídos, os autos serão imediatamente conclusos ao relator, que, em 30 (trinta) dias, depois de elaborar o voto, restitui-los-á, com relatório, à secretaria.

As tarefas do relator estão dispostas no artigo 932, vejamos:

- dirigir e ordenar o processo no tribunal, inclusive em relação à produção de prova, bem como, quando for o caso, homologar autocomposição das partes;
- apreciar o pedido de tutela provisória nos recursos e nos processos de competência originária do tribunal;
- não conhecer de recurso inadmissível, prejudicado ou que não tenha impugnado especificamente os fundamentos da decisão recorrida;
- negar provimento a recurso que for contrário a:
  a) súmula do Supremo Tribunal Federal, do Superior Tribunal de Justiça ou do próprio tribunal;
  b) acórdão proferido pelo Supremo Tribunal Federal ou pelo Superior Tribunal de Justiça em julgamento de recursos repetitivos;
  c) entendimento firmado em incidente de resolução de demandas repetitivas ou de assunção de competência;
- depois de facultada a apresentação de contrarrazões, dar provimento ao recurso se a decisão recorrida for contrária a:
  a) súmula do Supremo Tribunal Federal, do Superior Tribunal de Justiça ou do próprio tribunal;
  b) acórdão proferido pelo Supremo Tribunal Federal ou pelo Superior Tribunal de Justiça em julgamento de recursos repetitivos;
  c) entendimento firmado em incidente de resolução de demandas repetitivas ou de assunção de competência;
- decidir o incidente de desconsideração da personalidade jurídica, quando este for instaurado originariamente perante o tribunal;
- determinar a intimação do Ministério Público, quando for o caso;

- exercer outras atribuições estabelecidas no regimento interno do tribunal.

ANOTE!

Antes de considerar inadmissível o recurso, o relator concederá o prazo de 5 (cinco) dias ao recorrente para que seja sanado vício ou complementada a documentação exigível.

Se o relator constatar a ocorrência de fato superveniente à decisão recorrida ou a existência de questão apreciável de ofício ainda não examinada que devam ser considerados no julgamento do recurso, intimará as partes para que se manifestem no prazo de 5 (cinco) dias.

Se a constatação ocorrer durante a sessão de julgamento, esse será imediatamente suspenso a fim de que as partes se manifestem especificamente.

Se a constatação se der em vista dos autos, deverá o juiz que a solicitou encaminhá-los ao relator, que tomará as providências previstas acima e, em seguida, solicitará a inclusão do feito em pauta para prosseguimento do julgamento, com submissão integral da nova questão aos julgadores.

Em seguida, os autos serão apresentados ao presidente, que designará dia para julgamento, ordenando, em todas as hipóteses previstas aqui nestas linhas, a publicação da pauta no órgão oficial.

CUIDADO!

Entre a data de publicação da pauta e a da sessão de julgamento decorrerá, pelo menos, o prazo de 5 (cinco) dias, incluindo-se em nova pauta os processos que não tenham sido julgados, salvo aqueles cujo julgamento tiver sido expressamente adiado para a primeira sessão seguinte.

Às partes será permitida vista dos autos em cartório após a publicação da pauta de julgamento.

Afixar-se-á a pauta na entrada da sala em que se realizar a sessão de julgamento.

Ressalvadas as preferências legais e regimentais, os recursos, a remessa necessária e os processos de competência originária serão julgados na seguinte ordem:

- aqueles nos quais houver sustentação oral, observada a ordem dos requerimentos;
- os requerimentos de preferência apresentados até o início da sessão de julgamento;
- aqueles cujo julgamento tenha iniciado em sessão anterior; e
- os demais casos.

LEMBRE!

De acordo com o art. 937, na sessão de julgamento, depois da exposição da causa pelo relator, o presidente dará a palavra, sucessivamente, ao recorrente, ao recorrido e, nos casos de sua intervenção, ao membro do Ministério Público, pelo prazo improrrogável de 15 (quinze) minutos para cada um, a fim de sustentarem suas razões, nas seguintes hipóteses, nos termos da parte final do caput do art. 1.021:

- no recurso de apelação;
- no recurso ordinário;
- no recurso especial;
- no recurso extraordinário;
- nos embargos de divergência;
- na ação rescisória, no mandado de segurança e na reclamação;
- no agravo de instrumento interposto contra decisões interlocutórias que versem sobre tutelas provisórias de urgência ou da evidência;
- em outras hipóteses previstas em lei ou no regimento interno do tribunal.

A sustentação oral no incidente de resolução de demandas repetitivas observará o disposto no art. 984, no que couber.

O procurador que desejar proferir sustentação oral poderá requerer, até o início da sessão, que o processo seja julgado em primeiro lugar, sem prejuízo das preferências legais.

É permitido ao advogado com domicílio profissional em cidade diversa daquela onde está sediado o tribunal realizar sustentação oral por meio de videoconferência ou outro recurso tecnológico de transmissão de sons e imagens em tempo real, desde que o requeira até o dia anterior ao da sessão.

O relator ou outro juiz que não se considerar habilitado a proferir imediatamente seu voto poderá solicitar vista pelo prazo máximo de 10 (dez) dias, após o qual o recurso será reincluído em pauta para julgamento na sessão seguinte à data da devolução.

Se os autos não forem devolvidos tempestivamente ou se não for solicitada pelo juiz prorrogação de prazo de no máximo mais 10 (dez) dias, o presidente do órgão fracionário os requisitará para julgamento do recurso na sessão ordinária subsequente, com publicação da pauta em que for incluído.

Proferidos os votos, o presidente anunciará o resultado do julgamento, designando para redigir o acórdão o relator ou, se vencido este, o autor do primeiro voto vencedor.

VALE GRIFAR!

O voto poderá ser alterado até o momento da proclamação do resultado pelo presidente, salvo aquele já proferido por juiz afastado ou substituído.

No julgamento de apelação ou de agravo de instrumento, a decisão será tomada, no órgão colegiado, pelo voto de 3 (três) juízes.

O voto vencido será necessariamente declarado e considerado parte integrante do acórdão para todos os fins legais, inclusive de pré-questionamento.

☺ NOVIDADES!

Nos termos do art. 942 do CPC, quando o resultado da apelação for não unânime, o julgamento terá prosseguimento em sessão a ser designada com a presença de outros julgadores, que serão convocados nos termos previamente definidos no regimento interno, em número suficiente para garantir a possibilidade de inversão do resultado inicial, assegurado às partes e a eventuais terceiros o direito de sustentar oralmente suas razões perante os novos julgadores.[1] Eis uma técnica de julgamento.

Sendo possível, o prosseguimento do julgamento dar-se-á na mesma sessão, colhendo-se os votos de outros julgadores que porventura componham o órgão colegiado. Os julgadores que já tiverem votado poderão rever seus votos por ocasião do prosseguimento do julgamento.

A técnica de julgamento prevista acima aplica-se, igualmente, ao julgamento não unânime proferido em:

- ação rescisória, quando o resultado for à rescisão da sentença, devendo, nesse caso, seu prosseguimento ocorrer em órgão de maior composição previsto no regimento interno;
- agravo de instrumento, quando houver reforma da decisão que julgar parcialmente o mérito.

Ela não será aplicável, vejamos:

- do incidente de assunção de competência e ao de resolução de demandas repetitivas;
- da remessa necessária;
- não unânime proferido, nos tribunais, pelo plenário ou pela corte especial.

1. Tal procedimento substitui a interposição dos Embargos Infringentes que não estão mais regulados na nova lei.

Os votos, os acórdãos e os demais atos processuais podem ser registrados em documento eletrônico inviolável e assinados eletronicamente, na forma da lei, devendo ser impressos para juntada aos autos do processo quando este não for eletrônico.

Ademais, vale lembrar que todo acórdão conterá ementa. Lavrado o acórdão, sua ementa será publicada no órgão oficial no prazo de 10 (dez) dias.

Não publicado o acórdão no prazo de 30 (trinta) dias, contado da data da sessão de julgamento, as notas taquigráficas o substituirão, para todos os fins legais, independentemente de revisão.

Como decidiu o STJ:

> Técnica de ampliação do colegiado. Art. 942 do CPC/2015. Julgamento não unânime. Novos julgadores convocados. Possibilidade de apreciação da integralidade do recurso. REsp 1.771.815-SP, Rel. Min. Ricardo Villas Bôas Cueva, por unanimidade, julgado em 13/11/2018, DJe 21/11/2018[2].

LEMBRE!

O agravo de instrumento será julgado antes da apelação interposta no mesmo processo. Se ambos os recursos houverem de ser julgados na mesma sessão, terá precedência o agravo de instrumento.

27.2. INCIDENTE DE ASSUNÇÃO DE COMPETÊNCIA

É admissível a assunção de competência quando o julgamento de recurso, de remessa necessária ou de processo de competência originária envolver relevante questão de direito, com grande repercussão social, sem repetição em múltiplos processos.

---

2. O colegiado formado com a convocação dos novos julgadores (art. 942 do CPC/2015) poderá analisar de forma ampla todo o conteúdo das razões recursais, não se limitando à matéria sobre a qual houve originalmente divergência.

De acordo com a disposição do artigo 947, a assunção de competência será utilizada quando o julgamento de recurso, de remessa necessária ou de processo de competência originária envolver relevante questão de direito, com grande repercussão social, sem repetição em múltiplos processos.

Ocorrendo a hipótese de assunção de competência, o relator proporá, de ofício ou a requerimento da parte, do Ministério Público ou da Defensoria Pública, que seja o recurso, a remessa necessária ou o processo de competência originária julgado pelo órgão colegiado que o regimento indicar.

O órgão colegiado julgará o recurso, a remessa necessária ou o processo de competência originária se reconhecer interesse público na assunção de competência.

O acórdão proferido em assunção de competência vinculará todos os juízes e órgãos fracionários, exceto se houver revisão de tese.

Aplica-se o incidente, em tela, quando ocorrer relevante questão de direito a respeito da qual seja conveniente a prevenção ou a composição de divergência entre câmaras ou turmas do tribunal.

27.3. INCIDENTE DE ARGUIÇÃO DE INCONSTITUCIONALIDADE

Arguida, em controle difuso, a inconstitucionalidade de lei ou de ato normativo do poder público, o relator, após ouvir o Ministério Público e as partes, submeterá a questão à turma ou à câmara à qual competir o conhecimento do processo.

Se a arguição for:

- rejeitada, prosseguirá o julgamento;
- acolhida, a questão será submetida ao plenário do tribunal ou ao seu órgão especial, onde houver.

Os órgãos fracionários dos tribunais não submeterão ao plenário ou ao órgão especial a arguição de inconstitucionalidade quando já houver pronunciamento destes ou do plenário do Supremo Tribunal Federal sobre a questão.

Remetida cópia do acórdão a todos os juízes, o presidente do tribunal designará a sessão de julgamento.

As pessoas jurídicas de direito público responsáveis pela edição do ato questionado poderão manifestar-se no incidente de inconstitucionalidade se assim o requererem, observados os prazos e as condições previstos no regimento interno do tribunal.

A parte legitimada à propositura das ações previstas no art. 103 da Constituição Federal **poderá manifestar-se, por escrito, sobre a questão constitucional objeto de apreciação, no prazo previsto pelo regimento interno**, sendo-lhe assegurado o direito de apresentar memoriais ou de requerer a juntada de documentos.

Por fim, considerando a relevância da matéria e a representatividade dos postulantes, o relator poderá admitir, por despacho irrecorrível, a manifestação de outros órgãos ou entidades.

27.4. CONFLITO DE COMPETÊNCIA

Pode se estabelecer conflito de competência quando dois ou mais juízes se dão por competentes (conflito positivo) ou incompetentes (conflito negativo) para julgamento da mesma ação.

Apenas um órgão jurisdicional poderá julgar a ação.

Trata-se de um incidente do processo.

O conflito de competência está disposto nos arts. 951 ao 959 do CPC.

Conheçamos suas principais disposições:

O conflito de competência pode ser suscitado por qualquer das partes, pelo Ministério Público ou pelo juiz.

O Ministério Público somente será ouvido nos conflitos de competência relativos aos processos previstos no art. 178, mas terá qualidade de parte nos conflitos que suscitar.

CONFLITO POSITIVO	CONFLITO NEGATIVO
Dois ou mais órgãos se dão por competentes.	Dois ou mais órgãos se dão por incompetentes.

QUESTÃO DE PROVA!

Não pode suscitar conflito a parte que, no processo, arguiu incompetência relativa. O conflito de competência não obsta, porém, a que a parte que não o arguiu suscite a incompetência.

O conflito será suscitado ao tribunal:

- pelo juiz, por ofício;
- pela parte e pelo Ministério Público, por petição.

O ofício e a petição serão instruídos com os documentos necessários à prova do conflito. Após a distribuição, o relator determinará a oitiva dos juízes em conflito ou, se um deles for suscitante, apenas do suscitado. No prazo designado por ele, incumbirá ao juiz ou aos juízes prestar as informações.

O relator poderá, de ofício ou a requerimento de qualquer das partes, determinar, quando o conflito for positivo, o sobrestamento do processo e, nesse caso, bem como no de conflito negativo, designará um dos juízes para resolver, em caráter provisório, as medidas urgentes.

O relator poderá julgar de plano o conflito de competência quando sua decisão se fundar em:

- súmula do Supremo Tribunal Federal, do Superior Tribunal de Justiça ou do próprio tribunal;
- tese firmada em julgamento de casos repetitivos ou em incidente de assunção de competência.

Decorrido o prazo designado pelo relator, será ouvido o Ministério Público, no prazo de 5 (cinco) dias, ainda que as informações não tenham sido prestadas, e, em seguida, o conflito irá a julgamento.

De acordo com o art. 957 do CPC, ao decidir o conflito, o tribunal declarará qual o juízo competente, pronunciando-se também sobre a validade dos atos do juízo incompetente.

Os autos do processo em que se manifestou o conflito serão remetidos ao juiz declarado competente.

No conflito que envolva órgãos fracionários dos tribunais, desembargadores e juízes em exercício no tribunal, observar-se-á o que dispuser o regimento interno do tribunal.

O regimento interno do tribunal regulará o processo e o julgamento do conflito de atribuições entre autoridade judiciária e autoridade administrativa.

27.5. HOMOLOGAÇÃO DE DECISÃO ESTRANGEIRA E CONCESSÃO DE *EXEQUATUR* À CARTA ROGATÓRIA

O processo de homologação, nos dias de hoje, é de competência privativa do **Superior Tribunal de Justiça.**

A homologação de decisão estrangeira será requerida por ação de homologação de decisão estrangeira, salvo disposição especial em sentido contrário prevista em tratado.

A decisão interlocutória estrangeira poderá ser executada no Brasil por meio de carta rogatória.

A homologação obedecerá ao que dispuserem os tratados em vigor no Brasil e o Regimento Interno do Superior Tribunal de Justiça.

A homologação de decisão arbitral estrangeira obedecerá ao disposto em tratado e em lei, aplicando-se, subsidiariamente, as disposições aqui estudadas.

A decisão estrangeira somente terá eficácia no Brasil, nos termos dispostos no art.961 do CPC, após a homologação de sentença estrangeira ou a concessão do exequatur às cartas rogatórias, salvo disposição em sentido contrário de lei ou tratado.

É passível de homologação a decisão judicial definitiva, bem como a decisão não judicial que, pela lei brasileira, teria natureza jurisdicional. Ademais, a decisão estrangeira poderá ser homologada parcialmente.

A autoridade judiciária brasileira poderá deferir pedidos de urgência e realizar atos de execução provisória no processo de homologação de decisão estrangeira.

Haverá homologação de decisão estrangeira para fins de execução fiscal quando prevista em tratado ou em promessa de reciprocidade apresentada à autoridade brasileira.

A sentença estrangeira de divórcio consensual produz efeitos no Brasil, independentemente de homologação pelo Superior Tribunal de Justiça. Competirá a qualquer juiz examinar a validade da decisão, em caráter principal ou incidental, quando essa questão for suscitada em processo de sua competência. Ressalte-se que no caso do divórcio consensual simples ou puro, não se exige homologação pelo STJ. Nestes casos, a sentença estrangeira poderá ser levada diretamente ao cartório de registro civil. Eis o disposto no Provimento 53 do CNJ.

Também é passível de execução a decisão estrangeira concessiva de medida de urgência.

A execução, no Brasil, de decisão interlocutória estrangeira concessiva de medida de urgência **dar-se-á por carta rogatória.**[3] A medida de urgência concedida sem audiência do réu poderá ser executada, desde que garantido o contraditório em momento posterior.

O juízo sobre a urgência da medida compete exclusivamente à autoridade jurisdicional prolatora da decisão estrangeira.

Quando dispensada a homologação para que a sentença estrangeira produza efeitos no Brasil, a decisão concessiva de medida de urgência dependerá, para produzir efeitos, de ter sua validade expressamente reconhecida pelo juiz competente para dar-lhe cumprimento, dispensada a homologação pelo Superior Tribunal de Justiça.

Constituem requisitos indispensáveis à homologação da decisão:

– ser proferida por autoridade competente;
– ser precedida de citação regular, ainda que verificada a revelia;

3. Tais cartas foram estudadas em capítulo próprio.

- ser eficaz no país em que foi proferida;
- não ofender a coisa julgada brasileira;
- estar acompanhada de tradução oficial, salvo disposição que a dispense prevista em tratado;
- não conter manifesta ofensa à ordem pública.

ANOTE!

Não será homologada a decisão estrangeira na hipótese de competência exclusiva da autoridade judiciária brasileira.

O dispositivo também se aplica à concessão do exequatur à carta rogatória.

Regra de ouro!

O cumprimento de decisão estrangeira far-se-á perante o juízo federal competente, a requerimento da parte, conforme as normas estabelecidas para o cumprimento de decisão nacional.

Por fim, o pedido de execução deverá ser instruído com cópia autenticada da decisão homologatória ou do exequatur, conforme o caso.

27.6. AÇÃO RESCISÓRIA

Pode ser compreendida como a ação autônoma de impugnação por excelência. Ela supõe uma decisão que já tenha transitado em julgado.

É a decisão de mérito, transitada em julgado, que poderá ser rescindida.

Não se fala em "sentença" de mérito, mas em "decisão" de igual conteúdo. A alteração reflete o que doutrina e jurisprudência já vinham reconhecendo há tempos: também decisões interlocutórias são passíveis de rescisão porque, ainda que excepcionalmente, elas também podem conter julgamento sobre o mérito. Observe-se, por exemplo, a disposição presente no art. 356 do CPC.

As suas hipóteses de cabimento estão previstas no art. 966[4], senão vejamos:

- se verificar que foi proferida por força de prevaricação, concussão ou corrupção do juiz;
- for proferida por juiz impedido ou por juízo absolutamente incompetente;
- resultar de dolo ou coação da parte vencedora em detrimento da parte vencida ou, ainda, de simulação ou colusão entre as partes, a fim de fraudar a lei;
- ofender a coisa julgada;
- violar manifestamente norma jurídica;
- for fundada em prova cuja falsidade tenha sido apurada em processo criminal ou venha a ser demonstrada na própria ação rescisória;
- obtiver o autor, posteriormente ao trânsito em julgado, prova nova cuja existência ignorava ou de que não pôde fazer uso, capaz, por si só, de lhe assegurar pronunciamento favorável;
- for fundada em erro de fato verificável do exame dos autos.

Há erro de fato quando a decisão rescindenda admitir fato inexistente ou quando considerar inexistente fato efetivamente ocorrido, sendo indispensável, em ambos os casos, que o fato não represente ponto controvertido sobre o qual o juiz deveria ter se pronunciado.

---

4. Com o advento da Lei 13.256/16 o art. 966, parágrafo 5º passou a vigorar com a seguinte redação, vejamos:" Cabe ação rescisória, com fundamento no inciso V do caput deste artigo, contra decisão baseada em enunciado de súmula ou acórdão proferido em julgamento de casos repetitivos que não tenha considerado a existência de distinção entre a questão discutida no processo e o padrão decisório que lhe deu fundamento. § 6º Quando a ação rescisória fundar-se na hipótese do § 5º deste artigo, caberá ao autor, sob pena de inépcia, demonstrar, fundamentadamente, tratar-se de situação particularizada por hipótese fática distinta ou de questão jurídica não examinada, a impor outra solução jurídica."

NOVIDADE!

Nas hipóteses previstas acima, será rescindível a decisão transitada em julgado que, embora não seja de mérito, impeça:

- nova propositura da demanda; ou
- admissibilidade do recurso correspondente.

MAIS UMA NOVIDADE!

A ação rescisória pode ter por objeto apenas 1 (um) capítulo da decisão.[5]

Os atos de disposição de direitos, praticados pelas partes ou por outros participantes do processo e homologados pelo juízo, bem como os atos homologatórios praticados no curso da execução, estão sujeitos à anulação, nos termos da lei.

Cabe ação rescisória, com fundamento no inciso V do artigo 966, contra decisão baseada em enunciado de súmula ou acórdão proferido em julgamento de casos repetitivos que não tenha considerado a existência de distinção entre a questão discutida no processo e o padrão decisório que lhe deu fundamento.

Ademais, quando a ação rescisória fundar-se na hipótese do § 5º do artigo, em comento, caberá ao autor, sob pena de inépcia, demonstrar, fundamentadamente, tratar-se de situação particularizada por hipótese fática distinta ou de questão jurídica não examinada, a impor outra solução jurídica

LEGITIMADOS

Têm legitimidade para propor a ação rescisória:

- quem foi parte no processo ou o seu sucessor a título universal ou singular;

---

5. Recomendamos a leitura do livro capítulos de Sentença de Cândido Rangel Dinamarco. Sua teoria foi abraçada pelo CPC/15.

- o terceiro juridicamente interessado;
- o Ministério Público:
  - se não foi ouvido no processo em que lhe era obrigatória a intervenção;
  - quando a decisão rescindenda é o efeito de simulação ou de colusão das partes, a fim de fraudar a lei;
  - em outros casos em que se imponha sua atuação;
- aquele que não foi ouvido no processo em que lhe era obrigatória a intervenção.

Nas hipóteses do art. 178, já estudado na presente obra, o Ministério Público será intimado para intervir como fiscal da ordem jurídica quando não for parte.

A petição inicial será elaborada com observância dos requisitos essenciais do art. 319, devendo o autor:

- cumular ao pedido de rescisão, se for o caso, o de novo julgamento do processo;
- depositar a importância de cinco por cento sobre o valor da causa, que se converterá em multa caso a ação seja, por unanimidade de votos, declarada inadmissível ou improcedente.

CUIDADO!

Não se aplica o disposto acima à União, aos Estados, ao Distrito Federal, aos Municípios, às suas respectivas autarquias e fundações de direito público, ao Ministério Público, à Defensoria Pública e aos que tenham obtido o benefício de gratuidade da justiça.

Além dos casos previstos no art. 330, a petição inicial será indeferida quando não efetuado o depósito exigido por lei. Aplica-se à ação rescisória o disposto no art. 332.

Reconhecida a incompetência do tribunal para julgar a ação rescisória, o autor será intimado para emendar a petição inicial, a fim de adequar o objeto da ação rescisória, quando a decisão apontada como rescindenda:

- não tiver apreciado o mérito e não se enquadrar na situação prevista no § 2º do art. 966;
- tiver sido substituída por decisão posterior.

A propositura da ação rescisória não impede o cumprimento da decisão rescindenda, ressalvada a concessão de tutela provisória.

O relator ordenará a citação do réu, designando-lhe prazo nunca inferior a 15 (quinze) dias nem superior a 30 (trinta) dias para, querendo, apresentar resposta, ao fim do qual, com ou sem contestação, observar-se-á, no que couber, o procedimento comum.

Na ação rescisória, devolvidos os autos pelo relator, a secretaria do tribunal expedirá cópias do relatório e as distribuirá entre os juízes que compuserem o órgão competente para o julgamento. A escolha de relator recairá, sempre que possível, em juiz que não haja participado do julgamento rescindendo.

Se os fatos alegados pelas partes dependerem de prova, o relator poderá delegar a competência ao órgão que proferiu a decisão rescindenda, fixando prazo de 1 (um) a 3 (três) meses para a devolução dos autos.

Concluída a instrução, será aberta vista ao autor e ao réu para razões finais, sucessivamente, pelo prazo de 10 (dez) dias.

Em seguida, os autos serão conclusos ao relator, procedendo-se ao julgamento pelo órgão competente. Julgando procedente o pedido, o tribunal rescindirá a decisão, proferirá, se for o caso, novo julgamento e determinará a restituição do depósito.

Considerando, por unanimidade, inadmissível ou improcedente o pedido, o tribunal determinará a reversão, em favor do réu, da importância do depósito, sem prejuízo do disposto no § 2º do art. 82.

PRAZO!!!!

O direito à rescisão se extingue em 2 (dois) anos contados do trânsito em julgado da última decisão proferida no processo.

Prorroga-se até o primeiro dia útil imediatamente subsequente o prazo a que se refere o caput, quando expirar durante férias forenses, recesso, feriados ou em dia em que não houver expediente forense.

Se fundada a ação no inciso VII do art. 966, o termo inicial do prazo será a data de descoberta da prova nova, observado o prazo máximo de 5 (cinco) anos, contado do trânsito em julgado da última decisão proferida no processo.

Nas hipóteses de simulação ou de colusão das partes, o prazo começa a contar, para o terceiro prejudicado e para o Ministério Público, que não interveio no processo, a partir do momento em que têm ciência da simulação ou da colusão.

Como decidiu o STJ:

> **Ação rescisória. Legitimidade passiva. Honorários sucumbenciais. Litisconsórcio passivo necessário entre parte no processo e o seu advogado.**
>
> A ação rescisória, quando busca desconstituir sentença condenatória que fixou honorários advocatícios sucumbenciais, deve ser proposta não apenas contra o titular do crédito principal formado em juízo, mas também contra o advogado em favor de quem foi fixada a verba honorária. REsp 1.651.057-CE, Rel. Min. Moura Ribeiro, julgado em 16/5/2017, DJe 26/5/2017.

27.7. INCIDENTE DE RESOLUÇÃO DE DEMANDAS REPETITIVAS – IRDR

Ele está disposto nos artigos 976 a 987 do CPC.

Eis uma novidade. O incidente de resolução de demandas repetitivas tem por objetivo viabilizar a preservação do princípio da duração razoável do processo, igualdade e a própria harmonia do sistema jurídico brasileiro.

É cabível a instauração do incidente de resolução de demandas repetitivas quando houver, simultaneamente:

- **efetiva repetição de processos que contenham controvérsia sobre a mesma questão unicamente de direito;**
- **risco de ofensa à isonomia e à segurança jurídica.**

Vale ressaltar que a desistência ou o abandono do processo não impede o exame de mérito do incidente.

Se não for o requerente, o Ministério Público intervirá obrigatoriamente no incidente e deverá assumir sua titularidade em caso de desistência ou de abandono. O MP assume um importante papel nesses casos.

A inadmissão do incidente de resolução de demandas repetitivas por ausência de qualquer de seus pressupostos de admissibilidade não impede que, uma vez satisfeito o requisito, seja o incidente novamente suscitado.

Nessa toada, é incabível o incidente de resolução de demandas repetitivas quando um dos tribunais superiores, no âmbito de sua respectiva competência, já tiver afetado recurso para definição de tese sobre questão de direito material ou processual repetitiva.

Não serão exigidas custas processuais no incidente de resolução de demandas repetitivas.

O pedido de instauração do incidente será dirigido ao presidente do tribunal:

- pelo juiz ou relator, por ofício;
- pelas partes, por petição;
- pelo Ministério Público ou pela Defensoria Pública, por petição.

O ofício ou a petição será instruído com os documentos necessários à demonstração do preenchimento dos pressupostos para a instauração do incidente.

O julgamento do incidente caberá ao órgão indicado pelo regimento interno dentre aqueles responsáveis pela uniformização de jurisprudência do tribunal.

O órgão colegiado incumbido de julgar o incidente e de fixar a tese jurídica julgará igualmente o recurso, a remessa necessária ou o processo de competência originária de onde se originou o incidente.

A instauração e o julgamento do incidente serão sucedidos da mais ampla e específica divulgação e publicidade, por meio de registro eletrônico no Conselho Nacional de Justiça.

Os tribunais manterão banco eletrônico de dados atualizados com informações específicas sobre questões de direito submetidas ao incidente, comunicando-o imediatamente ao Conselho Nacional de Justiça para inclusão no cadastro.

Para possibilitar a identificação dos processos abrangidos pela decisão do incidente, o registro eletrônico das teses jurídicas constantes do cadastro conterá, no mínimo, os fundamentos determinantes da decisão e os dispositivos normativos a ela relacionados.

O incidente será julgado no prazo de 1 (um) ano e terá preferência sobre os demais feitos, ressalvados os que envolvam réu preso e os pedidos de habeas corpus.

Após a distribuição, o órgão colegiado competente para julgar o incidente procederá ao seu juízo de admissibilidade, considerando a presença dos pressupostos do art. 976.

Admitido o incidente, nos termos do artigo 982 do CPC, o relator:

- suspenderá os processos pendentes, individuais ou coletivos, que tramitam no Estado ou na região, conforme o caso;
- poderá requisitar informações a órgãos em cujo juízo tramita processo no qual se discute o objeto do incidente, que as prestarão no prazo de 15 (quinze) dias;
- intimará o Ministério Público para, querendo, manifestar-se no prazo de 15 (quinze) dias. A suspensão será comunicada aos órgãos jurisdicionais competentes.

Durante a suspensão, o pedido de tutela de urgência deverá ser dirigido ao juízo onde tramita o processo suspenso.

Visando à garantia da segurança jurídica, qualquer legitimado mencionado no art. 977, incisos II e III, poderá requerer, ao tribunal competente para conhecer do recurso extraordinário ou especial, a suspensão de todos os processos individuais ou coletivos em curso no território nacional que versem sobre a questão objeto do incidente já instaurado.

Independentemente dos limites da competência territorial, a parte no processo em curso no qual se discuta a mesma questão objeto do incidente é legitimada para requerer a providência acima prevista.

Cessa a suspensão acima indicada se não for interposto recurso especial ou recurso extraordinário contra a decisão proferida no incidente.

O relator ouvirá as partes e os demais interessados, inclusive pessoas, órgãos e entidades com interesse na controvérsia, que, no prazo comum de 15 (quinze) dias, poderão requerer a juntada de documentos, bem como as diligências necessárias para a elucidação da questão de direito controvertida, e, em seguida, manifestar-se-á o Ministério Público, no mesmo prazo.

Para instruir o incidente, o relator poderá designar data para, em audiência pública, ouvir depoimentos de pessoas com experiência e conhecimento na matéria.

Concluídas as diligências, o relator solicitará dia para o julgamento do incidente.

CUIDADO!

No julgamento do incidente, observar-se-á a seguinte ordem:

- o relator fará a exposição do objeto do incidente;
- poderão sustentar suas razões, sucessivamente:
  a) o autor e o réu do processo originário e o Ministério Público, pelo prazo de 30 (trinta) minutos;
  b) os demais interessados, no prazo de 30 (trinta) minutos, divididos entre todos, sendo exigida inscrição com 2 (dois) dias de antecedência.

Considerando o número de inscritos, o prazo poderá ser ampliado.

O conteúdo do acórdão abrangerá a análise de todos os fundamentos suscitados concernentes à tese jurídica discutida, sejam favoráveis ou contrários.

Julgado o incidente, a tese jurídica será aplicada:

– a todos os processos individuais ou coletivos que versem sobre idêntica questão de direito e que tramitem na área de jurisdição do respectivo tribunal, inclusive àqueles que tramitem nos juizados especiais do respectivo Estado ou região;

- aos casos futuros que versem idêntica questão de direito e que venham a tramitar no território de competência do tribunal, salvo revisão na forma do art. 986.

Vale salientar que não observada a tese adotada no incidente, caberá reclamação.

ANOTE!

Se o incidente tiver por objeto questão relativa a prestação de serviço concedido, permitido ou autorizado, o resultado do julgamento será comunicado ao órgão, ao ente ou à agência reguladora competente para fiscalização da efetiva aplicação, por parte dos entes sujeitos a regulação, da tese adotada.

A revisão da tese jurídica firmada no incidente far-se-á pelo mesmo tribunal, de ofício ou mediante requerimento dos legitimados mencionados no art. 977, inciso III, já referido acima.

Do julgamento do mérito do incidente caberá recurso extraordinário ou especial, conforme o caso.

O recurso tem efeito suspensivo, presumindo-se a repercussão geral de questão constitucional eventualmente discutida.

Apreciado o mérito do recurso, a tese jurídica adotada pelo Supremo Tribunal Federal ou pelo Superior Tribunal de Justiça será aplicada no território nacional a todos os processos individuais ou coletivos que versem sobre idêntica questão de direito.

27.8. RECLAMAÇÃO CONSTITUCIONAL

Saliente-se, desde logo, que a reclamação não estava expressamente disposta no CPC/73.

O artigo 988 elenca as hipóteses de cabimento da referida reclamação, senão vejamos:

- preservar a competência do tribunal;
- garantir a autoridade das decisões do tribunal;
- garantir a observância de enunciado de súmula vinculante e de precedente proferido em julgamento de casos repetitivos ou em incidente de assunção de competência;
- garantir a observância de acórdão proferido em julgamento de incidente de resolução de demandas repetitivas ou de incidente de assunção de competência.

A reclamação pode ser proposta perante qualquer tribunal, e seu julgamento compete ao órgão jurisdicional cuja competência se busca preservar ou cuja autoridade se pretenda garantir.

Ela deve ser instruída com prova documental e deve ser endereçada ao presidente do tribunal.

Assim que recebida, a reclamação será autuada e distribuída ao relator do processo principal, sempre que possível.

CUIDADO MÁXIMO!

É inadmissível a reclamação proposta após o trânsito em julgado da decisão.

A inadmissibilidade ou o julgamento do recurso interposto contra a decisão proferida pelo órgão reclamado não prejudica a reclamação.

De acordo com o art. 989 ao despachar a reclamação, o relator:

- requisitará informações da autoridade a quem for imputada a prática do ato impugnado, que as prestará no prazo de 10 (dez) dias;
- se necessário, ordenará a suspensão do processo ou do ato impugnado para evitar dano irreparável;
- determinará a citação do beneficiário da decisão impugnada, que terá prazo de 15 (quinze) dias para apresentar a sua contestação.

Qualquer interessado poderá impugnar o pedido do reclamante.

Na reclamação que não houver formulado, o Ministério Público terá vista do processo por 5 (cinco) dias, após o decurso do prazo para informações e para o oferecimento da contestação pelo beneficiário do ato impugnado.

Julgando procedente a reclamação, o tribunal cassará a decisão exorbitante de seu julgado ou determinará medida adequada à solução da controvérsia. Ademais, presidente do tribunal determinará o imediato cumprimento da decisão, lavrando-se o acórdão posteriormente.

RECAPITULANDO

Como foi aprovada a Lei 13.256/16 sofreu a Reclamação Constitucional as seguintes modificações.

O artigo 988 do CPC passou a ter a seguinte redação.

[...]

III – garantir a observância de enunciado de súmula vinculante e de decisão do Supremo Tribunal Federal em controle concentrado de constitucionalidade; IV – garantir a observância de acórdão proferido em julgamento de incidente de resolução de demandas repetitivas ou de incidente de assunção de competência;

[...]

§ 5º É inadmissível a reclamação:

I – proposta após o trânsito em julgado da decisão reclamada;

II – proposta para garantir a observância de acórdão de recurso extraordinário com repercussão geral reconhecida ou de acórdão proferido em julgamento de recursos extraordinário ou especial repetitivos, quando não esgotadas as instâncias ordinárias.

28
RECURSOS

28.1. NOÇÕES DA TEORIA GERAL

Inicialmente, vale ressaltar que os recursos se justificam pela insatisfação humana que permeia no seio social, quando não vê provido seu intento, bem como da possibilidade dos magistrados de cometerem equívocos. Os recursos decorrem do duplo grau de jurisdição, princípio implícito no texto constitucional.

Os recursos não constituem ações novas, são eles prolongadores do processo em que não operou a coisa julgada, e que, regra geral, prosseguem nos tribunais, diferentemente do que ocorre nas ações autônomas de impugnação, as quais se constituem como demandas novas.

O rol dos recursos cíveis sofreu diminuição no CPC/15. **Não há mais previsão legal de cabimento do agravo retido, bem como dos embargos infringentes.**

O recurso pode ser definido como o instrumento de impugnação das decisões judiciais, de uso voluntário, com o objetivo fundamental de alcançar a *reforma, invalidação ou integração (esclarecimento)* da decisão prolatada.

28.2. CONCEITO

Entende-se por recurso[1], toda manifestação da parte contrária à decisão contra ela proferida (decisão interlocutória, sentença, acórdão, ou decisão monocrática) que tem por finalidade proceder a sua reforma, invalidação ou aprimoramento do comando decisório.

Assim, recurso nada mais é que o prolongamento do processo, através do efetivo exercício do duplo grau de jurisdição.

O CPC regulamenta a matéria em estudo nos arts. 994 a 1.044. Iniciando sua explanação pela ordem desses recursos nos tribunais, já estudada. Segue-se ao estudo da teoria geral dos recursos e, por fim, perpassa pelos recursos em espécie, cujo rol é **TAXATIVO.**

28.3. NATUREZA JURÍDICA

Não se trata de um processo novo, com isso, vale dizer, que sua natureza jurídica é o prolongamento do processo em que não se teve a coisa julgada, pois somente teremos a coisa julgada quando as partes rescindirem seus direitos, ou até mesmo estancá-los.

---

1. Segundo Fredie Didier Júnior, trata-se de um meio voluntário de impugnação, previsto em lei, para, no mesmo processo, reformar, invalidar, integrar ou esclarecer uma decisão judicial. Em outros termos, pode-se dizer que se trata de um remédio processual de que se podem valer as partes, o Ministério Público e eventuais terceiros prejudicados para submeter uma decisão judicial a nova apreciação, em regra por um órgão diferente daquele que a proferiu. Assim, os recursos tem por finalidade modificar, invalidar, esclarecer, ou complementar a decisão.

   Quando se pede a modificação, a causa de pedir recursal será um *error in judicando* (decisão ruim ou injusta). Pedindo-se a invalidação se está atacando um *error in procedendo* (decisão inválida, contrária ao ordenamento). Se o que se almeja é o esclarecimento, fundamenta-se em uma contradição ou obscuridade. Por fim, se o pedido for de complementação, é sinal que se está atacando uma omissão na decisão.

   Vale destacar que, embora possa ser elaborado um conceito para recurso, vige no direito processual civil brasileiro o princípio da taxatividade, ou seja, só pode ser considerado recurso o que a lei assim denomina. Vale ressaltar que, conforme já destacado, apesar do nome, o famoso "recurso necessário", não é efetivamente um recurso, ou seja, não tem natureza recursal, isso porque ele não contempla uma característica fundamental dos recursos: a voluntariedade. Se ele é necessário, é porque é obrigatório, assim, não pode ser considerado um legítimo recurso.

28.4. PRINCÍPIOS

Consideram-se princípios as espécies normativas que ao lado das regras compõe o que denominamos de normas jurídicas.

Os recursos possuem alguns princípios importantes, senão vejamos:

Da taxatividade:

Segundo este princípio, previsto no art. 994 do CPC, os recursos do direito processual civil possuem um rol taxativo. O rol é, portanto, fechado.

São eles:

- apelação;
- agravo de instrumento;
- agravo interno;
- embargos de declaração;
- recurso ordinário;
- recurso especial;
- recurso extraordinário;
- agravo em recurso especial ou extraordinário;
- embargos de divergência.

MUITA ATENÇÃO!

Note-se a exclusão do agravo retido e dos embargos de divergência.

Assim, no texto do CPC não há recurso inominado, como é possível encontrar na lei nº 9.099/95, bem como no CPP.

Fungibilidade:

Também conhecido como princípio da fungibilidade recursal. Através dele, destaca-se que cada recurso cível deve ser utilizado para uma situação especifica.

No entanto, nos dias de hoje, a doutrina tem entendido que pequenos equívocos formais, ou erro na nomenclatura do recurso, não justificam o seu não conhecimento ou admissibilidade.

Eis a razão que tem levado alguns tribunais a acatar apelações, que tenham equivocadamente recebido o nome de agravo.

Nesse sentido, grande parte da doutrina defende que a forma não deve prevalecer em detrimento do conteúdo. O CPC/15 prevê o princípio expressamente quando regula os embargos de declaração.

Voluntariedade Recursal:

Da mesma forma que o ajuizamento de uma demanda compreende uma conduta voluntária do autor, também para interpor um recurso, a parte que tiver interesse e legitimidade para recorrer não está obrigada à sua interposição. E, ademais, mesmo quando interposto, continua atuando ao permitir que o recorrente somente traga à apreciação dos julgadores a matéria que lhe interessa ser reapreciada.

Unirrecorribilidade:

REGRA GERAL, UM RECURSO POR VEZ.

Por meio do princípio unirrecorribilidade, para cada situação decisória, somente um recurso pode ser manejado.

Partindo de uma sentença que apresenta uma contradição (ver adiante, no tópico de embargos de declaração), pode-se interpor a apelação, mas necessário, antes, sanar o defeito.

Não é possível interpor os embargos e, ao mesmo tempo, a apelação.

Repetimos, para frisar: somente um recurso poderá ser manejado em cada situação: ou os embargos de declaração ou a apelação. No entanto, entendemos ser uma exceção à interposição conjunta, em peças separadas, do Recurso Especial e Extraordinário.

Princípio da Dialeticidade:

Em obediência ao princípio da dialeticidade, deve-se apontar as razões pelas quais levou a parte recorrente a interpor o recurso sob julgamento, atendendo ao que dispõe, por exemplo, os artigos 1.010 para o recurso de apelação e o 1.016 relativo ao agravo de instrumento.

28.5. EFEITOS

EFEITOS → CONSEQUÊNCIAS DA INTERPOSIÇÃO DO RECURSO.

Eles compreendem as consequências jurídicas, que a interposição de recursos leva para o processo.

Efeito Devolutivo

Regra geral, os recursos são dotados desse efeito, por meio do qual se devolve ao órgão *ad quem* o conhecimento da matéria impugnada. Costuma ser apresentado em duas dimensões:

EFEITO DEVOLUTIVO → ENCAMINHAMENTO DAS MATÉRIAS RECORRIDAS AO JUÍZO *AD QUEM*

a) **Extensão da devolutividade**

Pela extensão do **efeito devolutivo** determina-se "o que" se quer que o tribunal examine, ou seja, exatamente aquilo que se postula no recurso.

b) **Profundidade/***Efeito Translativo*

Essa dimensão externa quais são as questões que serão efetivamente encaminhadas com o recurso, as quais terão de ser examinadas pelo tribunal para julgar o dito recurso.

Externam-se as questões incidentes ao julgamento do recurso. Diferente da extensão, a profundidade não é delineada através da vontade do recorrente.

Efeito Suspensivo

EFEITO QUE IMPEDE QUE A DECISÃO SURTA EFEITOS.

Viabiliza a extensão da ineficácia da decisão, ou seja, esse efeito impossibilita que a decisão produza seus efeitos desde a publicação, até que o recurso seja apreciado.

Os recursos não impedem a eficácia da decisão, salvo disposição legal ou decisão judicial em sentido diverso.

A eficácia da decisão recorrida poderá ser suspensa por decisão do relator, se dá imediata produção de seus efeitos houver risco de dano grave, de difícil ou impossível reparação, e ficar demonstrada a probabilidade de provimento do recurso. Eis a disposição expressa no art. 995 do CPC.

Tem efeito suspensivo a apelação, já concedido por lei, salvo em situações excepcionais[2].

Não tem efeito suspensivo o agravo (a não ser que o relator o atribua em caráter excepcional), os embargos de divergência, o recurso ordinário constitucional, e os recursos extraordinário e especial. Vale dizer, os recursos em geral.

Efeito Regressivo/Juízo de Retratação

Trata-se da faculdade que alguns recursos atribuem ao órgão *a quo* para que ele reconsidere a decisão então atacada.

---

2. Art. 1.012. A apelação terá efeito suspensivo.

§ 1º Além de outras hipóteses previstas em lei, começa a produzir efeitos imediatamente após a sua publicação a sentença que:

I - homologa divisão ou demarcação de terras;

II - condena a pagar alimentos;

III - extingue sem resolução do mérito ou julga improcedentes os embargos do executado;

IV - julga procedente o pedido de instituição de arbitragem;

V - confirma, concede ou revoga tutela provisória;

VI - decreta a interdição.

Por tal constatação, o efeito regressivo também é chamado de juízo de retratação.

O efeito regressivo se estabelece em todos os agravos; e nas apelações em face de sentença terminativas[3] ou que tenham como objeto matéria do Estatuto da Criança e do Adolescente (ECA).

O recurso só aproveita ao recorrente, não podendo beneficiar a parte que não interpôs. Assim, não se pode no julgamento de um recurso agravar a situação de quem recorreu concedendo um benefício de quem não recorreu.

28.6. CLASSIFICAÇÃO

Há variadas formas de se classificar os recursos, sendo elas:

- total ou parcial;
- principal ou adesivo;
- ordinário ou extraordinário.

Utiliza-se esta classificação apenas de forma didática.

Total ou Parcial:

Compreende-se por TOTAL o recurso que ataca todo o conteúdo impugnável da decisão.

Já o PARCIAL, deixa intacta uma parte do conteúdo hostilizado, vale dizer, **é um remédio voluntário em que a parte busca a reforma ou nulidade de parte ou de um capítulo da sentença.**

Principal ou Adesivo:

Principal é o recurso que é interposto de forma autônoma e indiferente por cada uma das partes, ao passo em que observada às exigências legais.

3. No CPC/73 só se autorizava retratação em duas hipóteses, quais sejam: sentença de indeferimento e improcedência liminar de demandas repetitivas.

O adesivo, por seu turno, é uma forma de interposição de recursos. **É um meio que permite a interposição de recurso** subordinado ao recurso principal, já interposto pela outra parte. Ele está previsto no art. 997.

Só será julgado se o recurso principal for admitido, ao contrário será ele também inadmissível, aplicando-se a regra do acessório seguir o principal.

Cumpre esclarecer que o recurso adesivo será interposto junto com as contrarrazões.

Contudo, uma vez não interposto este e somente aquele, o recurso adesivo não substituirá as contrarrazões.

Somente poderá ser interposto recurso adesivo nos casos de apelação, recurso extraordinário e recurso especial, quando a ação for julgada parcialmente procedente.

Logo, não é possível recorrer adesivamente de agravo.

O recurso adesivo também carecerá de preparo.

DESCOMPLICANDO E SINTETIZANDO

Sendo vencidos autor e réu, ao recurso interposto por qualquer deles poderá aderir o outro.

O recurso adesivo fica subordinado ao recurso independente, sendo-lhe aplicáveis as mesmas regras deste quanto aos requisitos de admissibilidade e julgamento no tribunal, salvo disposição legal diversa, observado, ainda, o seguinte:

- será dirigido ao órgão perante o qual o recurso independente fora interposto, no prazo de que a parte dispõe para responder;
- será admissível na apelação, no recurso extraordinário e no recurso especial;
- não será conhecido, se houver desistência do recurso principal ou se for ele considerado inadmissível.

Ordinário e Extraordinário:

Ordinário é aquele recurso utilizado em segunda instância, sendo também conhecido como comum, tendo por sua vez maior aplicabilidade e aceitação no ordenamento jurídico pátrio.

Já o **recurso extraordinário** é sempre utilizado em caráter excepcional, e serão encaminhado às instâncias superiores.

Ambos possuem requisitos mais específicos, o que gera uma maior dificuldade para sua aceitação, especialmente, no STF e STJ.

Desde já, vale mencionar que o prequestionamento é requisito obrigatório na interposição dos recursos tidos como extraordinários.

Classificação dos Recursos quanto à Fundamentação

1. **Recursos de fundamentação livre:** Servem para alegar qualquer problemática.

   Exemplo: apelação.

2. **Recursos de fundamentação vinculada/típica:** Servem para alegar determinados problemas específicos.

Exemplo: embargos de declaração.

SIGAMOS!

28.7. ATOS SUJEITOS A REMÉDIOS E RECURSOS

Somente as decisões são recorríveis, os despachos não.

DESPACHOS → POR LEI SÃO IRRECORRÍVEIS.

As decisões se dividem em: 1) **Decisões de juiz singular** e; 2) **decisões em tribunal.**

As decisões de juiz singular podem ser: a) interlocutórias (atacáveis por agravo de instrumento, nas hipóteses do art. 1.015) e; b) sentenças (atacáveis, em regra, por apelação).

Nesse ponto, vale ressaltar que, no procedimento dos juizados estaduais, as interlocutórias são irrecorríveis, de imediato, e as sentenças são impugnáveis por um recurso inominado. Entretanto, nos juizados federais, as interlocutórias que cuidam de tutela de urgência podem ser agravadas.

Ao seu lugar, as decisões em tribunal podem ser: a) monocráticas: proferidas por um membro e; b) acórdãos: proferidos por um colegiado. Seu conceito está estruturado no art. 204.

As decisões monocráticas proferidas por Relator, em regra, são guerreadas por meio de agravo interno.

Já os acórdãos normalmente são atacados por Recurso Especial, Recurso Extraordinário, Embargos de Divergência ou Recurso Ordinário Constitucional.

Por fim, outra máxima merece ser ressaltada: os embargos de declaração são cabíveis em face de qualquer decisão, desde que sejam:

Contraditórias

Omissas

Com erro material

Obscuras

28.8. REQUISITOS DE ADMISSIBILIDADE DOS RECURSOS

28.8.1. Cabimento/Recorribilidade

O ato combatido deve ser recorrível e o recuso utilizado deve ser o mais adequado.

Segundo o art. 203 do CPC, os atos do juízo de 1º grau podem ser atos meramente ordinatórios, despachos, sentenças e decisões interlocutórias.

Os atos meramente ordinatórios são aqueles praticados pelos próprios servidores, sob a supervisão do juiz e não são recorríveis. Não são passíveis de recursos, uma vez que **não tem potencialidade de cau-**

sar dano, e também porque não são praticados diretamente pelo juiz (exemplos: juntada, vista obrigatória etc.).

Já os **despachos de mero expediente** correspondem aos atos praticados pelo próprio juiz ou servidor com o propósito de viabilizar o andamento da marcha processual, sendo destituídos de conteúdo decisório. Assim, também não são recorríveis, pois despidos de potencial lesivo para as partes (exemplos: determinação de manifestação do assistente técnico, por exemplo)[4].

Ao seu lugar, **as sentenças** representam o ato do juiz que implica na utilização de uma das hipóteses previstas nos arts. 485 e 487 do CPC, ou seja, que extingue o processo com ou sem resolução do mérito, sendo, portanto, recorríveis por excelência.

Por fim, **as decisões interlocutórias são todas as demais decisões proferidas no processo, através das quais o juiz resolve questão incidente (possuindo, portanto, conteúdo decisório e potencialidade danosa), mas não põe fim à fase processual ou ao processo, bem como resolvem questões de mérito. Eis uma grande novidade.**

No CPC/15 o seu conceito é extraído por exclusão. Há muitas repercussões práticas decorrentes dessa novidade.

28.8.2. Legitimidade/Aptidão

Em regra, somente as partes, terceiro prejudicado e o Ministério Público (como fiscal do ordenamento jurídico) podem recorrer.

Considera-se terceiro interessado todo aquele que poderia ter intervindo no processo, mas não interveio e que fora prejudicado pela decisão.

Vejamos:

O recurso pode ser interposto pela parte vencida, pelo terceiro prejudicado e pelo Ministério Público, como parte ou como fiscal da ordem jurídica. Eis o disposto no art. 996 do CPC.

4. Entendemos que se o despacho causar prejuízo comprovado deve ser autorizada a interposição de recurso.

LEMBRE!

Cumpre ao terceiro demonstrar a possibilidade de a decisão sobre a relação jurídica submetida à apreciação judicial atingir direito de que se afirme titular ou que possa discutir em juízo como substituto processual.

28.8.3. Interesse Recursal

Trata-se de requisito que se satisfaz com a simples presença da sucumbência.

Desse modo, o recurso deve ser útil (capaz de gerar algum proveito) e necessário (único meio para se obter o proveito almejado), além de ser o meio aquedado para o combate da decisão.

28.8.4. Inexistência de fatos impeditivos ou extintivos do direito de recorrer

Trata-se de requisito negativo, porque significa que há fatos que não podem ocorrer para que o recurso seja admissível.

Fatos impeditivos ou extintivos:

Renúncia: trata-se de ato por meio do qual a parte abre mão do direito de recorrer, sendo sempre anterior ao recurso e independe do consentimento da parte contrária. A renúncia ao direito de recorrer independe da aceitação da outra parte. Eis o que dispõe o art. 999 do CPC.

Aquiescência: trata-se do cumprimento espontâneo da norma imposta ao caso concreto, e pode até mesmo ser tácita, pela prática de certos atos. Revela o conformismo da parte que se mostra incompatível com a vontade de recorrer.

Desistência: trata-se da postura de abrir mão do recurso já interposto (diferentemente da renúncia, em que o recurso ainda não pode ter sido interposto). O recorrente poderá, a qualquer tempo, sem a anuência do recorrido ou dos litisconsortes, desistir do recurso. Ela está prevista no artigo 998 do CPC.

A desistência do recurso não impede a análise de questão cuja repercussão geral já tenha sido reconhecida e daquela objeto de julgamento de recursos extraordinários ou especiais repetitivos.

28.8.5. Preparo

PREPARO → CUSTO PARA RECORRER

Muitas foram às novidades relacionadas ao preparo, as quais estão conectadas a instrumentalidade e primazia do julgamento do mérito.

Trata-se do pagamento das despesas relacionadas ao processamento do recurso. O preparo encontra previsão legal no art. 1.007 do CPC.

Em outras palavras: representa o adiantamento das custas para o processamento do recurso. Essas custas constituem-se das despesas e do porte de remessa e de retorno dos autos, quando for o caso.

No ato de interposição do recurso, o recorrente comprovará, quando exigido pela legislação pertinente, o respectivo preparo, inclusive porte de remessa e de retorno, sob pena de deserção.

São dispensados de preparo, inclusive porte de remessa e de retorno, os recursos interpostos pelo Ministério Público, pela União, pelo Distrito Federal, pelos Estados, pelos Municípios, e respectivas autarquias, e pelos que gozam de isenção legal.

A insuficiência no valor do preparo, inclusive porte de remessa e de retorno, implicará deserção se o recorrente, intimado na pessoa de seu advogado, não vier a supri-lo no prazo de 5 (cinco) dias.

INFORMATIZAÇÃO DESCOMPLICADA

É dispensado o recolhimento do porte de remessa e de retorno no processo em autos eletrônicos.

☺ NOVIDADE, QUERIDOS!

O recorrente que não comprovar, no ato de interposição do recurso, o recolhimento do preparo, inclusive porte de remessa e de retorno, será intimado, na pessoa de seu advogado, para realizar o recolhimento em dobro, sob pena de deserção.

É vedada a complementação se houver insuficiência parcial do preparo, inclusive porte de remessa e de retorno, no recolhimento realizado na forma das disposições acima.

Provando o recorrente justo impedimento, o relator relevará a pena de deserção, por decisão irrecorrível, fixando-lhe prazo de 5 (cinco) dias para efetuar o preparo.

O equívoco no preenchimento da guia de custas não implicará a aplicação da pena de deserção, cabendo ao relator, na hipótese de dúvida quanto ao recolhimento, intimar o recorrente para sanar o vício no prazo de 5 (cinco) dias.

O julgamento proferido pelo tribunal substituirá a decisão impugnada no que tiver sido objeto de recurso.

Vale lembrar que nos juizados especiais é possível a comprovação do preparo em até 48h da interposição do recurso, conforme determina o § 1°, do art. 45, da Lei 9.099/95.

* ***Exemplos de Recursos que não tem preparo:***

1. Embargos de Declaração
2. Recursos do ECA

* ***Sujeitos dispensados do preparo:***

1. Fazenda Pública;
2. Ministério Público;
3. beneficiário da justiça gratuita (se o pedido for feito no bojo do recurso e ele for negado, deve haver o estabelecimento de um prazo para que o preparo seja feito).
4. Defensoria Pública.

28.8.6. Tempestividade

Ela está disposta no art. 1.003 do CPC.

Trata-se de exigência legal que o recurso seja apresentado no prazo, que se conta a partir da intimação.

O prazo para interposição de recurso conta-se da data em que os advogados, a sociedade de advogados, a Advocacia Pública, a Defensoria Pública ou o Ministério Público são intimados da decisão.

Os sujeitos acima indicados considerar-se-ão intimados em audiência quando nesta for proferida a decisão.

Aplica-se o disposto no art. 231, incisos I a VI, ao prazo de interposição de recurso pelo réu contra decisão proferida anteriormente à citação.

No prazo para interposição de recurso, a petição será protocolada em cartório ou conforme as normas de organização judiciária, ressalvado o disposto em regra especial.

Para aferição da tempestividade do recurso remetido pelo correio, será considerada como data de interposição a data de postagem.

Excetuados os embargos de declaração, o prazo para interpor os recursos e para responder-lhes é de 15 (quinze) dias.

ANOTE!

O recorrente comprovará a ocorrência de feriado local no ato de interposição do recurso.

Se, durante o prazo para a interposição do recurso, sobrevier o falecimento da parte ou de seu advogado ou ocorrer motivo de força maior que suspenda o curso do processo, será tal prazo restituído em proveito da parte, do herdeiro ou do sucessor, contra quem começará a correr novamente depois da intimação.

O recurso interposto por um dos litisconsortes a todos aproveita, salvo se distintos ou opostos os seus interesses.

Havendo solidariedade passiva, o recurso interposto por um devedor aproveitará aos outros quando as defesas opostas ao credor lhes forem comuns.

Certificado o trânsito em julgado, com menção expressa da data de sua ocorrência, o escrivão ou o chefe de secretaria, independentemente de despacho, providenciará a baixa dos autos ao juízo de origem, no prazo de 5 (cinco) dias.

Posição do STJ:

> Nos casos de intimação/citação realizadas por correio, oficial de justiça, ou por carta de ordem, precatória ou rogatória, o prazo recursal inicia-se com a juntada aos autos do aviso de recebimento, do mandado cumprido, ou da juntada da carta. REsp 1.632.777-SP, Rel. Min. Napoleão Nunes Maia Filho, Corte Especial, por unanimidade, julgado em 17/5/2017, DJe 26/5/2017. (Tema 379)

28.9. RECURSO ADESIVO

Repassemos!

Cada parte interporá o recurso independentemente, no prazo e com observância das exigências legais.

Sendo vencidos autor e réu, ao recurso interposto por qualquer deles poderá aderir o outro.

O recurso adesivo fica subordinado ao recurso independente, sendo-lhe aplicáveis as mesmas regras deste quanto aos requisitos de admissibilidade e julgamento no tribunal, salvo disposição legal diversa, observado, ainda, o seguinte:

- será dirigido ao órgão perante o qual o recurso independente fora interposto, no prazo de que a parte dispõe para responder;
- **será admissível na apelação, no recurso extraordinário e no recurso especial;**
- não será conhecido, se houver desistência do recurso principal ou se for ele considerado inadmissível.

Mais noções descomplicadas da teoria geral dos recursos

O recorrente poderá, a qualquer tempo, sem a anuência do recorrido ou dos litisconsortes, desistir do recurso.

A desistência do recurso não impede a análise de questão cuja repercussão geral já tenha sido reconhecida e daquela objeto de julgamento de recursos extraordinários ou especiais repetitivos.

A renúncia ao direito de recorrer independe da aceitação da outra parte.

A parte que aceitar expressa ou tacitamente a decisão não poderá recorrer.

Considera-se aceitação tácita a prática, sem nenhuma reserva, de ato incompatível com a vontade de recorrer.

29

RECURSOS EM ESPÉCIE

29.1. APELAÇÃO

Arts. 1.009 a 1.014.

É o recurso cabível contra as sentenças, ou seja, as decisões que importem em extinção do processo com ou sem julgamento de mérito (arts. 485 e 487 do CPC).

De acordo com o art. 1.009, parágrafo 1º, as questões resolvidas na fase de conhecimento, se a decisão a seu respeito não comportar agravo de instrumento, não são cobertas pela preclusão e devem ser suscitadas em preliminar de apelação, eventualmente interposta contra a decisão final, ou nas contrarrazões.

Se as questões referidas no § 1º, acima indicado, forem suscitadas em contrarrazões, o recorrente será intimado para, em 15 (quinze) dias, manifestar-se a respeito delas.

Assim, das interlocutórias previstas nos termos do art. 1.015 do CPC, será cabível a interposição imediata do agravo de instrumento. As demais interlocutórias serão objeto da apelação.

Além de delimitar o cabimento da apelação, o artigo 1.009 do CPC, traz importantes e inovadoras regras.

A apelação é o recurso cabível contra as sentenças, sendo por excelência um recurso de cognição ampla destinado à correção tanto de *errores in procedendo* como quanto *errores in judicando.*

A cognição ampla, por seu turno, permite ao julgador o reexame de todo acervo probatório até então produzido nos autos do processo.

Como o CPC/15 prega a irrecorribilidade imediata de uma grande gama de decisões interlocutórias, sinaliza que as questões resolvidas na fase de conhecimento, se a decisão a seu respeito não comportar agravo de instrumento, não são cobertas pela preclusão e devem ser suscitadas em preliminar de apelação, eventualmente interposta contra a decisão final, ou nas contrarrazões.

Vejamos os requisitos da apelação:

A apelação, interposta por petição dirigida ao juízo de primeiro grau, conterá (art.1.010 do CPC):

- os nomes e a qualificação das partes;
- a exposição do fato e do direito;
- as razões do pedido de reforma ou de decretação de nulidade;
- o pedido de nova decisão.

O apelado será intimado para apresentar contrarrazões no prazo de 15 (quinze) dias.

> **ATENÇÃO!**
>
> Se o apelado interpuser apelação adesiva, o juiz intimará o apelante para apresentar contrarrazões.

Após as formalidades acima indicadas, os autos serão remetidos ao tribunal pelo juiz, **independentemente de juízo de admissibilidade. Assim, constata-se que o juízo de primeiro grau é absolutamente incompetente para realizar o juízo de admissibilidade da apelação.**

Repassando:

A apelação, como todo e qualquer recurso, possui certas regularidades formais que devem ser respeitadas, sob pena de seu não conhecimento. São basicamente três os aspectos formais.

O primeiro refere-se ao nome e qualificação das partes, a qual pode ser dispensada desde que já se tenha procedido com ela.

O segundo requisito trata-se da necessidade de especificar os fundamentos de fato e de direito que levam ao pedido de uma nova decisão, este o terceiro requisito.

A apelação, interposta por petição dirigida ao juízo de primeiro grau, conterá os requisitos acima mencionados.

Ademais, o apelado será intimado para apresentar contrarrazões no prazo de 15 (quinze) dias. Se o apelado interpuser apelação adesiva, o juiz intimará o apelante para apresentar contrarrazões.

Depois de tais formalidades, os autos serão remetidos ao tribunal pelo juiz, independentemente de juízo de admissibilidade.

Eis uma novidade, já que o juiz não está habilitado a proceder ao 1º juízo de admissibilidade, como dito acima. A admissibilidade e análise do mérito da apelação é atribuição confiada ao tribunal. TJ's ou TRF's.

Nos termos dispostos no art. 1.011 do CPC, recebido o recurso de apelação no tribunal e distribuído imediatamente, o relator:

- decidi-lo-á monocraticamente apenas nas hipóteses do art. 932, incisos III a V;
- se não for o caso de decisão monocrática, elaborará seu voto para julgamento do recurso pelo órgão colegiado.

De acordo com o art. 1.012, a apelação terá efeito suspensivo[1]**.**

Além de outras hipóteses previstas em lei, começa a produzir efeitos imediatamente após a sua publicação a sentença que:

1. Tal efeito foi alvo de várias discussões ao logo do processo legislativo. Muitos almejavam a sua retirada.

- homologa divisão ou demarcação de terras;
- condena a pagar alimentos;
- extingue sem resolução do mérito ou julga improcedentes os embargos do executado;
- julga procedente o pedido de instituição de arbitragem;
- confirma, concede ou revoga tutela provisória;
- decreta a interdição.

Nos casos acima, o apelado poderá promover o pedido de cumprimento provisório depois de publicada a sentença, uma vez que a apelação será dotada de efeito devolutivo apenas.

O pedido de concessão de efeito suspensivo nas hipóteses acima listadas, poderá ser formulado por requerimento dirigido ao:

- **tribunal,** no período compreendido entre a interposição da apelação e sua distribuição, ficando o relator designado para seu exame prevento para julgá-la;
- **relator,** se já distribuída a apelação.

Nas multicitadas hipóteses acima, a eficácia da sentença poderá ser suspensa pelo relator se o apelante demonstrar a probabilidade de provimento do recurso ou se, sendo relevante a fundamentação, houver risco de dano grave ou de difícil reparação.

A apelação devolverá ao tribunal o conhecimento da matéria impugnada. Eis o que chamamos de efeito **DEVOLUTIVO. Efeito disposto nos termos do 1.013 do CPC.**

Serão, porém, objeto de apreciação e julgamento pelo tribunal todas as questões suscitadas e discutidas no processo, ainda que não tenham sido solucionadas, desde que relativas ao capítulo impugnado.

Quando o pedido ou a defesa tiver mais de um fundamento e o juiz acolher apenas um deles, a apelação devolverá ao tribunal o conhecimento dos demais.

Se o processo estiver em condições de imediato julgamento, o tribunal deve decidir desde logo o mérito quando:

- reformar sentença fundada no art. 485;
- decretar a nulidade da sentença por não ser ela congruente com os limites do pedido ou da causa de pedir;
- constatar a omissão no exame de um dos pedidos, hipótese em que poderá julgá-lo;
- decretar a nulidade de sentença por falta de fundamentação.

Quando reformar sentença que reconheça a decadência ou a prescrição, o tribunal, se possível, julgará o mérito, examinando as demais questões, sem determinar o retorno do processo ao juízo de primeiro grau.

O capítulo da sentença que confirma, concede ou revoga a tutela provisória é impugnável na apelação.

As questões de fato não propostas no juízo inferior poderão ser suscitadas na apelação, se a parte provar que deixou de fazê-lo por motivo de força maior.

Como decidiu o STJ:

> Execução de título extrajudicial. Exceção de pré-executividade. Exclusão do executado do polo passivo. Interposição de apelação ao invés de agravo de instrumento. Indução a erro pelo juízo. Relativização da dúvida objetiva. Aplicabilidade do princípio da fungibilidade.
>
> O conceito de "dúvida objetiva", para a aplicação do princípio da fungibilidade recursal, pode se relativizado, excepcionalmente, quando o equívoco na interposição do recurso cabível decorrer da prática de ato do próprio órgão julgador. EAREsp 230.380-RN, Rel. Min. Paulo de Tarso Sanseverino, por unanimidade, julgado em 13/09/2017, DJe. 11/10/2017.

29.2. EMBARGOS DE DECLARAÇÃO

Arts. 1.022 a 1.026.

Generalidades

Trata-se de recurso de fundamentação vinculada (só cabe em hipóteses típicas), que pode atacar qualquer decisão, não tem preparo, e é julgado pelo mesmo órgão que proferiu a decisão embargada.

Tem por finalidade esclarecer ou integralizar uma decisão obscura, contraditória, omissa ou eivada de erro material.

Repassemos:

- com erro material;
- omissão;
- contradição;
- obscuridade.

Os embargos serão opostos, no prazo de 5 (cinco) dias, em petição dirigida ao juiz, com indicação do erro, obscuridade, contradição ou omissão, e não se sujeitam a preparo.

Conforme regra disposta no art. 1.023, parágrafo 1º do CPC, aos embargos de declaração aplica-se o art. 229[2].

O juiz julgará os embargos em 5 (cinco) dias. Trata-se de prazo impróprio.

Observe-se que, nos tribunais, determina-se que o relator apresente os embargos em mesa na sessão subsequente, proferindo voto, e, não havendo julgamento nessa sessão, será o recurso incluído em pauta automaticamente.

Nessa toada, quando os embargos de declaração forem opostos contra decisão de relator ou outra decisão unipessoal proferida em tribunal, o órgão prolator da decisão embargada decidi-los-á monocraticamente.

Hipótese de Cabimento dos Embargos de Declaração

De acordo com o art. 1.022 os embargos de declaração contra qualquer decisão judicial para:

---

2. Art. 229. Os litisconsortes que tiverem diferentes procuradores, de escritórios de advocacia distintos, terão prazos contados em dobro para todas as suas manifestações, em qualquer juízo ou tribunal, independentemente de requerimento.

§ 1º Cessa a contagem do prazo em dobro se, havendo apenas 2 (dois) réus, é oferecida defesa por apenas um deles.

§ 2º Não se aplica o disposto no caput aos processos em autos eletrônicos.

- esclarecer obscuridade ou eliminar contradição;
- suprir omissão de ponto ou questão sobre o qual devia se pronunciar o juiz de ofício ou a requerimento;
- corrigir erro material.

Considera-se omissa a decisão que:

- deixe de se manifestar sobre tese firmada em julgamento de casos repetitivos ou em incidente de assunção de competência aplicável ao caso sob julgamento;
- incorra em qualquer das condutas descritas no art. 489, § 1º.

Efeito Devolutivo dos Embargos de Declaração

Por não haver mudança hierárquica (julgamento pelo mesmo órgão que a proferiu), o efeito devolutivo é especial.

Há inclusive quem afirme (Barbosa Moreira) não haver o efeito devolutivo dos embargos de declaração porque não há mudança de órgão/instância.

Efeito Interruptivo do Prazo Recursal pelos Embargos de Declaração

Os embargos de declaração interrompem, para qualquer das partes, o prazo para outro recurso. Nos juizados especiais os embargos de declaração opostos contra sentenças suspendiam o prazo para recurso, mas com o novo texto processual a interrupção passou a ser ponto comum, em ambos os sistemas, com a oposição dos embargos.

De acordo com o art. 1.026, os embargos de declaração não possuem efeito suspensivo e interrompem o prazo para a interposição de recurso.

A eficácia da decisão monocrática ou colegiada poderá ser suspensa pelo respectivo juiz ou relator se demonstrada à probabilidade de provimento do recurso ou, sendo relevante a fundamentação, se houver risco de dano grave ou de difícil reparação.

Efeito Modificativo ou Infringente dos Embargos de Declaração

Como regra, os embargos de declaração não têm a finalidade de modificar a justiça da decisão.

No entanto, essa situação pode se dar na casuística do juiz resolver uma questão contraditória ou omissa, situação em que poderá operar-se o efeito modificativo ou infringente da decisão.

Preleciona o parágrafo 2º do art. 1.023 que, o juiz intimará o embargado para, querendo, manifestar-se, no prazo de 5 (cinco) dias, sobre os embargos opostos, caso seu eventual acolhimento implique a modificação da decisão embargada.

Nessa toada, na hipótese de acolhimento dos embargos de declaração, a qual importe na modificação da decisão embargada, o embargado que já tiver interposto outro recurso contra a decisão originária tem o direito de complementar ou alterar suas razões, nos exatos limites da modificação, no prazo de 15 (quinze) dias, contado da intimação da decisão dos embargos de declaração. Eis uma garantia do contraditório real.

Embargos de Declaração Protelatórios

Na hipótese de oposição de embargos manifestamente protelatórios, o juiz ou o tribunal, em decisão fundamentada, condenará o embargante a pagar ao embargado multa **não excedente a dois por cento sobre o valor atualizado da causa.**

Na reiteração de embargos de declaração manifestamente protelatórios, a multa será elevada a até dez por cento sobre o valor atualizado da causa, e a interposição de qualquer recurso ficará condicionada ao depósito prévio do valor da multa, à exceção da Fazenda Pública e do beneficiário de gratuidade da justiça, que a recolherão ao final.

Não serão admitidos novos embargos de declaração se os 2 (dois) anteriores houverem sido considerados protelatórios.

☺ NOVIDADE!

O órgão julgador conhecerá dos embargos de declaração como agravo interno se entender ser este o recurso cabível, desde que determine previamente a intimação do recorrente para, no prazo de 5 (cinco) dias, complementar as razões recursais, de modo a ajustá-las às exigências do art. 1.021, § 1º. **Eis a expressa disposição da fungibilidade recursal.**

Se os embargos de declaração forem rejeitados ou não alterarem a conclusão do julgamento anterior, o recurso interposto pela outra parte antes da publicação do julgamento dos embargos de declaração será processado e julgado independentemente de ratificação.

Por fim, consideram-se incluídos no acórdão os elementos que o embargante suscitou, para fins de pré-questionamento, ainda que os embargos de declaração sejam inadmitidos ou rejeitados, caso o tribunal superior considere existentes erro, omissão, contradição ou obscuridade.

Como decidiu o STJ:

> Embargos infringentes (CPC/1973). Divergência qualificada manifestada apenas no acórdão dos embargos de declaração. Cabimento. EREsp 1.290.283-GO, Rel. Min. Marco Aurélio Bellizze, por maioria, julgado em 11/04/2018, DJe 22/05/2018.

29.3. AGRAVO DE INSTRUMENTO - ARTS. 1.015 A 1.020, CPC

Brusca modificação se visualiza neste ponto. O CPC/15 afasta a figura do agravo retido. Não há mais previsão legal para aquele recurso.

Ele passa a autorizar a interposição do agravo de instrumento nas hipóteses mencionadas no art. 1.015, as quais são taxativas[3], já que há outras hipóteses de cabimento de agravo espalhadas no texto do CPC.

Vejamos a íntegra do dispositivo juntos:

Cabe agravo de instrumento contra as decisões interlocutórias que versarem sobre:

---

3. Para uma parcela da doutrina, o rol é exemplificativo. Tal abertura traria para tais doutrinadores efeitos danosos. Recomendamos a leitura do seguinte texto, vejamos: http://jota.uol.com.br/hipoteses-de-agravo-de-instrumento-no-novo-cpc-os-efeitos-colaterais-da-interpretacao-extensiva

- tutelas provisórias;
- mérito do processo;
- rejeição da alegação de convenção de arbitragem;
- incidente de desconsideração da personalidade jurídica;
- rejeição do pedido de gratuidade da justiça ou acolhimento do pedido de sua revogação;
- exibição ou posse de documento ou coisa;
- exclusão de litisconsorte;
- rejeição do pedido de limitação do litisconsórcio;
- admissão ou inadmissão de intervenção de terceiros;
- concessão, modificação ou revogação do efeito suspensivo aos embargos à execução;
- redistribuição do ônus da prova nos termos do art. 373, § 1º;
- outros casos expressamente referidos em lei.

ATENÇÃO!

Também caberá agravo de instrumento contra decisões interlocutórias proferidas na fase de liquidação de sentença ou de cumprimento de sentença, no processo de execução e no processo de inventário.

Em 2017, o STJ trouxe decisões que consagram a ampliação da incidência do agravo de instrumento, vejamos:

> É admissível a interposição de agravo de instrumento contra decisão que não concede efeito suspensivo aos embargos à execução. STJ. 2ª Turma. REsp 1.694.667-PR, Rel. Min. Herman Benjamin, julgado em 05/12/2017 (Info 617).

Em 14/11/17, os julgadores da quarta turma deliberaram que o agravo de instrumento é meio hábil para combater decisões que versem sobre competência do órgão julgador. O ministro Luís Felipe Salomão foi o relator do Recurso Especial 1.679.909.

Agravo de instrumento. Tramitação física. Art. 1.017, § 5º, do CPC/2015. Inaplicabilidade. Instrução. Peças essenciais. Necessidade. A disposição constante do art. 1.017, § 5º, do CPC/2015, que dispensa a juntada das peças obrigatórias à formação do agravo de instrumento em se tratando de processo eletrônico, exige, par sua aplicação, que os autos tramitem por meio digital tanto no primeiro quanto no segundo grau de jurisdição. REsp 1.643.956-PR, Rel. Min. Ricardo Villas Bôas Cueva, por unanimidade, julgado em 9/5/2017, DJe 22/5/2017.

Em 2018, o STJ deliberou pela possibilidade do cabimento do agravo de instrumento contra decisão interlocutória proferida em recuperação judicial. Entendeu possível, tendo por base pedido requerido por empresas, que se encontram na situação, em tela. O órgão optou por aplicar a incidência do cabimento, por analogia, observando-se o disposto no parágrafo único do artigo 1.015 do CPC/15[4].

Em 05 de dezembro de 2018, o STJ, no esperado julgamento, decidiu que o rol do artigo 1.015 do CPC é de TAXATIVIDADE MITIGADA. Admitindo-se a interposição do agravo nas hipóteses de comprovada urgência. Ficou admitido, portanto, que serão admitidas outras hipóteses não arroladas no dito artigo. A proposta acima fora apresentada pela relatora do caso, a ministra Nanci Andrighi. Para a ministra, o rol deveria contemplar a dita taxatividade mitigada, uma vez que o recorrente demonstre no seu recurso que há urgência decorrente da inutilidade do julgamento da questão no recurso de apelação.

Destaque-se, por fim um julgado que entendeu pelo não cabimento da interposição do agravo de instrumento, senão vejamos:

Fase de execução. Art. 1.015, parágrafo único, do CPC. Determinação de elaboração dos cálculos judiciais. Agravo de instrumento. Não cabimento. REsp 1.700.305-PB, Rel. Min. Herman Benjamin, por unanimidade, julgado em 25/09/2018, DJe 27/11/2018.

SIGAMOS!

4. Processo relacionado: Resp. 1722866.

O agravo de instrumento será dirigido diretamente ao tribunal competente, por meio de petição com os seguintes requisitos:

- os nomes das partes;
- a exposição do fato e do direito;
- as razões do pedido de reforma ou de invalidação da decisão e o próprio pedido;
- o nome e o endereço completo dos advogados constantes do processo.

A petição de agravo de instrumento será instruída:

É indispensável à formação do instrumento do agravo.

Há duas classes de peças, quais sejam: obrigatórias e facultativas.

- **obrigatoriamente,** com cópias da petição inicial, da contestação, da petição que ensejou a decisão agravada, da própria decisão agravada, da certidão da respectiva intimação ou outro documento oficial que comprove a tempestividade e das procurações outorgadas aos advogados do agravante e do agravado;
- com declaração de inexistência de qualquer dos documentos referidos no inciso I, feita pelo advogado do agravante, sob pena de sua responsabilidade pessoal;
- **facultativamente,** com outras peças que o agravante reputar úteis.

Acompanhará a petição o comprovante do pagamento das respectivas custas e do porte de retorno, quando devidos, conforme tabela publicada pelos tribunais.

No prazo do recurso, o agravo será interposto por:

- protocolo realizado diretamente no tribunal competente para julgá-lo;
- protocolo realizado na própria comarca, seção ou subseção judiciárias;

- postagem, sob registro, com aviso de recebimento;
- transmissão de dados tipo fac-símile, nos termos da lei;
- outra forma prevista em lei.

Na falta da cópia de qualquer peça ou no caso de algum outro vício que comprometa a admissibilidade do agravo de instrumento, deve o relator aplicar o disposto no art. 932, parágrafo único, ou seja, antes de considerar inadmissível o recurso, o relator concederá o prazo de 5 (cinco) dias ao recorrente para que seja sanado vício ou complementada a documentação exigível.

Se o recurso for interposto por sistema de transmissão de dados tipo fac-símile ou similar, as peças devem ser juntadas no momento de protocolo da petição original.

Sendo eletrônicos os autos do processo, dispensam-se as peças referidas nos incisos I e II do *caput* do art. 1017, facultando-se ao agravante anexar outros documentos que entender úteis para a compreensão da controvérsia.

O agravante poderá requerer a juntada, aos autos do processo, de cópia da petição do agravo de instrumento, do comprovante de sua interposição e da relação dos documentos que instruíram o recurso.

Se o juiz comunicar que reformou inteiramente a decisão, o relator considerará prejudicado o agravo de instrumento.

Não sendo eletrônicos os autos, o agravante tomará a providência prevista acima, no prazo de 3 (três) dias a contar da interposição do agravo de instrumento.

O descumprimento da exigência acima, desde que arguido e provado pelo agravado, importa inadmissibilidade do agravo de instrumento.

Recebido o agravo de instrumento no tribunal e distribuído imediatamente, se não for o caso de aplicação do art. 932, incisos III e IV, o relator, no prazo de 5 (cinco) dias:

- poderá atribuir efeito suspensivo ao recurso ou deferir, em antecipação de tutela, total ou parcialmente, a pretensão recursal, comunicando ao juiz sua decisão;

- ordenará a intimação do agravado pessoalmente, por carta com aviso de recebimento, quando não tiver procurador constituído, ou pelo Diário da Justiça ou por carta com aviso de recebimento dirigida ao seu advogado, para que responda no prazo de 15 (quinze) dias, facultando-lhe juntar a documentação que entender necessária ao julgamento do recurso;
- determinará a intimação do Ministério Público, preferencialmente por meio eletrônico, quando for o caso de sua intervenção, para que se manifeste no prazo de 15 (quinze) dias.

O relator solicitará dia para julgamento em prazo não superior a 1 (um) mês da intimação do agravado.

29.4. AGRAVO INTERNO - ART. 1.021, CPC

De acordo com o art. 1.021, da decisão proferida pelo relator caberá agravo interno para o respectivo órgão colegiado, observadas, quanto ao processamento, às regras do regimento interno do tribunal.

ANOTE!

Na petição de agravo interno, o recorrente impugnará especificadamente os fundamentos da decisão agravada.

O agravo será dirigido ao relator, que intimará o agravado para manifestar-se sobre o recurso no prazo de 15 (quinze) dias, ao final do qual, não havendo retratação, o relator levá-lo-á a julgamento pelo órgão colegiado, com inclusão em pauta.

É vedado ao relator limitar-se à reprodução dos fundamentos da decisão agravada para julgar improcedente o agravo interno.

Quando o agravo interno for declarado manifestamente inadmissível ou improcedente em votação unânime, o órgão colegiado, em decisão fundamentada, condenará o agravante a pagar ao agravado multa fixada entre um e cinco por cento do valor atualizado da causa.

A interposição de qualquer outro recurso está condicionada ao depósito prévio do valor da multa prevista no art. 1021 § 4, à exceção da Fazenda Pública e do beneficiário de gratuidade da justiça, que farão o pagamento ao final.

29.5. RECURSO ORDINÁRIO - ARTS. 1.027 E 1028 DO CPC

É o recurso cabível no STF ou STJ contra tipos especiais de decisão, as quais são qualificadas pelo conteúdo ou pelas pessoas envolvidas.

No STF:

Mandados de segurança, habeas data e mandados de injunção decididos em única instância pelos tribunais superiores. A decisão a ser atacada precisa ser, portanto, de indeferimento da pretensão;

No STJ:

1) os mandados de segurança decididos em única instância pelos Tribunais Regionais Federais ou pelos tribunais dos Estados, do Distrito Federal e Territórios, quando denegatória a decisão;
2) as causas em que forem partes Estado estrangeiro ou organismo internacional, de um lado, e, do outro, Município ou pessoa residente ou domiciliada no País.

De acordo com o art. 1.027 serão julgados em recurso ordinário:

- **pelo Supremo Tribunal Federal,** os mandados de segurança, os habeas data e os mandados de injunção decididos em única instância pelos tribunais superiores, quando denegatória a decisão;
- **pelo Superior Tribunal de Justiça:**
  a) os mandados de segurança decididos em única instância pelos tribunais regionais federais ou pelos tribunais de justiça dos Estados e do Distrito Federal e Territórios, quando denegatória a decisão;
  b) os processos em que forem partes, de um lado, Estado estrangeiro ou organismo internacional e, de outro, Município ou pessoa residente ou domiciliada no País.

Nos processos referidos no inciso II, alínea "b", contra as decisões interlocutórias caberá agravo de instrumento dirigido ao Superior Tribunal de Justiça, nas hipóteses do art. 1.015.

Ao recurso mencionado no art. 1.027, inciso II, alínea "b", aplicam-se, quanto aos requisitos de admissibilidade e ao procedimento, as disposições relativas à apelação e o Regimento Interno do Superior Tribunal de Justiça.

Ademais, na hipótese do art. 1.027, § 1º, aplicam-se as disposições relativas ao agravo de instrumento e o Regimento Interno do Superior Tribunal de Justiça.

O recurso previsto no art. 1.027, incisos I e II, alínea "a", deve ser interposto perante o tribunal de origem, cabendo ao seu presidente ou vice-presidente determinar a intimação do recorrido para, em 15 (quinze) dias, apresentar as contrarrazões.

29.6. RECURSO ESPECIAL E RECURSO EXTRAORDINÁRIO - ARTS. 1.029 A 1.041 DO CPC

Introdução e Cabimento

Eles podem ser compreendidos como recursos excepcionais, os quais ordenam a boa aplicação do direito.

O RECURSO ESPECIAL SERÁ JULGADO → STJ

RECURSO EXTRAORDINÁRIO → STF

Dispõe o art. 1.029 que o recurso extraordinário e o recurso especial, nos casos previstos na Constituição Federal, serão interpostos perante o presidente ou o vice-presidente do tribunal recorrido, em petições distintas que conterão:

- **a exposição do fato e do direito;**
- **a demonstração do cabimento do recurso interposto;**

- **as razões do pedido de reforma ou de invalidação da decisão recorrida.**

Quando o recurso fundar-se em dissídio jurisprudencial, o recorrente fará a prova da divergência com a certidão, cópia ou citação do repositório de jurisprudência, oficial ou credenciado, inclusive em mídia eletrônica, em que houver sido publicado o acórdão divergente, ou ainda com a reprodução de julgado disponível na rede mundial de computadores, com indicação da respectiva fonte, devendo-se, em qualquer caso, mencionar as circunstâncias que identifiquem ou assemelhem os casos confrontados.

O Supremo Tribunal Federal ou o Superior Tribunal de Justiça poderá desconsiderar vício formal de recurso tempestivo ou determinar sua correção, desde que não o repute grave.

Quando, por ocasião do processamento do incidente de resolução de demandas repetitivas, o presidente do Supremo Tribunal Federal ou do Superior Tribunal de Justiça receber requerimento de suspensão de processos em que se discuta questão federal constitucional ou infraconstitucional, poderá, considerando razões de segurança jurídica ou de excepcional interesse social, estender a suspensão a todo o território nacional, até ulterior decisão do recurso extraordinário ou do recurso especial a ser interposto.

O pedido de concessão de efeito suspensivo a recurso extraordinário ou a recurso especial poderá ser formulado por requerimento dirigido:

- ao tribunal superior respectivo, no período compreendido entre a publicação da decisão de admissão do recurso e sua distribuição, ficando o relator designado para seu exame prevento para julgá-lo
- ao relator, se já distribuído o recurso;
- ao presidente ou ao vice-presidente do tribunal recorrido, no período compreendido entre a interposição do recurso e a publicação da decisão de admissão do recurso, assim como no caso de o recurso ter sido sobrestado, nos termos do art. 1.037.

Recebida a petição do recurso pela secretaria do tribunal, o recorrido será intimado para apresentar contrarrazões no prazo de 15 (quinze) dias, findo o qual os autos serão conclusos ao presidente ou ao vice--presidente do tribunal recorrido, que deverá:

- **negar seguimento:**
  - a) a recurso extraordinário que discuta questão constitucional à qual o Supremo Tribunal Federal não tenha reconhecido a existência de repercussão geral ou a recurso extraordinário interposto contra acórdão que esteja em conformidade com entendimento do Supremo Tribunal Federal exarado no regime de repercussão geral;
  - b) a recurso extraordinário ou a recurso especial interposto contra acórdão que esteja em conformidade com entendimento do Supremo Tribunal Federal ou do Superior Tribunal de Justiça, respectivamente, exarado no regime de julgamento de recursos repetitivos;
- encaminhar o processo ao órgão julgador para realização do juízo de retratação, se o acórdão recorrido divergir do entendimento do Supremo Tribunal Federal ou do Superior Tribunal de Justiça exarado, conforme o caso, nos regimes de repercussão geral ou de recursos repetitivos;
- sobrestar o recurso que versar sobre controvérsia de caráter repetitivo ainda não decidida pelo Supremo Tribunal Federal ou pelo Superior Tribunal de Justiça, conforme se trate de matéria constitucional ou infraconstitucional;
- selecionar o recurso como representativo de controvérsia constitucional ou infraconstitucional, nos termos do § 6º do art. 1.036.
- realizar o juízo de admissibilidade e, se positivo, remeter o feito ao Supremo Tribunal Federal ou ao Superior Tribunal de Justiça, desde que:
  - a) o recurso ainda não tenha sido submetido ao regime de repercussão geral ou de julgamento de recursos repetitivos;
  - b) o recurso tenha sido selecionado como representativo da controvérsia; ou
  - c) o tribunal recorrido tenha refutado o juízo de retratação.

Da decisão de inadmissibilidade proferida com fundamento no inciso V caberá agravo ao tribunal superior, nos termos do art. 1.042.

Da decisão proferida com fundamento nos incisos I e III caberá agravo interno, nos termos do art. 1.021.

De acordo com o art. 1.031, na hipótese de interposição conjunta de recurso extraordinário e recurso especial, os autos serão remetidos ao Superior Tribunal de Justiça.

Concluído o julgamento do recurso especial, os autos serão remetidos ao Supremo Tribunal Federal para apreciação do recurso extraordinário, se este não estiver prejudicado.

Se o relator do recurso especial considerar prejudicial o recurso extraordinário, em decisão irrecorrível, sobrestará o julgamento e remeterá os autos ao Supremo Tribunal Federal.

Na hipótese acima, se o relator do recurso extraordinário, em decisão irrecorrível, rejeitar a prejudicialidade, devolverá os autos ao Superior Tribunal de Justiça para o julgamento do recurso especial.

Se o relator, no Superior Tribunal de Justiça, entender que o recurso especial versa sobre questão constitucional, deverá conceder prazo de 15 (quinze) dias para que o recorrente demonstre a existência de repercussão geral e se manifeste sobre a questão constitucional.

Cumprida a diligência acima, o relator remeterá o recurso ao Supremo Tribunal Federal, que, em juízo de admissibilidade, poderá devolvê-lo ao Superior Tribunal de Justiça.

★ GRANDE CONQUISTA

Se o Supremo Tribunal Federal considerar como reflexa a ofensa à Constituição afirmada no recurso extraordinário, por pressupor a revisão da interpretação de lei federal ou de tratado, remetê-lo-á ao Superior Tribunal de Justiça para julgamento como recurso especial. Eis uma decorrência da primazia do julgamento de mérito.

Admitido o recurso extraordinário ou o recurso especial, o Supremo Tribunal Federal ou o Superior Tribunal de Justiça julgará o processo, aplicando o direito.

Admitido o recurso extraordinário ou o recurso especial por um fundamento, devolve-se ao tribunal superior o conhecimento dos demais fundamentos para a solução do capítulo impugnado.

Tratemos da **REPERCUSSÃO GERAL:**

Ela está disposta no art.1.035 do CPC.

O Supremo Tribunal Federal, em decisão irrecorrível, não conhecerá do recurso extraordinário quando a questão constitucional nele versada não tiver repercussão geral.

Para efeito de repercussão geral, será considerada a existência ou não de questões relevantes do ponto de vista econômico, político, social ou jurídico que ultrapassem os interesses subjetivos do processo.

O recorrente deverá demonstrar a existência de repercussão geral para apreciação exclusiva pelo Supremo Tribunal Federal.

Haverá repercussão geral sempre que o recurso impugnar acórdão que:

- contrarie súmula ou jurisprudência dominante do Supremo Tribunal Federal;
- tenha reconhecido a inconstitucionalidade de tratado ou de lei federal, nos termos do art. 97 da Constituição Federal.

O relator poderá admitir, na análise da repercussão geral, a manifestação de terceiros, subscrita por procurador habilitado, nos termos do Regimento Interno do Supremo Tribunal Federal.

Reconhecida a repercussão geral, o relator no Supremo Tribunal Federal determinará a suspensão do processamento de todos os processos pendentes, individuais ou coletivos, que versem sobre a questão e tramitem no território nacional.

O interessado pode requerer, ao presidente ou ao vice-presidente do tribunal de origem, que exclua da decisão de sobrestamento e inadmita o recurso extraordinário que tenha sido interposto intempestivamente, tendo o recorrente o prazo de 5 (cinco) dias para manifestar-se sobre esse requerimento.

Da decisão que indeferir o requerimento acima indicado, ou que aplicar entendimento firmado em regime de repercussão geral ou em julgamento de recursos repetitivos caberá agravo interno.

Negada à repercussão geral, o presidente ou o vice-presidente do tribunal de origem negará seguimento aos recursos extraordinários sobrestados na origem que versem sobre matéria idêntica.

O recurso que tiver a repercussão geral reconhecida deverá ser julgado no prazo de 1 (um) ano e terá preferência sobre os demais feitos, ressalvados os que envolvam réu preso e os pedidos de habeas corpus.

A súmula da decisão sobre a repercussão geral constará de ata, que será publicada no diário oficial e valerá como acórdão.

Julgamento dos Recursos Extraordinário e Especial Repetitivos

Consoante reza o art. 1.036, sempre que houver multiplicidade de recursos extraordinários ou especiais com fundamento em idêntica questão de direito, haverá afetação para julgamento de acordo com as disposições desta Subseção, observado o disposto no Regimento Interno do Supremo Tribunal Federal e no do Superior Tribunal de Justiça.

O presidente ou o vice-presidente de tribunal de justiça ou de tribunal regional federal selecionará 2 (dois) ou mais recursos representativos da controvérsia, que serão encaminhados ao Supremo Tribunal Federal ou ao Superior Tribunal de Justiça para fins de afetação, determinando a suspensão do trâmite de todos os processos pendentes, individuais ou coletivos, que tramitem no Estado ou na região, conforme o caso.

O interessado pode requerer, ao presidente ou ao vice-presidente, que exclua da decisão de sobrestamento e inadmita o recurso especial ou o recurso extraordinário que tenha sido interposto intempestivamente, tendo o recorrente o prazo de 5 (cinco) dias para manifestar-se sobre esse requerimento.

ATENÇÃO!

Da decisão que indeferir o requerimento acima caberá apenas agravo interno.

A escolha feita pelo presidente ou vice-presidente do tribunal de justiça ou do tribunal regional federal não vinculará o relator no tribunal superior, que poderá selecionar outros recursos representativos da controvérsia.

O relator em tribunal superior também poderá selecionar 2 (dois) ou mais recursos representativos da controvérsia para julgamento da questão de direito independentemente da iniciativa do presidente ou do vice-presidente do tribunal de origem.

Somente podem ser selecionados recursos admissíveis que contenham abrangente argumentação e discussão a respeito da questão a ser decidida.

Selecionados os recursos, o relator, no tribunal superior, constatando a presença do pressuposto do caput do art. 1.036, proferirá decisão de afetação, na qual:

- identificará com precisão a questão a ser submetida a julgamento;
- determinará a suspensão do processamento de todos os processos pendentes, individuais ou coletivos, que versem sobre a questão e tramitem no território nacional;
- poderá requisitar aos presidentes ou aos vice-presidentes dos tribunais de justiça ou dos tribunais regionais federais a remessa de um recurso representativo da controvérsia.

Se, após receber os recursos selecionados pelo presidente ou pelo vice-presidente de tribunal de justiça ou de tribunal regional federal, não se proceder à afetação, o relator, no tribunal superior, comunicará o fato ao presidente ou ao vice-presidente que os houver enviado, para que seja revogada a decisão de suspensão referida no art. 1.036, § 1º.

Havendo mais de uma afetação, será prevento o relator que primeiro tiver proferido a decisão acima mencionada.

Os recursos afetados deverão ser julgados no prazo de 1 (um) ano e terão preferência sobre os demais feitos, ressalvados os que envolvam réu preso e os pedidos de habeas corpus.

Demonstrando distinção entre a questão a ser decidida no processo e aquela a ser julgada no recurso especial ou extraordinário afetado, a parte poderá requerer o prosseguimento do seu processo.

O requerimento acima será dirigido:

- ao juiz, se o processo sobrestado estiver em primeiro grau;
- ao relator, se o processo sobrestado estiver no tribunal de origem;
- ao relator do acórdão recorrido, se for sobrestado recurso especial ou recurso extraordinário no tribunal de origem;
- ao relator, no tribunal superior, de recurso especial ou de recurso extraordinário cujo processamento houver sido sobrestado.

A outra parte deverá ser ouvida sobre o requerimento no prazo de 5 (cinco) dias.

Reconhecida a distinção no caso:

- dos incisos I, II e IV do 1037, § 10, o próprio juiz ou relator dará prosseguimento ao processo;
- do inciso III do 1037, § 10, o relator comunicará a decisão ao presidente ou ao vice-presidente que houver determinado o sobrestamento, para que o recurso especial ou o recurso extraordinário seja encaminhado ao respectivo tribunal superior, na forma do art. 1.030, parágrafo único.

Da decisão que resolver o requerimento caberá:

- agravo de instrumento, se o processo estiver em primeiro grau;
- agravo interno, se a decisão for de relator.

O relator poderá:

- solicitar ou admitir manifestação de pessoas, órgãos ou entidades com interesse na controvérsia, considerando a relevância da matéria e consoante dispuser o regimento interno;
- fixar data para, em audiência pública, ouvir depoimentos de pessoas com experiência e conhecimento na matéria, com a finalidade de instruir o procedimento;
- requisitar informações aos tribunais inferiores a respeito da controvérsia e, cumprida a diligência, intimará o Ministério Público para manifestar-se.

No caso do inciso III do art. 1.038, os prazos respectivos são de 15 (quinze) dias, e os atos serão praticados, sempre que possível, por meio eletrônico.

Transcorrido o prazo para o Ministério Público e remetida cópia do relatório aos demais ministros, haverá inclusão em pauta, devendo ocorrer o julgamento com preferência sobre os demais feitos, ressalvados os que envolvam réu preso e os pedidos de *habeas corpus*.

O conteúdo do acórdão abrangerá a análise dos fundamentos relevantes da tese jurídica discutida.

Decididos os recursos afetados, os órgãos colegiados declararão prejudicados os demais recursos versando sobre idêntica controvérsia ou os decidirão aplicando a tese firmada.

Negada a existência de repercussão geral no recurso extraordinário afetado, serão considerados automaticamente inadmitidos os recursos extraordinários cujo processamento tenha sido sobrestado.

– **Sabrina, e se for negado o acordão paradigma?**

– **veja abaixo!**

Publicado o acórdão paradigma:

- o presidente ou o vice-presidente do tribunal de origem negará seguimento aos recursos especiais ou extraordinários sobrestados na origem, se o acórdão recorrido coincidir com a orientação do tribunal superior;
- o órgão que proferiu o acórdão recorrido, na origem, reexaminará o processo de competência originária, a remessa necessária ou o recurso anteriormente julgado, se o acórdão recorrido contrariar a orientação do tribunal superior;
- os processos suspensos em primeiro e segundo graus de jurisdição retomarão o curso para julgamento e aplicação da tese firmada pelo tribunal superior;
- se os recursos versarem sobre questão relativa a prestação de serviço público objeto de concessão, permissão ou autorização, o resultado do julgamento será comunicado ao órgão,

ao ente ou à agência reguladora competente para fiscalização da efetiva aplicação, por parte dos entes sujeitos a regulação, da tese adotada.

A parte poderá desistir da ação em curso no primeiro grau de jurisdição, antes de proferida a sentença, se a questão nela discutida for idêntica à resolvida pelo recurso representativo da controvérsia.

Se a desistência ocorrer antes de oferecida contestação, a parte ficará isenta do pagamento de custas e de honorários de sucumbência.

A desistência independe de consentimento do réu, ainda que apresentada contestação.

Mantido o acórdão divergente pelo tribunal de origem, o recurso especial ou extraordinário será remetido ao respectivo tribunal superior, na forma do art. 1.036, § 1º.

Realizado o juízo de retratação, com alteração do acórdão divergente, o tribunal de origem, se for o caso, decidirá as demais questões ainda não decididas cujo enfrentamento se tornou necessário em decorrência da alteração.

Quando ocorrer a hipótese do inciso II do caput do art. 1.040 e o recurso versar sobre outras questões, caberá ao presidente ou ao vice-presidente do tribunal recorrido, depois do reexame pelo órgão de origem e independentemente de ratificação do recurso, sendo positivo o juízo de admissibilidade, determinar a remessa do recurso ao tribunal superior para julgamento das demais questões.

Súmulas do STJ sobre o Recurso Especial:

Súmula nº 05: "A simples interpretação de cláusula contratual não enseja recurso especial."

Súmula nº 07: "A pretensão de simples reexame de prova não enseja recurso especial."

Súmula nº 13: "A divergência entre julgados do mesmo Tribunal não enseja recurso especial."

Súmula nº 83: "Não se conhece do recurso especial pela divergência, quando a orientação do Tribunal se firmou no mesmo sentido da decisão recorrida."

Súmula nº 123: "A decisão que admite, ou não, o recurso especial, deve ser fundamentada, com o exame dos seus pressupostos gerais e constitucionais."

Súmula nº 126: "É inadmissível recurso especial, quando o acórdão recorrido assenta em fundamentos constitucional e infraconstitucional, qualquer deles suficiente, por si só, para mantê-lo, e a parte vencida não manifesta recurso extraordinário."

Súmula nº 203: "Não cabe recurso especial contra decisão proferida, nos limites de sua competência, por órgão de segundo grau dos Juizados Especiais."

Súmula nº 207: "É inadmissível recurso especial quando cabíveis embargos infringentes contra acórdão proferido no tribunal de origem."

Súmula nº 211: "Inadmissível recurso especial quanto à questão que, a despeito da oposição de embargos declaratórios, não foi apreciada pelo tribunal a quo."

Súmulas do STF sobre o Recurso extraordinário:

Súmula nº 279: "Para simples reexame de prova não cabe recurso extraordinário."

Súmula nº 281: "É inadmissível o recurso extraordinário, quando couber, na justiça de origem, recurso ordinário da decisão impugnada."

Súmula nº 283: "É inadmissível o recurso extraordinário, quando a decisão recorrida assenta em mais de um fundamento suficiente e o recurso não abrange todos eles."

Súmula nº 284: "É inadmissível o recurso extraordinário, quando a deficiência na sua fundamentação não permitir a exata compreensão da controvérsia."

Súmula nº 285: "Não sendo razoável a arguição de inconstitucionalidade, não se conhece do recurso extraordinário fundado na letra "c" do artigo 101, III, da Constituição."

Súmula nº 289: "O provimento do agravo, por uma das turmas do Supremo Tribunal Federal, ainda que sem ressalva, não prejudica a questão do cabimento do recurso extraordinário."

Súmula nº 292: "Interposto o recurso extraordinário por mais de um dos fundamentos indicados no artigo 101, III, da Constituição, a admissão apenas por um deles não prejudica o seu conhecimento por qualquer dos outros."

Súmula nº 456: "O Supremo Tribunal Federal, conhecendo do recurso extraordinário, julgará a causa, aplicando o direito à espécie."

Súmula nº 513: "A decisão que enseja a interposição de recurso ordinário ou extraordinário não é a do plenário, que resolve o incidente de inconstitucionalidade, mas a do órgão (câmaras, grupos ou turmas) que completa o julgamento do feito."

Súmula nº 528: "Se a decisão contiver partes autônomas, a admissão parcial, pelo presidente do tribunal "a quo", de recurso extraordinário que, sobre qualquer delas se manifestar, não limitará a apreciação de todas pelo Supremo Tribunal Federal, independentemente de interposição de agravo de instrumento."

Como decidiu o STJ:

> Decisão que inadmite o recurso especial. Dispositivo único. Ausência de capítulos autônomos. Decisão não cindível. Necessidade de impugnação específica em sua integralidade. Art. 544, § 4º, I, do CPC/1973. Entendimento renovado pelo art. 932, III, do CPC/2015. EAREsp 831.326-SP, Rel. Min. João Otávio de Noronha, Rel. Acd. Min. Luis Felipe Salomão, por maioria, julgado em 19/09/2018, DJe 30/11/2018.

29.7. AGRAVO EM RECURSO ESPECIAL E EM RECURSO EXTRAORDINÁRIO - ART. 1.042 DO CPC

Cabe agravo contra decisão do presidente ou do vice-presidente do tribunal recorrido que inadmitir recurso extraordinário ou recurso especial, salvo quando fundada na aplicação de entendimento firmado em regime de repercussão geral ou em julgamento de recursos repetitivos.

A petição de agravo será dirigida ao presidente ou ao vice-presidente do tribunal de origem e independe do pagamento de custas e despesas postais, aplicando-se a ela o regime de repercussão geral e de recursos repetitivos, inclusive quanto à possibilidade de sobrestamento e do juízo de retratação.

O agravado será intimado, de imediato, para oferecer resposta no prazo de 15 (quinze) dias.

Após o prazo de resposta, não havendo retratação, o agravo será remetido ao tribunal superior competente.

O agravo poderá ser julgado, conforme o caso, conjuntamente com o recurso especial ou extraordinário, assegurada, neste caso, sustentação oral, observando-se, ainda, o disposto no regimento interno do tribunal respectivo.

Na hipótese de interposição conjunta de recursos extraordinário e especial, o agravante deverá interpor um agravo para cada recurso não admitido.

Havendo apenas um agravo, o recurso será remetido ao tribunal competente, e, havendo interposição conjunta, os autos serão remetidos ao Superior Tribunal de Justiça.

Concluído o julgamento do agravo pelo Superior Tribunal de Justiça e, se for o caso, do recurso especial, independentemente de pedido, os autos serão remetidos ao Supremo Tribunal Federal para apreciação do agravo a ele dirigido, salvo se estiver prejudicado.

29.8. EMBARGOS DE DIVERGÊNCIA - ARTS. 1.043 E 1.044 DO CPC

Os embargos de divergência se prestam a viabilizar a uniformização da jurisprudência interna do STF ou do STJ. Ele previsto nos artigos 1.043 e 1.044.

SIGAMOS!

É embargável o acórdão de órgão fracionário que:

– em recurso extraordinário ou em recurso especial, divergir do julgamento de qualquer outro órgão do mesmo tribunal, sendo os acórdãos, embargado e paradigma, de mérito;

- em recurso extraordinário ou em recurso especial, divergir do julgamento de qualquer outro órgão do mesmo tribunal, sendo um acórdão de mérito e outro que não tenha conhecido do recurso, embora tenha apreciado a controvérsia;

Poderão ser confrontadas teses jurídicas contidas em julgamentos de recursos e de ações de competência originária.

A divergência que autoriza a interposição de embargos de divergência pode verificar-se na aplicação do direito material ou do direito processual.

Cabem embargos de divergência quando o acórdão paradigma for da mesma turma que proferiu a decisão embargada, desde que sua composição tenha sofrido alteração em mais da metade de seus membros.

O recorrente provará a divergência com certidão, cópia ou citação de repositório oficial ou credenciado de jurisprudência, inclusive em mídia eletrônica, onde foi publicado o acórdão divergente, ou com a reprodução de julgado disponível na rede mundial de computadores, indicando a respectiva fonte, e mencionará as circunstâncias que identificam ou assemelham os casos confrontados.

No recurso de embargos de divergência, será observado o procedimento estabelecido no regimento interno do respectivo tribunal superior.

Lembre que a interposição de embargos de divergência no Superior Tribunal de Justiça interrompe o prazo para interposição de recurso extraordinário por qualquer das partes.

Por fim, se os embargos de divergência forem desprovidos ou não alterarem a conclusão do julgamento anterior, o recurso extraordinário interposto pela outra parte antes da publicação do julgamento dos embargos de divergência será processado e julgado independentemente de ratificação. Ela se faz desnecessária.

Como decidiu o STJ:

> Cabimento de embargos de divergência contra acórdão que, a despeito de negar provimento ao agravo em recurso especial, examinou o mérito da controvérsia, aplicando o óbice da Súmula 83/STJ. Inaplicabilidade da Súmula 315/STJ.

> Cabem embargos de divergência no âmbito de agravo que não admite recurso especial com base na Súmula 83/STJ para dizer que, no mérito, o acórdão impugnado estaria em sintonia com o entendimento firmado por esta Corte Superior. EAREsp 200.299-PE, Rel. Min. Mauro Campbell Marques, por unanimidade, julgado em 23/8/2017, DJe 1º/9/2017.

Vejamos, por fim, as súmulas aplicáveis a matéria.

> STF- 290 - Nos embargos da Lei 623, de 19/02/49, a prova de divergência far-se-á por certidão, ou mediante indicação do «Diário da Justiça» ou de repertório de jurisprudência autorizado, que a tenha publicado, com a transcrição do trecho que configure a divergência, mencionadas as circunstâncias que identifiquem ou assemelhem os casos confrontados.
>
> STF- 300 - São incabíveis os embargos da Lei 623, de 19-2-1949, contra provimento de agravo para subida de recurso extraordinário.

30

LIÇÕES DESCOMPLICADAS DAS DISPOSIÇÕES FINAIS E TRANSITÓRIAS

O legislador estabeleceu o período de 1(um) ano de *vacatio legis* para o CPC/15. Depois de extensas discussões, definiu o STJ e o CNJ que a data exata da sua entrada em vigor seria o dia 18 de março de 2016. E assim se fez. Ele já uma realidade. Está em vigor há 3 anos.

Vamos tratar das derradeiras disposições do CPC/15.

O artigo 1.046 é muito importante.

Destaca-se, desde logo, que ao entrar em vigor o Código, suas disposições se aplicarão desde logo aos processos pendentes.

As disposições do CPC/73 relativas **ao procedimento sumário e aos procedimentos especiais que forem revogadas** aplicar-se-ão às ações propostas e não sentenciadas até o início da vigência do Código. Essa regra tem sido objeto de diversas questões de concursos públicos. Ademais, tem uma importância prática.

Sinalize-se ainda que as remissões a disposições do Código de Processo Civil revogado, existentes em outras leis, passam a referir-se às que lhes são correspondentes no CPC/15.

Por fim, a primeira lista de processos para julgamento em ordem cronológica observará a antiguidade da distribuição entre os já conclusos na data da entrada em vigor deste Código.

ATENÇÃO!

As disposições de direito probatório adotadas no CPC/15 aplicam-se apenas às provas requeridas ou determinadas de ofício a partir da data de início de sua vigência. Eis uma importante disposição.

Também as disposições de direito probatório adotadas no Código aplicam-se apenas às provas requeridas ou determinadas de ofício a partir da data de início de sua vigência (art. 1.047 do CPC).

ANOTE!

O artigo 1.048 menciona quem tem direito a prioridade de tramitação, em qualquer juízo ou tribunal, nos seguintes procedimentos: em que figure como parte ou interessado pessoa com idade igual ou superior a 60 (sessenta) anos ou portadora de doença grave, assim compreendida qualquer das enumeradas no art. 6º, inciso XIV, da Lei nº 7.713, de 22 de dezembro de 1988; regulados pela Lei nº 8.069, de 13 de julho de 1990 (Estatuto da Criança e do Adolescente). Em 2019, por força da Lei 13.894/2019 que alterou o CPC, também confere-se a prioridade de tramitação aos processos em que figure como parte a vítima de violência doméstica e familiar.

A pessoa interessada na obtenção do benefício, juntando prova de sua condição, deverá requerê-lo à autoridade judiciária competente para decidir o feito, que determinará ao cartório do juízo as providências a serem cumpridas. Deferida a prioridade, os autos receberão identificação própria que evidencie o regime de tramitação prioritária.

Ofertada à prioridade, essa não cessará com a morte do beneficiado, estendendo-se em favor do cônjuge supérstite ou do companheiro em união estável.

A dita tramitação prioritária independe de deferimento pelo órgão jurisdicional e deverá ser imediatamente concedida diante da prova da condição de beneficiário. Trata-se de garantia de fundamental importância. Ela é faceta da isonomia substancial, também chamada de material.

SIGAMOS!

Sempre que a lei remeter a procedimento previsto na lei processual sem especificá-lo, será observado o procedimento comum previsto no Código em estudo.

Na hipótese de a lei remeter ao procedimento sumário, será observado o procedimento comum previsto no CPC/15, com as modificações previstas na própria lei especial, se houver. Eis a disposição do parágrafo único do art. 1.049.

De acordo com o artigo 1.050, a União, os Estados, o Distrito Federal, os Municípios, suas respectivas entidades da administração indireta, o Ministério Público, a Defensoria Pública e a Advocacia Pública, no prazo de 30 (trinta) dias a contar da data da entrada em vigor deste Código, deverão se cadastrar perante a administração do tribunal no qual atuem para cumprimento do disposto nos arts. 246, § 2º, e 270, parágrafo único.

Eis uma regra que se destina à União, aos Estados, ao Distrito Federal, aos Municípios, suas respectivas entidades da administração indireta, ao Ministério Público, à Defensoria Pública e à Advocacia Pública.

Esses entes são obrigados a manter cadastro nos sistemas de processo em autos eletrônicos, para efeito de recebimento de citações e intimações, as quais serão efetuadas preferencialmente por esse meio.

Nesta toada, as empresas públicas e privadas devem cumprir o disposto no art. 246, § 1º, no prazo de 30 (trinta) dias, a contar da data de inscrição do ato constitutivo da pessoa jurídica, perante o juízo onde tenham sede ou filial.

CUIDADO!

As disposições acima não se aplicam às microempresas e às empresas de pequeno porte.

Como dito, com exceção das microempresas e das empresas de pequeno porte, as empresas públicas e privadas são, também, obrigadas a manter cadastro nos sistemas de processo em autos eletrônicos, para efeito de recebimento de citações e intimações, as quais serão efetuadas preferencialmente por esse meio.

ATENÇÃO!

As empresas públicas e privadas devem cumprir o disposto acima, no prazo de 30 (trinta) dias, a contar da data de inscrição do ato constitutivo da pessoa jurídica, perante o juízo onde tenham sede ou filial.

O artigo 1.052 indica a necessidade de criação de uma legislação especifica que tenha por objetivo regular as execuções contra devedor insolvente, em curso ou que venham a ser propostas. Ele aponta que até a sua edição, serão aplicáveis as disposições já existentes no CPC/73.

De acordo com a disposição do art. 1.053, atos processuais praticados por meio eletrônico até a transição definitiva para certificação digital ficam convalidados, ainda que não tenham observado os requisitos mínimos estabelecidos por este Código, desde que tenham atingido sua finalidade e não tenha havido prejuízo à defesa de qualquer das partes.

Pelo **princípio da instrumentalidade das formas**, temos que a existência do ato processual não é um fim em si mesmo, mas instrumento utilizado para se atingir determinada finalidade. A instrumentalidade revela, por seu turno, um grande avanço para a ciência processual. Consagra o ideário de processo como um meio e não um fim em si mesmo.

Assim, ainda que com vício, se o ato atinge sua finalidade sem causar prejuízo às partes não se declara sua nulidade. O art. 1.053 é uma consagração do princípio acima mencionado.

Ele destaca que os atos processuais praticados por meio eletrônico até a transição definitiva para certificação digital ficam convalidados, ainda que não tenham observado os requisitos mínimos estabelecidos através do **código, desde que tenham atingido sua finalidade e não tenha havido prejuízo à defesa de qualquer das partes.**

O artigo 1054 cuida da resolução de questões prejudiciais e dos seus impactantes efeitos no processo. Como houve mudança relevante na matéria, entendeu o legislador que as inovações só seriam aplicáveis aos processos que se iniciarem após a vigência do CPC/15. **Aplicar-se-ão aos processos anteriores, as disposições do CPC de 1973.**

O artigo 1.057 menciona que o disposto no art. 525, §§ 14 e 15, e no art. 535, §§ 7º e 8º, aplica-se às decisões transitadas em julgado após a entrada em vigor deste Código, e, às decisões transitadas em julgado anteriormente, aplica-se o disposto no art. 475-L, § 1º, e no art. 741, parágrafo único, da Lei nº 5.869, de 11 de janeiro de 1973.

Eis uma norma de transição. As novas regras processuais constantes nos arts. 525, parágrafos 14º e 15º, como dito acima, serão aplicáveis às decisões transitadas em julgado após a entrada em vigor deste Código. Já as decisões que operaram coisa julgada antes ficarão sujeitas às disposições do CPC de 1973. **Vale ter muito cuidado com essa dicção legislativa.**

De acordo com o artigo 1.058 do novo texto, todos os casos em que houver recolhimento de importância em dinheiro, esta será depositada em nome da parte ou do interessado, em conta especial movimentada por ordem do juiz, nos termos do art. 840, inciso I, do mesmo diploma processual.

O referido artigo contempla uma ordem de preferência de depósito, que tenha por objetivo a satisfação do crédito do executado de forma efetiva e justa.

O artigo 1.049 permite a aplicação da tutela provisória requerida contra a Fazenda Pública. A tutela passa a ser aplicada nas disposições da Lei 8.437/92, a qual versa sobre a concessão de medidas cautelares contra atos do Poder Público e dá outras providências. Ademais, a referida tutela passa a ser aplicável no procedimento do Mandado de Segurança, orientado pelas disposições da Lei 12.016/09.

A Lei 9.289/96 dispõe sobre as custas devidas à União, na Justiça Federal de primeiro e segundo graus e dá outras providências. O artigo 1.060 altera a redação do inciso II, do art. 14, da mencionada lei.

Referido artigo passa a vigorar com a seguinte redação: aquele que recorrer da sentença adiantará a outra metade das custas, comprovando o adiantamento no ato de interposição do recurso, sob pena de deserção, observado o disposto nos §§ 1º a 7º do art. 1.007 do Código de Processo Civil.

A lei de arbitragem permite que as partes escolham entre o julgamento realizado de acordo com leis e regras específicas de um grupo corporativo, por exemplo, mas também permite que, a critério das partes, os árbitros possam julgar por equidade, buscando aquilo que consideram justo de acordo com o caso concreto, sem a necessidade de balizas legais. O árbitro será escolhido pelos sujeitos em conflito e proferirá a sentença arbitral.

O CPC/15 altera a redação do art. 33 da Lei 9.307/96. Estabelecida sua vigência, a decretação da nulidade da sentença arbitral também poderá ser requerida na impugnação ao cumprimento da sentença, nos termos dos arts. 525 e seguintes do Código de Processo Civil, se houver execução judicial. **Eis a disposição do artigo 1.061.**

Na hipótese de abuso da personalidade jurídica, caracterizado pelo desvio de finalidade, ou pela confusão patrimonial, pode o juiz decidir, a requerimento da parte ou do Ministério Público quando lhe couber intervir no processo, que os efeitos de certas e determinadas relações de obrigações sejam estendidos aos bens particulares dos administradores ou sócios da pessoa jurídica.

Como foi visto no capítulo de intervenção de terceiros, o novo código de ritos regulamenta as regras procedimentais de tal incidente, as quais são aplicáveis aos processos de competência dos JEC's.

Vejamos juntos a disposição do artigo seguinte. Vamos lá!

> "Art. 1.063. Até a edição de lei específica, os juizados especiais cíveis previstos na Lei nº 9.099, de 26 de setembro de 1995, continuam competentes para o processamento e julgamento das causas previstas no art. 275, inciso II, da Lei nº 5.869, de 11 de janeiro de 1973."

Ao regulamentar a competência conferida aos Juizados Especiais pelo art. 98, I, da CF, o legislador ordinário fez uso de dois critérios distintos - quantitativo e qualitativo – para definir o que são "causas cíveis de menor complexidade".

Nos termos do art. 3º da Lei 9.099/95, consideram-se ações de menor complexidade:

(I) aquelas cujo valor não ultrapasse 40 salários mínimos;

(II) as enumeradas no art. 275, II, do CPC;

(III) a ação de despejo para uso próprio; e

(IV) as ações possessórias sobre bens imóveis de valor não excedente a 40 salários mínimos.

Como se vê, a menor complexidade que confere competência aos Juizados Especiais é, de regra, definida pelo valor econômico da pretensão ou pela matéria envolvida. Exige-se, pois, a presença de apenas um desses requisitos e não a sua cumulação. Fiquem atentos!

De acordo com a disposição do 1.063 do CPC, até a disposição de lei específica, os JEC's continuam competentes para o processamento e julgamento das causas previstas no art. 275, inciso II, do CPC 1973.

Vejamos a regra implementada no art. 1.064 do CPC/15.

Na redação originária do art. 48 da Lei 9.099/95, caberiam embargos de declaração quando, na sentença ou acórdão, houver obscuridade, contradição, omissão ou **dúvida.** O CPC passa a fazer referência ao cabimento dos embargos de declaração, levando-se em consideração as disposições do CPC/15.

O CPC/15, dita que a interposição dos embargos de declaração interrompe o prazo para a interposição de outros recursos, por qualquer das partes. Antes estabelecia-se apenas a suspensão do prazo.

A consequência da interrupção é a desconsideração do tempo já decorrido entre a publicação do ato embargado e a publicação da nova decisão, quando então o prazo do recurso recomeçará a correr por inteiro (cinco dias).

A Lei n. 9.099/95, por sua vez, estabelecia que a interposição dos embargos declaratórios **suspenderia** o prazo para recurso. O tempo decorrido antes da interposição dos embargos de declaração, portanto, era considerado, constando-se o prazo remanescente desde a publicação da decisão dos embargos.

De acordo com o art. 1.065 do CPC/15, a oposição dos embargos de declaração interromperá o prazo para a interposição de recurso.

O artigo 1.066 traz uma importante modificação. O Legislador, em face da agilidade pretendida ao curso processual no microssistema dos Juizados Especiais, estabeleceu algumas peculiaridades à interposição dos embargos no rito sumaríssimo.

O CPC/15 acaba por impactar diversos ramos do Direito. Dentre eles o Direito Eleitoral, mais especificamente, o Direito Processual Eleitoral.

Foi alterado o art. 275 do Código Eleitoral, o qual passa a ter redação constante no art. 1.067, ora comentado. São admissíveis embargos de declaração nas hipóteses previstas no Código de Processo Civil.

Os embargos de declaração serão opostos no prazo de 3 (três) dias, contados da data de publicação da decisão embargada, em petição dirigida ao juiz ou relator, com a indicação do ponto que lhes deu causa. Eles não se sujeitam a preparo.

Ademais, outras modificações foram feitas no já multicitado artigo 275.

Com as mudanças que se operaram na legislação processual, foram alteradas disposições do Código Civil.

Uma delas está relacionada às obrigações solidárias e a outra a partilha. Na redação anterior do 2.027 do CC/02, a anulação da partilha estava condicionada a sua total realização e julgamento.

Na nova redação, ao que parece, não se faz mais a mencionada exigência.

O artigo 1.070 visa uniformizar o prazo para a interposição de qualquer recurso de agravo, seja ele objeto de previsão legal ou regimento interno de tribunal.

Passa a ser de 15 (quinze) dias o prazo para a interposição de qualquer agravo, tenha ele por objetivo ser interposto contra decisão de relator ou outra decisão unipessoal proferida em tribunal.

Acreditamos que tal medida se fazia mais que necessária. Ela tem por objetivo viabilizar a segurança jurídica.

O artigo 1.071 acresce um importante dispositivo a Lei de Registros Públicos, o qual admite **o pedido de reconhecimento extrajudicial de usucapião,** que será processado diretamente perante o cartório do registro de imóveis da comarca em que estiver situado o imóvel usucapiendo, a requerimento do interessado, representado por advogado, instruído com alguns documentos fundamentais, dentre os quais destacamos: a ata notarial lavrada pelo tabelião, atestando o tempo de posse do requerente e seus antecessores, conforme o caso e suas circunstâncias, planta e memorial descritivo assinado por profissional legalmente habilitado, com prova de anotação de responsabilidade técnica no respectivo conselho de fiscalização profissional, e pelos titulares de direitos reais e de outros direitos registrados ou averbados na matrícula do imóvel usucapiendo e na matrícula dos imóveis confinantes e outros documentos que destacamos do artigo acima mencionado.

Uma importante ressalva está registrada no parágrafo 9º do mesmo artigo, o qual salienta que rejeição do pedido extrajudicial não impede o ajuizamento de ação de usucapião. Eis uma demonstração indispensável da inafastabilidade do controle jurisdicional.

O último dispositivo do CPC/15 menciona quais foram os dispositivos, de variados diplomas legais, que foram por ele revogados, vejamos:

Dentre os dispositivos revogados, destacamos o artigo 22 do Decreto-Lei nº 25, de 30 de novembro de 1937, **o qual organiza a proteção do patrimônio histórico e artístico nacional.**

Algumas disposições do código civil, que versam sobre prova testemunhal, exercício ao direito que dá evicção lhe resultam, bem como algumas disposições alusivas à hipoteca e interdição foram revogadas.

Também foram revogados dispositivos concernentes à gratuidade judiciária e lei de alimentos. Ressalve-se, ainda, a revogação de algumas disposições da Lei 8.038/90, que trata das normas procedimentais aplicáveis aos processos que tramitam no STJ e STF. Todas as disposições revogadas passaram a se incompatibilizar com o sistema processual civil em vigor.

REFERÊNCIAS

ALVIM, Arruda. **Manual de Direito Processual Civil**. V1. 12 ed. São Paulo: Revista dos Tribunais, 2008.

ALVIM, José Eduardo Carreira. **Teoria Geral do Processo**. 13 ed. Rio de Janeiro: Forense, 2010.

ASSIS, Araken. Duração Razoável do processo e reformas da lei processual civil. In: NERY JR, Nelson; FUX, Luiz; WAMBIER, Teresa Arruda Alvim (Coordenadores). **Processo e Constituição**. Estudos em homenagem ao professor José Carlos Barbosa Moreira. São Paulo: Revista dos Tribunais, 2006.

BRAGA, Paula Sarno. **Processo civil - Teoria geral do processo civil (Coleção sinopses para concursos)**. 4ª ed. Salvador: Juspodivm, 2016.

BÜLOW, Oskar von. **Teoria das exceções e dos pressupostos processuais**. Campinas: LZN, 2005.

CARNEIRO, Athos Gusmão. **Jurisdição e Competência**. 17 ed. São Paulo: Saraiva, 2010.

CHINELATO, Silmara Juny. **Tutela civil do nascituro**. São Paulo: Saraiva, 1999.

CHINELATO, Silmara Juny. **Adoção de nascituro e a quarta era dos direitos: razões para e alterar o caput do artigo 1.621 do novo Código Civil**. In: Delgado, Mário Luiz; Alves, Jones Figueiredo (Coord.). *Questões controvertidas no novo Código Civil*. São Paulo: Método, 2003, v. 1.

COLNAGO, Lorena de Mello Rezende; ZAGANELLI, Margareth Vetis. Acesso à justiça e o problema da efetividade do processo. **Revista do programa de Pós-graduação em direito da Universidade Federal do Espírito Santo- Cadernos de Direito Processual**. ano 1, n. 1.Vitória: UFES, 2006.

CUNHA, Leonardo Carneiro. **Negócios jurídicos processuais no processo civil brasileiro**. Negócios Processuais. 2º edição. ed. Salvador: Juspodivm.

DIDIER JUNIOR, Fredie. **Curso de Direito Processual Civil**. 16 ed. V. 1. Salvador: Juspodivm, 2014.

DIDIER JUNIOR, Fredie. **Editorial 187**. Disponível em: http://www.frediedidier.com.br/editorial/editorial-187/. Acesso em: 14 março. 2016.

FREIRE, Rodrigo da Cunha Lima; CUNHA, Maurício Ferreira. **Novo Código de Processo Civil para concursos**. Salvador: Juspodivm, 2017.

GAGLIANO, Pablo Stolze. **É o fim da interdição?** Disponível em: http://flaviotartuce.jusbrasil.com.br/artigos/304255875/e-o-fim-da-interdicao-artigo-de-pablo-stolze-gagliano. Acesso em: 01 março 2016.

GONTIJO, Dhanilla Henrique. **Lei de Alimentos Gravídicos, direitos do nascituro e teoria concepcionista.** Revista Jus Navigandi, Teresina, ano 17, n. 3325, 8 ago. 2012. Disponível em: <http://jus.com.br/artigos/22274>. Acesso em: 26 abr. 2015.

GRILO, Juliana. **Série Aperfeiçoamento de Magistrados.** Disponível em: www.emerj.tjrj.jus.br. Acesso em: 17.03.2016.

LÔBO. Paulo. **Com Avanço Legal Pessoas com Deficiência Mental não são mais Incapazes**. Fonte: http://www.conjur.com.br/2015-ago-16/processo-familiar-avancos-pessoas-deficiencia-mental-nao-são-incapazes, acessado em 29 de fevereiro de 2016.

MARINONI, Luiz Guilherme. Curso de Processo Civil: **Teoria Geral do Processo.** V.3. São Paulo: Revista dos Tribunais, 2009.

MITIDIEIRO, Daniel. **Processo e Constituição:** As possíveis relações entre o processo civil e o direito constitucional no marco teórico do formalismo-valorativo.

NEVES, Daniel Assumpção. **Manual de Direito Processual Civil.** 8ª ed. Salvador: Juspodivm, 2016.

REQUIÃO, Maurício. **Estatuto da Pessoa com Deficiência altera regime civil das incapacidades**. Disponível em: www.conjur.com.br Acesso em: 14/03/2016.

TARTUCE, Flávio. **Alterações do Código Civil pela lei 13.146/2015 (Estatuto da Pessoa com Deficiência). Repercussões para o Direito de Família e Confrontações com o Novo CPC. Parte I**. Disponível em: http://www.migalhas.com.br/FamiliaeSucessoes/104,MI224217,21048-Alteracoes+do+Codigo+Civil+pela+lei+131462015+Estatuto+da+Pessoa+com. Acesso em: 03 março 2016.

TESHEINER, José Maria Rosa. **Da interdição**. Disponível em: www. Tex. pro.br. Acesso em: 12.02.2016.

THEODORO JR., HUMBERTO. **Curso de direito processual civil**, vol. 1, 56.ed., Rio de Janeiro: Forense, 2015.

EDITORA JusPODIVM
www.editorajuspodivm.com.br

Impressão e Acabamento
PlenaPrint
Indústria Gráfica